国家自然科学基金重大项目（41590840）
特大城市群地区城镇化与生态环境耦合机理及胁迫效应系列成果
特大城市群地区城镇化与生态环境关键主控要素的时空演变特征及胁迫效应(41590841)

城市群地区城镇化与生态环境时空演变特征及胁迫效应

陈利顶 李伟峰 孙 涛 康 蕾等 著

科学出版社

北 京

内 容 简 介

本书全面解析了京津冀城市群城镇化与生态环境的交互胁迫关系。全书共分 8 章,阐明了京津冀城市群城镇化时空演变格局与模式,识别了城镇化的关键影响因子,建立了城镇化与生态环境交互胁迫模式研究框架与识别方法,提出了京津冀城市群城镇化与生态环境交互胁迫范式,阐明了京津冀城市群城镇化的生态环境效应与优化调控策略。

本书可供生态学、环境科学、城市规划与管理等专业的科研人员和教学人员阅读与参考。

审图号:GS(2021)7538 号

图书在版编目(CIP)数据

城市群地区城镇化与生态环境时空演变特征及胁迫效应 / 陈利顶等著. —北京:科学出版社,2021.12
ISBN 978-7-03-071097-0

Ⅰ. ①城… Ⅱ. ①陈… Ⅲ. ①城市群-城市化-研究-华北地区②城市群-区域生态环境-研究-华北地区 Ⅳ. ①F299.272②X321.272

中国版本图书馆 CIP 数据核字(2021)第 265189 号

责任编辑:石 珺 赵 晶 / 责任校对:何艳萍
责任印制:吴兆东 / 封面设计:蓝正设计

科学出版社 出版
北京东黄城根北街 16 号
邮政编码:100717
http://www.sciencep.com

北京中科印刷有限公司 印刷
科学出版社发行 各地新华书店经销

*

2021 年 12 月第 一 版　开本:787×1092　1/16
2021 年 12 月第一次印刷　印张:15 3/4
字数:375 000
定价:158.00 元
(如有印装质量问题,我社负责调换)

前　　言

随着城镇化进程的不断推进，城市群已经成为推动我国国民经济发展的核心动力。但是，这种集中连片的城镇发展模式在取得巨大社会、经济效益的同时，对区域生态环境的压力也在不断增加，导致城市群地区的生态环境问题越来越严重，尤其在城市群内部，多等级的城镇布局结构与分布不均匀的生态环境要素之间的相互影响更加剧了城镇化与生态环境的交互胁迫，这些问题已经成为制约城市群进一步可持续发展的瓶颈。关于城市群地区人类活动及其对生态环境的影响受到越来越多的关注，其已经成为相关研究领域的热点问题之一，但至今为止，多数研究是从单一角度或针对不同生态环境问题开展专题研究的，尚未有研究从城市复合生态系统角度，全面地梳理城市群地区各种自然、社会与经济要素的时空变化特征及其复杂的相互作用关系与机制。"城市群地区城镇化与生态环境时空演变特征及胁迫效应"课题正是在这样的研究背景下，经国家自然科学基金委批准，在重大项目的资助下，针对我国典型城市群地区，全面解析了城市群地区城镇化演变过程，揭示了城镇化模式及其社会经济主控要素；全面解析了城镇化与生态环境的交互胁迫关系，识别了城镇化的生态环境主控要素，阐明了城镇化与生态环境的交互胁迫范式；定量评估了城镇化的多尺度生态环境效应，提出了城市群增长的优化调控策略。

京津冀城市群是我国最具国际影响力的城市群之一，在我国新型城镇化战略布局中处于重要地位。但与此同时，高度密集的人类活动与有限的资源环境之间的矛盾突出，京津冀城市群地区面临着严重的资源短缺、环境污染及生态系统服务功能退化等问题，这些问题严重影响了京津冀城市群地区的协同发展与生态文明建设。

"城市群地区城镇化与生态环境时空演变特征及胁迫效应"研究，以京津冀城市群为研究案例，从多学科理论方法交叉与多源数据融合的视角，针对京津冀城市群地区的多维度城镇化过程，揭示了1990～2018年京津冀城市群地区城镇化时空演变特征与主控要素，以及不同阶段城镇化发展的主要推进模式；针对京津冀城市群地区生态环境要素时空分布特征与变化，揭示了2000～2018年京津冀城市群地区城镇化与生态环境交互胁迫强度和类型，以及城镇化对生态环境要素的依赖性；针对京津冀城市群地区城镇化与生态环境之间的相互作用关系，建立了城镇化与生态环境交互胁迫的研究框架，揭示了京津冀城市群地区"人-地"、"人-水"和"人-碳"等城镇化与不同生态环境单要素交互胁迫关系及其驱动机制，以及从"生态禀赋"、"生态恢复"、"生态胁迫"与"生态约束"四个侧面，提出了京津冀城市群城镇化与生态环境交互胁迫范式；针对水资源、大气环境、植被质量与热环境，定量评估了京津冀城市群地区城镇化的生态环境效应；最后，针对京津冀城市群增长趋势的不同情景分析，为京津冀城市群增长优化调控提出了对策与建议。

本书主要内容包括四个部分，共 8 章。第一部分即第 1 章，叙述京津冀城市群的基本概况；第二部分包括第 2~4 章，阐述京津冀城市群城镇化时空变化特征及驱动机制，以及城镇化自然生态环境影响因子识别；第三部分包括第 5~6 章，阐述京津冀城市群城镇化与生态环境交互胁迫特征及时空演变模式；第四部分包括第 7~8 章，阐述京津冀城市群城镇化的生态环境效应与调控建议。

由于作者研究领域和学识的限制，书中难免有不足之处，敬请读者批评指正。

作　者

2021 年 2 月

目 录

前言
第1章 城市群地区基本特征⋯⋯⋯⋯⋯⋯⋯⋯⋯⋯⋯⋯⋯⋯⋯⋯⋯⋯⋯⋯⋯⋯1
1.1 引言⋯⋯⋯⋯⋯⋯⋯⋯⋯⋯⋯⋯⋯⋯⋯⋯⋯⋯⋯⋯⋯⋯⋯⋯⋯⋯⋯⋯⋯1
1.2 行政区划与生态环境基本特征⋯⋯⋯⋯⋯⋯⋯⋯⋯⋯⋯⋯⋯⋯⋯⋯⋯⋯2
1.2.1 地区概况⋯⋯⋯⋯⋯⋯⋯⋯⋯⋯⋯⋯⋯⋯⋯⋯⋯⋯⋯⋯⋯⋯⋯⋯2
1.2.2 地理和气候⋯⋯⋯⋯⋯⋯⋯⋯⋯⋯⋯⋯⋯⋯⋯⋯⋯⋯⋯⋯⋯⋯⋯4
1.2.3 土壤和植被⋯⋯⋯⋯⋯⋯⋯⋯⋯⋯⋯⋯⋯⋯⋯⋯⋯⋯⋯⋯⋯⋯⋯5
1.2.4 发展定位⋯⋯⋯⋯⋯⋯⋯⋯⋯⋯⋯⋯⋯⋯⋯⋯⋯⋯⋯⋯⋯⋯⋯⋯5
1.2.5 资源环境优势与特点⋯⋯⋯⋯⋯⋯⋯⋯⋯⋯⋯⋯⋯⋯⋯⋯⋯⋯⋯7
1.3 城镇化时空特征⋯⋯⋯⋯⋯⋯⋯⋯⋯⋯⋯⋯⋯⋯⋯⋯⋯⋯⋯⋯⋯⋯⋯⋯9
1.3.1 时间变化特征⋯⋯⋯⋯⋯⋯⋯⋯⋯⋯⋯⋯⋯⋯⋯⋯⋯⋯⋯⋯⋯⋯9
1.3.2 空间变化特征⋯⋯⋯⋯⋯⋯⋯⋯⋯⋯⋯⋯⋯⋯⋯⋯⋯⋯⋯⋯⋯11
1.4 城镇化背景下生态环境演变⋯⋯⋯⋯⋯⋯⋯⋯⋯⋯⋯⋯⋯⋯⋯⋯⋯⋯15
1.4.1 土地利用时空演变⋯⋯⋯⋯⋯⋯⋯⋯⋯⋯⋯⋯⋯⋯⋯⋯⋯⋯⋯15
1.4.2 植被动态与时空演变⋯⋯⋯⋯⋯⋯⋯⋯⋯⋯⋯⋯⋯⋯⋯⋯⋯⋯16
1.4.3 城市热环境时空演变⋯⋯⋯⋯⋯⋯⋯⋯⋯⋯⋯⋯⋯⋯⋯⋯⋯⋯18
1.5 小结⋯⋯⋯⋯⋯⋯⋯⋯⋯⋯⋯⋯⋯⋯⋯⋯⋯⋯⋯⋯⋯⋯⋯⋯⋯⋯⋯⋯19
参考文献⋯⋯⋯⋯⋯⋯⋯⋯⋯⋯⋯⋯⋯⋯⋯⋯⋯⋯⋯⋯⋯⋯⋯⋯⋯⋯⋯⋯20

第2章 城镇化时空演变格局与模式⋯⋯⋯⋯⋯⋯⋯⋯⋯⋯⋯⋯⋯⋯⋯⋯⋯21
2.1 引言⋯⋯⋯⋯⋯⋯⋯⋯⋯⋯⋯⋯⋯⋯⋯⋯⋯⋯⋯⋯⋯⋯⋯⋯⋯⋯⋯⋯21
2.2 人口城镇化趋势与空间分布格局⋯⋯⋯⋯⋯⋯⋯⋯⋯⋯⋯⋯⋯⋯⋯⋯21
2.3 产业城镇化趋势与空间分布格局⋯⋯⋯⋯⋯⋯⋯⋯⋯⋯⋯⋯⋯⋯⋯⋯23
2.4 土地城镇化趋势与空间分布格局⋯⋯⋯⋯⋯⋯⋯⋯⋯⋯⋯⋯⋯⋯⋯⋯26
2.5 综合城镇化趋势与空间分布格局⋯⋯⋯⋯⋯⋯⋯⋯⋯⋯⋯⋯⋯⋯⋯⋯28
2.6 城镇化驱动机制与阶段性特征⋯⋯⋯⋯⋯⋯⋯⋯⋯⋯⋯⋯⋯⋯⋯⋯⋯30
2.6.1 人口驱动阶段(1990～2000年)⋯⋯⋯⋯⋯⋯⋯⋯⋯⋯⋯⋯⋯⋯30
2.6.2 土地和产业共同驱动阶段(2000～2010年)⋯⋯⋯⋯⋯⋯⋯⋯⋯30
2.6.3 土地驱动阶段(2010～2018年)⋯⋯⋯⋯⋯⋯⋯⋯⋯⋯⋯⋯⋯⋯30
2.7 城市空间扩张时空特征⋯⋯⋯⋯⋯⋯⋯⋯⋯⋯⋯⋯⋯⋯⋯⋯⋯⋯⋯⋯31
2.7.1 城市边界确定⋯⋯⋯⋯⋯⋯⋯⋯⋯⋯⋯⋯⋯⋯⋯⋯⋯⋯⋯⋯⋯31
2.7.2 城市空间形状⋯⋯⋯⋯⋯⋯⋯⋯⋯⋯⋯⋯⋯⋯⋯⋯⋯⋯⋯⋯⋯34
2.7.3 城市扩张特征⋯⋯⋯⋯⋯⋯⋯⋯⋯⋯⋯⋯⋯⋯⋯⋯⋯⋯⋯⋯⋯35

2.8	城市空间扩张的经济溢出效应	39
	2.8.1 计算方法	40
	2.8.2 增长溢出效应时间变化特征	40
2.9	小结	45
	参考文献	46

第3章 城镇化社会经济驱动因子识别 48

3.1	引言	48
3.2	数据来源与研究方法	48
	3.2.1 数据来源	48
	3.2.2 研究方法	49
3.3	社会经济要素时空变化特征	52
	3.3.1 城镇体系特征	52
	3.3.2 经济发展总体特征	54
	3.3.3 人口增长与分布特征	55
	3.3.4 产业发展特征	56
	3.3.5 工业化特征	57
	3.3.6 社会公共服务发展特征	58
	3.3.7 交通发展特征	60
	3.3.8 创新发展特征	61
3.4	社会经济发展对城镇化的驱动作用	61
	3.4.1 人口城镇化驱动因素分析	61
	3.4.2 土地城镇化驱动因素分析	65
3.5	小结	77
	参考文献	79

第4章 城镇化自然生态环境影响因子识别 80

4.1	引言	80
4.2	数据来源与研究方法	81
	4.2.1 数据收集及标准化	81
	4.2.2 灰色关联分析	82
	4.2.3 方差分析	83
4.3	自然环境要素时空变化特征	84
	4.3.1 水要素变化特征	84
	4.3.2 土地要素变化特征	86
	4.3.3 植被要素变化特征	87
	4.3.4 能源要素变化特征	87
4.4	城镇化关键自然生态环境影响要素识别	89
	4.4.1 城镇化与要素的关联度分析	89
	4.4.2 影响城镇化的关键要素识别	91

4.5 城镇化与关键自然影响要素交互强度 ·· 92
    4.5.1 灰色关联分析均值 ·· 92
    4.5.2 整体交互强度排名 ·· 94
    4.5.3 不同城市交互强度特征 ·· 95
4.6 小结 ·· 95
参考文献 ·· 96

第5章 京津冀城市群地区生态环境交互胁迫 ·· 98
5.1 引言 ·· 98
5.2 数据来源与研究方法 ·· 98
    5.2.1 数据来源 ·· 98
    5.2.2 研究方法 ·· 101
5.3 "人-地"交互胁迫 ·· 102
    5.3.1 "人-地"交互胁迫时空变化特征 ·· 102
    5.3.2 "人-地"交互胁迫影响机制 ·· 107
5.4 "人-水"交互胁迫 ·· 109
    5.4.1 "人-水"交互胁迫时空变化特征 ·· 109
    5.4.2 "人-水"交互胁迫影响机制 ·· 114
5.5 "人-碳"交互胁迫 ·· 119
    5.5.1 "人-碳"交互胁迫时空变化特征 ·· 119
    5.5.2 "人-碳"交互胁迫影响机制 ·· 124
5.6 小结 ·· 141
参考文献 ·· 143

第6章 城镇化与生态环境交互胁迫时空演变模式 ································ 144
6.1 引言 ·· 144
6.2 数据来源与研究方法 ·· 144
    6.2.1 数据来源 ·· 144
    6.2.2 城镇发展与生态环境交互胁迫评价指标体系 ································ 146
    6.2.3 城镇发展与生态环境交互胁迫评价方法 ·· 152
6.3 城镇发展与生态环境交互胁迫时间演变特征 ·································· 156
    6.3.1 生态环境综合水平时间演变特征 ·· 156
    6.3.2 城镇发展与生态环境交互胁迫时间演变特征 ································ 162
6.4 城镇发展与生态环境交互胁迫空间演变特征 ·································· 164
    6.4.1 生态环境综合水平空间演变特征 ·· 164
    6.4.2 城镇发展与生态环境交互胁迫空间演变特征 ································ 167
6.5 城镇发展与生态环境交互胁迫类型与模式 ······································ 169
    6.5.1 生态环境综合健康程度演变模式 ·· 169
    6.5.2 城镇发展与生态环境交互胁迫类型和模式 ···································· 169
6.6 小结 ·· 171

参考文献 172

第7章 城镇化的生态环境胁迫效应 174
7.1 引言 174
7.2 城镇化对水资源的胁迫效应 175
7.2.1 数据来源与计算方法 175
7.2.2 市级尺度水资源胁迫分析 177
7.2.3 区县尺度水资源胁迫分析 179
7.2.4 城镇化的水资源胁迫效应分析 182
7.3 城镇化对大气环境的胁迫效应 183
7.3.1 数据和方法 183
7.3.2 京津冀地区 $PM_{2.5}$ 污染时空格局演变特征 184
7.3.3 京津冀地区城市 $PM_{2.5}$ 污染潜在风险时空格局特征 188
7.4 城镇化对植被生态的胁迫效应 195
7.4.1 城镇化过程与植被动态变化 196
7.4.2 城镇化背景下植被 NPP 时空特征 198
7.4.3 土地利用类型转换引起的 NPP 净变化 200
7.5 城镇化对城市热环境的影响 202
7.5.1 城市地表温度空间变化特征 202
7.5.2 城镇化对城市热岛效应的影响 208
7.6 小结 210
参考文献 211

第8章 城镇化的区域生态系统服务效应与优化调控 212
8.1 引言 212
8.2 数据来源与研究方法 213
8.2.1 数据来源 213
8.2.2 研究方法 214
8.3 生态服务空间分布格局 221
8.3.1 区域尺度生态系统服务空间分布特征 221
8.3.2 城市尺度生态系统服务空间分布特征 224
8.4 城市群增长对生态系统服务影响的多情景模拟 226
8.4.1 城市增长多情景模拟 226
8.4.2 未考虑生态红线政策的城市群增长情景 233
8.4.3 考虑生态红线政策的城市群增长情景 235
8.5 城市群增长优化调整的对策与建议 237
8.6 小结 238
参考文献 239

第1章 城市群地区基本特征

1.1 引　言

"城市群"是指以中心大城市为核心，在空间上关联、功能上交互、与周边一系列城市形成的具有高密度生产和生活空间，以及高密度人口、资源、环境效应的城市集群（陈利顶等，2016）。我国城市化特征复杂多样，近年来，国内特大城市与超大城市的规模和数量都不断增加，逐步形成了若干城市群。随着大大小小的城市群相继建立和快速发展，其面临的生态环境问题也越来越突出，严重阻碍了我国城市群的健康发展。在城市群内部，城镇化发展仍存在时空分异特征，而区域生态环境对不同城镇化特征的响应也有所不同（刘彦随和杨忍，2012）。系统研究城市群地区的城镇化与生态环境因子的时空演变特征，对于探讨城镇化与生态环境之间相互作用关系，实现区域一体化协调发展具有重要意义。

城市群地区城镇化过程在土地、人口以及经济方面均存在时空分异特征，并且与周边地区存在交互耦合的作用关系。其中，土地城镇化伴随着建成区面积的聚集性增加和水域、自然植被以及耕地的不断减少，对区域气候调节和水土保持产生了潜在负面影响，这在大城市地区表现得尤为明显。除了土地外，城镇化还存在人口和经济的集聚效应。近20年来，人口的集聚性在城市群地区持续上升，且人口流动数量与城市规模呈正相关关系，这对城市经济发展起到了促进作用，但与此同时也导致了一定程度上农村地区劳动力不足（张车伟和蔡翼飞，2012；吕文静，2014）。由于各地区生态禀赋和产业基础不同，城市化发展过程中的路径往往存在差异。城市群内部各城市在 GDP 总量上往往存在较大差异，并且在产业结构和经济增速上也不尽相同，这种差异为城市群资源优化配置和协同发展提供了调控空间。除此之外，城市群在地理空间上的集聚性与经济上的集聚性还存在显著的正相关性。

生态环境对城市群地区城镇化过程的响应也存在时空分异性（李波和张吉献，2015）。一方面，各地区自然资源丰度不同；另一方面，不同的城镇化过程对自然资源的利用程度有所不同。总的来说，城镇化过程将导致不透水层面积显著增加，主要包括建成区以及道路、工矿用地等，并且伴随有耕地、林草用地被侵占等生态环境破坏过程。城市建成区扩张与城市经济发展和人口总量密切相关，大城市经济发展和人口集聚速率较快，建成区扩张速度要显著快于中小城市。水资源方面，城镇化过程导致用水总量持续上升，很多地区的地下水资源已经濒临枯竭。随着城镇化水平的逐步提高带来的技术改进以及政策法规的实施，城市用水效率也在不断提升，而在大城市地区往往提升得更为明显（鲍超，2015）。整体上，工业用水效率仍然较低。能源方面，城市群地区能源消费总量不断攀升，部分地区能源利用结构仍需要进行大力优化调整，需进一步提升清洁能源比例和改善能源利用效率（王蕾和魏后凯，2014）。环境方面，从整体看，大型城市在污水处理率、固废处理能力方面较为领先，但是在城市热环境、碳排放强度以及大气污染方面的生态环境压力相对较大（赵亚芳等，2017）。

综上所述，城市群地区的城镇化过程往往较快，人口和经济聚集性较强，对区域发展具有显著的带动作用。同时，快速城镇化对区域生态环境的压力也在持续增大，这些均会给水资源、土地资源、大气环境等要素的生态承载能力带来较大挑战。本章以京津冀城市群为例，通过分析城镇化和生态环境二者的时空演变特征，可以准确描述相关要素对二者耦合关系的影响，从而为识别关键影响要素、构建城镇化与生态环境交互耦合分析模型奠定基础。

1.2 行政区划与生态环境基本特征

1.2.1 地区概况

京津冀城市群是我国的政治中心和重要的经济中心（图1.1和图1.2），包括

图 1.1　京津冀城市群位置示意图

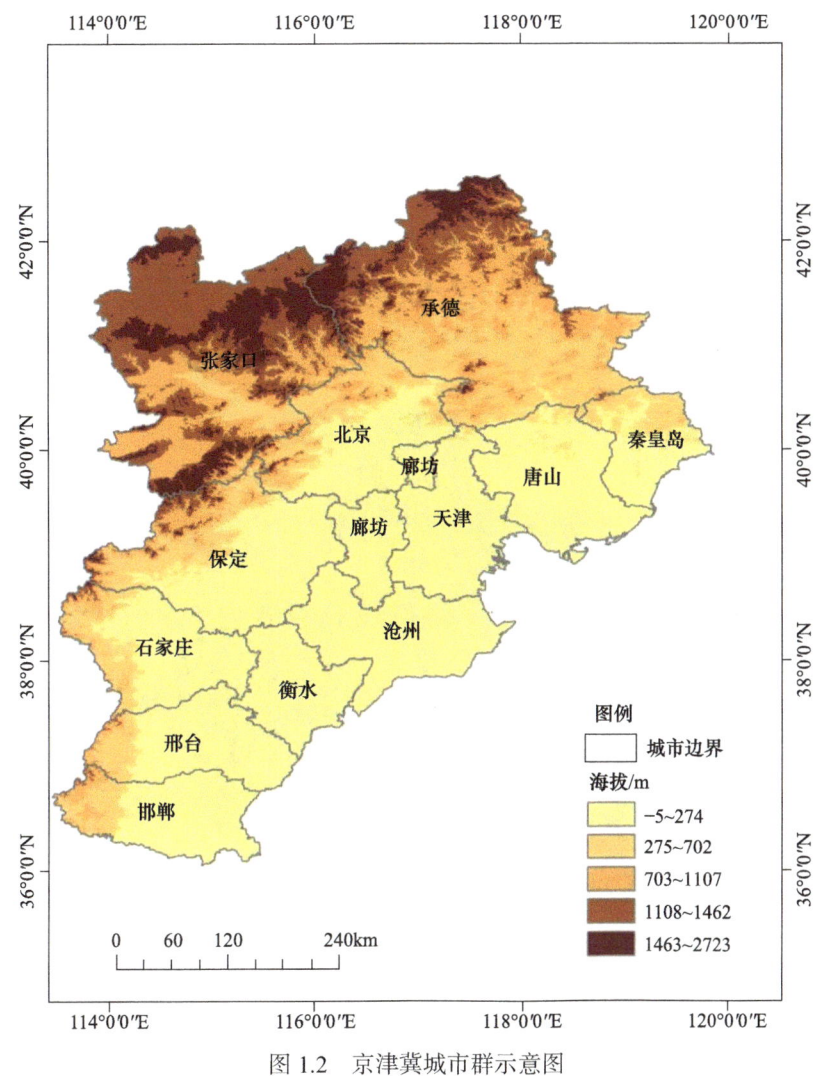

图 1.2 京津冀城市群示意图

北京、天津和河北的保定、唐山、廊坊、石家庄、秦皇岛、张家口、承德、沧州、衡水、邢台与邯郸。京津冀城市群地域面积约 21.6 万 km^2,占全国国土面积的 2.3%。从全国经济发展来看,京津冀城市群在促进我国经济转型和经济崛起方面扮演着重要角色。截至 2019 年末,京津冀城市群地区生产总值 84580.08 亿元,占全国的 9.4%;常住人口为 11307.4 万人,占全国总人口的 8.08%;粮食总产量 3991.2 万 t,占全国粮食总产量的 6.01%。

京津冀地区具有十分重要的战略地位。北京作为首都,政治地位突出,文化底蕴深厚,科技创新领先,人才资源密集,国际交往密切;天津拥有北方最大的综合性港口,制造业基础雄厚,研发转化能力较强,发展势头良好;河北自然资源丰富,劳动力相对充裕,产业基础较好,经济体量较大,具有广阔的发展空间。京津冀地缘相接、地域一体,为实现优势互补、区域一体化协同发展奠定了基础。

1.2.2 地理和气候

京津冀地区地处我国华北地区，西部邻接太行山山脉，北部为燕山山脉，东临渤海，南部为平坦的华北平原（图1.3）。京津冀地区不仅地貌多样，而且气候类型差异显著。京津冀地区地处环渤海核心地带，属于温带-暖温带，半湿润-半干旱大陆性季风气候，年均降水量300~800mm，年均气温4~13℃，四季分明，地势西北高、东南低，区位与生态优势明显。

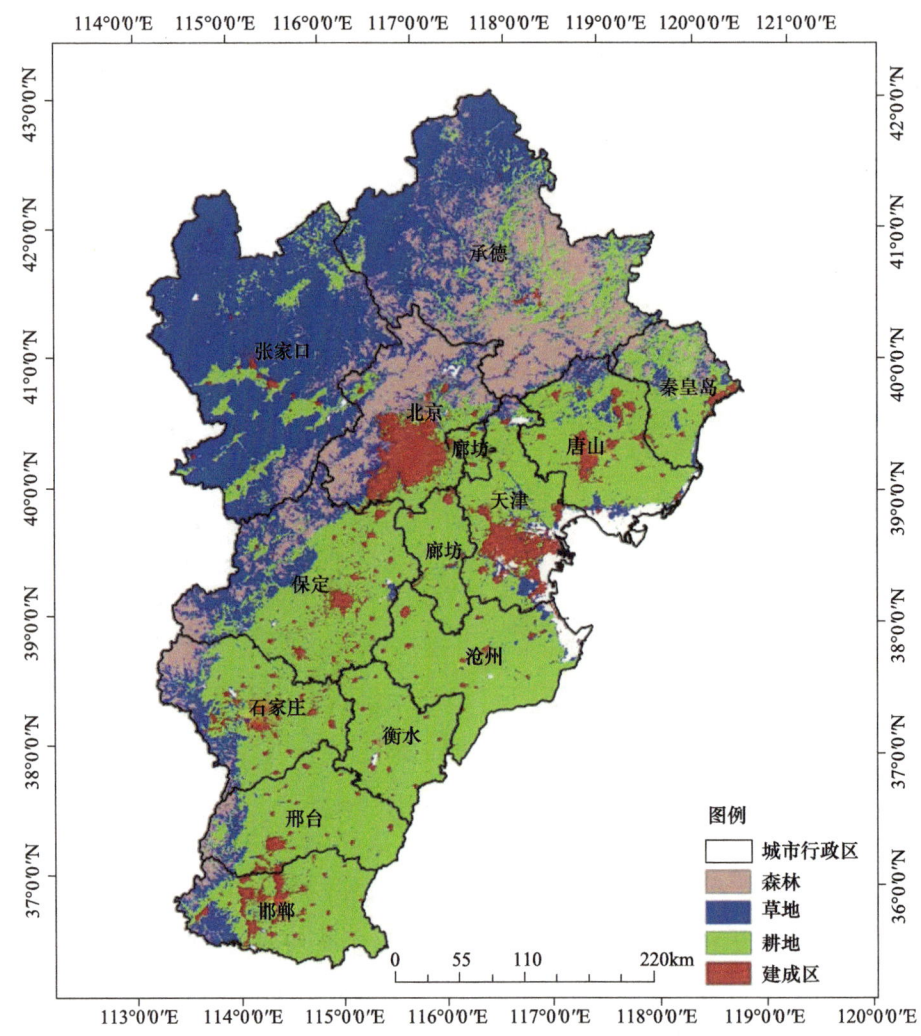

图1.3 京津冀地区土地覆盖类型特征（基于2018年MCD12Q1土地分类数据绘制）

具体地，京津冀地区由北到南可以进一步分为半干旱气候、半干旱偏湿气候、暖温带半干旱气候以及暖温带半干旱偏湿气候等气候类型，其中半干旱偏湿气候是面积所占比例最大的类型。自20世纪60年代以来，京津冀地区的气候干湿分界线有部分偏移，京津冀地区整体变干的趋势较为明显（郝然等，2017）。近50

年来，京津冀地区的气温升高显著，大部分地区降水减少，这也是京津冀地区变干的原因之一，而整个区域的蒸发量在减少，部分补偿了京津冀地区的干旱趋势（李鹏飞等，2015）。

1.2.3 土壤和植被

京津冀地区植被类型丰富，并且具有显著的地带性特征（图1.3）。西北部有高山草地和高原草甸，主要分布于张家口境内；森林资源则主要分布于北部的承德、北京北部以及京津冀西部山区；华北平原大部分地区均为耕地，其次为各个城市的建成区。1985年以来，快速城市化使得京津冀城市建成区面积快速增加，耕地被大量占用，区域发展中心也向西北方向转移。京津冀地区耕地比例最大，其次是林地与城镇建设用地。例如，2015年京津冀地区耕地比例43.5%，林地比例33.0%，城镇用地比例10.8%。京津冀地区城镇化对耕地的影响最大，城镇用地的增加以侵占耕地为主，1984～2015年，京津冀地区人工表面从5.6%增加到10.8%，而耕地面积则从50.5%下降至43.5%，增加的人工表面主要来自对耕地的侵占，平衡京津冀地区城镇化与耕地保护的矛盾是京津冀地区发展规划关注的重点之一。此外，水体的占比虽然不大，一直保持在3%左右，但其重要的生态服务价值对京津冀地区的可持续发展具有至关重要的作用。

区域土壤类型的分布与地形地貌密切相关（图1.4）。北部坝上高原主要为钙层土，山地地区主要为淋溶土、半淋溶土、钙层土以及初育土，而石家庄、北京北部以及唐山北部主要为半淋溶土和半水成土；平原方面，衡水、天津、廊坊以及沧州等地为半水成土。研究表明，京津冀地区土壤质量的本底状况整体较好，良好以上土壤面积约占80.89%。其中，优质等级土壤占比为1.72%，主要分布在河北三河、鸡泽和天津宁河等部分地区；优良等级土壤占比为67.10%，广泛分布于全区；良好等级土壤占比为12.07%，主要分布于沿海滩涂和滦河流域地区。密集的人口和工业区对土壤质量有显著影响，中等质量土壤占京津冀全域面积的19.11%（马震等，2017）。

1.2.4 发展定位

根据《京津冀协同发展规划纲要》（以下简称《纲要》），京津冀城市群的功能定位如下：北京是全国政治中心、文化中心、国际交往中心和科技创新中心；天津是全国先进制造研发基地、北方国际航运核心区、金融创新运营示范区和改革开放先行区；河北是全国现代商贸物流重要基地、产业转型升级试验区、新型城镇化与城乡统筹示范区以及京津冀生态环境支撑区。因此，京津冀城市群城镇化过程与生态环境的交互胁迫机理是保障未来京津冀地区协同可持续发展的重要基础。

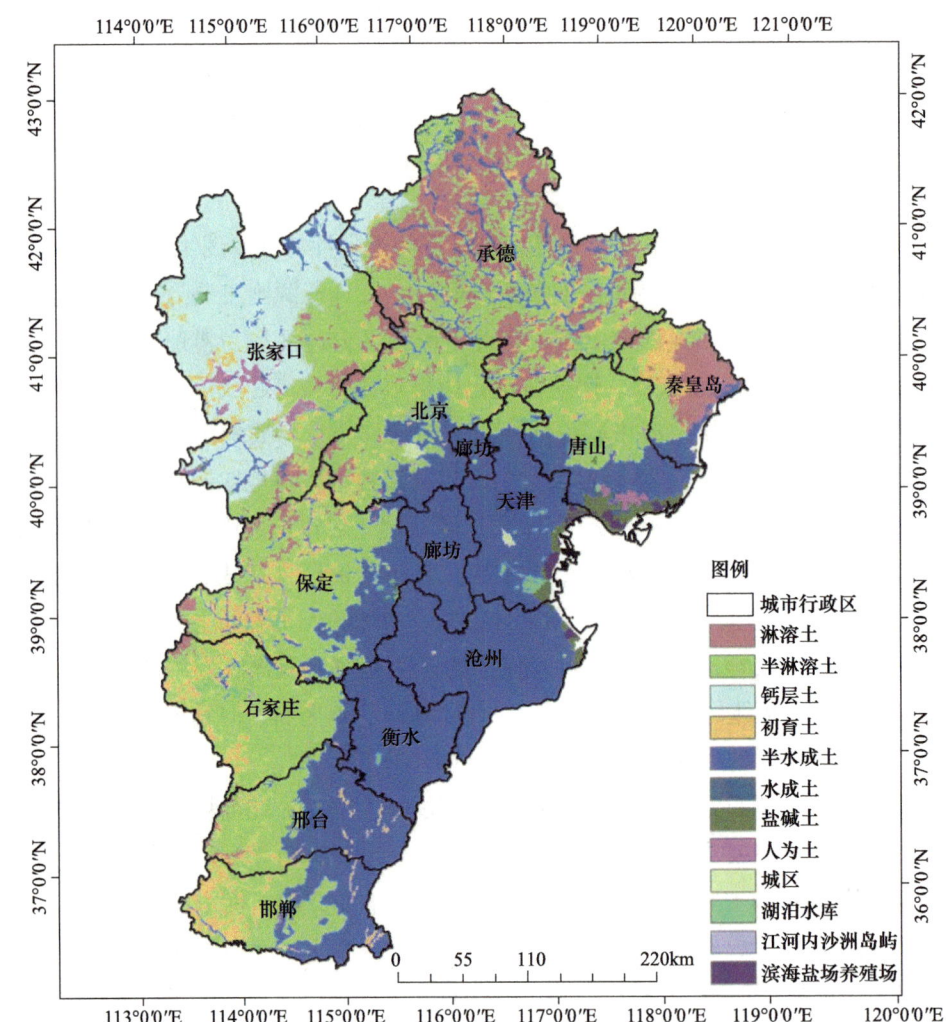

图 1.4 京津冀地区土壤类型分布图（数据来源于国家科技资源共享服务平台——国家地球系统科学数据中心，http://www.geodata.cn）

根据《纲要》说明，京津冀协同发展的中期（到 2020 年）目标为：区域一体化交通网络基本形成，生态环境质量得到有效改善，产业联动发展取得重大进展；远期（到 2030 年）目标为：首都核心功能更加优化，京津冀区域一体化格局基本形成，区域经济结构更加合理，生态环境质量总体良好，公共服务水平趋于均衡，成为具有较强国际竞争力和影响力的重要区域，在引领和支撑全国经济社会发展中发挥更大作用。

在此基础上，京津冀地区确定了"功能互补、区域联动、轴向集聚、节点支撑"的布局思路，明确了以"一核、双城、三轴、四区、多节点"为骨架，推动有序疏解北京非首都功能，构建以重要城市为支点，以战略性功能区平台为载体，以交通干线、生态廊道为纽带的网络型空间格局。其中，"一核"指北京。把有序疏解非首都功能、优化提升首都核心功能、解决北京"大城市病"问题作为京津冀协同发展的首要任务。"双城"是指北京、天津，这是京津冀协同发展的主要引擎，要进一步强化京津联动，全方位拓展合作广度和深度，加快实现同城化发展，共同发挥高端引领和辐射带动作用。"三轴"指的是京津、京保石、京唐秦三个产业发展带和城镇聚集轴，这是支撑京津冀协同发展的主体框架。"四区"分别是中部核心功能区、东部滨海发展区、南部功能拓展区和西北部生态涵养区，每个功能区都有明确的空间范围和发展重点。"多节点"包括石家庄、唐山、保定、邯郸等区域性中心城市和张家口、承德、廊坊、秦皇岛、沧州、邢台、衡水等节点城市，重点是提高其城市综合承载能力和服务能力，有序推动产业和人口聚集。

在生态环境保护方面，《纲要》指出，要打破行政区域限制，推动能源生产和消费革命，促进绿色循环低碳发展，加强生态环境保护和治理，扩大区域生态空间。重点是联防联控环境污染，建立一体化的环境准入和退出机制，加强环境污染治理，实施清洁水行动，大力发展循环经济，推进生态保护与建设，谋划建设一批环首都国家公园和森林公园，积极应对气候变化。

1.2.5 资源环境优势与特点

1. 综合实力强，城镇发展不均衡

截至 2019 年末，随着城市群经济社会的快速发展，京津冀地区产业大量聚集，人口城镇化比例日益上升，但同时存在明显的内部发展不均衡状况。例如，经济方面：北京人均 GDP 高达 16.4 万元，而最低的邢台人均 GDP 仅 2.87 万元；第二、第三产业比例方面：北京第二、第三产业比例为 16.2∶83.5，唐山为 52.4∶39.9；人口城镇化方面：北京常住人口比率最高，达到 86.6%，最低的是衡水，其人口城镇化率为 53.2%；居民收入方面：北京全市居民人均可支配收入为 67756 元，承德全市居民人均可支配收入仅为 12001 元。京津冀地区内部区域发展也存在发展不一致的问题，北京、天津两地经济发展迅速，人民生活水平较高，而位于京津冀地区南部的邯郸、邢台等经济发展相对缓慢，城镇化水平相对落后。因此，促进京津冀地区协同发展、京津冀地区优势互补是实现经济可持续发展的重要途径。

2. 生态优势突出，空间分布不均衡

京津冀地区的生态优势突出，生态服务功能类型多样，但空间分布不均衡。京津冀地区的生态系统服务类型主要包括土壤保持、水源涵养、洪水调蓄、防风固沙、生物多样性与固碳服务功能等。由于受生态系统格局的空间分布影响，多数生态系统服务主要分布在京津冀地区的北部与西北部。随着京津冀地区城镇化进程的加快，高度密集的社会、经济活动对生态系统服务产生了不利影响，由于人类活动类型与强度的空间差异，其对不同地区及不同类型的生态系统服务功能影响不同，影响机制非常复杂，因此，保护与进一步提升京津冀地区生态系统服务功能，恢复退化生态系统结构与功能，降低城镇化对生态系统服务的影响是京津冀地区国土生态安全格局构建的重要内容。

3. 资源承载力不足，利用效率不均衡

资源承载力是保障人类可持续发展的基础，可以为社会经济发展提供重要的资源支撑，京津冀地区由于自然条件及人类活动的影响，资源承载力相对不足，空间分布及利用效率不均衡，主要表现为：土地资源方面，京津冀城市群总面积为 21.6 万 km^2，仅占全国国土面积的 2.3%，但却聚集了全国 8%的人口和 10%的经济总量，其土地城市化特征显著，城市范围持续扩张，到 2018 年城市群建设用地面积达到 $4213km^2$，人均建设用地面积达到 $35.40m^2$，远超全国平均水平。建设用地面积的扩张推动了城市群地区经济发展，2018 年单位 GDP 建设用地面积达到 $4.88\ m^2/$万元，明显高于全国平均水平，表明京津冀整体的土地资源利用效率比较高，但京津冀城市群内部不同地区间的差异明显，土地利用效率的空间分布不均衡（王德起和庞晓庆，2019；卫晓庆等，2020），表明京津冀地区土地利用效率仍有很大的提升空间（赵丹丹和胡业翠，2016；刘方田，2019）。

水资源方面，京津冀城市群地处半干旱地区，水资源先天优势不足。随着城市化进程的推进，人口增长、耗水产业发展，城市群水资源日趋紧张，2015 年人均水资源占有量 $218.85m^3$，远低于 $2059.19m^3$ 的全国平均水平，缺水问题十分突出（伍玉良，2018）。同时，京津冀城市群地区的水资源利用效率不断提升，2018 年单位 GDP 耗水为 $34.1m^3/$万元，低于全国平均水平 60%，缓解了水资源紧张对城市化的限制作用，但是京津冀地区内部水资源的空间分布不均衡，而且与水资源利用强度与效率也缺乏一致性，尽管利用效率提升、工程调水在一定程度上缓解了供水压力，但水资源短缺仍是京津冀地区限制发展的重要因素（刘洋和李丽娟，2019），且缺水问题呈水量性缺水向水质性缺水转变的变化趋势，水资源不合理利用带来的水污染等问题不容忽视，必须遵循最严格的水资源管理制度（夏军和左其亭，2018；余灏哲等，2019；赵丹丹，2019）。

能源方面，京津冀城市群具有较高的资源禀赋，城市群南部分布多个煤矿，东部沿海存在丰富的油气资源，同时也积极发展新能源，近年来发展了张家口可再生能源示范区、核电站建设规划，但城镇化加快了能源消耗，使产业结构相对落后，能源利用结构不合理，加剧了空气污染、热岛效应等环境问题。2018 年城市群能源供应约占能源消费的 1/3，高于全国能源 15.8%的对外依存度，能源供不应求特征明显。尽管城市群能源利用效率不断提升，高于全国平均水平，但距离建设成为世界级城市群仍有差距，虽然京津冀地区推行"煤改电""煤改气"等措施来改善能源结构，减缓能源的环境效应，但是京津冀内部不同城市的能源利用效率存在明显差异，因此，京津冀地区进一步提升与均衡能源利用效率的潜力很大。

1.3 城镇化时空特征

1.3.1 时间变化特征

以京津冀为例，从经济、人口、土地和社会四个方面描述城镇化的时空演变特征。其中，经济方面，选择 GDP 总量和产业结构数据（第一、第二以及第三产业总量）表征；人口方面，选择常住人口以及城镇人口表征；土地方面，选择城市建设用地面积表达土地特征；社会方面，选择全社会固定资产投资以及社会消费品零售总额表达社会特征。

图 1.5 显示，1985 年以来，京津冀地区整体的经济增长较为缓慢。进入 21 世纪以来，京津冀地区经济快速增长，截至 2018 年，GDP 总量的增长速率为 2939.49 亿元/年。经济结构方面，基本与 GDP 总量趋势类似，但是在不同产业上存在差别。其中，第一产业增长率最低，仅为 137.56 亿元/年；第二产业增长率显著提高，为 1116.40 亿元/年；第三产业增长率最快，达到 1709.23 亿元/年。

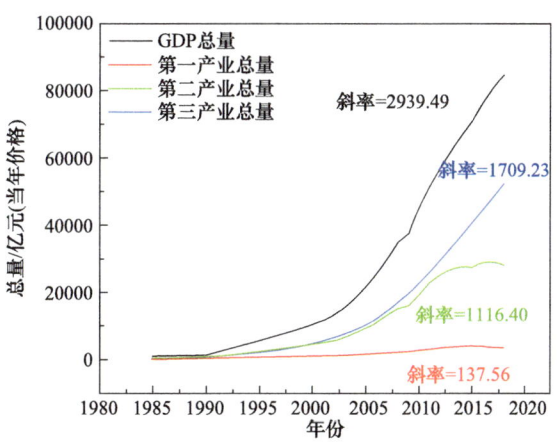

图 1.5 京津冀地区经济指标变化特征

以上数据表明，截至 2018 年，京津冀地区经济总量和经济结构都迅速发展，尤其是第二和第三产业，而第三产业的加速增长说明京津冀地区经济结构在由传统的农业到工业主导，再到服务业主导转型发展方面成效显著。

图 1.6 显示，京津冀地区自 1985 年以来常住人口和城镇人口均稳步增长。截至 2018 年，常住人口增长率为 126.66 万人/年，而城镇人口增长率较高，达到 200.60 万人/年。在增长形态方面，常住人口增长曲线较为平缓，城镇人口的增长率自 2003 年以来有明显升高，而增长趋势到 2015 年之后稍减。与常住人口相比，较高的城镇人口增长率表明京津冀地区城镇化速率的逐步提升，也间接说明京津冀地区城镇化发展成效显著。

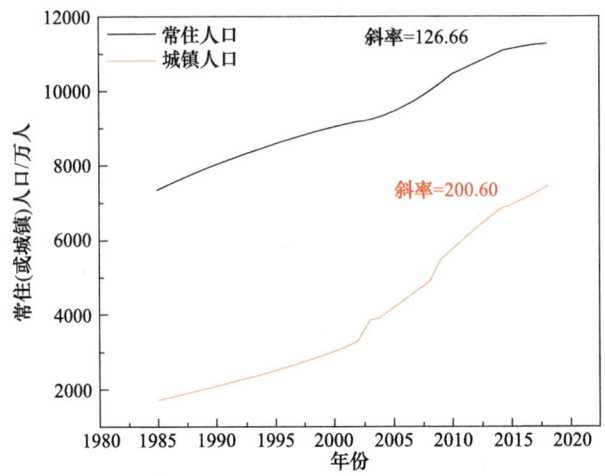

图 1.6 京津冀地区人口指标变化特征

如图 1.7 所示，京津冀地区城镇化过程中，城市建设用地面积增长速率多变。整体上城市建设用地面积变化速率为 101.47 km²/a，其中 1985~2000 年，城市建设用地面积增加较缓慢，2000 年以后随着城镇化节奏加快，城市建设用地面积快速增加，到 2018 年稍有减缓，说明京津冀地区土地城镇化率在经历多年高速发展后有所减缓，这也符合城镇化土地扩张的规律。

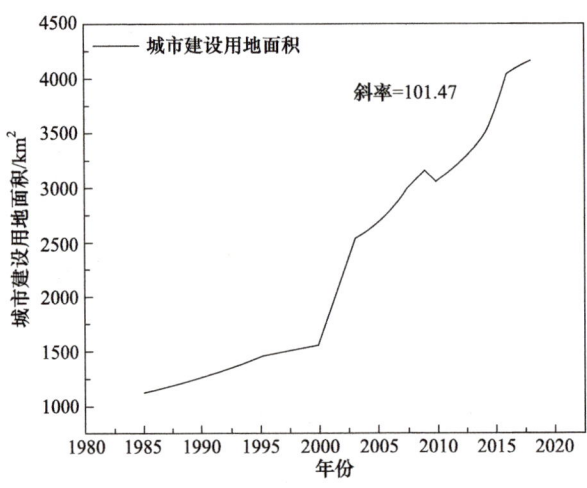

图 1.7 京津冀地区土地指标变化特征

如图 1.8 所示，京津冀地区社会指标的变化呈非线性趋势，截至 2018 年，全社会固定资产投资增长率为 1949.38 亿元/年，而社会消费品零售总额增长率为 1156.27 亿元/年。其中，1985~2000 年，全社会固定资产投资和社会消费品零售总额均小于 10000 亿元，2000 年之后开始快速增加，并且全社会固定资产投资增加更快，二者的高速发展直接反映了京津冀地区快速城镇化的成果。

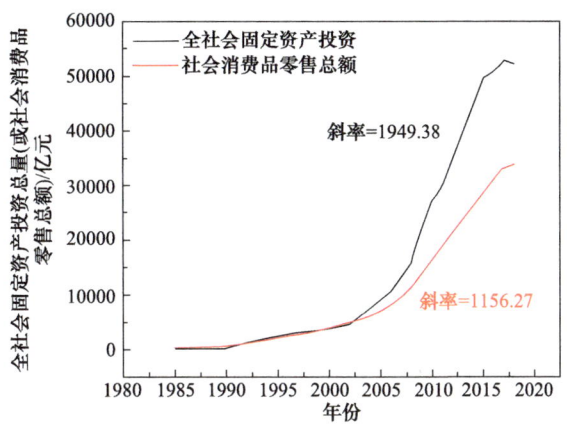

图 1.8 京津冀地区社会指标变化特征

1.3.2 空间变化特征

本节从城镇化率、人均 GDP、社会消费品零售总额以及城市建设用地面积方面，从市域尺度，描述了京津冀地区城镇化发展的空间变化规律。从整体上看，在空间格局方面，京津冀城市群城镇化过程的主要特征是北京和天津的优先发展带动整个区域的联动发展，这在城镇化率和社会消费品零售总额的指标上体现得尤为明显。除京津之外的各城市间的城镇化发展的空间差异性随时间逐步缩小，这在一定程度上体现了区域协同发展的成效。

如图 1.9 所示，20 世纪前，京津冀地区城镇化率除了北京和天津超过 50%以外，其他城市的城镇化水平还较低，基本上均低于 30%，尤其是南部的衡水，城镇化率低于 10%；21 世纪以来，北京和天津的城镇化率迅速提升，在 2005 年已经达到 70%以上。另外，与北京和天津邻近的廊坊、唐山以及省会石家庄城镇化率也上升较快，至 2018 年达到 60%以上，其他地市如北部的张家口、承德，南部的邢台和邯郸城镇化率均在 50%以上。

如图 1.10 所示，在经济发展方面，1995 年，除北京外，京津冀地区人均 GDP 均在 1 亿元/万人以下，在北京经济发展的辐射下，周围城市的经济发展开始加快，2015 年石家庄、廊坊和唐山人均 GDP 已经超过 5 亿元/万人。截至 2018 年，北京、天津、唐山、廊坊、秦皇岛和石家庄的人均 GDP 均在 5 亿元/万人以上，其中，北京和天津人均 GDP 超过 9 亿元/万人。

· 12 · 城市群地区城镇化与生态环境时空演变特征及胁迫效应

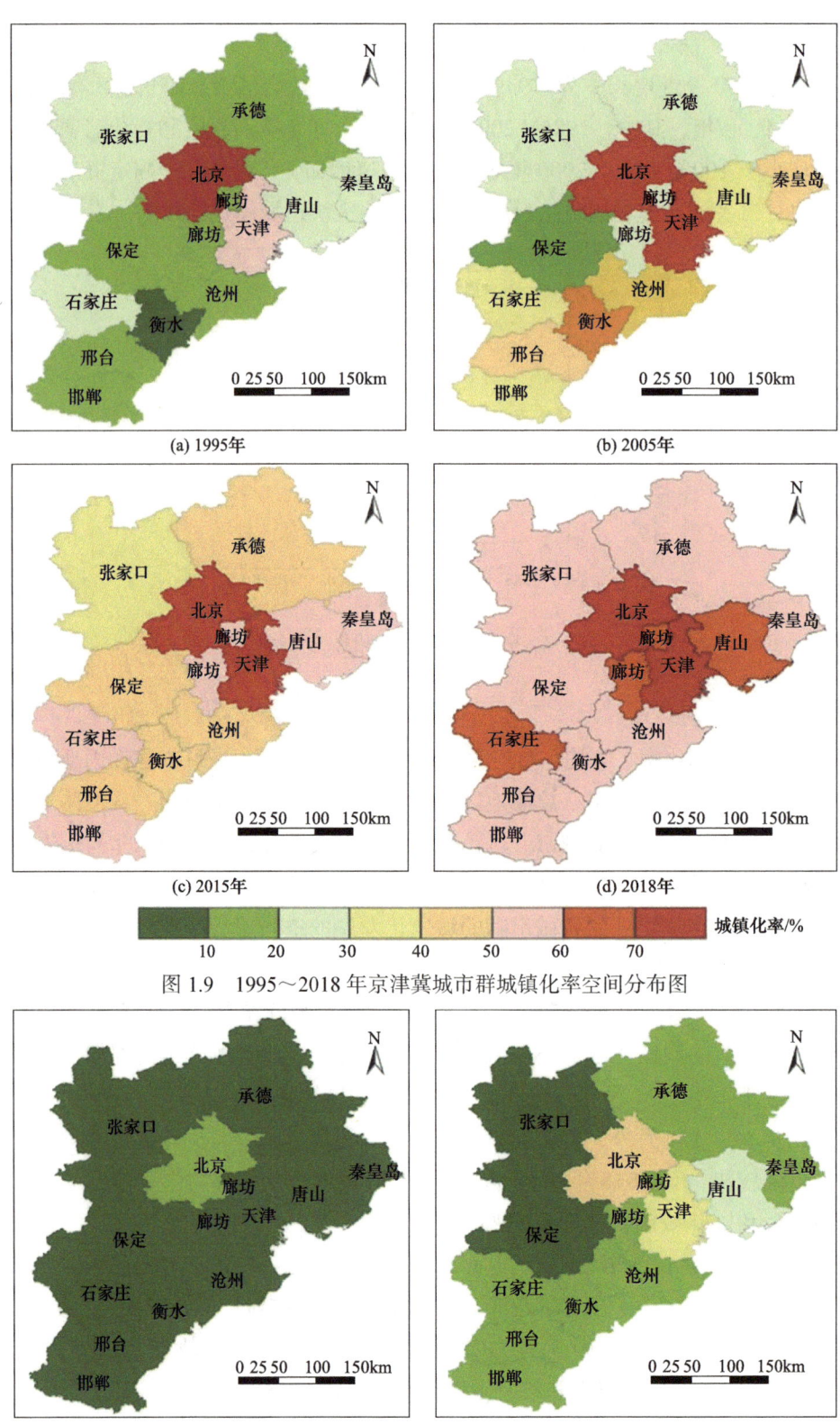

图 1.9 1995~2018 年京津冀城市群城镇化率空间分布图

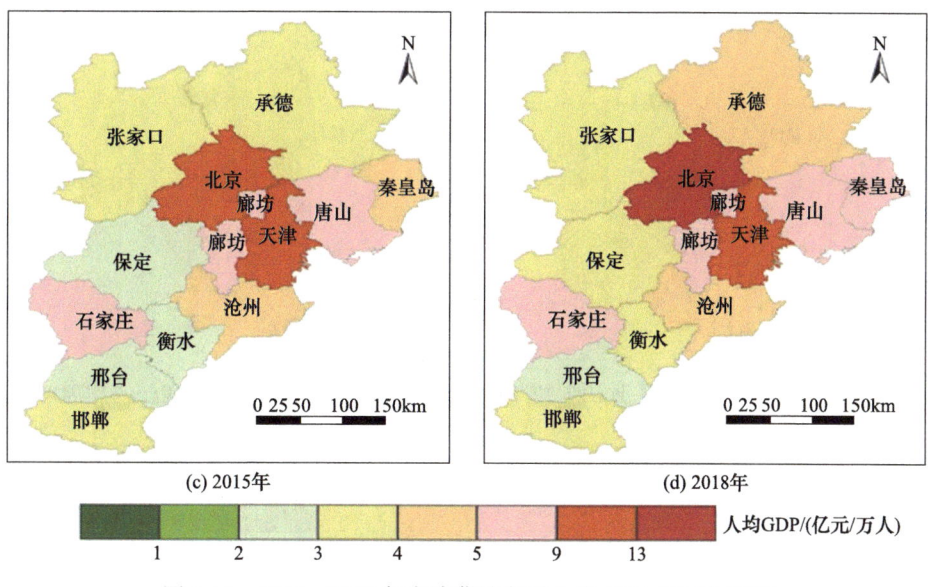

图 1.10　1995~2018 年京津冀城市群人均 GDP 空间分布图

如图 1.11 所示，随着城镇化的不断推进、人口向城市涌入，以及城乡人口购买能力的不断提升，京津冀地区社会消费品零售总额不断增加。截至 1995 年，仅北京和天津的社会消费品零售总额超过 300 亿元，唐山、保定和石家庄超过 100 亿元，其他城市均小于 100 亿元。1995~2015 年，20 年间京津冀地区的社会消费品零售总额增速最快，北京的社会消费品零售总额从 950.4 亿元增加到 10338 亿元，天津的社会消费品零售总额也超过了 5000 亿元，远远高于其他城市的社会消费品零售总额，唐山和石家庄的社会消费品零售总额增长速度其次，社会消费品零售总额超过 2000 亿元；2015~2018 年保定和邢台的社会消费品零售总额较自身而言增速较大，张家口、承德、秦皇岛和衡水截至 2018 年社会消费品零售总额最少，低于 1000 亿元。

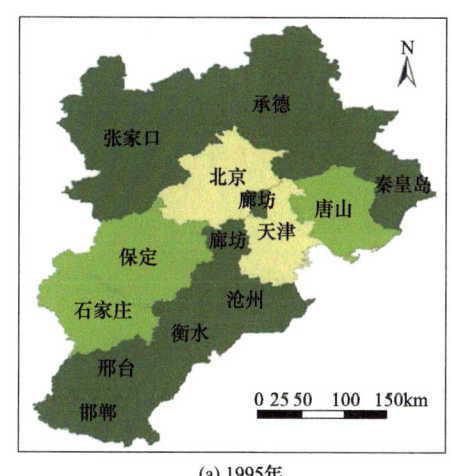

(a) 1995年

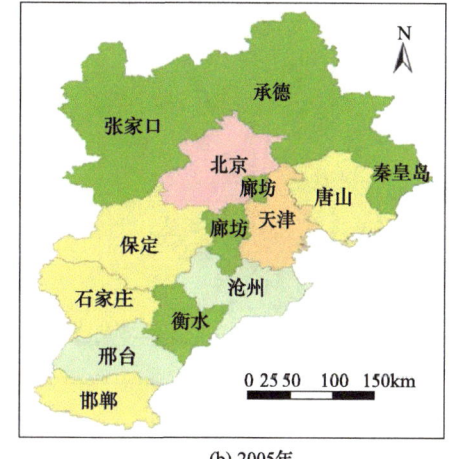

(b) 2005年

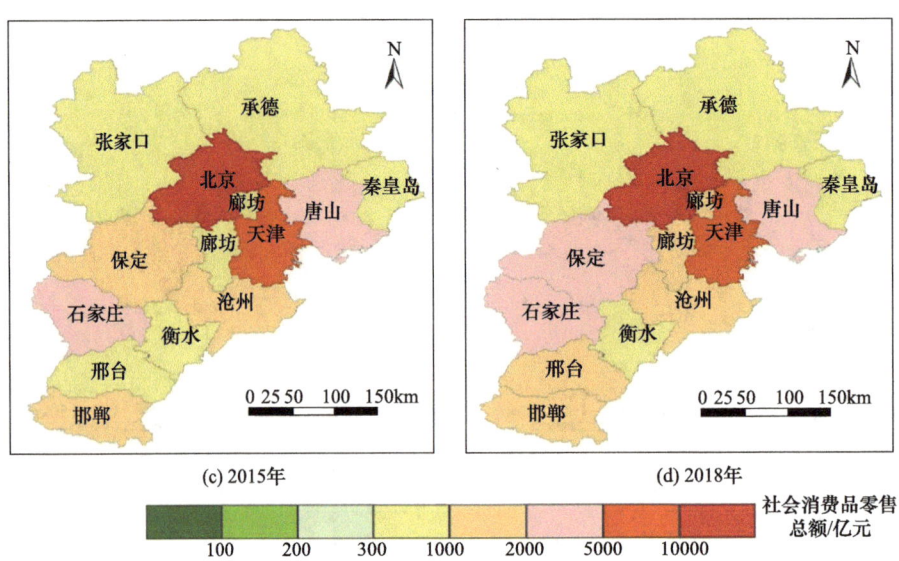

图 1.11　1995~2018 年京津冀城市群社会消费品零售总额空间分布图

如图 1.12 所示,随着城镇化的不断推进,京津冀地区的城市建设用地面积不断扩张,其中北京和天津的城市建设用地面积最大。1995 年以来,京津冀地区城市建设用地面积的增长较为缓慢,仅北京和天津的城市建设用地面积在 300km^2 以上,承德、廊坊、沧州、衡水和邢台城市建设用地面积均低于 50km^2。2005 年以来,北京和天津保持高速增长,北京城市建设用地面积大于 1000km^2,天津大于 500km^2。唐山和石家庄城市建设用地面积增加较快,保定和邯郸也有显著增加。至 2018 年,北京和天津的城市建设用地面积超过 1000km^2,石家庄、唐山和保定城市建设用地面积次之,为 200~500km^2,承德、廊坊、沧州、衡水城市建设用地面积均低于 100km^2。

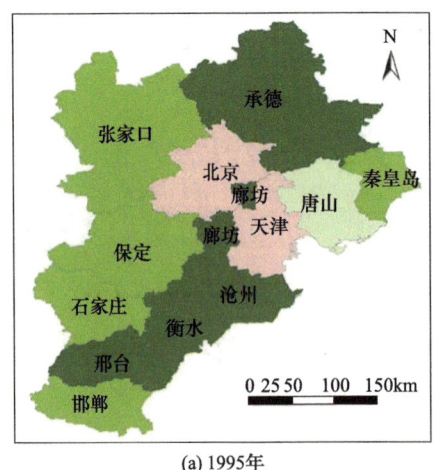

(a) 1995年

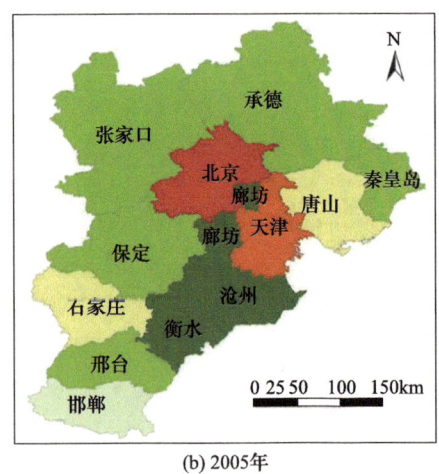

(b) 2005年

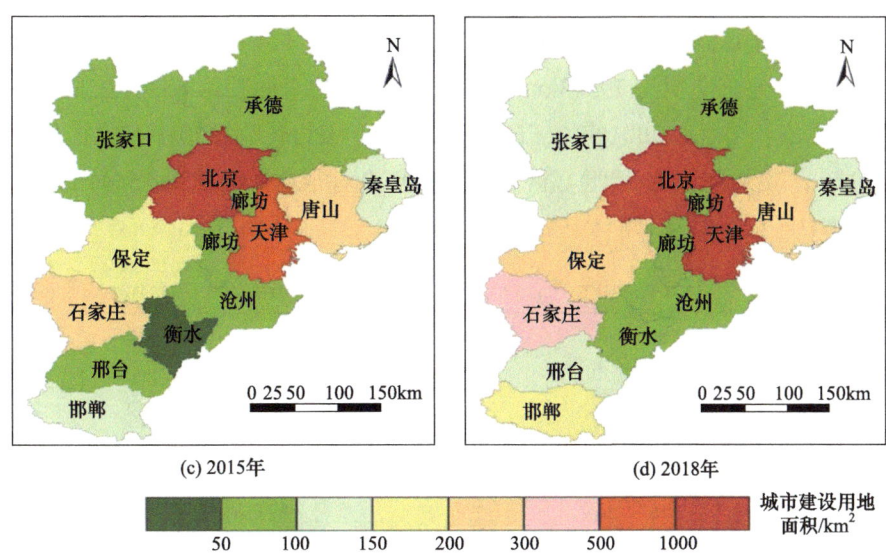

图 1.12 1995～2018年京津冀城市群城市建设用地面积空间分布图

1.4 城镇化背景下生态环境演变

城镇化过程改变了区域土地利用结构,进而影响了植被覆盖度以及地表温度。本书基于遥感方法,从土地利用、植被以及地表温度三个方面,分别描述了京津冀地区快速城镇化背景下生态环境因子的时空演变特征。研究时间段为 2001～2018 年。其中,土地利用方面,研究使用国际通用的国际地圈-生物圈计划(IGBP)地表分类体系的 MODIS 土地分类遥感产品(MOD12A1)描述京津冀地区土地利用类型的年际变化,使用归一化植被指数(NDVI)描述植被变化的年际特征,使用 MODIS 陆面温度产品反映城镇化背景下的地表热环境变化。

1.4.1 土地利用时空演变

图 1.13 为京津冀地区土地利用类型和面积对比。基于京津冀的土地利用优势类型,研究将土地利用类型归纳为森林、草地、农田和建成区四大类。从图 1.13 中可以看到,京津冀地区在 2001 年和 2018 年的土地利用大格局没有明显变化,草地主要分布在京津冀西北高原区,森林主要分布在北部山区,农田则主要分布在较为平坦的中部和南部平原区,建成区主要为各地级市的行政中心区以及一些较大的县城。其中,北京是建成区最大的城市,天津次之,然后是石家庄和唐山等地。

具体到各个类别,京津冀地区 2018 年的土地利用与 2001 年相比有明显差异性。经过像元面积转换,森林方面,2001 年京津冀地区森林总面积为 16709.5km^2,

2018年京津冀地区森林总面积达到35801km², 增长了114.3%。草地方面, 2001年京津冀地区草地总面积为79543km², 而2018年草地总面积为65301.25km², 减少了17.9%。农田方面, 2001年农田总面积为111492km², 而2018年农田总面积为104216km², 减少了6.53%。建成区方面, 2001年建成区总面积为15444.75km², 而2018年建成区总面积为17841.25km², 增加了15.52%。

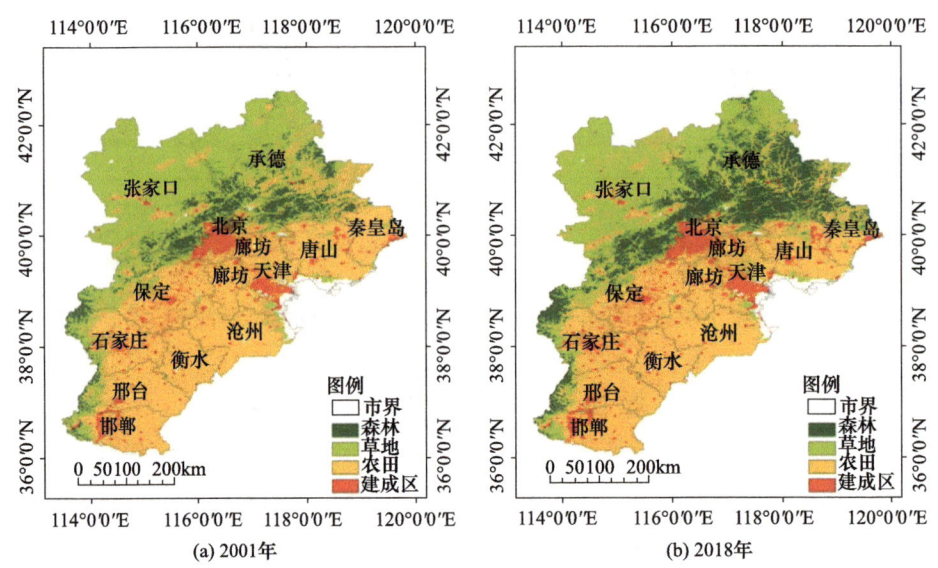

图1.13　京津冀地区土地利用类型和面积对比（2001年和2018年）

所有类型中，森林面积增长最快，主要增长区域为京津冀北部承德境内，其草地退化显著，大部分都转化为森林，少部分转化为建成区和农田。农田面积变化不大，建成区面积则有明显增加。因此，2001年以来，京津冀地区森林面积大幅增加对区域固碳增加和提升北部植被覆盖度具有积极贡献。而草地的大面积减少则需要引起关注。

1.4.2　植被动态与时空演变

如图1.14所示，研究分别计算了2001年和2018年的平均植被绿度。整体上，京津冀地区的植被覆盖主要集中在北部山区以及中南部的农田区域，西北部高原和东部滨海植被相对较少。与2001年相比，得益于造林工程，2018年北部山区的植被绿度有所提升，NDVI均值普遍达到0.5以上。而中部和南部区域植被绿度则有所下降，并且植被覆盖分布破碎化增强，这主要是快速城镇化过程导致植被面积减少和建成区植被绿化不足。2018年西北部山区的植被绿度仍旧偏低，但是比2001年有所改善。

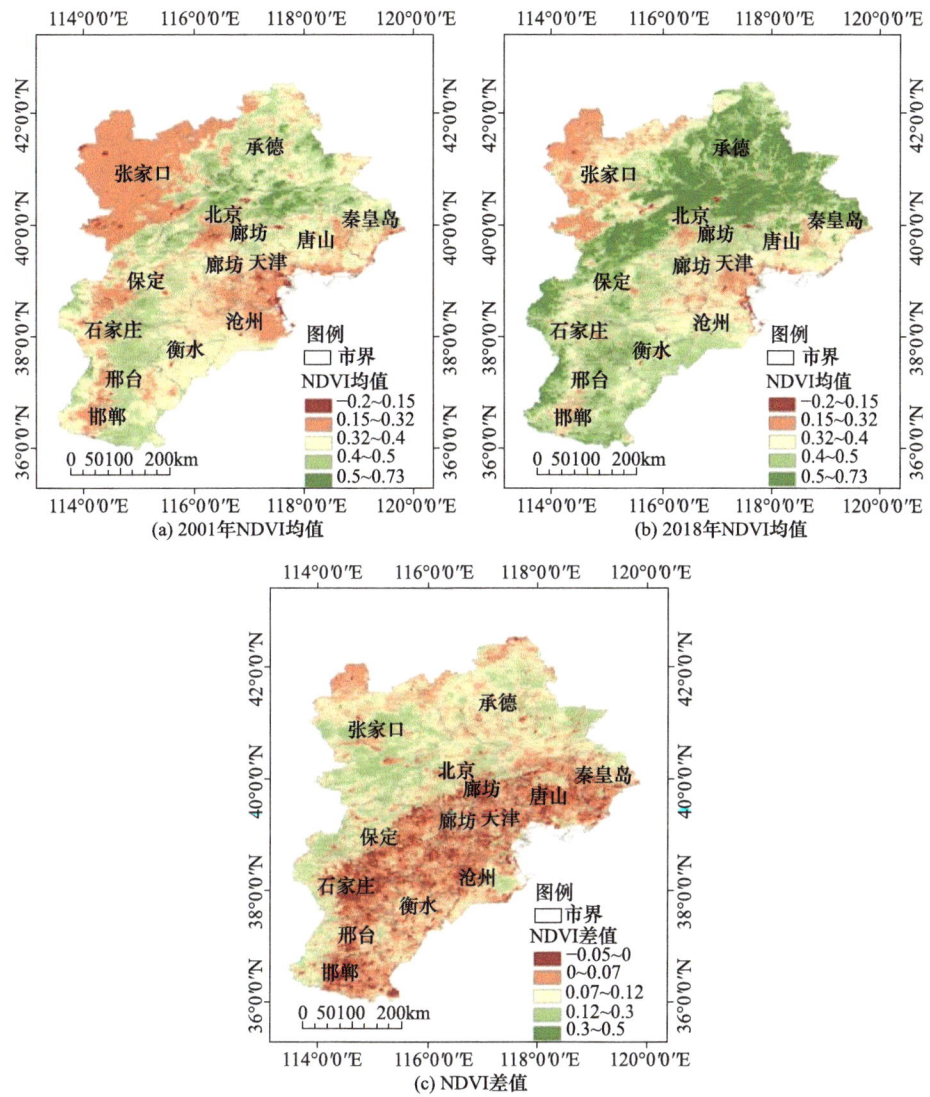

图 1.14 京津冀地区植被绿度时空变化特征（2001 年和 2018 年 NDVI 均值以及差值）

建成区方面，整体上，2001 年各城市建成区植被绿度很低，NDVI 普遍仅有 0.1~0.2，即城区内几乎没有有效植被覆盖，其中，大型城市如北京和天津城市绿化不足的问题更为突出。这一情况在 2018 年有所改善，其中北京的建成区 NDVI 稳定在 0.25 以上，部分区域在 0.3 以上。天津的植被覆盖整体仍然偏低，NDVI 维持在 0.2 左右的水平。部分城市建成区面积扩张导致了城市植被覆盖的下降，如唐山、邯郸和廊坊。从 2018 年和 2001 年的 NDVI 差值图上看，京津冀地区植被绿度主要在西北部和西部的山区有所增加，增加幅度为 0.12~0.3，北部山区略有增加，增加幅度为 0.07~0.12。在中部和南部平原区，植被绿度有所下降，NDVI 下降幅度在 0.05 以内。

1.4.3 城市热环境时空演变

研究以地表温度表征京津冀地表热环境的时空变异性。京津冀地区 2001 年以来的地表温度时空变异性较为显著（图 1.15）。整体上，京津冀地区地表温度呈北方低、中部和南部高的空间格局，这主要是由京津冀地区的地表覆盖类型决定的，森林和草地的地表温度较低，而建成区和农田区域的地表温度相对较高。2001年，京津冀地区的地表温度为 4～22℃，而 2018 年的范围为 4～28℃，地表温度范围大幅升高。除此之外，地表温度的空间分布也有较大不同。与 2001 年相比，2018 年北部山区的地表温度整体有所降低，由 16～19℃降低到 13～16℃，部分地

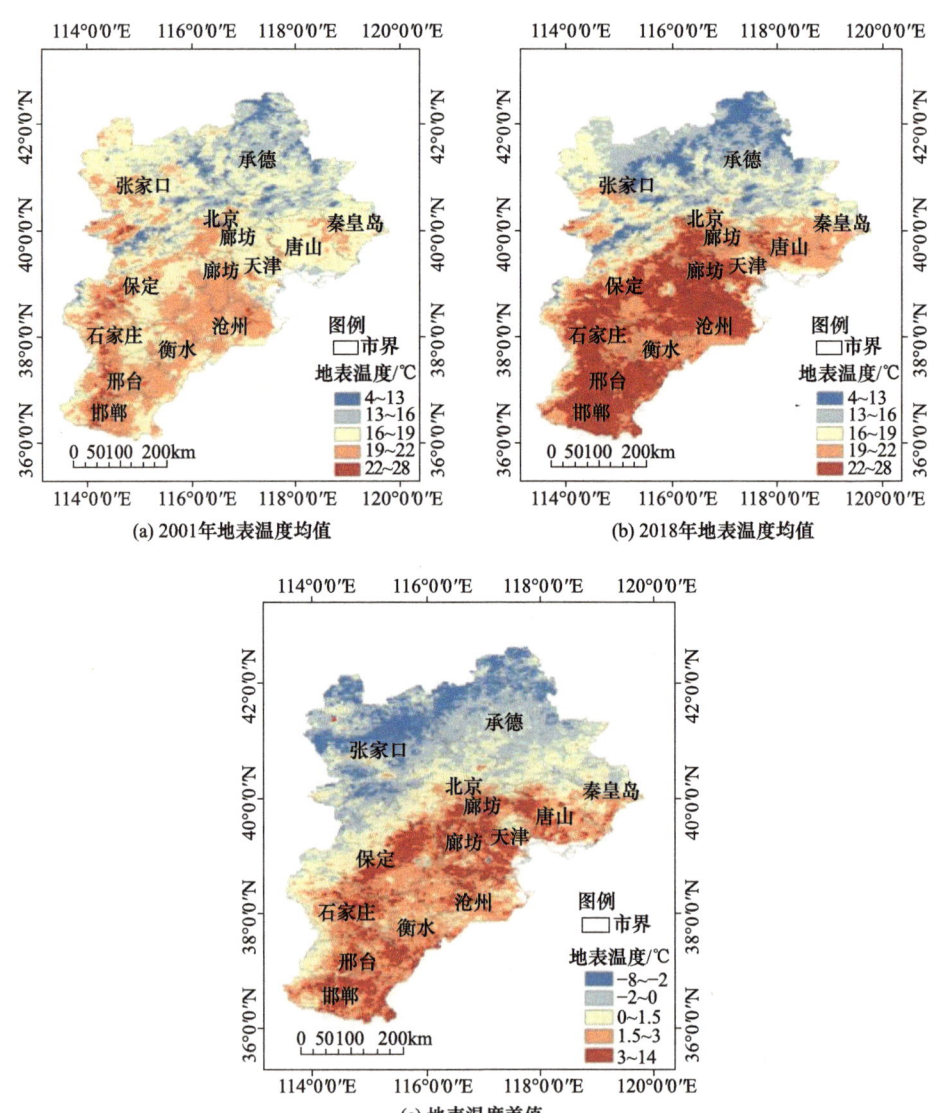

图 1.15　京津冀地区地表热环境时空变化（2001 年和 2018 年均值对比以及差值）

区下降到 4~13℃，根据前文结果，这主要是北部山区近年来大力开展生态工程，植被绿度和林草面积增加导致地表温度下降。另一个地表温度变化剧烈的区域是平原区，该区域与 2001 年相比，地表温度也有明显升高，这一方面与京津冀地区城镇化快速发展有关，另一方面与区域气候变化导致的地表热环境变化有关。

从地表温度变化的差值图看，京津冀地区地表温度的变化与地形密切相关，在北部和西北部，2018 年的地表温度比 2001 年显著降低，在山区到平原的过渡带，则有微弱的增加，幅度为 0~1.5℃。在中部和南部平原区，大部分区域有 1.5~3℃ 的增加幅度，部分地区有 3℃ 以上的增加幅度。具体到城市方面，京津冀地区各市主行政区的地表温度均显著上升，而北京、天津两个大型城市中心区的地表温度升高 3℃ 以上，这说明快速城镇化对地表温度升高具有显著影响。

1.5 小　　结

本章从宏观角度描述了京津冀城市群地区的城镇化以及相关自然因素的时空分布特征，从社会经济和自然环境方面概括了京津冀地区的基本特征。整体上，京津冀城市群地区的综合实力较强，但是城市间经济和社会发展不均衡性较强；区域生态优势非常突出，生态类型多样，但是生态类型的空间分布分异性较大；地区资源承载力相对不足，利用效率空间差异较大。

（1）京津冀地区各城市化特征要素在这一时段差异性最小。总体上，城市化发展速度较为均衡。这也表明，虽然不同分段时期，京津冀地区城市化发展的差异性较大，但是总体的发展趋势相同。

（2）虽然京津冀地区各城市间经济、社会方面的城市化增长差异性相对较小，发展速度相对平衡，但是各市经济和社会生活水平差距依旧明显，经济与社会城市化发展程度差异性大的格局并没有改变。北京、天津两个超大城市经济城市化和社会城市化程度远高于河北各市，同时河北省内城市间经济与社会城市化程度差异性仍然较大。

（3）京津冀地表所有植被类型中，森林面积增长最快，主要增长区域为京津冀北部承德境内，草地退化显著，大部分都转化为森林，少部分转化为建成区和农田。农田面积变化不大，建成区则有明显增加。京津冀地区的植被覆盖主要集中在北部山区以及中南部的农田区域，西北部高原和东部滨海地区植被相对较少。

（4）京津冀地区 2001 年以来的地表温度时空变异性较为显著。整体上，京津冀地区地表温度呈北方低、中部和南部高的空间格局，这主要是由京津冀地区的地表覆盖类型决定的,森林和草地的地表温度较低,而建成区和农田区域的地表温度相对较高。

参考文献

鲍超. 2015. 中国城镇化与经济增长及用水变化的时空耦合关系. 地理学报, 69 (12): 1799-1809.

陈利顶, 周伟奇, 韩立建, 等. 2016. 京津冀城市群地区生态安全格局构建与保障对策. 生态学报, 36 (22): 7125-7129.

郝然, 王卫, 郝静. 2017. 京津冀地区气候类型划分及其动态变化. 安徽农业大学学报, 44(4):670-676.

李波, 张吉献. 2015. 中原经济区城镇化与生态环境耦合发展时空差异研究. 地域研究与开发, (3): 143-147.

李鹏飞, 刘文军, 赵昕奕. 2015. 京津冀地区近50年气温、降水与潜在蒸散量变化分析. 干旱区资源与环境, 29(3):137-143.

刘方田. 2019. 基于多源遥感信息的京津冀不透水地表时空变化分析. 石家庄: 河北师范大学.

刘彦随, 杨忍. 2012. 中国县域城镇化的空间特征与形成机理. 地理学报, 67 (8): 1011-1020.

刘洋, 李丽娟. 2019. 京津冀地区产业结构和用水结构变动关系. 南水北调与水利科技, 17 (2): 1-9.

吕文静. 2014. 论我国新型城镇化、农村劳动力转移与农民工市民化的困境与政策保障. 农业现代化研究, (1): 57-61.

马震, 谢海澜, 林良俊, 等. 2017. 京津冀地区国土资源环境地质条件分析. 中国地质, 44(5):857-873.

王德起, 庞晓庆. 2019. 京津冀城市群绿色土地利用效率研究. 中国人口·资源与环境, (4): 8.

王蕾, 魏后凯. 2014. 中国城镇化对能源消费影响的实证研究. 资源科学, 36(6): 1235-1243.

卫晓庆, 王涛, 李嘉霖, 等. 2020. 京津冀地区新型城镇化对土地生态效率影响的实证分析. 生态科学, 39 (1): 118.

伍玉良. 2018. 近60年京津冀地区水资源时空演变分析. 济南: 济南大学.

夏军, 左其亭. 2018. 中国水资源利用与保护40年(1978～2018年). 城市与环境研究, (2): 9.

余灏哲, 李丽娟, 李九一. 2019. 一体化进程中京津冀水资源利用与城市经济发展关系时空分析. 南水北调与水利科技, 17 (2): 29-39.

张车伟, 蔡翼飞. 2012. 中国城镇化格局变动与人口合理分布. 中国人口科学, 6: 44-57.

赵丹丹. 2019. 基于投入产出和"生态网络"的京津冀水足迹演变趋势与水资源调控研究. 北京: 北京林业大学.

赵丹丹, 胡业翠. 2016. 土地集约利用与城市化相互作用的定量研究——以中国三大城市群为例. 地理研究, 35 (11): 2105-2115.

赵亚芳, 张宁, 陈燕, 等. 2017. 环太湖地表城市热岛长期遥感资料分析. 高原气象, 36 (5): 1394-1403.

第 2 章 城镇化时空演变格局与模式

2.1 引　言

城镇化是一个复杂的演变过程，尤其是随着人口增长和社会经济发展，城镇化过程加速发展，城镇化时空演变格局不仅与区域自然背景有密切关系，也与社会经济发展密切相关。自20世纪80年代以来，我国城镇化进入快速发展阶段，大量人口向城市集中，建设用地规模不断扩大，产业结构不断优化发展，城市之间相互作用逐渐增强。正确认识城镇化的时空演变特征、驱动机制和演变模式，对于指导城镇化良性发展具有重要意义。

2.2 人口城镇化趋势与空间分布格局

整体上看，1990～2010年京津冀人口城镇化水平普遍提高，区域平均值由1.3001上升到2.1739，到2018年略有下降，平均值为2.1356。根据各城市的相对水平，北京、天津的人口城镇化水平始终表现为高水平，石家庄、唐山、保定等城市的人口城镇化水平都有较明显的提升，承德和衡水的人口城镇化水平始终处于较低水平（表2.1，图2.1）。

表 2.1　人口城镇化水平综合评价结果

城市	1990年	2000年	2010年	2018年
北京	1.6413	2.2397	2.4679	2.5263
天津	1.5957	2.1633	2.3864	2.3987
石家庄	1.3612	1.9425	2.2314	2.1823
唐山	1.3693	1.8828	2.2078	2.1526
秦皇岛	1.2406	1.7556	2.0737	2.0112
邯郸	1.3103	1.8030	2.1846	2.1032
邢台	1.2232	1.7236	2.1164	2.0681
保定	1.2557	1.8339	2.1482	2.1201
张家口	1.2695	1.7316	2.0825	2.0385

续表

城市	1990年	2000年	2010年	2018年
承德	1.1909	1.6847	2.0299	1.9726
沧州	1.2270	1.7530	2.1384	2.0891
廊坊	1.2436	1.7713	2.1380	2.0929
衡水	0.9734	1.6650	2.0558	2.0073
平均值	1.3001	1.8423	2.1739	2.1356

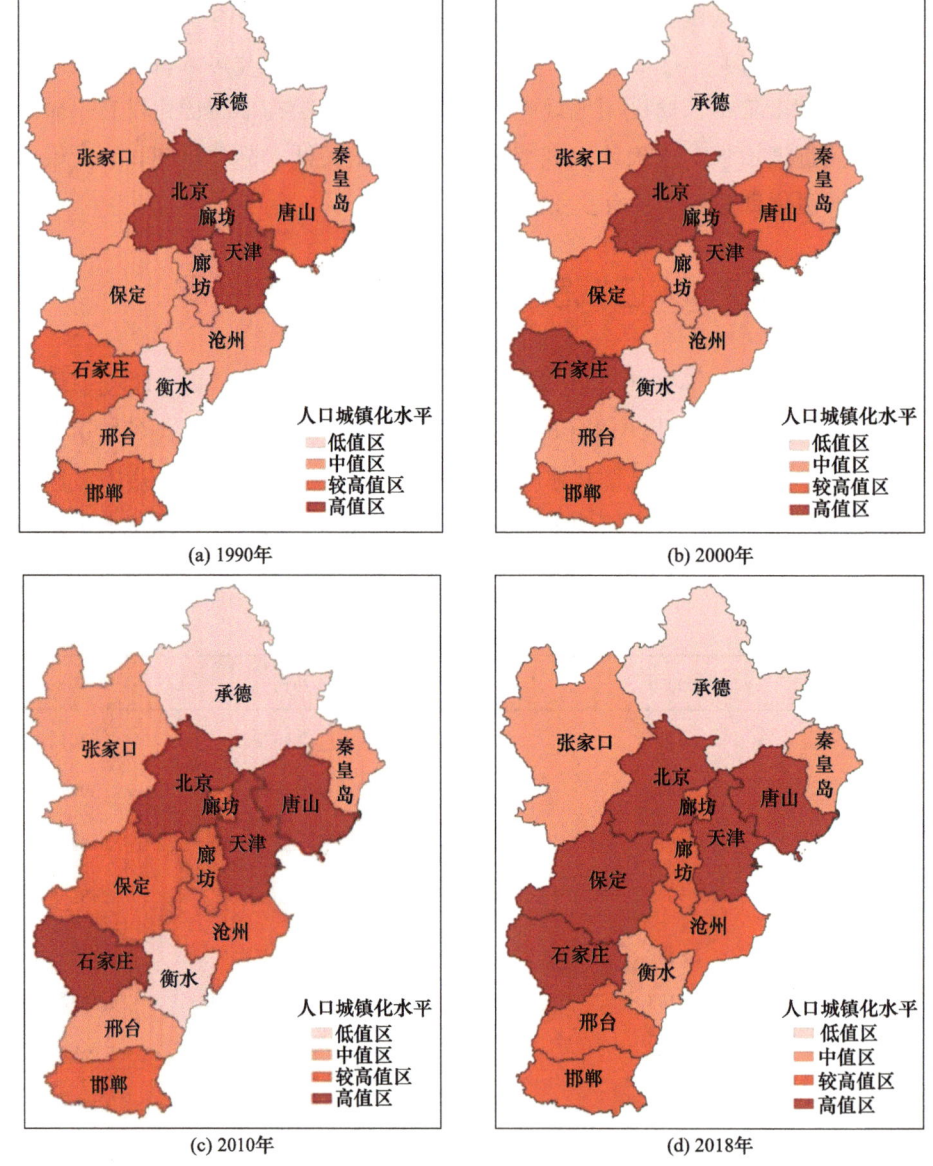

图 2.1 1990～2018年京津冀人口城镇化水平时空格局

京津冀城市群总人口从 1990 年的 3600 万人增长到 2018 年的 11270.1 万人，城镇化水平从 21%同步增长到 65.9%，年均增长约 1.6 个百分点。1990 年京津冀城市群城镇化水平为 21%，处于城镇化发展的初期阶段；2000 年城镇化水平达到 32%，进入城镇化发展的中期阶段。同时，这也是京津冀城市群城镇化提升的高速发展期，2000~2018 年的 18 年间，城镇化水平从 32%提高到 65.9%，年均增长近 1.9 个百分点，即将迈入城镇化发展的后期阶段。分区域来看，2018 年京津冀城市群 13 个城市中，北京城镇化水平最高，为 86.6%；其次为天津（83.5%），石家庄城镇化发展势头良好，2018 年末城镇化水平达到 63.16%，唐山城镇化水平也超过 63%，廊坊、秦皇岛位列其后，城镇化水平分别为 60.01%、59.42%；城镇化水平较低的城市分别为沧州、保定、承德，城镇化水平分别为 53.64%、53.49%、52.07%。

与此同时，京津冀城市群人口城镇化空间分布高度不均衡，城镇人口高度集中于北京、天津，其受到了历史和人口因素的影响，但更主要的是由经济社会政策造成的（陆大道，2015）。河北与北京、天津经济发展的差距，尤其是对流动人口有巨大吸引力的第三产业发展差距是导致城镇人口高度集聚到京津两市的主要原因。北京已经发展到后工业化发展阶段，劳动力市场体系完善，社会基本公共服务水平较高。因此，今后要在加快河北经济发展的过程中，更加注重产业结构调整，注重第三产业的发展，同时京津冀一体化政策应更多向河北倾斜，努力缩小河北与北京、天津在经济发展和社会公共服务水平上的差距，从而更好地实现京津冀人口城镇化的合理分布（孙久文和原倩，2014）。

2.3 产业城镇化趋势与空间分布格局

京津冀区域产业结构在改革开放以前就已经实现了由以农业为主向以工业为主阶段的转换。1978~2015 年，京津冀区域的第三产业比重始终高于第一产业比重，第三产业比重上升趋势明显。1999 年京津冀区域的第三产业比重超过了第二产业比重，产业结构进入了以服务业为主的阶段。2002~2005 年，第三产业比重略有下降，第二产业比重略有上升，但这之后第三产业比重继续保持上升趋势，而第二产业比重继续下降。到 2018 年京津冀区域三次产业比重分别由 1978 年的 16.78%、60.64%、22.58%变化为 4.3%、34.4%、61.3%；第一产业与第二产业比重分别下降 12.48 个和 26.24 个百分点，第三产业比重上升 38.72 个百分点。总的来说，京津冀区域第三产业比重上升趋势不可挡；第二产业比重由于受河北去产能影响下降趋势已成定局；第一产业比重稳中有降。分区域来看，2018 年京津冀城市群 GDP 总量较高的城市分别为北京、天津、唐山、石家庄、沧州、保定、廊坊次之,张家口、承德、秦皇岛 GDP 总量最低。三次产业结构差距明显,北京三次产业结构为 0.4∶18.6∶81,第三产业比重最高;第二产业比重较高的城市分别为唐山、保定、沧州、承德,均超过 50%;第一产业比重较高的城市分别为张家口、承德、秦皇岛,均在 15%左右。

根据产业城镇化水平测度结果来看,1990~2018 年京津冀城市群产业城镇化水平普遍持续提升,产业城镇化水平测度值由 1990 年的 1.9917 上升到 2018 年的 2.9126,且环京城市产业城镇化水平提升更为明显。具体来看,1990 年仅北京、天津、唐山、邯郸的产业城镇化水平高于区域平均水平;2000 年石家庄产业城镇化水平提高较显著,高于区域平均水平;2010 年除北京、天津、石家庄、唐山的产业城镇化水平显著提升外,邯郸和沧州两地的产业城镇化水平也迎头赶上,超过区域平均水平;到 2018 年,京津冀 13 个城市产业城镇化水平普遍提高,但多数城市提高幅度有限,高于区域平均水平的城市包括北京、天津、石家庄、唐山和沧州,多数都为南部环京城市(表 2.2,图 2.2)。

表 2.2 产业城镇化水平综合评价结果

城市	1990 年	2000 年	2010 年	2018 年
北京	2.4936	2.6121	2.9555	3.2876
天津	2.4279	2.6163	3.0905	3.2566
石家庄	1.9729	2.3604	2.8211	2.9889
唐山	2.1025	2.5009	3.0008	3.1235
秦皇岛	1.8479	2.2639	2.6266	2.7833
邯郸	2.0196	2.3136	2.7590	2.8516
邢台	1.9235	2.2613	2.6211	2.7284
保定	1.8702	2.3205	2.6512	2.8219
张家口	1.9328	2.1824	2.5778	2.6782
承德	1.7964	2.1136	2.6380	2.7803
沧州	1.8851	2.3145	2.7725	2.9661
廊坊	1.7694	2.2088	2.6891	2.8978
衡水	1.8502	2.2874	2.5635	2.7001
平均值	1.9917	2.3351	2.7513	2.9126

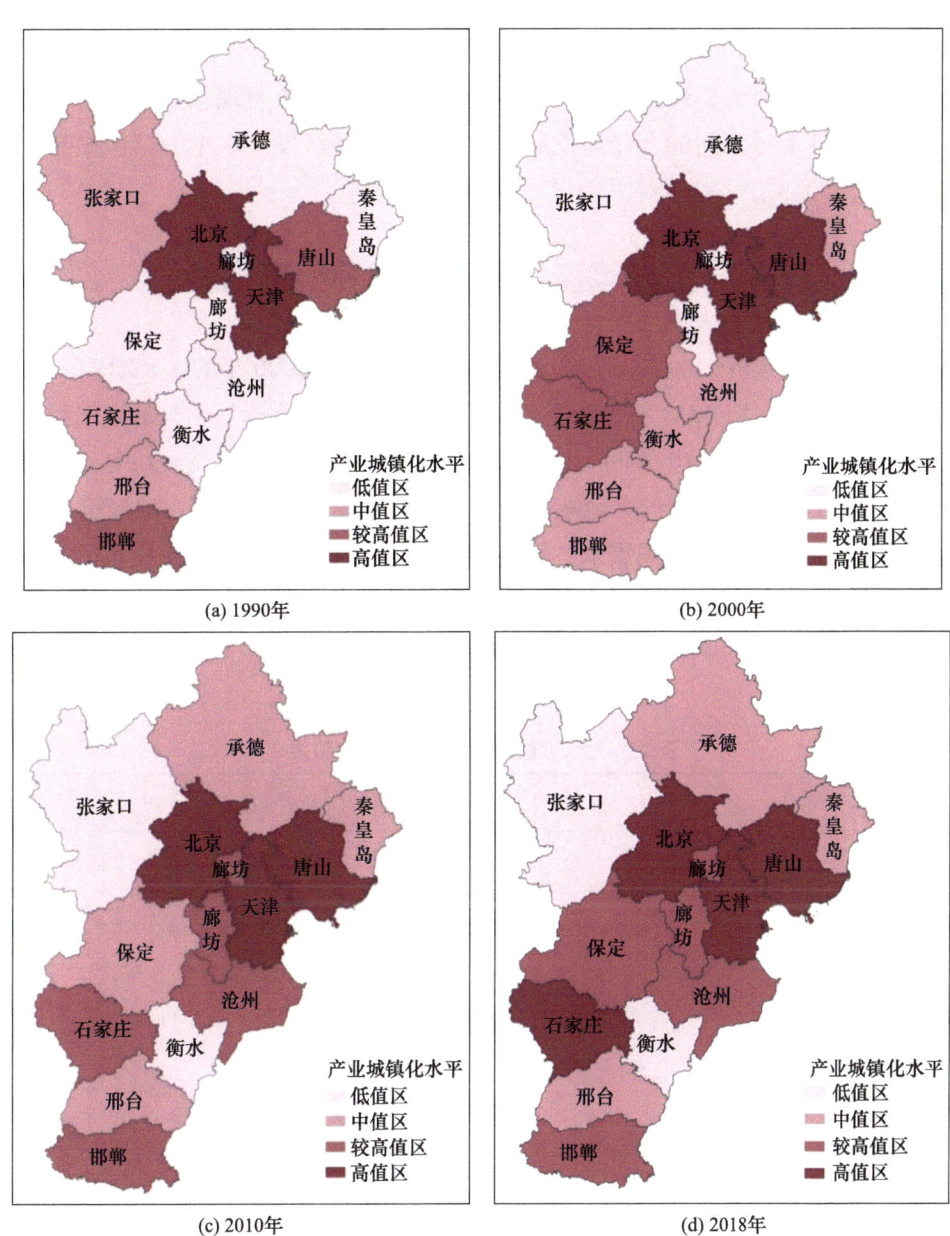

图 2.2 1990~2018 年京津冀产业城镇化水平时空格局

行政体制的分割以及各地区域经济发展利益的追求,使得京津冀城市群内各个城市利益的冲突较重,核心城市北京、副中心天津以及河北等各个地级市各自为政,城市产业发展类型及未来路径相似,开展一体化的互补性合作是未来京津冀城市群共建的必然选择(方创琳,2017)。从当前发展阶段来看,北京处于工业发展的后期阶段,以高新技术产业、战略性新兴产业、现代服务业等为主;天津处于从工业化中期向后期的过渡阶段,以先进制造业及生产性服务业为主;而河北除石家庄、廊坊外,其余地市均以一般制造业为主,而且高耗能、高污染型产业居多（祝尔娟，2009）。表面上看，三地具备一定的区域合作条件，但由于三地经济发展落差较大，京津冀城市群各个城市间的层级落差现象较为突出，制约了区域内部各个城市间的合作与发展，阻碍了区域经济发展水平的整体提高（孙虎和乔标，2015）。

2.4 土地城镇化趋势与空间分布格局

京津冀土地城镇化水平从1990年的1.5933下降至2000年的1.5522，2000年之后则持续上升，到2018年上升至2.1605，整体呈现先下降后上升的变化趋势，特别是2000~2010年10年间土地城镇化水平整体提升最为明显。其中，北京、天津、石家庄、唐山四市的土地城镇化水平一直较高，且石家庄土地城镇化水平提高显著，说明这些城市多年来城镇化演进很大程度上伴随着建设用地的扩张；邯郸、廊坊两市的土地城镇化水平也有较明显的提高，特别是2010年之后提高相对更明显；张家口、承德、衡水等市土地城镇化水平则始终相对偏低（表2.3，图2.3）。

表 2.3　土地城镇化水平综合评价结果

城市	1990年	2000年	2010年	2018年
北京	1.8996	1.8229	2.2829	2.5126
天津	1.8796	1.7403	2.1635	2.3379
石家庄	1.6046	1.6238	2.0552	2.2527
唐山	1.6828	1.6052	2.0276	2.2223
秦皇岛	1.6032	1.5577	1.9307	2.1724
邯郸	1.6136	1.5009	1.9646	2.2217
邢台	1.4580	1.4292	1.8703	2.0068
保定	1.4764	1.5564	1.8984	2.0529
张家口	1.5158	1.4338	1.8502	1.9987
承德	1.5352	1.4337	1.8506	1.9986
沧州	1.5474	1.5404	1.8866	2.1071
廊坊	1.4539	1.5010	1.9492	2.2109
衡水	1.4432	1.4336	1.8189	1.9923
平均值	1.5933	1.5522	1.9653	2.1605

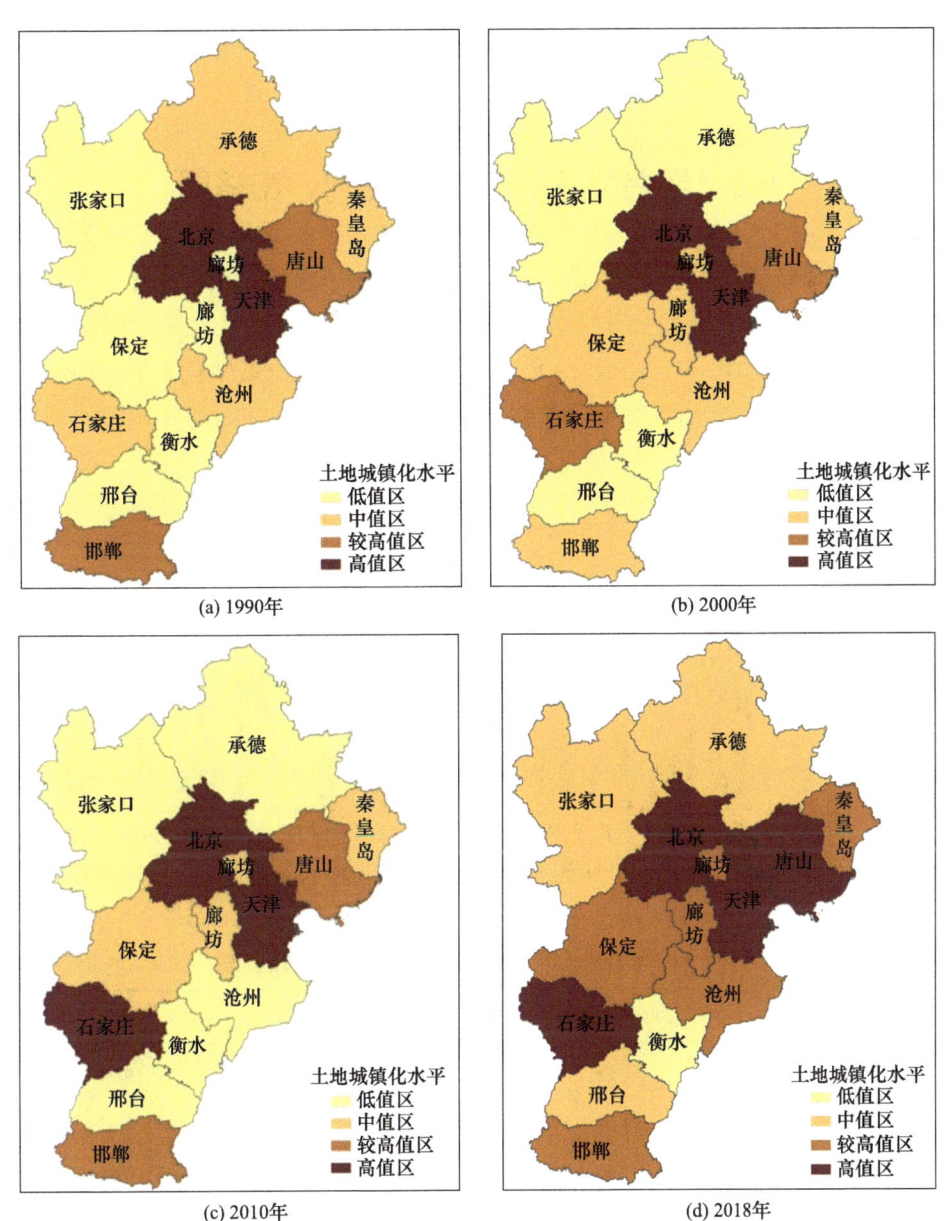

图 2.3 1990~2018 年京津冀土地城镇化水平时空格局

京津冀城市群土地资源本身有限，限制了土地城镇化的发展，这就需要科学有效地对土地进行规划（刘翠玲和龙瀛，2015）。近年来，京津冀地区开始兴建新城区来优化土地利用结构，减少土地的空置率来扩大城镇面积，如滨海新区、雄安新区等，在进行新区的建设之前各级政府要科学规划城区，土地政策要落实到位。京津冀地区北京和天津主城区的扩张难度极大，在有限的土地资源里，应考虑对地下空间以及高层的合理利用，缓解人口过多、交通不便的压力，提高土地利用效率。相对而言，河北地区拥有较多的土地，但是土地的空置率很大，政府要严格落实土地制度，提前规划统筹城乡用地，避免过度开发出现"空城"现象以及对城市发展模式的生搬硬套（李智礼等，2020）。

2.5 综合城镇化趋势与空间分布格局

根据综合城镇化水平评价结果，自1990年以来，京津冀城市群各地市的综合城镇化水平都呈现出持续上升的趋势。进一步测算上升速率，结果表明，1990~2000年、2000~2010年和2010~2018年三个阶段的综合城镇化水平年均增长率分别为1.77%、2.04%和0.68%，所有地市的综合城镇化水平都经历了快速上升—加速上升—稳定上升的时序变化过程（图2.4，表2.4）。

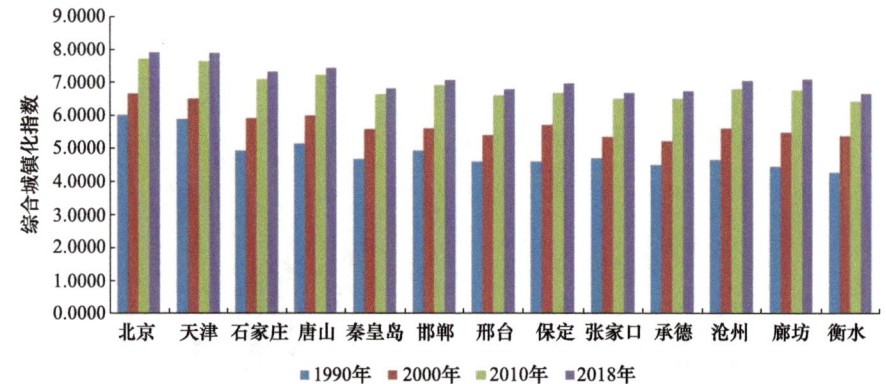

图 2.4 1990~2018年京津冀城市群综合城镇化水平评价结果

表 2.4 京津冀城市群综合城镇化水平年均增长率　（单位：%）

城市	1990~2000年	2000~2010年	2010~2018年
北京	1.06	1.55	0.58
天津	1.04	1.72	0.67
石家庄	2.00	1.99	0.64
唐山	1.62	2.08	0.58
秦皇岛	1.89	1.89	0.57
邯郸	1.36	2.30	0.51
邢台	1.76	2.20	0.59
保定	2.41	1.73	0.91
张家口	1.33	2.17	0.58
承德	1.57	2.46	0.73
沧州	2.04	2.12	0.75

续表

城市	1990~2000年	2000~2010年	2010~2018年
廊坊	2.27	2.36	0.95
衡水	2.62	1.95	0.73
平均值	1.77	2.04	0.68

从综合城镇化水平的空间分布来看（图2.5），1990~2000年综合城镇化水平

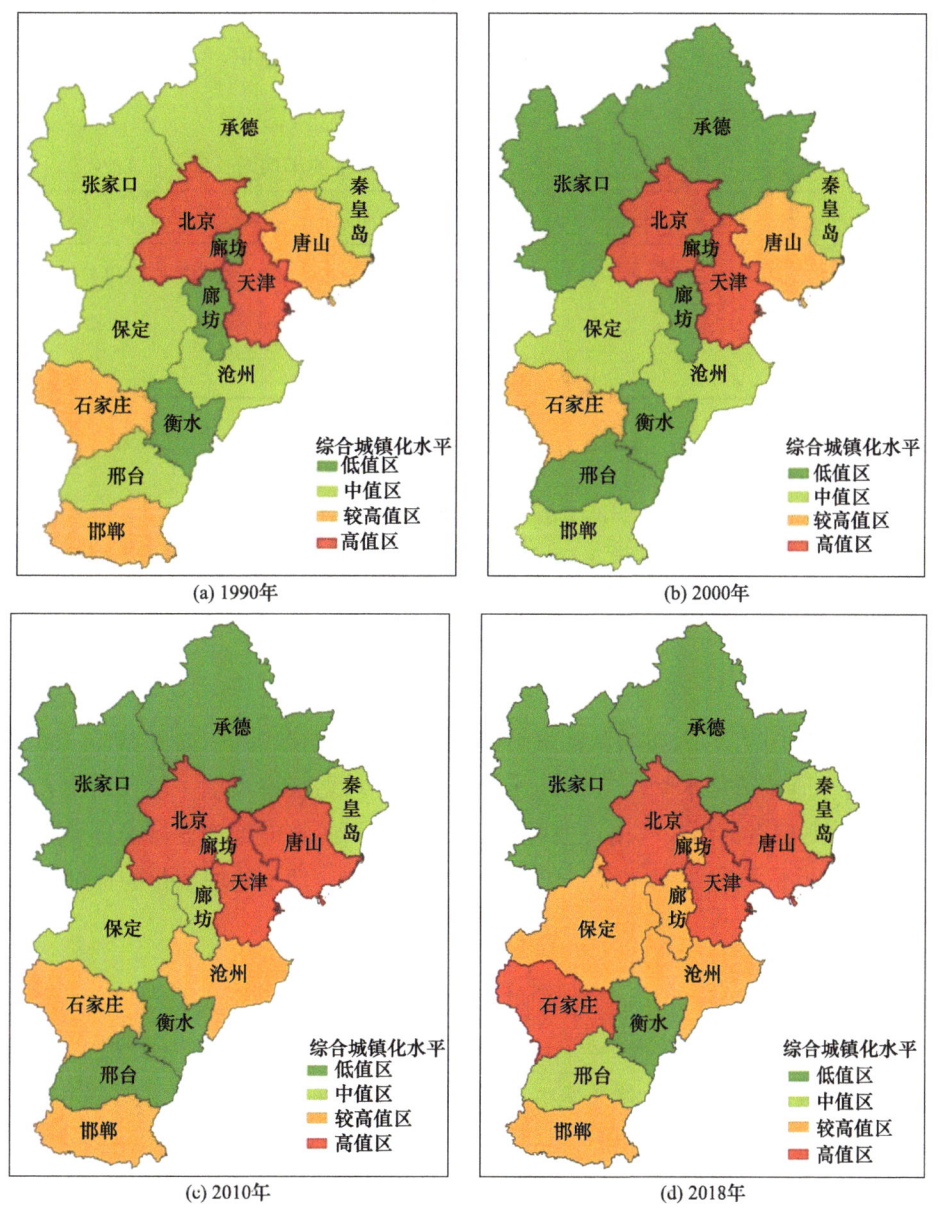

图 2.5　1990~2018年京津冀综合城镇化水平时空格局

高值区集中在北京、天津，较高值区较为分散，主要分布在石家庄、唐山，其余绝大部分地区综合城镇化属于中值及低值水平，可见 2000 年以前京津冀城市群区域综合城镇化水平较低。2000 年之后，综合城镇化水平整体显著提高，基本上形成以京津唐为高值区，外围区为较高值、中值及低值集中分布区的空间格局，至 2018 年基本形成以京津唐为核心的"核心-外围"圈层结构。

2.6 城镇化驱动机制与阶段性特征

根据表 2.5 结果大致判断近 28 年间城镇化演进的主要推动力量，基于此总结京津冀城市群城镇化演进的模式与类型。

表 2.5 不同时期人口、产业、土地城镇化水平的年均增长率 （单位：%）

类别	1990~2000 年	2000~2010 年	2010~2018 年
人口城镇化	4.17	1.80	−0.43
产业城镇化	1.72	1.78	1.03
土地城镇化	−0.26	2.66	1.51

2.6.1 人口驱动阶段（1990~2000 年）

从 1990~2000 年城镇化水平的年均增长率来看，人口城镇化水平年均增长率达到 4.17%，产业城镇化水平年均增长率为 1.72%，而土地城镇化水平年均增长率为负，可见这一阶段京津冀的城镇化演进模式表现为人口城镇化主导推进型。

2.6.2 土地和产业共同驱动阶段（2000~2010 年）

2000~2010 年，人口城镇化水平增长速度明显放慢，减少为 1.80%，而产业城镇化和土地城镇化水平均有所提升，前者的年均增长率由上一阶段的 1.72%增加至 1.78%，后者的增长率由负值增加至 2.66%，可见该时期产业城镇化和土地城镇化的演进共同构成京津冀城镇化演进的主要力量，且土地城镇化的推进作用更显著。

2.6.3 土地驱动阶段（2010~2018 年）

2010~2018 年，人口、产业、土地城镇化水平年均增长率均有不同程度的下降，特别是人口城镇化水平年均增长率由正变负，说明这一时期人口城镇化对整个地区城镇化的演进已不再具有促进作用。产业城镇化水平的年均增长率下降到 1.03%；土地城镇化水平的年均增长率为 1.51%，虽有所下降，但仍是三类城镇化进程当中增长较明显的一类，故该时期的城镇化模式表现为土地城镇化推进型。

2.7 城市空间扩张时空特征

随着经济的发展、城市的扩张、人口和产业的聚集，京津冀地区出现了水资源短缺、环境污染、生态环境承载力超限、土地城镇化过快与产业结构不合理对生态环境造成破坏等问题。确定城市空间范围，综合时间序列的城市空间边界，可以研究城市扩张的时空特征、城市形态的演变，预测城市的未来发展及其对生态、区域气候等的影响。

2.7.1 城市边界确定

在城市发展过程中，各个方向扩张的程度是不一样的，因此城市边界的形状往往是不规则的。研究选择城市建设用地作为城市边界的指示要素，其具有数值水平上的梯度特征，即从市中心向外城市建设用地的比例呈现从高到低的变化趋势。以往的分析中会采用固定的城市建设用地密度值来确定城市核心区和边缘区的边界（Schneider and Woodcock，2008；Angel et al.，2010），但同一个城市在不同时期城市发展程度不一样，不同的城市之间发展程度也有较大差异。

研究采用 300m 的正方形规则格网，在 ArcGIS10.5 中，将格网与城市建设用地数据叠加分析，计算每个格网的城市建设用地比例（城市化强度 β，城市建设用地面积与单元格面积的比值），通过适当的阈值确定城市核心区和边缘区边界，然后对提取结果进行适当的光滑处理，得到城市不同时期的边界。所有城市按照相同的方法提取城市边界，结果如图 2.6 所示。图 2.6 为京津冀城市群地区 1984 年城市空间，以及 1984～1990 年、1990～2000 年、2000～2010 年、2010～2018 年新增城市空间，以此作为城市空间扩张的基础数据。

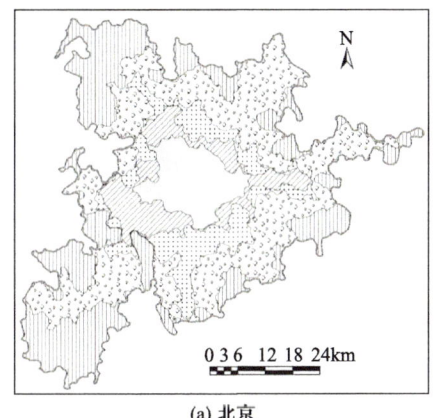

(a) 北京　　　　　　　　　　(b) 天津

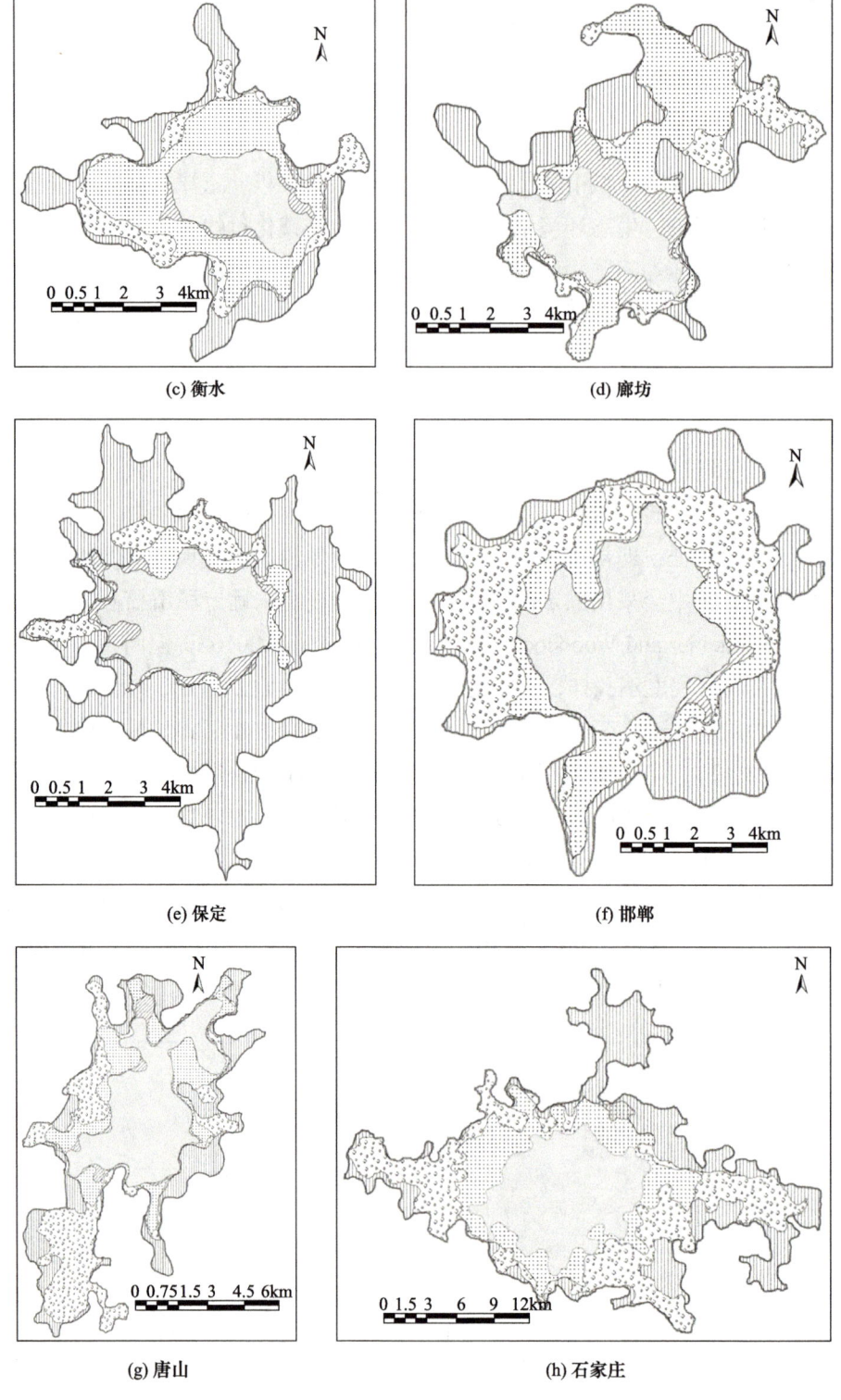

(c) 衡水　　(d) 廊坊

(e) 保定　　(f) 邯郸

(g) 唐山　　(h) 石家庄

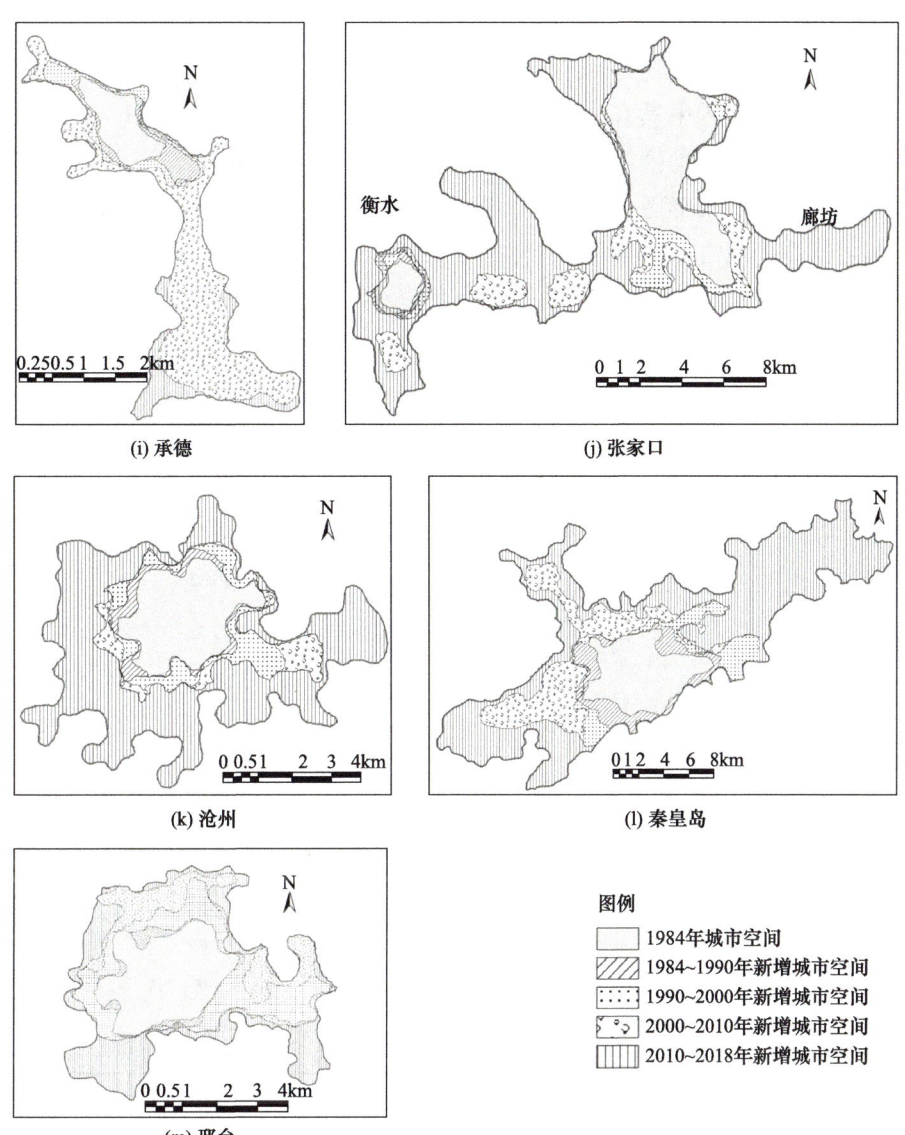

图 2.6 京津冀城市群地区城市边界

在此需要说明的是，研究中定义的城市空间是连续的、城市建设用地密度达到一定程度的城市范围，与统计年鉴中的城市建成区概念不同，加上城市建设用地数据的精度等因素影响，确定的城市核心区面积和边缘区面积与城市建成区面积不一致：①张家口和承德受地形限制，城市发展沿山谷呈条带状分布，按照这种方法计算的阈值来确定城市边界会比实际的边界略小，需要对阈值做一定的调整；②受土地分类精度的影响，城市边界提取结果与实际的城市形态不完全一致，需进一步与影像结合对比进行调整，或单独对该时期城市建设用地信息重新提取后确定城市边界，如 1990 年和 2000 年的承德。

2.7.2 城市空间形状

城市在扩张过程中具有明显的方向特征,即在不同方向扩张速度有明显的差异,尤其是受公路、地铁等交通条件和地形、滨海等因素影响,城市在扩张过程中改变了原来的城市形态,甚至在城市形成过程中在一定阶段决定了城市形态。京津冀城市群各城市不同时期形状指数计算见表 2.6。

表 2.6 京津冀城市群城市形状指数

城市	1984 年	1990 年	2000 年	2010 年	2018 年
北京	19.72	28.74	21.94	14.12	14.57
天津	17.81	19.98	40.41	50.62	43.66
石家庄	11.41	13.09	19.64	23.48	27.45
唐山	31.66	35.88	30.64	26.65	29.81
秦皇岛	12.63	20.18	28.44	30.77	38.92
张家口	41.41	39.99	42.94	39.73	40.08
承德	35.77	32.31	35.39	37.75	46.27
保定	17.74	21.94	23.3	16.68	18.29
廊坊	27.04	16.84	31.1	35.12	28.62
沧州	21.45	19.28	21.27	17.61	18.95
衡水	20.02	25.98	20.06	21.65	24.84
邢台	22.49	20.33	20.46	20.89	20.06
邯郸	17.28	17.80	18.52	22.28	25.19

从 13 个城市的 SBC 形状指数可以看出,北京 1990 年以来形状指数逐渐减小,城市形态的变化趋向于圆形;天津、石家庄、秦皇岛、承德城市形状指数增加明显,其中天津城市形状指数是最高的,1984 年和 1990 年,天津的城市形状指数较小,2000 年后城市形状指数增加。1984 年石家庄和秦皇岛城市形状指数是同时期 13 个城市中最小的两个,石家庄发展沿铁路扩张,秦皇岛则沿海岸线发展,城市形状指数逐渐变大。唐山城市形状指数较为稳定,始终呈南北向带状发展,张家口和承德城市扩张受地形影响,只能沿山谷延伸。廊坊、衡水和邯郸在城市扩张的过程中出现了新的增长方向,改变了原来的城市形态,3 个城市经济体量相对较小,新的增长方向扩张较慢,城市形状指数缓慢增加。唐山、邢台和张家口城市形状指数变化不大。

京津冀城市群地区 13 个城市中，张家口和承德位于山区，城市空间扩张变化受地形影响较大；其他 11 个城市都位于平原区，除北京西部受地形影响，天津东部、秦皇岛东部受海岸影响外，其余城市空间扩张主要受交通、经济、社会、人口、历史等因素影响。从图 2.6 可以看出，京津冀城市群 13 个城市随着城镇化进程的加快，城市空间不断扩张，1984~2018 年京津冀城市群城市空间边界的形状特征可以分为以下三类。

环状扩张：北京。北京除西部受地形影响扩张较少外，其他各个方向均有不同程度的扩张。北京作为国家政治中心和文化中心，其经济发展速度超过全国平均水平。人口、经济、文化、政策等因素的综合影响使得北京具有强劲的集聚效应，建成区的范围不断扩大。

轴向扩张：天津、石家庄、承德、张家口、秦皇岛和唐山建成区大致呈带状展布。1990 年以后，天津由于主城区和滨海新区双核共同扩张，逐渐连片发展成城市扩张轴，并向北京方向沿 G103 国道延伸，逐渐与天津武清区相连；在大港—塘沽—汉沽方向也有扩张，但速度比主要轴线慢。石家庄 2000 年前沿正太铁路呈带状扩张，2000 年后向北沿京石高速逐渐延伸，但相对较为零散，仍以东西向带状扩张为主。承德和张家口发展受地形限制而沿山谷有限空间呈带状扩张。秦皇岛西北为丘陵区，东南临渤海，沿海滨平坦地区呈带状发展；西北方受秦皇岛—承德省级公路影响，城市空间有一定延伸。唐山在七滦线、津山线之间发展；在唐山外围形成的唐津高速（2003 年通车）和长深高速（唐山西外环高速，2003 年通车）将对唐山未来的城市形态产生影响。其中，张家口、承德和秦皇岛受地形影响，主要沿轴线向两端扩张，从而制约了城市空间的集聚发展；石家庄和唐山沿交通线路形成扩张轴；天津滨海新区开发使主城区呈带状扩张，这 3 个城市位于平原区，不受地形限制，2000 年以后在其他方向上也有不同程度的扩张。

扇状扩张：保定、邯郸、衡水、廊坊、邢台、沧州只有一个主增长方向，主增长方向沿城际高速或国道快速扩张，其余方向扩张较慢，2000 年以后扩张速度较快，且出现新的增长方向。其中，廊坊位于北京和天津之间，受两个城市吸引，沿西北—东南方向扩张，但自 1992 年廊坊经济技术开发区成立后，廊坊原主城区开始快速向开发区方向发展。

从京津冀城市群 13 个城市扩张的时空特征来看，在 30 年的发展中，城市空间的平面形状是相对稳定的。尽管受到交通、经济开发等因素的影响，部分城市有了新的增长方向（如廊坊），但城市的基本形状没有发生根本性的改变，如从轴向扩张变为环状扩张，各城市均在原有形状的基础上向外扩张。

2.7.3 城市扩张特征

城市核心区是建筑、广场、道路等密集分布，具有一定的聚集效应，并沿国道、高速等主干道，对周围地区产生不同程度辐射作用的区域。城市核心区是一个动态变化的空间概念，每个城市在不同时期核心区具有不同的扩张速度，同一时期城市核心区不同方向扩张的速度也有较大差异。根据确定的城市边界，计算各时期 13 个城市的核心区规模，如图 2.7 所示。尽管各时期 13 个城市核心区扩张速度差异较大，但北京、天津、石家庄和唐山始终是核心区规模最大的四个城市。北京核心区规模最大，四个时期的增长速度均较快（图 2.8），其他城市大多是在 2000 年以后进入快速扩张阶段。秦皇岛、张家口 2010~2018 年核心区规模显著增加，主要是两个城市在这个时期逐渐扩张，将周边原来与主城区不相连的城镇连接在一起，使得核心区规模快速增加。保定在 2010 年以后进入快速扩张阶段，核心区规模年均增长率较快。

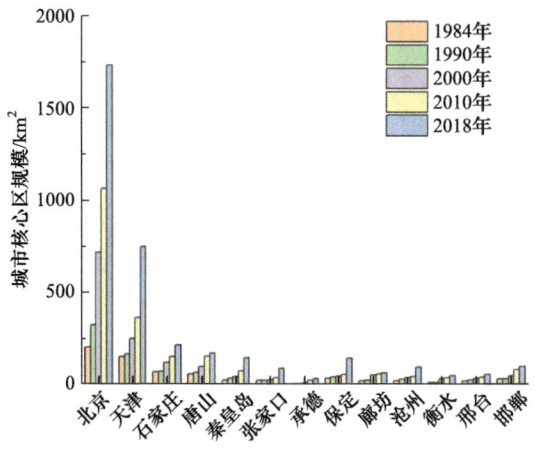

图 2.7　城市核心区规模

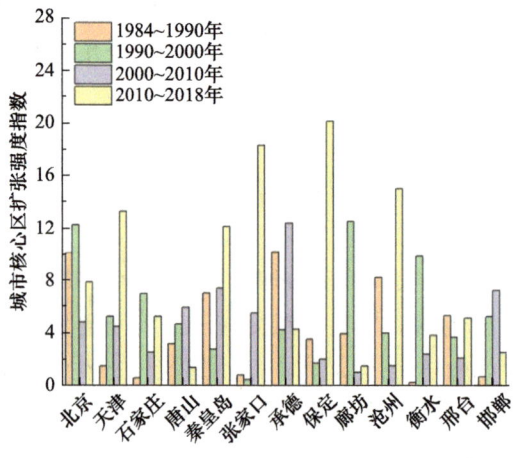

图 2.8　城市核心区扩张强度指数

城市边缘区是城市扩张的前沿地带，具有强烈的动态特征和瞬时特征，这一时期的城市边缘区可能就是下一时期的城市核心区。对中长时间序列的城市边缘区进行识别和动态分析，有利于确定城市扩展的主导方向，深入认识城市化动态过程。

从图 2.9 可以看出，京津冀城市群城市边缘区规模整体呈增长趋势，这个变化趋势与城市核心区规模增长趋势是一致的。其中，北京增长最快，2000 年以后增长速度远高于其他城市，其次为天津和石家庄，其他城市增长较为缓慢。整体来看，城市规模越大，城市边缘区规模越大，且随着城市的扩张，城市边缘区规模越来越大。北京、天津、石家庄边缘区规模较大，且规模增长明显。2000 年前，唐山边缘区规模与石家庄相当，2000 年后增长变缓。秦皇岛边缘区规模增长较为稳定，2010～2018 年边缘区规模增长较快，这是原来的山海关区与秦皇岛主城区距离较远，但随着城市的扩张，山海关区与主城区连成一片，使得这一时期边缘区规模增长比其他城市更快。张家口和承德由于地形限制，城市建筑密度大，边缘区规模小。廊坊经济技术开发区与原主城区距离较远，2000 年以后主城区和开发区之间逐渐发展形成开发程度较低的边缘区。保定、沧州在 2018 年边缘区规模增长明显，而衡水、邢台和邯郸增长较缓。

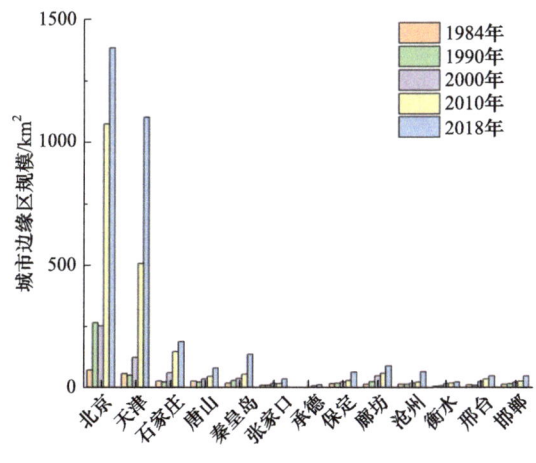

图 2.9　城市边缘区规模

从图 2.10 和图 2.11 中可以看出，1984～2018 年京津冀城市群城市核心区的扩张和边缘区的扩张较为同步，且核心区规模越大，边缘区的规模也越大，城市的规模效应越明显。

研究中的城市空间包括城市核心区和边缘区，图 2.10 表示了京津冀城市群 13 个城市空间规模。北京空间规模最大，扩张速度最快，其次为天津和石家庄，其他城市依次为唐山、秦皇岛、保定、沧州、邯郸、廊坊、张家口、承德、衡水和邢台。从扩张速度来看（图 2.11），北京、天津、石家庄和唐山从 2000 年以后进入快速扩张阶段；保定、沧州和邯郸从 2010 年进入快速扩张阶段；张家口和秦皇岛在2018年城市空间扩张将原来距离较远的其他团块连接起来，使城市空间快速扩大；邯郸、邢台从2000年后开始扩张，但速度远低于其他城市；廊坊除主城区扩张外，开发区由于靠近京沪高速，增长速度也较快，但与主城区之间还有一定差距，主城区和开发区之间还有一定范围的农田和低密度建筑区；承德、衡水处于京津冀城市群外围山区，到核心城市距离较远，且受地形限制，城市空间扩张相对较慢。总体来看，1984～2018年京津冀城市群地区13个城市中，北京、天津、石家庄和唐山在2000年以后空间扩张明显，其他城市大多在2010年以后扩张进程加快。

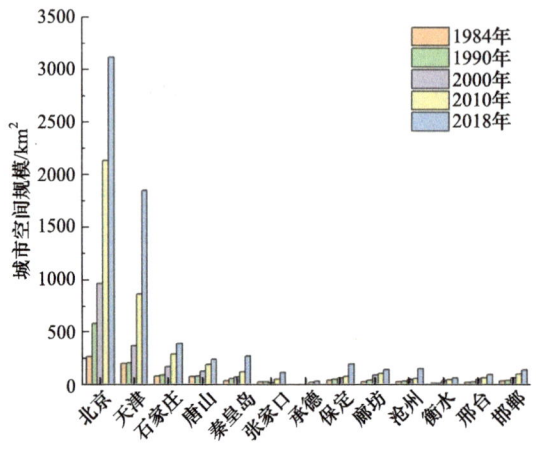

图2.10　城市空间规模

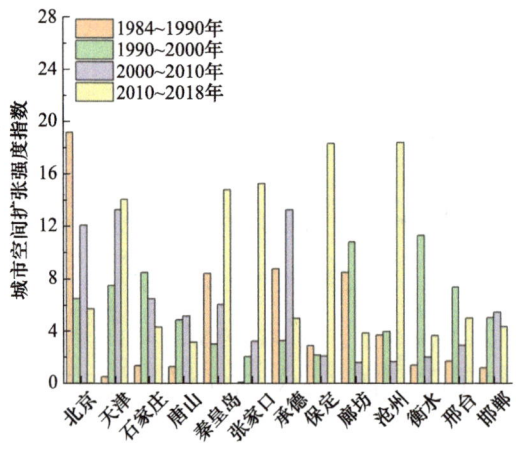

图2.11　城市空间扩张强度指数

为了比较各城市扩张进程，计算各时期城市边缘区与核心区面积比，见表2.7。从表2.7中可以看出，2000年前大部分城市边缘区与核心区面积平均比值约0.6；2000年，秦皇岛和廊坊边缘区与核心区面积比较高；2000年以后，边缘区和核心区面积比较高的城市有北京、天津、石家庄和廊坊，这主要是由于这些城市规模大或位于城市群中心位置。其次为秦皇岛和邢台，秦皇岛作为旅游城市和港口城市，经济发展较快，城市规模较大，边缘区面积稳定增加；邢台城市规模较小，边缘区和核心区面积比值较大主要是由于邢台城市化程度不高，边缘区面积较大。边缘区和核心区面积比较低的城市为唐山、承德和邯郸，唐山的城市发展在 2000 年前受南湖影响，主要向北扩展，城市呈南北向带状扩展，建筑较密集，城市规模大，边缘区面积较小；承德和邯郸位于城市群边缘，城市扩张较慢。

表 2.7 城市边缘区与核心区面积比

城市	1984 年	1990 年	2000 年	2010 年	2018 年
北京	0.36	0.82	0.35	1.01	0.80
天津	0.38	0.30	0.50	1.40	1.47
石家庄	0.39	0.32	0.51	0.98	0.88
唐山	0.49	0.35	0.36	0.30	0.47
秦皇岛	0.77	0.87	0.91	0.76	0.95
张家口	0.55	0.63	0.80	0.54	0.39
承德	0.41	0.34	0.25	0.33	0.38
保定	0.51	0.46	0.52	0.53	0.45
廊坊	0.76	1.15	0.99	1.10	1.46
沧州	0.83	0.49	0.49	0.51	0.70
衡水	0.70	0.82	0.55	0.50	0.49
邢台	0.65	0.38	0.76	0.88	0.86
邯郸	0.45	0.49	0.47	0.32	0.49

2.8 城市空间扩张的经济溢出效应

在开放的市场经济体系中，城市经济增长不只依靠其自身资源环境基础，还受到周边城市的辐射影响与带动作用。相邻城市之间的生产要素、经济活动在空间上流动不断增强，区域经济活动的空间关联对区域经济将会产生重要影响，这种影响在经济学上称为溢出。经济溢出包括知识溢出、增长溢出、环境溢出等，具有可正可负的性质。对于区域经济关联的研究更多集中在对增长溢出的探讨，研究中应用修正的 Conley-Ligon 模型、协方差统计模型、Mundell-Fleming 模型、空间误差模型和地理加权回归模型、空间数据分析工具等方法，对全国、区域或城市群在城市、县级尺度上探讨经济发展过程中溢出效应的空间分布特征，在计算溢出效应时，更多考虑的是经济（GDP）规模。Capello（2009）在研究中指出，增长溢出反映一个地方（区域、城市、区县）经济的动态通过贸易联系和市场关系影响邻近地区经济增长的情况。利用 Capello 模型不仅可以计算各城市"给出"和"获得"的溢出效应，还可以反映各城市年际变化趋势。

2.8.1 计算方法

Capello（2009）将空间溢出效应划分为知识溢出、产业溢出和增长溢出，并界定了它们的内在属性、适用尺度和预期效果，认为它们都是区域空间相互作用的具体表现，并最终形成了区域间的增长溢出效应模型，可根据式（2.1）、式（2.2）进行计算：

城市得到的增长溢出效应强度：

$$\mathrm{SR}_{rt} = \sum_{j=1}^{n} w_{jt} \frac{\Delta Y_{jt}}{d_{rj}} \tag{2.1}$$

式中，ΔY_{jt} 为第 t 年城市 j 的 GDP 增长率；j 为除了 r 外的所有相邻城市；d_{rj} 为第 t 年城市 r 和 j 之间的最高等级公路距离，以 km 为单位；n 为相邻城市的数量，本书研究中 $n=12$；w_{jt} 为权重，用第 t 年城市 j 在城市群中 GDP 总量的比重来衡量。

城市给出的增长溢出效应强度：

$$\mathrm{SRG}_{rt} = \sum_{r=1}^{n} w_{rt} \frac{\Delta Y_{rt}}{d_{rj}} \tag{2.2}$$

式中，ΔY_{rt} 为第 t 年城市 r 的 GDP 增长率；w_{rt} 为权重，用第 t 年城市 r 在城市群中 GDP 总量的比重来衡量；d_{rj} 和 n 的含义同式（2.1）。

增长溢出效应强度与 3 个因素有关：空间因素（距离）、驱动因素（城市经济增长率）和规模因素（相邻城市经济规模、权重），增长溢出效应与城市间距离呈负相关，与 GDP 增长率和 GDP 权重呈正相关。

2.8.2 增长溢出效应时间变化特征

研究结果表明，北京和天津作为城市群的核心，贡献了最高的给出的空间溢出效应，其次为石家庄和唐山，其他城市较低。得到的空间溢出效应最高的城市为廊坊，其次为天津、沧州、保定和唐山，其他为第三梯队。扇状扩张城市和轴向扩张城市的总增长溢出效应相差较大，扇状扩张城市得到的总增长溢出效应远高于轴向扩张城市[图 2.12（a）]，轴向扩张城市给出的总增长溢出效应远高于扇状扩张城市[图 2.12（b）]。作为核心城市，北京和天津之间的增长溢出效应远高于其他城市，2008 年之前北京给出的增长溢出效应高于天津给出的增长溢出效应，2008 年以后震荡明显[图 2.12（c）]。

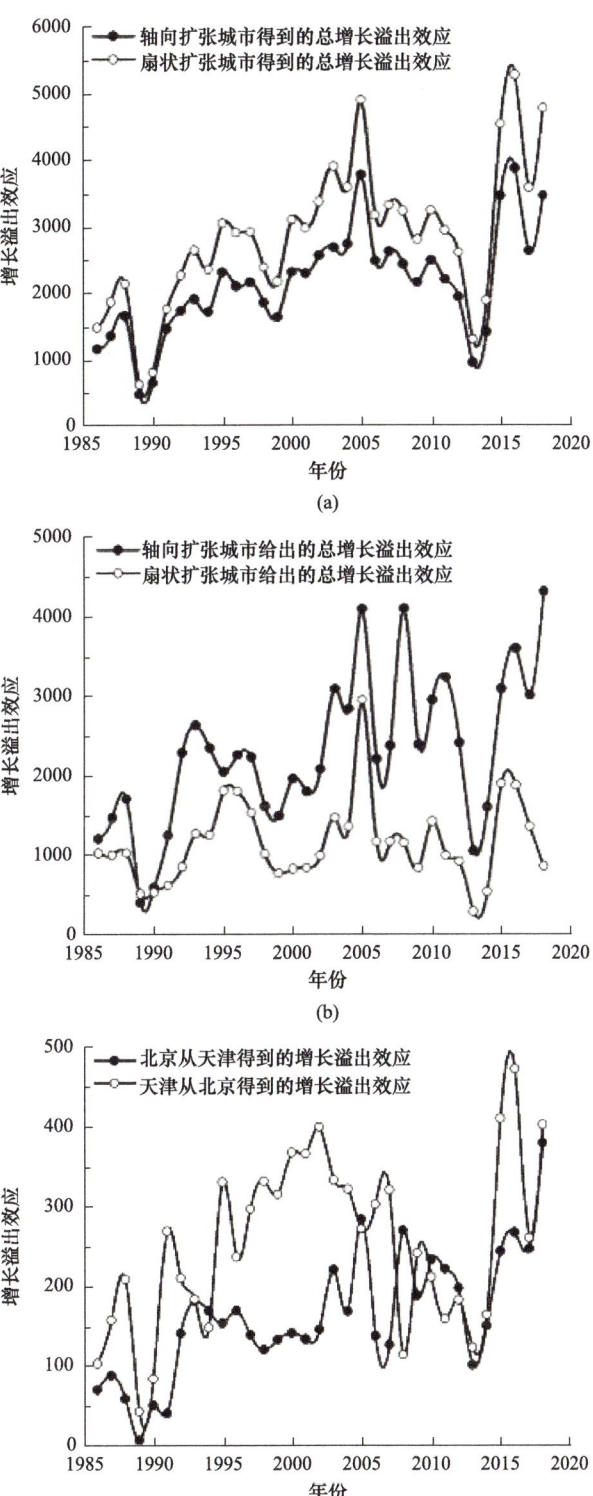

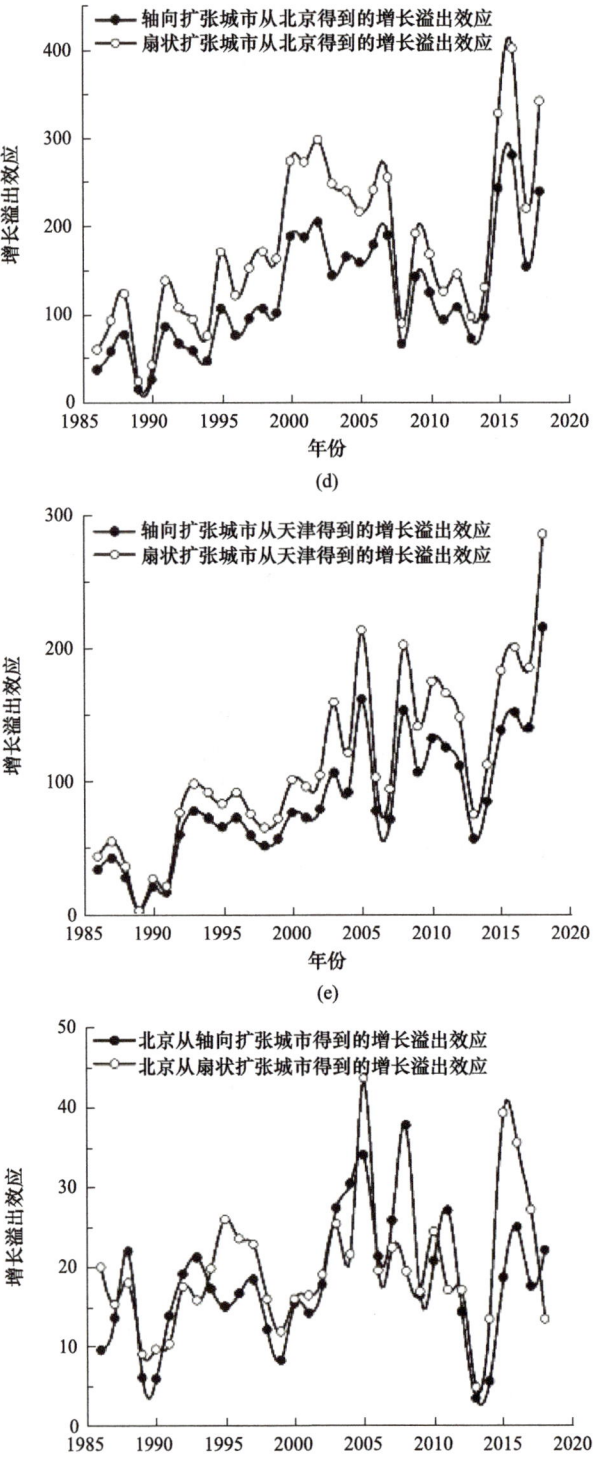

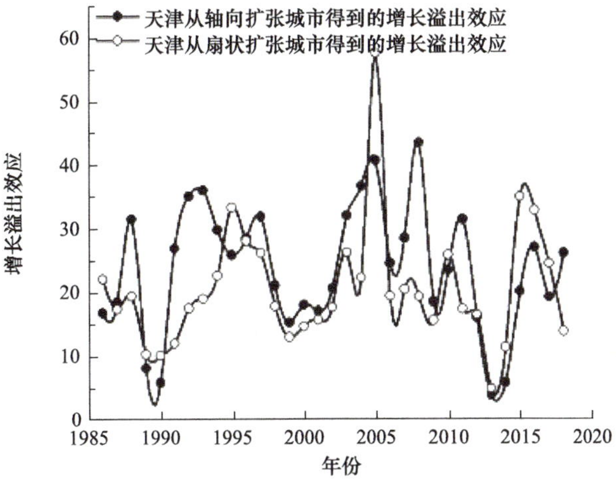

(g)

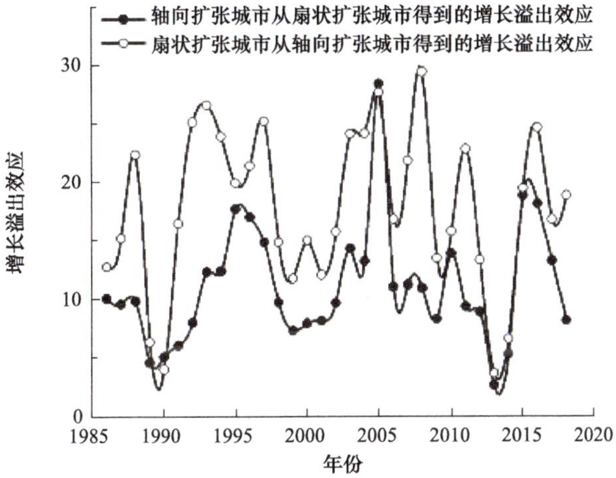

(h)

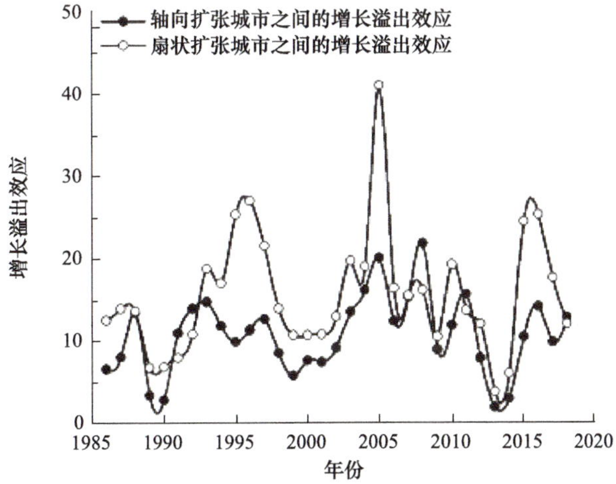

(i)

图 2.12 1985～2018 年各类型城市间增长溢出效应年际变化

天津的增长溢出效应虽低于北京，但经济规模明显高于其他轴向扩张城市。为了避免经济规模对轴向扩张城市与扇状扩张城市之间增长溢出效应的影响，将天津单独分析，其他5个轴向扩张城市经济规模与6个扇状扩张城市经济规模相当，具有可比性。取增长溢出效应的平均值，对比轴向扩张城市和扇状扩张城市的增长溢出效应[图2.12（d）、图2.12（e）]。从交通距离来看，轴向扩张城市距核心城市更近，轴向扩张城市从北京和天津得到的增长溢出效应均低于扇状扩张城市，2008~2014年，轴向扩张城市和扇状扩张城市从北京得到的增长溢出效应较为接近；1985~1992年、2006年、2007年，两类城市从天津得到的增长溢出效应较为接近。北京和天津从轴向扩张城市、扇状扩张城市得到的增长溢出效应年际变化差异较大[图2.12（f）、图2.12（g）]，没有明显的规律。

扇状扩张城市从轴向扩张城市得到的增长溢出效应大多高于轴向扩张城市从扇状扩张城市得到的增长溢出效应；除了1990年和2005年扇状扩张城市从轴向扩张城市得到增长溢出效应略低外，其他年份两者之间差异较大[图2.12（h）]。轴向扩张城市之间的增长溢出效应除1991年、1992年和2011年外，其他时间均低于扇状扩张城市；2007~2014年，两者差异不大，其他时间轴向扩张城市之间的增长溢出效应较明显[图2.12（i）]。

为了进一步分析各城市增长溢出效应的变化，将城市给出的增长溢出效应减去得到的增长溢出效应，得到该城市年净增长溢出效应。北京和天津作为城市群的核心城市，其净增长溢出效应多表现为正值，给出的增长溢出效应大于得到的增长溢出效应，反映了核心城市对区域经济的辐射带动作用[图2.13（a）]。1992年之前，唐山和石家庄的净增长溢出效应与天津相当，此后逐年下降，两个城市的下降趋势基本一致。2010年以后石家庄的净增长溢出效应保持为正值，反映了石家庄在近年来对区域经济的辐射带动作用在增强，而唐山的净增长溢出效应近几年转变为负值，其区域辐射带动作用在减弱。扇状扩张城市和轴向扩张城市的净增长溢出效应的年际变化趋势基本一致，城市经济发展受区域经济环境的影响较大。扇状扩张城市的净增长溢出效应远高于轴向扩张城市[图2.13（b）]。

从上述分析可以看出，扇状扩张城市的净增长溢出效应整体高于轴向扩张城市，轴向扩张城市给出的增长溢出效应低于扇状扩张城市，反映扇状扩张城市相对更容易从区域经济增长中获得收益。扇状扩张城市保留了环状城市从中心向外围扩展的模式，当人口增长沿着交通线路（保定、沧州等）或城市周边规划新的开发区（廊坊）外迁时，逐渐形成了扇状扩张模式。扇状扩张城市分布在平原区，城市扩张较少受到地形条件限制，城市沿交通线或开发区向周边城市或区域核心城市快速扩张，有利于经济增长的"流动"。轴向扩张城市有较好的生态优势、空

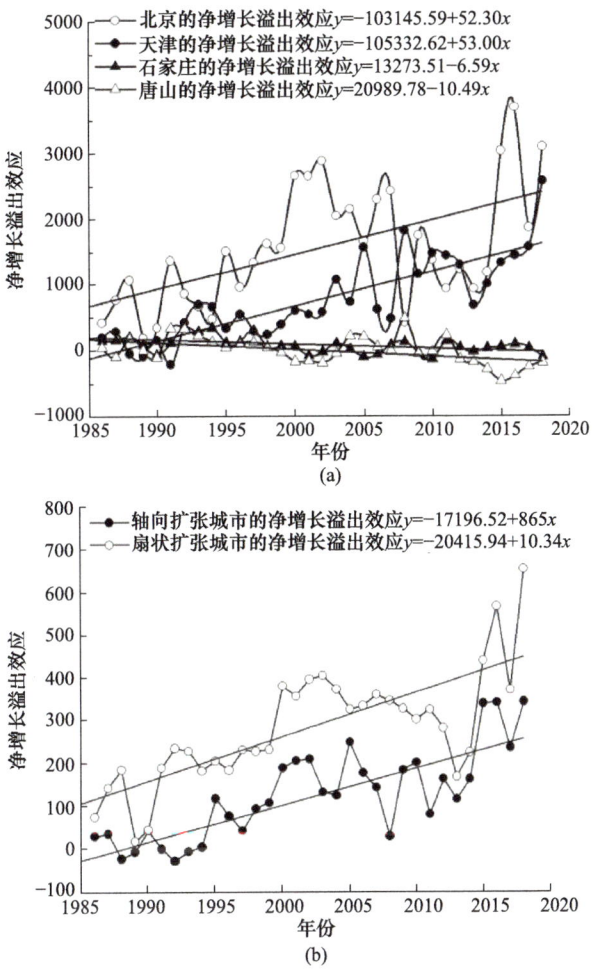

图 2.13　1985~2018 年城市间净增长溢出效应年际变化

间通透，但随着城市扩张到一定规模，空间尺度变大、结构松散，使得过长的轴向扩张超过了由基础设施服务支撑的"最佳经济规模"的承载力，城市空间的经济效益会随着规模与空间尺度的增长而衰减，降低规模经济的集聚效应。轴向扩张城市向两端扩张，制约了城市空间的集聚发展，空间集聚效益是城市增长的原动力；城市经济的发展是多种因素综合作用的结果，城市扩张形态只是其中的一个影响因素，仅就扇状扩张和轴向扩张两种扩张形态对增长溢出效应的影响来说，扇状扩张比轴向扩张更有利于经济增长的溢出。

2.9　小　　结

本章基于市级行政单元，从人口、产业、土地及综合四个角度对京津冀城市群的城镇化水平进行了定量测度。从城镇化的综合测算结果来看，自 1990 年以来，京津冀城市群各地市的综合城镇化水平都呈现出持续上升的趋势，空间上呈现出圈层渐进式提高的特征。分阶段来看，1990～2000 年、2000～2010 年和 2010～2018 年三个阶段的综合城镇化水平年均增长率分别为 1.73%、2.03%和 0.68%，除保定、衡水的综合城镇化水平呈现持续下降趋势外，绝大部分地市的综合城镇化水平都经历了快速上升—加速上升—稳定上升的时序变化过程。其中，1990～2000 年综合城镇化水平高值区集中在北京、天津，较高值区较为分散，主要分布在石家庄、唐山，其余绝大部分地区综合城镇化属于中值及低值水平，可见 2000 年以前京津冀城市群区域综合城镇化水平较低。2000 年之后，综合城镇化水平整体显著提高，基本上形成以京津唐为高值区，外围区为较高值、中值及低值集中分布区的空间格局，至 2018 年基本形成以京津唐为核心的"核心-外围"圈层结构。结合对人口、产业、土地不同子系统城镇化水平的测算结果大致判断可知，京津冀城市群的城镇化主要经历了人口城镇化推进（1990～2000 年）、土地城镇化和产业城镇化共同推进（2000～2010 年）以及土地城镇化推进（2010～2018 年）的模式变化过程。

进一步地，本章对京津冀城市群城市空间扩张的空间溢出效应进行了测算，分析表明，北京和天津作为城市群的核心，贡献了最高的给出空间溢出效应，其次为石家庄和唐山，其他城市较低。得到的空间溢出效应最高的城市为廊坊，其次为天津、沧州、保定和唐山，其他为第三梯队。此外，扇状扩张城市和轴向扩张城市的总增长溢出效应相差较大，扇状扩张城市得到的总增长溢出效应远高于轴向扩张城市，轴向扩张城市给出的总增长溢出效应远高于扇状扩张城市。作为核心城市，北京和天津之间的增长溢出效应远高于其他城市，2008 年之前北京给出的增长溢出效应高于天津给出的增长溢出效应，2008 年以后震荡明显。

参 考 文 献

方创琳. 2017. 京津冀城市群协同发展的理论基础与规律性分析. 地理科学进展, 36(1):15-24.
方创琳, 宋吉涛, 张蔷, 等. 2005. 中国城市群结构体系的组成与空间分异格局. 地理学报, (5):827-840.
李智礼, 匡文慧, 赵丹丹. 2020. 京津冀城市群人口城镇化与土地利用耦合机理. 经济地理, 40(8):67-75.
刘翠玲, 龙瀛. 2015. 京津冀地区城镇空间扩张模拟与分析. 地理科学进展, 34(2):217-228.
陆大道. 2015. 京津冀城市群功能定位及协同发展.地理科学进展, 34(3):265-270.
孙虎, 乔标. 2015. 京津冀产业协同发展的问题与建议. 中国软科学, (7):68-74.
孙久文, 原倩. 2014. 京津冀协同发展战略的比较和演进重点. 经济社会体制比较, (5):1-11.

祝尔娟. 2009. 京津冀一体化中的产业升级与整合. 经济地理, 29(6):881-886.

Angel S, Parent J, Civco D L, et al. 2010. The Persistent Decline in Urban Densities: Global and Historical Evidence of 'Sprawl'. Cambridge: Lincoln Institute of Land Policy.

Capello R. 2009. Spatial spillovers and regional growth: a cognitive approach. European Planning Studies, 17 (5): 639-658.

Schneider A, Woodcock C E. 2008. Compact, dispersed, fragmented, extensive? A comparison of urban growth in twenty-five global cities using remotely sensed data, pattern metrics and census information. Urban Studies, 45(3): 659-692.

第3章 城镇化社会经济驱动因子识别

3.1 引　　言

随着城市化速度加快，中国逐步进入城市群发展阶段。目前，京津冀地区城市化发展也进入城市群阶段，发展为我国最主要的城市群之一。近年来，大批的人口涌入城市。城市化快速发展的同时，也带来了许多问题，如建设用地无序扩张、资源短缺、住房紧张、城市拥挤、环境污染、产业转型升级滞后、贫富差距增大、社会矛盾激化等（方创琳和任宇飞，2017；王少剑等，2015）。这些突出的问题直接影响到区域的协调发展，同时也关系着京津冀地区人居环境的优良发展。人居环境与人民的生活息息相关。京津冀地区包括中国四大直辖市中的两个（北京、天津），另外还包括唐山、石家庄等大城市。天津是北方经济强市，唐山是我国的重工业产地之一，北京更是中国的政治、文化中心。京津冀地区的人居环境如何在城市化人口急剧增加的压力下得以良性发展就显得十分重要。同时，国家提出的"京津冀一体化"发展战略，将京津冀地区作为一个整体来考虑协同发展。"京津冀一体化"发展战略的提出，兹在通过区域资源一体化配置和产业结构调整，实现区域之间土地资源合理利用、资源高效使用和社会公共资源共享，促进区域可持续发展（毛汉英，2017）。因此，对京津冀地区城市化进程的区域性特征客观、准确识别，有助于了解区域发展进程，理清区域内发展的差异性，为推动京津冀一体化良性发展、政府制定区域发展战略提供参考依据。

3.2　数据来源与研究方法

3.2.1　数据来源

由于河北部分地市的最新统计年鉴更新至2018年，故将基于县域行政单元的城镇化社会经济数据的时点统一至2017年。京津冀县域社会经济数据主要来源于《中国区域经济统计年鉴》（2001~2011年）、《中国县（市）社会经济统计年鉴》（2001~2016年）、《河北经济年鉴》（1991~2018年）。1990年和2000年部分区县的数据较难获取，则缺失数据通过《中国城市统计年鉴》（1991年）、《新中国六十年统计资料汇编》《新河北五十年 1949-1999》等统计年鉴和资料获取，同时辅以市级统计年鉴（1991~2018年）予以补齐；对于中心城区存在数据缺失情况的，通过用市级的指标值减去其他各区县相应的指标值得到。最终构建1990年、2000年、2010年和2017年京津冀区县社会经济数据库。

从具体数据或指标来看，GDP来源于统计年鉴；人口数据（包括总人口、城镇人口）来源于第四、第五、第六次全国人口普查资料；城镇化水平通过城镇化率，即城镇人口占总人口的比重表征；人口密度数据通过总人口数量除以县域面积数据（来源于2010年京津冀县级行政区矢量图，由ArcGIS计算）得到；工业化水平数据通过第二产业增加值占GDP的比例来表征；产业结构数据通过第二产业和第三产业增加值的比值来表征；交通数据（京津冀县域路网密度）主要通过搜集1990年、2000年和2010年京津冀地区的道路矢量数据，借助ArcGIS的空间数据处理功能，求算得到县域的道路总长度，再除以行政区面积来获得，到最近地级市的距离和到最近港口的距离都通过ArcGIS的距离计算工具测算得到。

3.2.2 研究方法

1. 灰色关联分析法

灰色关联分析是灰色系统分析的内容之一，其实质就是通过对系统内时间序列下有关统计数据几何关系的比较，依据各因素数列曲线形状的接近程度，分析计算关联序列间的相似性或相异性，并对发展态势进行分析（谭学瑞和邓聚龙，1995）。采用灰色关联分析法求出各比较序列与参考序列的灰色关联度并按大小排出关联顺序，关联度越大，各比较序列的发展方向和速率与参考序列越近似，与参考序列的关系越紧密。灰色关联分析相对于传统的经济计量分析具有对数据的条件要求少的特点，即无论样本多少或者样本是否有规律都可以使用。根据前人提出的灰色关联公理及计算公式，灰色关联分析的具体步骤如下（梅振国，1992；刘耀彬等，2005）：

（1）确定作为参照的参考序列和被比较的比较序列。记参考序列为$x_0(t)$，共采集m个数据，即$x_0(t)=\{x_0(1),x_0(2),\cdots,x_0(m)\},t=1,2,\cdots,m$；记比较序列为$x_i(t)$，其中有$n$个子序列，即$x_i(t)=\{x_i(1),x_i(2),\cdots,x_i(n)\},i=1,2,\cdots,n$。

（2）为便于分析并保证各因素具有等效性和同序性，应对原始数列进行处理。本节采用的是初值变化法，即各列除以本列第一个数，使之无量纲化。

（3）计算关联系数：

$$\xi[x_0(t),x_i(t)]=\frac{\min_i \min_t |x_0(t)-x_i(t)|+\rho \max_i \max_t |x_0(t)-x_i(t)|}{|x_0(t)-x_i(t)|+\rho \max_i \max_t |x_0(t)-x_i(t)|} \quad (3.1)$$

式中，$\min_i \min_t |x_0(t)-x_i(t)|$、$\max_i \max_t |x_0(t)-x_i(t)|$分别为极差最小值和极差最大

值；ρ 为分辨率，一般取值为 0.5。

（4）计算参考序列和比较序列之间的关联度。两者之间的关联度就是序列在各个时刻的关联系数的均值，记作：

$$R_{ij} = \frac{1}{n}\sum_{i=1}^{n}\xi_i[x_0(t), x_i(t)] \quad (3.2)$$

2. 地理加权回归分析法

本章选取 1990 年、2000 年、2017 年三个时间截面，以京津冀的区县行政区域为研究单元。模型应用过程中，将建设用地面积比重作为被解释变量，以表 3.1 中所给出的各项社会经济因子为解释变量，运用 GWR 模型方法对京津冀土地利用变化的驱动因素进行研究分析（庞瑞秋等，2014）。分析过程中对数据的检验与处理主要选用 SPSS 18.0 和 ArcGIS 10.1 空间数据分析的相关模块。

表 3.1 京津冀地区建设用地变化驱动因素

因素集合	具体指标	单位	变量含义	预期影响方向
被解释变量	建设用地面积比重	%	县域建设用地面积占县级行政区总面积的比重	
经济社会发展	GDP	亿元	各区县地区生产总值	+
	人口密度	人/km²	总人口与县域行政区总面积的比值	+
城镇化水平	城镇化率	%	县域城镇人口占总人口的比重	+
工业发展水平	第二产业增加值比重	%	第二产业增加值占地区生产总值的比重	+
产业结构	第二、第三产业增加值之比	%	第二产业增加值与第三产业增加值的比值	+
交通区位条件	路网密度	km/km²	道路总长度与行政区总面积的比值	+
	距地级市距离	km	到最近的地级市距离	—
	距港口距离	km	到最近的港口距离	—

1）空间自相关检验

GWR 模型分析的一个重要前提条件是变量存在空间自相关的特性，因此在建立模型和分析之前应该对被解释变量的数据进行预检验。空间自相关分析即检验某种现象是否存在空间集聚特征，描述的是该现象在研究区域内的空间分布情况，常见的方法有 Moran's I 指数法和 Geary's C 指数法。本书运用最常用的 Moran's I 指数法来检验被解释变量在研究区域内相邻地区是具有空间正相关性（相似）、空间负相关（相异），还是随机分布（相互独立），用以反映研究对象的空间不平稳性。其计算公式如下：

$$I = \frac{n\sum_{i=1}^{n}\sum_{j=1}^{n}W_{ij}(X_i - \bar{X})(X_j - \bar{X})}{\sum_{i=1}^{n}\sum_{j=1}^{n}W_{ij}\sum_{i=1}^{n}(X_i - \bar{X})^2} \qquad (3.3)$$

式中，W_{ij} 为空间权重函数，若相邻则值为 1，若不相邻则值为 0；X_i、X_j 为 X 在相应空间单元 i 和 j 上取的值；$\bar{X}$ 为 X 的平均值；n 为空间单元总数；i 为所在空间单元。

I 值区间为[-1, 1]，若 I 值为[0, 1]则表示正相关及变量趋于空间集聚，即相似的属性集聚在一起，高值与高值相邻、低值与低值相邻；若 I 值为[-1, 0]则表示负相关及变量趋于分散，即相异的属性集聚在一起，高值与低值相邻、低值与高值相邻；若 I 值等于 0 则表示空间单元属性随机分布，不存在空间自相关性。I 值越趋近于 1 或-1，表明空间分布差异性越大。

本书利用 ArcGIS 空间数据分析模块对京津冀县域建设用地面积比重进行空间相关性预检验，根据式（3.3）计算得到 1990 年、2000 年、2010 年、2017 年县域建设用地面积比重的 Moran's I 指数分别为 0.1423、0.1313、0.2090 和 0.1989，正态统计量 Z 值分别为 5.4316、4.8321、7.3581 和 7.2123，其结果均大于正态函数在 1%显著水平时的临界值 2.58（表 3.2），表明各县域建设用地面积比重之间存在空间自相关性和空间异质性，以及建设用地分布的高值区与高值区空间相邻，低值区与低值区空间相邻，因此运用 GWR 模型对京津冀地区建设用地变化影响因素进行分析具有必要性和可行性。

表 3.2 1990 年、2000 年、2010 年和 2017 年建设用地面积比重的空间自相关检验结果

项目	1990 年	2000 年	2010 年	2017 年
Moran's I 值	0.1423	0.1313	0.2090	0.1989
Z 值	5.4316	4.8321	7.3581	7.2123
P 值	0.000000	0.000001	0.000000	0.000000

2）相关性检验

GWR 模型本质上仍是一种回归模型，依托于被解释变量和解释变量之间的相关性存在。因此，应用 GWR 模型之前的另一个重要环节是对变量进行相关性检验。本书采用 Pearson 相关系数对变量之间的相关性进行检验。Pearson 相关系数是对定距变量的数据进行计算后得到的，公式为

$$r=\frac{\sum_{i=1}^{n}(X_i-\bar{X})(Y_i-\bar{Y})}{\sqrt{\sum_{i=1}^{n}(X_i-\bar{X})^2\sum_{i=1}^{n}(Y_i-\bar{Y})^2}} \qquad (3.4)$$

式中，r 为相关系数；$\bar{X}$、$\bar{Y}$ 分别为变量 X、Y 的均值；X_i、Y_i 分别为变量 X、Y 的第 i 个观测值。Pearson 相关系数也是 SPSS 软件系统默认的相关分析方法。

表 3.3 为应用 SPSS 关键的相关分析功能，统计得到的京津冀地区建设用地面积比重与各驱动因素之间的 Pearson 相关系数。其中，GDP、人口密度、城镇化率以及路网密度均与建设用地面积比重表现出显著的正相关性；距地级市距离和距港口距离则与被解释变量存在显著的负相关关系。而第二产业增加值比重和第二、第三产业增加值之比与被解释变量之间相关关系的正负性质和相关程度的显著性则随时间推移发生变化，但由于二者与被解释变量在研究时段内均表现出显著的正或负相关性，因此这两项和其余指标均在各时段纳入驱动因素体系，构建多变量 GWR 模型。

表 3.3　建设用地面积比重与各驱动因素之间的 Pearson 相关系数

解释变量	1990 年	2000 年	2010 年	2017 年
GDP	0.3776**	0.4116**	0.4706**	0.4382**
人口密度	0.7030**	0.8103**	0.7433**	0.7621**
城镇化率	0.5136**	0.5845**	0.7240**	0.7158**
第二产业增加值比重	0.1495*	−0.0776	−0.0428	−0.0433
第二、第三产业增加值之比	0.0102	−0.0861	−0.1828*	−0.1789*
路网密度	0.4618**	0.5702**	0.7708**	0.8108**
距地级市距离	−0.4268**	−0.4485**	−0.5297**	−0.5267**
距港口距离	−0.2550**	−0.3111**	−0.4063**	−0.4025**

**表示在 0.05 水平上显著，*表示在 0.1 水平上显著。

3.3　社会经济要素时空变化特征

3.3.1　城镇体系特征

顺应当今世界城市发展的潮流，城市群已成为当前我国区域发展的必要趋势和根本要求。从 2005 年《国家"十一五"规划纲要》首次提到"把城市群作为推进城镇化的主体形态"，经过《国家"十二五"规划纲要》中关于"科学规划城市群内各城市功能定位和产业布局"、党的十八大报告关于"科学规划城市群规模和布局"的不断探索,直至《国家新型城镇化规划(2014—2020年)》中明确提出"把城市群作为主体形态",一再表明"城市群"已超越"单体城市"成为推进我国新型城镇化的重要空间组织模式和主导力量。城市群属于城市的功能地域概念范畴,综合国内外对城市功能地域概念的研究和表述,结合众多专家学者对城市群概念的界定(姚士谋等,1998;方创琳,2009;宁越敏,2011),本节列举城市群的三大主要特征,具体如下:

(1)国家的核心区域。城市群往往是人口、资源等基本生产要素密集之地,更是现代化工业、商业金融、现代服务等先进职能的集中地,成为国家社会经济较发达、经济效益较高、具有较强区域竞争力的重心。

(2)层级结构特征。城市群地域范围内有一个或几个高人口密度、高经济总量、高集聚效应的等级较高的大城市核心,继而以核心城市为中心向外发展,其周围一定范围内的区域根据接受核心城市影响的强弱及功能组织的不同而呈现出具有层级特征的圈层空间结构。

(3)密集的交互作用。城市群内部核心城市与周边区域之间凭借现代化的交通工具和技术、综合运输网的通达性,以及高度发达的信息网络,实现产业的优化布局和要素的自由流动,从而形成城市之间密切的社会经济联系。

按照《关于调整城市规模划分标准的通知》(国发〔2014〕51号)中城市规模等级的划分办法,以2015年市辖区常住人口计算,京津冀城市群已形成了由超大城市、大城市、中等城市和小城市组成的多层次城市体系(表3.4)。其中,北京和天津属于超大城市;无特大城市;人口为100万~500万人的大城市有4个,其中唐山为Ⅰ型大城市,石家庄、邯郸、保定为Ⅱ型大城市;人口为50万~100万人的中等城市有6个,分别为秦皇岛、邢台、张家口、廊坊、承德、沧州;人口为50万人以下的小城市仅有衡水。从城市人口分布结构来看,超大城市人口过于集中,2013年北京、天津两市城区常住人口总和达到3717.45万人,其他城市多为Ⅱ型大城市和中等城市,人口规模呈"倒金字塔"形。

表3.4 京津冀城市群内部等级规模结构

级序	一级	二级	划分标准/万人	城市数量	城市名称
1	超大城市	—	>1000	2	北京、天津
2	特大城市	—	500~1000	—	—
3	大城市	Ⅰ型大城市	300~500	1	唐山
		Ⅱ型大城市	100~300	3	石家庄、邯郸、保定

续表

级序	一级	二级	划分标准/万人	城市数量	城市名称
4	中等城市	—	50~100	6	秦皇岛、邢台、张家口、廊坊、承德、沧州
5	小城市	Ⅰ型小城市	20~50	1	衡水
		Ⅱ型小城市	<20	—	—

注:"—"表示无相应等级城市。
资料来源:清华大学京津冀地区战略环评城镇化专题报告。

3.3.2 经济发展总体特征

在地区区位优势、政策优势和经济优势的多重作用下,京津冀地区是我国经济发展水平最高和经济密度最高的地区之一。2017 年,京津冀地区以不足全国 2.25%的土地面积创造了 8.3 万亿元的 GDP,集聚了 1.12 亿人,其 GDP 与人口分别占到全国总量的 10.11%和 8.11%,单位土地面积的 GDP 产出为 3860.5 万元/km²,是全国平均水平的 4.5 倍。单位人口密度为 513 人/km²,是全国平均水平的 3.6 倍。

在经济的空间分布上,京津冀地区也依然呈现了"聚核、沿海、沿线"集中布局的态势。2017 年,北京、天津和唐山人均 GDP 突破 9 万元,其他各市的人均 GDP 平均值不到 5 万元,其中北京具有最高的人均 GDP(12.9 万元),是最低的保定(3.3077 万元)的 3.9 倍。从空间上看,北京、天津为经济发展高地,而河北的大部分地市经济水平与核心城市具有较大的差距,并形成了环绕北京的"环首都贫困带"。从 GDP 密度来看,京津冀地区的经济发展主要集中在京津走廊以及唐山-天津的沿海经济带和石家庄附近,西北部山区 GDP 密度非常低(图 3.1)。

在经济规模上,自 2000 年以来,京津冀地区的经济总量以 11.23%的平均增速持续增长,2005 年就实现 GDP 总量翻番突破 20000 亿元,2010 年再次翻番突破 40000 亿元,2018 年 GDP 总量达到 8.3 万亿元。其在全国 GDP 总量中的比重也不断提高,从 2000 年的 9.28%增加到 2005 年高位时的 11.29%,之后经过不断调整,2018 年占到全国 GDP 总量的 10.11%,是仅次于长江三角洲(以下简称长三角)的全国第二大经济集聚区。同时,该地区也是全国人均 GDP 水平较高的地区之一。2000 年以来,京津冀地区人均 GDP 以年均 9.68%的速度保持较快增长,2005 年之前显著高于全国平均水平;2005 年之后受结构调整和人口显著增加的影响,人均 GDP 增速下滑,尤其是 2008 年金融危机之后下滑速度较快,2013 年已低于全国平均增速。但是,人均 GDP 的规模依然显著高于全国平均水平。2018 年京津冀地区人均 GDP 达到 62203 元,按 2000 年不变价计算,是 2000 年的 4 倍。其与全国人均 GDP 水平的绝对差距也由 2000 年的 2328 元增加到 12211 元。

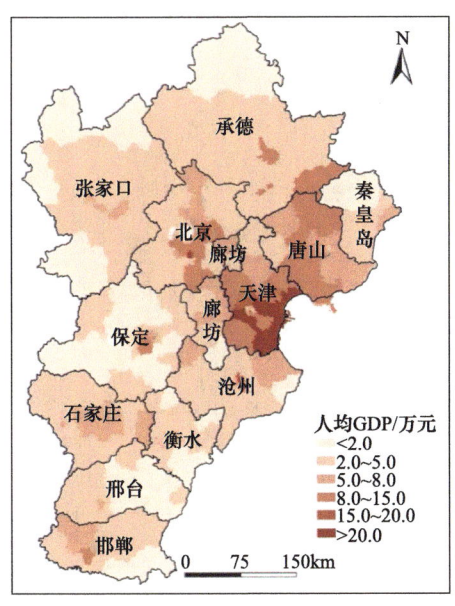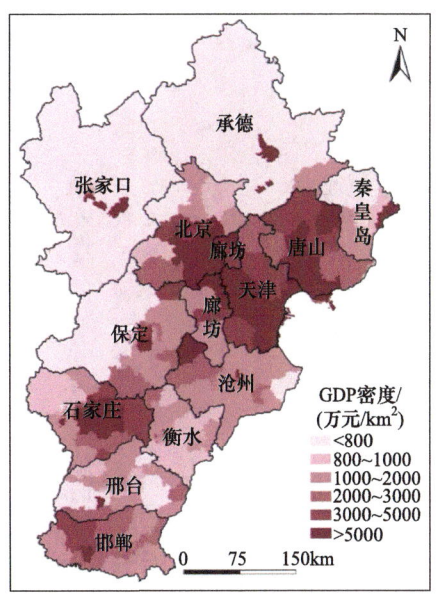

图 3.1 京津冀地区人均 GDP 与 GDP 密度空间分布图

此外，城乡居民人均可支配收入能够反映社会民生状态，也是衡量一个地区经济发展水平的重要指标之一。本书选取城镇居民人均可支配收入和农村居民人均可支配收入两个指标来反映社会子系统在城镇化过程中的动态演变特征。1980~2015 年，二者都不断增加。城镇化进程能够促进城乡居民人均可支配收入提高，与此同时，后者对前者也能起到正向推动作用。特别是农村居民人均可支配收入的提高，一方面意味着存在农业劳动力向非农产业的转移现象，另一方面也意味着农业劳动力不断发挥主观能动性，其有利于在空间上引起非农产业的聚集，从而对城镇化水平的提升起到正向推动作用。

3.3.3 人口增长与分布特征

京津冀地区人口分布不均衡，高度集聚在京、津两市以及沿海的唐山和京广铁路沿线，人口极化效应显著（图 3.2）。2017 年，北京常住人口达到 2171 万人，天津、石家庄和保定的常住人口均突破 1000 万人；四个城市占到京津冀地区总人口的 52.9%；而在人口密度上，北京和天津是人口密度最高的地区，分别高达 1289 人/km² 和 1235 人/km²，显著高于京津冀地区平均人口密度 505 人/km²。在人口的分布上，京津冀地区人口主要分布在燕山山脉以南、太行山脉以西的华北平原地区，西北山区的人口规模和人口密度相对较低，平原上的北京市内城区和沿海的唐山、天津、廊坊、保定、沧州、石家庄等地市的人口规模和人口密度相对较高。

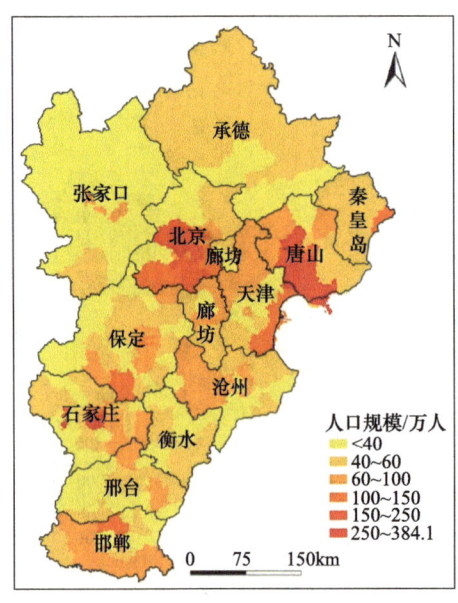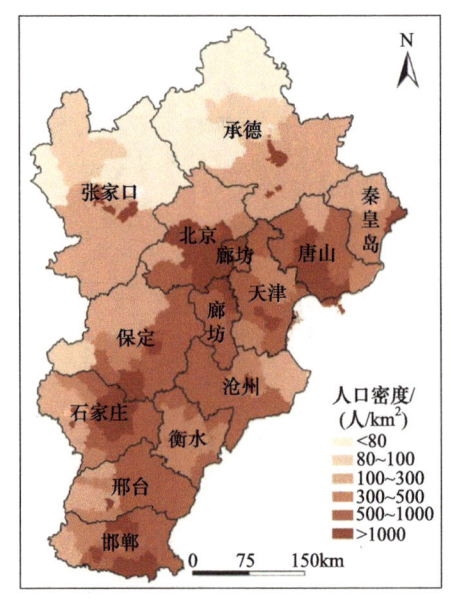

图 3.2 京津冀地区人口规模和人口密度分布图

随着地区经济发展，京津冀地区人口和产业的规模与集聚程度持续上升。2017年，京津冀地区人口达到 1.11 亿人，比 2000 年增长了 2104 万人，其占全国人口总量的比重也由 2000 年的 7.13%增加到 8.11%，增加了近 1 个百分点。而新增人口占到全国人口增量的 20%，是近 10 年全国人口逐步聚集的地区之一。从人口密度来看，2017 年京津冀地区人口密度为 505 人/km^2，相较于 2000 年 416 人/km^2 的水平增加了 22%，其与全国人口密度的差距也由 2000 年的 3.15 倍扩大到 4 倍。而在经济密度上，2015 年京津冀地区单位土地面积的 GDP 是 3192 万元/km^2，比 2000 年增加了 6.3 倍；其相较于全国经济密度的差距也由 2000 年的 4.10 倍扩大到 4.47 倍，表明相较于全国平均水平，京津冀地区在人口和产业的空间集聚程度上逐步提高。

3.3.4 产业发展特征

随着京津冀地区的日益发育完善以及全国参与全球产业分工的日益加深，其作为全国参与全球化重要门户地区、全国重要先进制造业基地的地位日益凸显。现代服务业和制造业在产业体系中的比重逐步提高。目前，京津冀地区基本形成了"三二一"的产业结构。2015 年，京津冀地区第一产业在 GDP 中的比重为 5.47%，相较全国平均水平低 3.41 个百分点，第二产业占比 38.38%，比全国平均水平低 1.58 个百分点，第三产业比重为 56.15%，比全国平均水平高 5.96 个百分点，这充分体现了京津冀地区作为全国主要城市群地区在现代服务业方面的优势地位。

而且，由于北京为全国的政治中心、文化中心、国际交往中心和科技创新中心，天津为全国先进制造研发基地、北方国际航运核心区、金融创新运营示范区和改革开放先行区，因此该地区的第三产业相对发达。

随着京津冀发展水平的提高和城市群建设的深入，其三次产业结构逐步高级化。第三产业在 GDP 中的比重已由 2000 年的 42.31%增加到 2018 年的 56.15%，约增长了 13 个百分点，成为地区重要支柱产业；而第二产业的比重则不断下降，从 2000 年的 46.96%降到 38.38%；第一产业的比重持续下滑，从 2000 年的 10.73%下降到 2018 年的 5.47%，呈现出显著的后工业化特征。

3.3.5 工业化特征

近 30 年来，京津冀地区工业化进程可以分为三个阶段：第一阶段始于改革开放到 1992 年邓小平南方谈话之前，该时期以其区位优势和政策优势吸引了港澳地区的大量投资，发展了以轻纺工业产品出口为主的外向型加工产业。在该时期，传统的能源重化工产业和轻纺工业占据工业主体。第二阶段则是 1992～2000 年，该时期随着我国的全面对外开放，京津冀地区以低成本人力资源、土地资源和区位优势吸引了国际劳动密集型制造业大规模转移，尤其是天津和北京吸引了电子信息制造产业的转移。该时期轻纺工业的比重下降，传统能源重化工产业的优势继续保持，装备制造业比例大幅度提升。第三阶段始于 2000 年前后，是从国际重化工产业转移开始，由资源高度国际依赖条件下的国内基础重化工产业布局所驱动。该时期，京津冀地区在唐山建设曹妃甸工业新区，天津的滨海新区也有了较大幅度的发展。能源重化工产业的比重大幅度提高，几乎占到整个工业部门产值的半壁江山；装备制造业的比重稍有下降，而且继电子信息产业制造的优势逐步被长三角和成渝取代后，交通运输设备制造（重点是汽车工业）成为装备制造业的主体。目前，京津冀地区工业部门结构呈现能源重化工和装备制造部门并重的发展格局。

与全国平均水平相比，目前，京津冀地区具有绝对竞争优势的行业为黑色金属矿采选业、黑色金属冶炼和压延加工业；石油和天然气开采业，开采辅助活动，食品制造业，皮革、毛皮、羽毛及其制品和制鞋业，石油加工、炼焦和核燃料加工业，金属制品业，专用设备制造业，交通运输设备制造业，电力、热力的生产和供应业等产业与全国平均水平相比也具有一定优势。

过去十余年间，石油和天然气开采业，非金属矿采选业，纺织服装、服饰业，家具制造业等发展速度放缓，在全国的地位和竞争力有所下降；而煤炭开采和洗选业、黑色金属冶炼和压延加工业及交通运输设备制造业发展迅猛，在全国的地位和竞争力不断提升。整体看来，京津冀地区的优势产业为资源开采及加工产业，其对环境的影响大，未来区域内环境治理面临巨大压力。

3.3.6 社会公共服务发展特征

京津冀地区集聚了全国最优质的教育、文化、医疗、科技等资源，近年来区域整体公共服务水平逐步提升，但是三地行政配置资源色彩浓厚，优质公共资源高度集中，国有经济比重大，加上行政级别不对等，导致三地公共服务水平差距很大，影响了区域内人口和市场要素的合理流动与功能疏解。2015 年北京、天津人均公共财政预算收入分别为 21764.1 元和 17240 元，分别为当年河北的 7.22 倍和 5.72 倍。而且，当年河北的人均公共财政预算收入仅为全国平均水平的 27.21%。就教育资源而言，北京、天津的教育资源丰富，高校密集，教育服务水平明显高于河北各市。北京、天津的人均教育事业费支出均超过 3000 元，分别为 3942.3 元、3820.3 元，为河北各市的 2~3 倍。河北范围内，承德、唐山、廊坊三市的人均教育事业费支出水平相对较高，河北范围内，石家庄、承德、唐山、廊坊四市的人均教育事业费支出水平相对较高，均超过 1100 元；其次是秦皇岛、张家口，人均教育事业费支出为 950~1100 元；沧州、邯郸、衡水三市的人均教育事业费支出为 750~950 元；保定、邢台的人均教育事业费支出相对最低，在 750 元以下。从普通高校每百名学生拥有的教师数量来看，北京高校密集、名校多，每百名学生拥有的教师数量超过 8 人，该指标水平为京津冀地区最高；天津以及河北的张家口、承德、廊坊等市每百名学生拥有的教师数量在 6 人以上；其次是石家庄、衡水、沧州、邢台、唐山、邯郸等市；秦皇岛、保定两市的人均教育资源占有量相对最低，每百名学生拥有的教师数量在 4 人以下（图 3.3）。

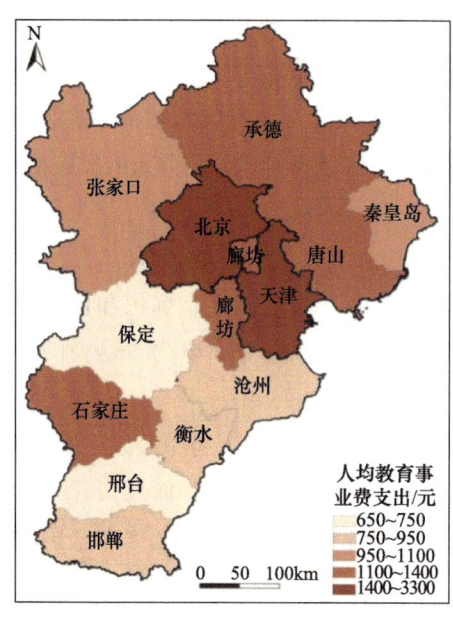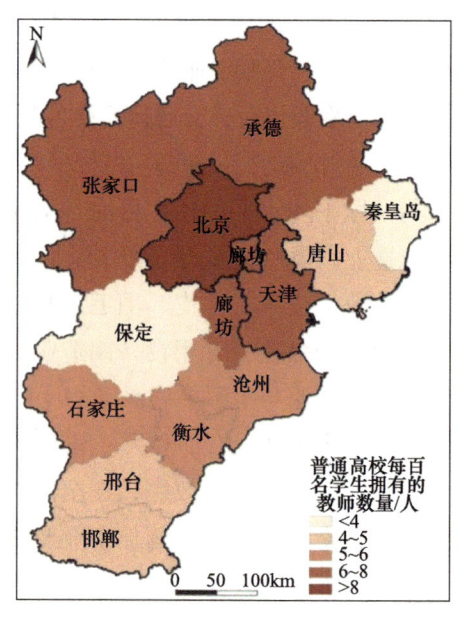

图 3.3　京津冀地区教育资源区域差异比较

第3章 城镇化社会经济驱动因子识别 | 59

从京津冀地区人均占有的医疗资源水平来看（图3.4），三地表现出较显著的差异，北京显著优越于其他各市，而天津的医疗服务水平并未表现出明显优势。就每万人占有医院床位数来看，北京以及河北的唐山两市数量最多，每万人占有医院床位数超过50张；其次是河北的秦皇岛、石家庄两市，为45~50张，河北的承德、张家口次之，每万人占有医院床位数为40~45张；天津、廊坊、沧州、邯郸、邢台等市该指标水平相对较低；衡水、保定两市每万人占有医院床位数最

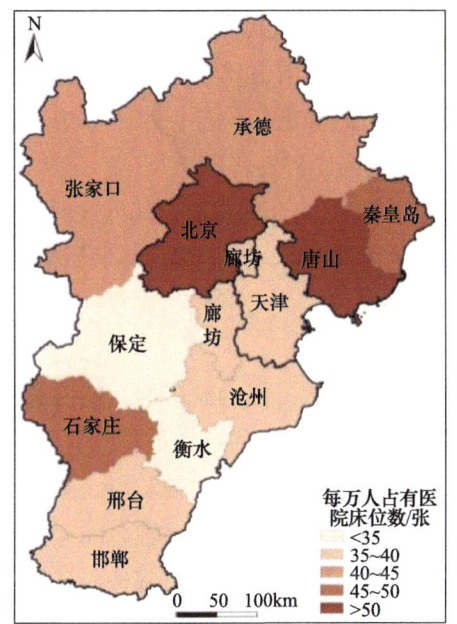
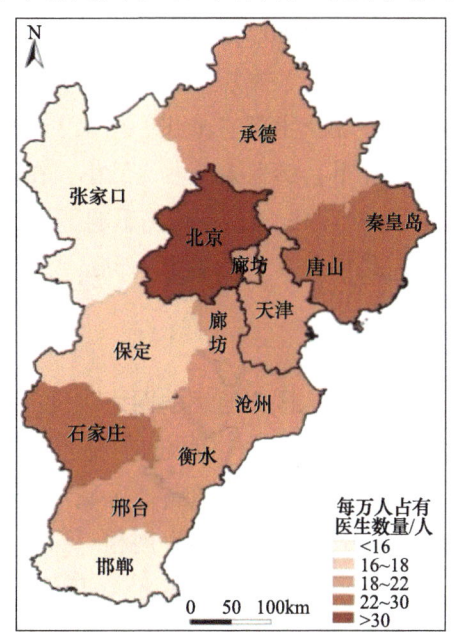

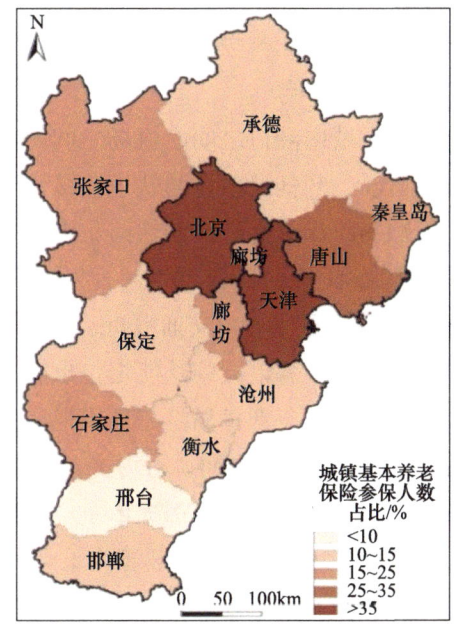

图3.4 京津冀地区人均医疗资源和社会保障差异比较

少，少于 30 张。就每万人占有医生数量来看，北京依然为京津冀地区最多，每万人占有医生数量超过 30 人；天津以及河北的秦皇岛、唐山、石家庄、沧州、廊坊、承德、衡水、邢台等市每万人占有医生数量均达到 18 人以上；河北其余地市，包括保定、邯郸、张家口等市每万人占有医生数量均少于 18 人，其中邯郸和张家口相对最少。就社会保障方面来看，京津两地的社会保障程度显著高于周边城市。就城镇基本养老保险参保人数占比来看，北京、天津两地占比均超过 35%，且北京的占比高达 60% 以上。河北各市该占比均在 35% 以下，其中唐山、石家庄、张家口、秦皇岛、廊坊等市该占比属中等水平及以上，唐山占比相对较高，达 25% 以上；承德、邯郸、沧州、衡水、保定、邢台等市的养老保险参保水平在中等以下，其中邢台参保人数占比最小，在 10% 以下，仅为 7.85%。

公共资源配置的不均衡影响了人口和产业在区域内的合理布局，其导致的首要问题就是特大城市人口过于膨胀，中小城市吸纳力不足，难以形成多中心城镇格局。

3.3.7 交通发展特征

京津冀地区交通运输网络建设虽然取得了显著成就，但运输结构、能力和效率还不适应区域协同发展和打造世界级城市群的要求，主要问题如下：

网络化布局有待改善。区域单中心放射状交通运输网络导致各城市之间互联互通性不强，城际铁路发展相对滞后，缺乏大城市中心城区与卫星城之间通勤交通所需要的市域（郊）铁路；国家高速公路存在部分"断头路"，首都地区环线高速公路尚未建成，部分国省干线公路还存在"瓶颈路段"；受路网形态和运输结构不合理的影响，北京承担了大量东北与华北、西北等区域之间的过境运输，给北京城市交通、生态环境造成不利影响。

无缝化衔接有待加强。区域内港口之间、机场之间协同发展不够，枢纽站场各种运输方式衔接不畅；机场、高铁站虽多与轨道连接，但换乘不能同站，或距离较远，造成不便捷、不顺畅；津冀港口群的铁路集港多为煤运专线，服务集装箱和外贸铁矿石等货类的能力有限，如天津港铁矿石集疏运的 70% 多由公路承担，铁路仅占不到 30%，疏港公路交通与城市交通混行，相互交叉干扰严重，加之城市交通管制影响，拥堵现象突出。海港之间功能定位重叠，港口资源使用效率低下。目前，京津冀地区共有天津港、秦皇岛港、唐山港、京唐港和黄骅港，腹地范围和运输货种基本相同，均以煤炭和金属矿石为主，从而存在较大同质化问题。而且，在各自利益的驱动下，每个港口城市都提出了"以港兴市"的发展目标，各地方将建设综合性大港作为目标，以发展集装箱为重点，建设许多集装箱码头，但由于腹地资源有限，经济发展水平不高，难以产生应有的效益，且不利于港口群整体效益的提高。

智能化管理水平有待提高。京津冀三地交通信息化建设缺乏有效统筹，三地之间、各种运输方式之间、各行业管理部门之间信息共享困难，行政执法、运行管理、安全应急、交通指挥等业务协同程度较低；先进信息技术手段应用不够，区域交通信息化智能化发展不均衡，区域高速公路联网收费、进京车辆便利通行等均需进一步提高和完善。

一体化服务能力有待提升。京津冀运输市场存在行政壁垒和市场分割，运输政策、标准缺乏有效对接，协调机制有待完善；区域内各城市尚未实现公交"一卡通"互联互通；多式联运等先进运输组织方式发展相对滞后，无法实现旅客出行的联程联运和货物运输的"一票到底"。

京津冀地区是我国交通基础设施齐全、技术装备水平高、综合运输能力强的综合交通和运输枢纽之一。但是由于三地各自为政，"断头路"问题严重。地区内部的铁路和公路线基本都呈现以北京为中心的"单中心放射状"，其余城市之间联系线路缺乏。另外，空港与海港方面存在分布不均衡、竞争激烈等问题。航空业务量过度集中于北京首都国际机场，而石家庄正定国际机场和天津滨海国际机场的运力充足但需求不旺，其余城市与三大核心机场间缺乏快速轨道交通衔接。

3.3.8 创新发展特征

本书选取科技研发投入额以及科技研发投入强度来刻画创新子系统。根据统计数据可知，京津冀科技研发投入呈现出持续增加的趋势，特别是2006~2007年，研发投入激增，之后保持着较为明显且稳定的递增态势。从研发投入强度来看，1980~2006年虽有所增大，但存在一定的波动，且增大不明显；2007年研发投入强度也出现激增，此后基本呈现不断增大的变化趋势，到2018年研发投入强度达到7.1%。从三地内部看，北京的R&D经费投入强度远远高于区域整体水平，体现出强大的科研投入实力，符合进入创新驱动阶段的研发投入标准；天津的R&D经费投入强度接近京津冀区域的整体水平，自2011年以来超过2.5%，2018年达到3.08%，符合进入创新驱动阶段的研发投入标准；河北2018年的R&D经费投入强度仅为1.18%，尚低于进入创新驱动阶段的研发投入标准。

3.4 社会经济发展对城镇化的驱动作用

3.4.1 人口城镇化驱动因素分析

本节首先采用灰色关联分析法定量测算部分要素与城镇化之间的关联水平，

以识别当中的关键要素。灰色关联分析法是根据因素之间的发展趋势的相似或相异程度，来衡量因素之间关联程度的一种方法，目的是寻求系统中因素之间的主要关系，找出影响目标值的重要因素，从而掌握系统的主要特征。如果两个因素之间的变化趋势具有一致性，则两者的关联度较高；反之则较低。关联度越高，对城镇化的驱动作用越大。

从经济发展水平、产业结构、创新水平、全球化、基础设施建设等方面来看，在进行相关性分析的基础上，筛选人均 GDP、人均固定资产投资、第二产业增加值比重、第三产业增加值比重、非农产业就业率、研发投入强度、科技进步贡献率、人均实际利用外资、路网密度 9 个因素，采用基于几何处理和系统理论的灰色关联分析法，分别计算各因素与城镇化水平之间的关联度，认为关联度越高的因素对城镇化的影响程度越高，反之影响程度越低，进而初步识别京津冀城镇化的关键驱动因子。针对每个行政单元，将关联度最大的三个影响因素作为城镇化的主要驱动力量。

整体上看，产业发展和创新水平是京津冀城市群城镇化过程的两大主导驱动力量。而具体来看，不同阶段、不同地区城镇化的主要驱动因素则表现出差异性。

1. 2001~2005 年城镇化主要驱动因素

以第二产业增加值比重为城镇化主要影响因素的地区包括天津、石家庄、秦皇岛、邯郸、邢台、保定、张家口、廊坊 8 个城市，以非农产业就业率为城镇化主要影响因素的地区包括天津、石家庄、秦皇岛、邢台、保定、张家口、承德、沧州、廊坊、衡水 10 个城市，以科技进步贡献率为城镇化主要影响因素的地区包括北京、天津、石家庄、唐山、秦皇岛、邯郸、张家口、沧州、廊坊 9 个城市，以路网密度为城镇化主要影响因素的地区包括北京、唐山、邯郸、邢台、承德、衡水 6 个城市。此外，城镇化过程受人均 GDP 影响的地区有保定、张家口、衡水等城市，受第三产业增加值比重影响的有北京、张家口、沧州 3 个城市，受研发投入强度影响的包括邢台、张家口、承德 3 个城市。可见，第二产业增加值比重、非农产业就业率和科技进步贡献率是京津冀城市群城镇化过程最主要的三大影响因素。按关联度最大的影响因素来看，2001~2005 年，北京、天津、石家庄、唐山四市的城镇化过程受科技进步贡献率驱动最明显，秦皇岛、邢台、保定、沧州、衡水等市的城镇化过程受非农产业就业率驱动最明显，张家口受研发投入强度驱动较明显，廊坊受第二产业增加值比重驱动较明显（表 3.5）。

表 3.5　2001～2005 年京津冀城镇化主要驱动因素的关联度测算结果

城市	人均 GDP	人均固定资产投资/元	第二产业增加值比重	第三产业增加值比重	非农产业就业率	研发投入强度/%	科技进步贡献率/%	人均实际利用外资/美元	路网密度/（km/km²）
北京	0.991	0.967	0.998	0.999	0.998	0.758	1	0.993	0.999
天津	0.933	0.914	0.994	0.993	0.996	0.988	0.999	0.968	0.984
石家庄	0.968	0.948	0.994	0.99	0.991	0.922	0.996	0.885	0.990
唐山	0.986	0.974	0.992	0.988	0.989	0.972	0.993	0.923	0.991
秦皇岛	0.971	0.872	0.993	0.988	0.996	0.984	0.991	0.956	0.990
邯郸	0.973	0.968	0.975	0.969	0.973	0.962	0.975	0.917	0.992
邢台	0.969	0.944	0.967	0.955	0.993	0.981	0.968	0.955	0.971
保定	0.991	0.871	0.989	0.986	0.999	0.968	0.987	0.964	0.982
张家口	0.999	0.999	0.999	0.999	0.999	1	0.999	0.894	0.994
承德	0.976	0.957	0.987	0.974	0.991	0.990	0.983	0.928	0.994
沧州	0.988	0.941	0.987	0.989	0.996	0.985	0.989	0.878	0.982
廊坊	0.984	0.943	0.997	0.993	0.995	0.947	0.994	0.956	0.982
衡水	0.993	0.981	0.991	0.992	0.998	0.967	0.992	0.968	0.998

2. 2006～2010 年城镇化主要驱动因素

该阶段，以第二产业增加值比重为城镇化主要影响因素的地区包括天津、石家庄、秦皇岛、邯郸、保定、张家口、承德、廊坊 8 个城市，以非农产业就业率为城镇化主要影响因素的地区几乎覆盖到京津冀整个地区，以科技进步贡献率为城镇化主要影响因素的地区包括北京、天津、石家庄、唐山、秦皇岛、邯郸、保定、张家口、承德、沧州 10 个城市，较上一阶段增加 1 个城市，以第三产业增加值比重为城镇化主要影响因素的地区包括北京、张家口、沧州和廊坊 4 市，较上一阶段增加 1 个城市。而其他因素对京津冀各城市的影响程度则较低，特别是受人均 GDP 和路网密度影响较大的城市数量有所减少。可见，第二产业增加值比重、非农产业就业率和科技进步贡献率仍是京津冀城市群城镇化过程最主要的三大影响因素。在京津冀 13 个城市中，北京、天津、石家庄的城镇化受科技进步贡献率驱动相对最明显，而河北其他地市的城镇化仍主要受到非农产业就业率的驱动（表 3.6）。

表 3.6　2006～2010 年京津冀城镇化主要驱动因素的关联度测算结果

城市	人均GDP	人均固定资产投资/元	第二产业增加值比重	第三产业增加值比重	非农产业就业率	研发投入强度/%	科技进步贡献率/%	人均实际利用外资/美元	路网密度/(km/km²)
北京	0.954	0.924	0.991	0.995	0.993	0.443	0.999	0.986	0.991
天津	0.724	0.606	0.989	0.973	0.975	0.611	0.999	0.854	0.942
石家庄	0.863	0.691	0.970	0.957	0.971	0.546	0.973	0.798	0.902
唐山	0.888	0.748	0.973	0.973	0.985	0.691	0.979	0.719	0.979
秦皇岛	0.871	0.592	0.967	0.948	0.986	0.624	0.969	0.808	0.798
邯郸	0.812	0.673	0.921	0.901	0.952	0.868	0.927	0.909	0.920
邢台	0.863	0.649	0.883	0.874	0.959	0.911	0.883	0.773	0.840
保定	0.946	0.630	0.960	0.953	0.983	0.778	0.958	0.918	0.947
张家口	0.993	0.978	0.998	0.998	0.997	0.997	0.998	0.580	0.991
承德	0.809	0.686	0.978	0.934	0.996	0.950	0.964	0.781	0.869
沧州	0.911	0.666	0.962	0.967	0.994	0.924	0.970	0.705	0.960
廊坊	0.930	0.686	0.974	0.972	0.995	0.673	0.961	0.850	0.905
衡水	0.980	0.958	0.967	0.975	0.988	0.777	0.971	0.966	0.976

3. 2011～2018 年城镇化主要驱动因素

以第二产业增加值比重为城镇化主要影响因素的地区包括天津、秦皇岛、保定、张家口、承德、廊坊 6 个城市，较上一阶段减少 2 个城市；以第三产业增加值比重为城镇化主要影响因素的地区包括北京、天津、石家庄、邢台、张家口、沧州、廊坊、衡水 8 个城市，较上一阶段数量明显增加；以非农产业就业率为城镇化主要影响因素的地区包括北京、石家庄、唐山、秦皇岛、邯郸、邢台、保定、承德、沧州、廊坊、衡水 11 个城市；以科技进步贡献率为主要驱动因素的地区包括北京、天津、石家庄、唐山、秦皇岛、邯郸等市。此外，以研发投入强度为主要驱动因素的城市数量较上一阶段有所增加，以路网密度为城镇化主要影响因素的城市包括唐山、邯郸、保定、沧州、衡水，数量较上一阶段有所增加。按关联度最大的影响因素来看，北京、天津、石家庄的城镇化受科技进步贡献率驱动最明显，张家口受研发投入强度影响相对明显，唐山、秦皇岛、邯郸、邢台、保定、承德、沧州、廊坊、衡水等市的城镇化依然受非农产业就业率驱动明显（表 3.7）。

表 3.7　2011~2018 年京津冀城镇化主要驱动因素的关联度测算结果

城市	人均GDP	人均固定资产投资/元	第二产业增加值比重	第三产业增加值比重	非农产业就业率	研发投入强度/%	科技进步贡献率/%	人均实际利用外资/美元	路网密度/(km/km²)
北京	0.921	0.895	0.988	0.995	0.997	0.351	0.998	0.973	0.990
天津	0.548	0.376	0.978	0.989	0.971	0.412	0.997	0.705	0.899
石家庄	0.743	0.465	0.934	0.939	0.949	0.365	0.951	0.645	0.883
唐山	0.785	0.531	0.964	0.959	0.983	0.432	0.966	0.628	0.966
秦皇岛	0.789	0.366	0.939	0.930	0.964	0.394	0.960	0.704	0.802
邯郸	0.683	0.402	0.868	0.861	0.916	0.829	0.879	0.824	0.915
邢台	0.741	0.407	0.802	0.833	0.929	0.865	0.818	0.669	0.792
保定	0.853	0.391	0.941	0.918	0.982	0.614	0.940	0.904	0.945
张家口	0.984	0.947	0.997	0.997	0.994	0.998	0.997	0.394	0.991
承德	0.647	0.399	0.951	0.918	0.985	0.952	0.943	0.763	0.868
沧州	0.828	0.411	0.944	0.950	0.988	0.860	0.948	0.626	0.955
廊坊	0.837	0.534	0.948	0.964	0.995	0.405	0.942	0.808	0.896
衡水	0.936	0.814	0.947	0.956	0.977	0.481	0.952	0.847	0.962

根据 2001~2018 年基于灰色关联分析法的京津冀城镇化主要驱动因素的测算和分析可知，产业发展始终是城镇化的重要驱动因素，非农产业就业率的影响作用一直较为显著且稳定，且深入产业内部结构来看，随着产业结构的演进和优化，第二产业发展对城镇化的驱动作用弱化，而第三产业发展对城镇化的驱动作用则日益显著，成为北京、天津、石家庄等主要城市以及河北众多地市城镇化演进的关键驱动因素。创新水平对城镇化的驱动作用也较为显著，但与科技进步贡献率相比，研发投入强度与城镇化之间的关联度普遍偏低，还只是少数城市城镇化的主要驱动因素，说明科技创新对于京津冀城镇化的拉动作用尚存在较大空间。此外，以人均 GDP、人均固定资产投资为代表的经济发展水平对城镇化的驱动作用较其他因素有所弱化。以人均实际利用外资为代表的全球化对城镇化的驱动作用不及其他因素。以路网密度为代表的基础设施水平也仅对少数城市具有较明显的驱动作用。

3.4.2　土地城镇化驱动因素分析

通过构建 GWR 模型，对京津冀地区以县域为单元的建设用地变化的驱动因素进行区域性分析。由于各变量的数量级和量纲有所不同,为了消除此方面的影响,并使参数之间更具有可比性,故基于 SPSS 软件,采用 Z-score 标准化方法,对所有进入模型的变量数据进行标准化处理之后,再进行地理加权回归模型拟合。

回归模型在 ArcGIS10.1 软件中应用 GWR 模型实现,其中模型带宽的计算运用 AICC 的方法,不同年份的模型拟合结果见表 3.8。1990 年、2000 年、2017 年 GWR 模型的拟合优度分别为 0.7919、0.8341 和 0.8712,拟合结果较优。

表 3.8 1990～2017 年 GWR 模型参数估计及检验结果

模型参数	1990 年	2000 年	2017 年
Neighbors	113	101	96
Residual Squares	29.8325	23.1033	20.5019
Effective Number	34.6097	38.7639	43.2963
Sigma	0.4561	0.4073	0.3979
AICC	256.6821	220.1264	210.3032
R^2	0.8315	0.8695	0.8958
R^2 Adjusted	0.7919	0.8341	0.8712

在 GWR 模型中,每一个地理空间单元都对应着特定的标准化回归系数。表 3.9 对各系数值进行了描述性统计分析,得到均值、极大值、极小值、上四分位值、下四分位值和中位值,结果表明,大多数解释变量的回归系数在空间上较为稳定,个别因素的回归系数则呈现出一定的正负变动幅度,反映了不同因素变量的回归系数具有明显的空间变异。1990 年,GDP、人口密度、城镇化率以及路网密度的回归系数均值均为正值,第二产业增加值比重,第二、第三产业增加值之比、距地级市距离和距港口距离的回归系数均值均为负值,说明从整体上看,1990 年 GDP、人口密度、城镇化率以及路网密度对建设用地面积比重存在正的影响,GDP 越高、人口密度越大、城镇化率越高的地区建设用地面积比重也越大;其余因素对建设用地面积则表现为负的影响。2000 年,第二、第三产业增加值之比对建设用地比重的影响由负变为正,说明随着工业化的快速发展,第二、第三产业对建设用地扩张的推动作用加剧,第二、第三产业发达的地区建设用地扩张相对更为显著。到 2017 年,GDP 对某些地区建设用地的影响由正变负,第二产业增加值比重的影响由负变正,第二、第三产业增加值之比的影响由正变负,这在一定程度上表明工业化进程的加剧对建设用地扩张的驱动作用进一步凸显,与此同时,第三产业的发展对建设用地变化的驱动作用较之前有所增加。

表 3.9 1990～2017 年各驱动因素 GWR 模型回归系数的描述性统计

年份	驱动因素	极大值	极小值	均值	上四分位值	下四分位值	中位值
1990	GDP	0.7598	0.0243	0.3324	0.0798	0.7224	0.1358
	人口密度	0.7824	−0.0140	0.4139	0.0418	0.6551	0.5191
	城镇化率	0.3978	0.0118	0.2479	0.1623	0.3507	0.2713
	第二产业增加值比重	0.0256	−0.3393	−0.1294	−0.2011	−0.0387	−0.1386
	第二、第三产业增加值之比	0.1570	−0.1709	−0.0138	−0.0963	0.0843	−0.0460
	路网密度	0.2705	−0.1604	0.0901	0.0123	0.1764	0.1072
	距地级市距离	−0.0290	−0.2611	−0.1243	−0.1684	−0.0742	−0.1166
	距港口距离	0.1263	−0.2982	−0.0520	−0.1500	0.0596	0.0198
2000	GDP	0.3759	−0.4266	0.0193	−0.0943	0.1126	0.0805
	人口密度	1.4873	0.5189	0.8885	0.5646	1.3153	0.6586
	城镇化率	0.2497	−0.1409	0.0494	0.0057	0.1004	0.0548
	第二产业增加值比重	0.0385	−0.3103	−0.1349	−0.1829	−0.0875	−0.1183
	第二、第三产业增加值之比	0.5338	−0.1907	0.1045	0.0484	0.1548	0.0990
	路网密度	0.4669	−0.0412	0.1346	0.0001	0.2329	0.0993
	距地级市距离	0.0692	−0.2173	−0.0549	−0.0888	−0.0030	−0.0298
	距港口距离	0.0587	−0.3198	−0.0922	−0.1951	0.0338	−0.0737
2017	GDP	0.1639	−1.5128	−0.4169	−1.1532	0.0876	0.0013
	人口密度	1.4501	0.2424	0.7638	0.3081	1.2412	0.5002
	城镇化率	0.4387	−0.1139	0.1293	−0.0339	0.2616	0.1320
	第二产业增加值比重	0.2715	−0.1198	0.0930	0.0111	0.1580	0.1133
	第二、第三产业增加值之比	0.0199	−0.1800	−0.0718	−0.0886	−0.0540	−0.0705
	路网密度	0.4568	−0.0505	0.1646	0.0362	0.2757	0.1775
	距地级市距离	0.0631	−0.2813	−0.0686	−0.1041	−0.0071	−0.0536
	距港口距离	−0.0118	−0.3501	−0.1711	−0.2325	−0.1105	−0.1643

1. 经济发展水平的驱动作用

如图 3.5 所示，1990～2017 年 GDP 回归系数均值由正值变为负值，且表现出明显的时空差异。从时间角度来看，GDP 回归系数数值范围，1990 年是 0.0243～0.7598，2000 年是 −0.4266～0.3759，2017 年是 −1.5128～0.1639。从系数正负角度分析，1990 年、2000 年 GDP 回归系数均值均为正值，整体上 GDP 与建设用地面积比重存在正相关关系，即此阶段社会经济的发展总体上引发了建设用地的增加和扩张。2017 年，京津冀地区 GDP 与建设用地面积比重的关系呈负相关，其一定程度上与区域社会经济的发展促进了建设用地的节约、集约利用，从而抑制了建设用地的扩张有关。从空间上看，京津冀地区南部包括邢台、廊坊、石家庄、衡水等市的部分区县，其 GDP 对建设用地面积比重的影响表现出由正相关向负相关发展，而保定北部和沧州北部以及以北地区的多数区县 GDP 对建设用地面积比重的影响则一直呈现正相关且相关程度逐渐增强，说明近年来随着经济的快速发展，社会经济的发展对京津冀中部及以北地区建设用地扩张的正向驱动作用日渐强于南部地区，经济增长日趋成为京津冀城市群中部和偏北地区建设用地扩张的重要驱动力量。

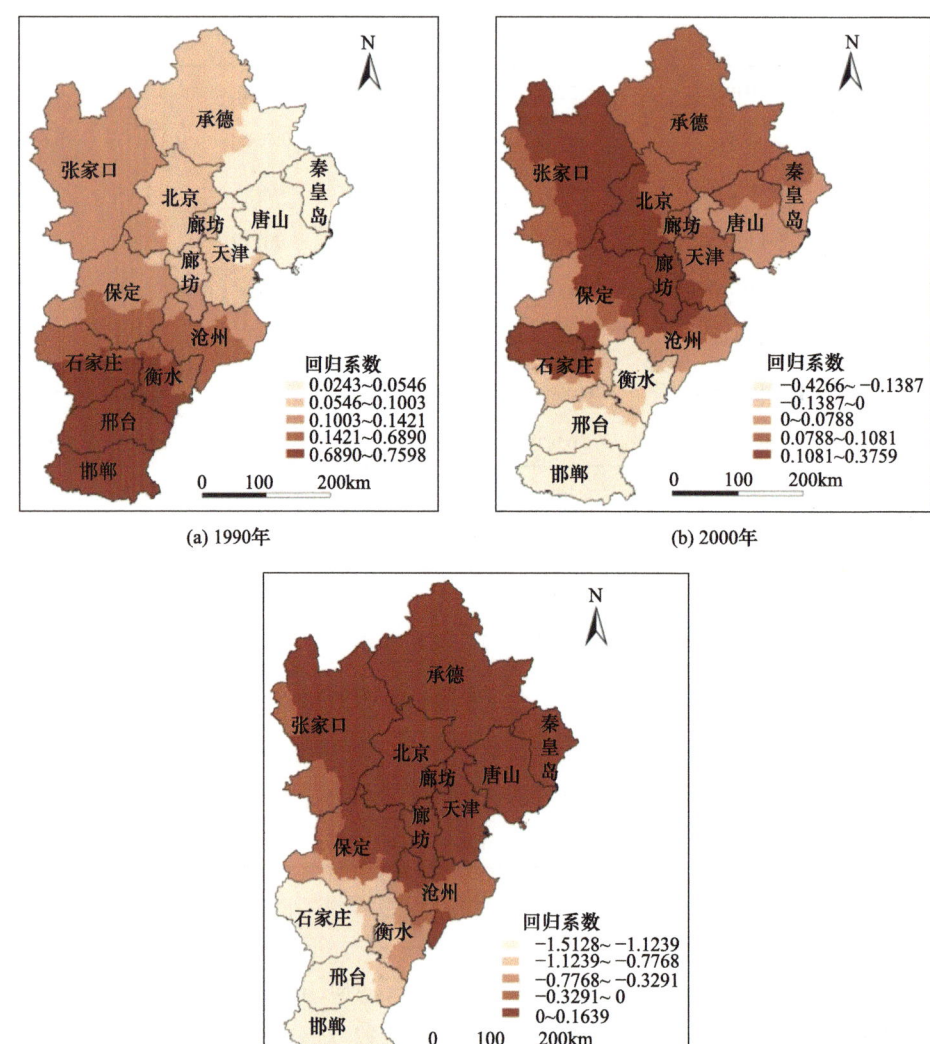

图 3.5　京津冀城市群 1990 年、2000 年、2017 年 GWR 模型 GDP 回归系数空间分布

2. 人口密度的驱动作用

人口增长作为一种普遍的社会现象，对京津冀地区建设用地变化也具有重要影响，人口密度的增大会加大对建设用地的需求。如图 3.6 所示，人口密度的回归系数绝大部分为正值，但系数值的空间分布及变化存在较大差异。从时间角度来看，人口密度回归系数数值范围，1990 年是 −0.0140～0.7824，2000 年是 0.5189～1.4873，2017 年是 0.2424～1.4501。从系数正负角度分析，人口密度增大与建设用地面积比重主要呈正相关关系，仅 1990 年南部局部区域的系数为负值，大部分区域以及往后的时间京津冀全部地区人口密度的系数均为正值，即人口密度的增大

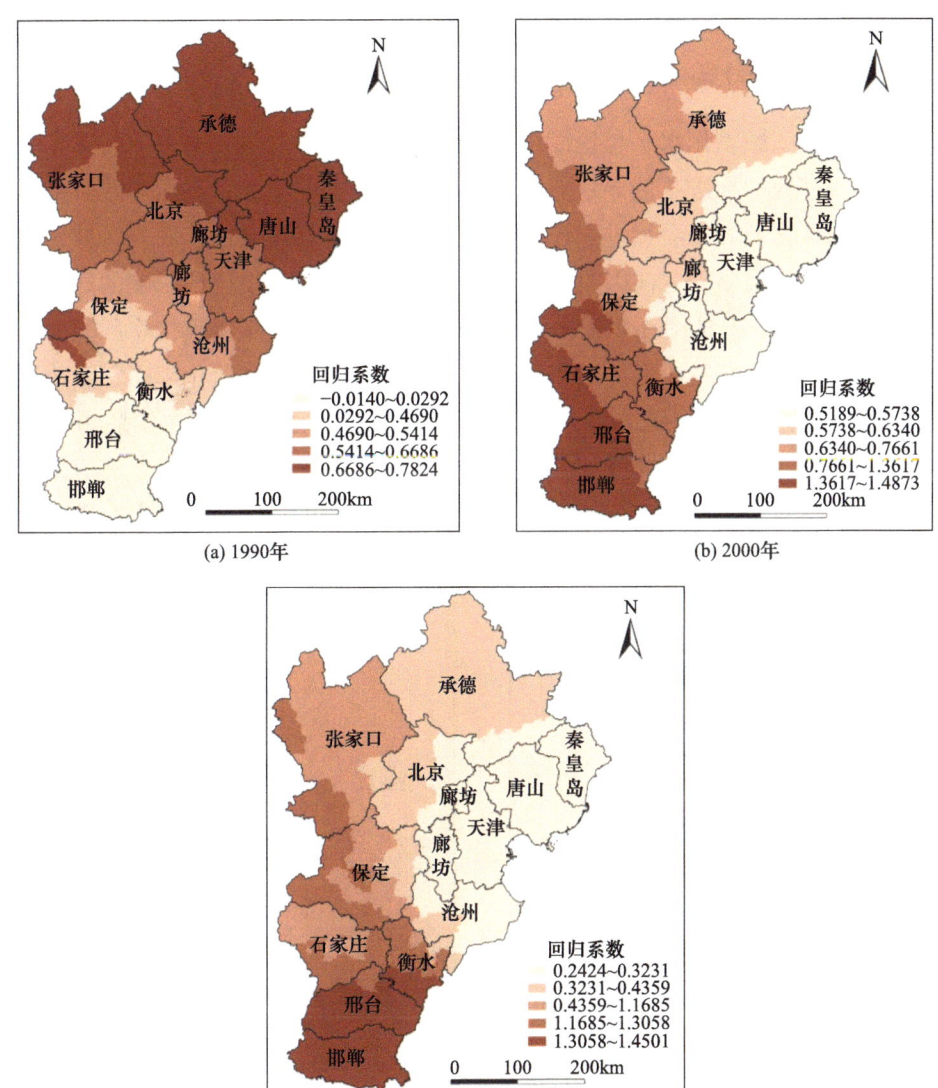

图 3.6 京津冀城市群 1990 年、2000 年、2017 年 GWR 模型人口密度回归系数空间分布

会明显驱使建设用地面积的扩张,且系数值范围也在扩大,反映出整体上人口密度增大对建设用地面积的正驱动效应是增强的。从空间分异情况来看,人口密度增大对建设用地面积比重增加的驱动影响,在北京、天津、廊坊、张家口、唐山、承德、秦皇岛等大部分北方地区的影响程度有所减弱;而南部的影响程度则增强,且部分区县由负相关发展为正相关。近年来,人口密度变动对中部、南部建设用地变化的驱动作用较西北部大,因为京津冀城市群西北部特别是张家口、承德、保定的山地丘陵区为人口的主要流出区,而中部、南部的大城市则成为人口的主要流入区,人口的流入与集聚会引起建设用地的规模性扩张,反映出不同地区人口增长对建设用地面积影响的差异性。

3. 城镇化水平的驱动作用

一般而言,城镇化水平与建设用地变化表现出一定的对立统一的关系。一方面,城镇化进程的推进必然导致对建设用地空间需求的增加,进而导致其扩张;另一方面城镇化发展又会促进建设用地集约利用。就京津冀地区而言,城镇化对建设用地的影响及驱动方向因时因地而异。城镇化率对建设用地影响的回归系数均值始终为正值,但从图3.7来看,部分区域1990~2017年城镇化率回归系数从正值变为负值,具有较明显的时空差异。从时间角度看,城镇化率回归系数取值范围,1990年是0.0118~0.3978,2000年是-0.1409~0.2497,2017年是-0.1139~0.4387。从系数正负及其空间分布差异角度分析,京津冀地区东部大部地区各年份城镇化率与建设用地面积比重始终呈现正相关关系,且相关程度也有所增大,表明这些地区城镇化的发展始终带来建设用地的扩张;而以北京为中心包括北京

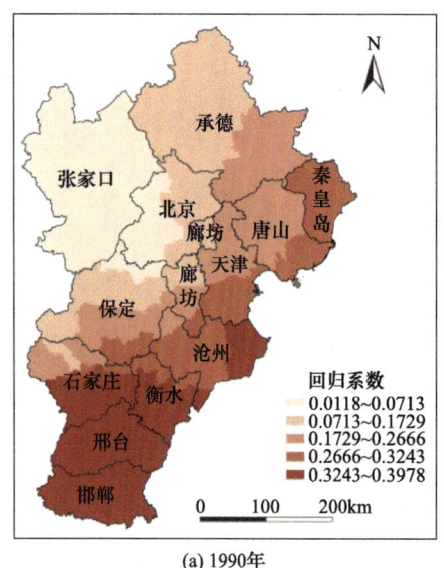

(a) 1990年

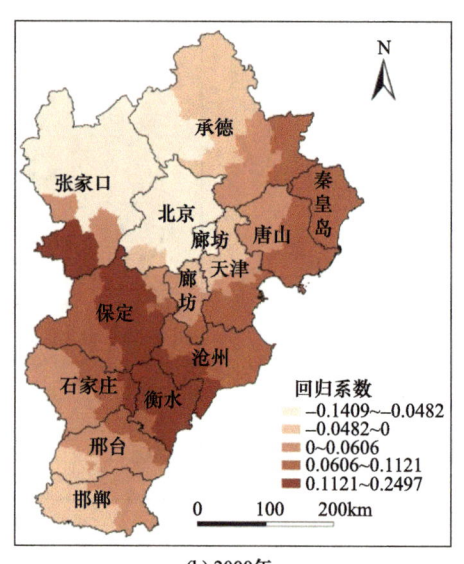

(b) 2000年

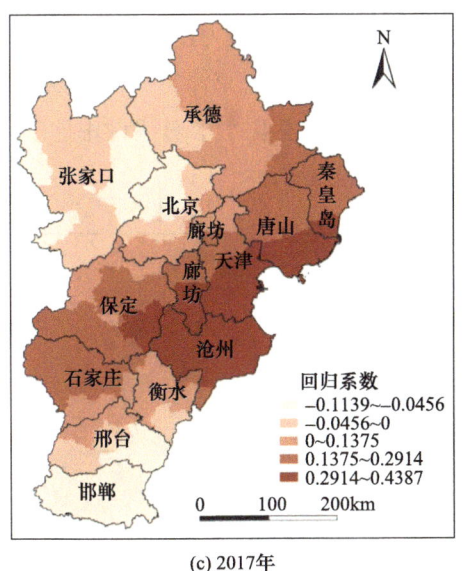

(c) 2017年

图 3.7　京津冀城市群 1990 年、2000 年、2017 年 GWR 模型城镇化率回归系数空间分布

在内,以及天津北部、廊坊、张家口、承德等地区,城镇化率与建设用地面积比重由正相关变为负相关,说明随着城镇化的发展,城镇化的集约效应增强,这些地区城镇化水平的提高不再进一步引起建设用地的扩张,同时也与京津多地建设用地扩张已趋近饱和有关。

4. 工业化水平的驱动作用

各项产业的发展最终均要落实到土地空间上。一般而言,工业产业发展对建设用地的依赖程度最大,第三产业次之,第一产业则对农用地的依赖程度最大。因此,工业化发展势头越强劲的地区用于承载工业产业的建设用地就越多。对于京津冀地区,工业增加值作为第二产业增加值最主要的组成部分,其第二产业增加值比重的变化一定程度上反映着工业化水平,其差异导致建设用地在数量及空间布局上产生差异。如图 3.8 所示,第二产业增加值比重的回归系数在全局期初主要是负值,而近年来则发展为以正值为主,回归系数值时空变化异质性较强。从时间上看,第二产业增加值比重的回归系数数值范围,1990 年是 $-0.3393 \sim 0.0256$,2000 年是 $-0.3103 \sim 0.0385$,2017 年是 $-0.1198 \sim 0.2715$。从系数正负角度分析,到 2017 年第二产业增加值比重和建设用地面积比重才主要呈现正相关,说明 2000 年之后京津冀地区的工业化发展进入突飞猛进的阶段,由此引发的以工业产业为主的第二产业才成为建设用地扩张的主要因素,该因素对建设用地变化的正向驱动作用逐渐增强,特别是近年来得到凸显。从空间上看,1990 年北京北部、秦皇岛北部及张家口、承德的部分区县回归系数为正值，2000 年沧州部分地区出现正值，而其他大部分区域为负值，到 2017 年，京津冀中部及西部大部分区域回归系数均为正值且较前期明显增大，表明工业化水平对建设用地的正向驱动影响在近年来整体上呈现出"异军突起"增强之势。

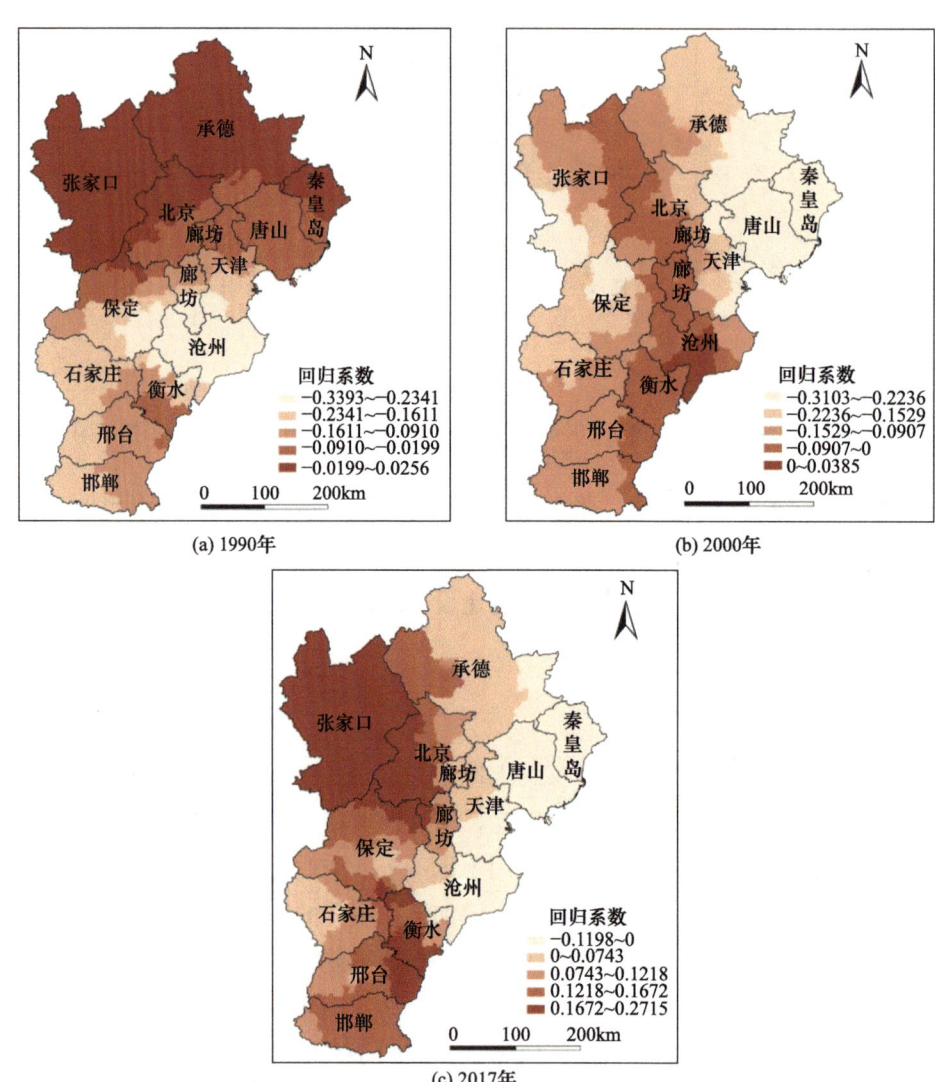

图 3.8　京津冀城市群 1990 年、2000 年、2017 年 GWR 模型第二产业增加值比重回归系数空间分布

5. 产业结构的驱动作用

第三产业、第二产业的发展与城市用地规模有十分密切的联系。本书利用第二、第三产业增加值之比作为衡量产业结构的量化指标。如图 3.9 所示，结合该指

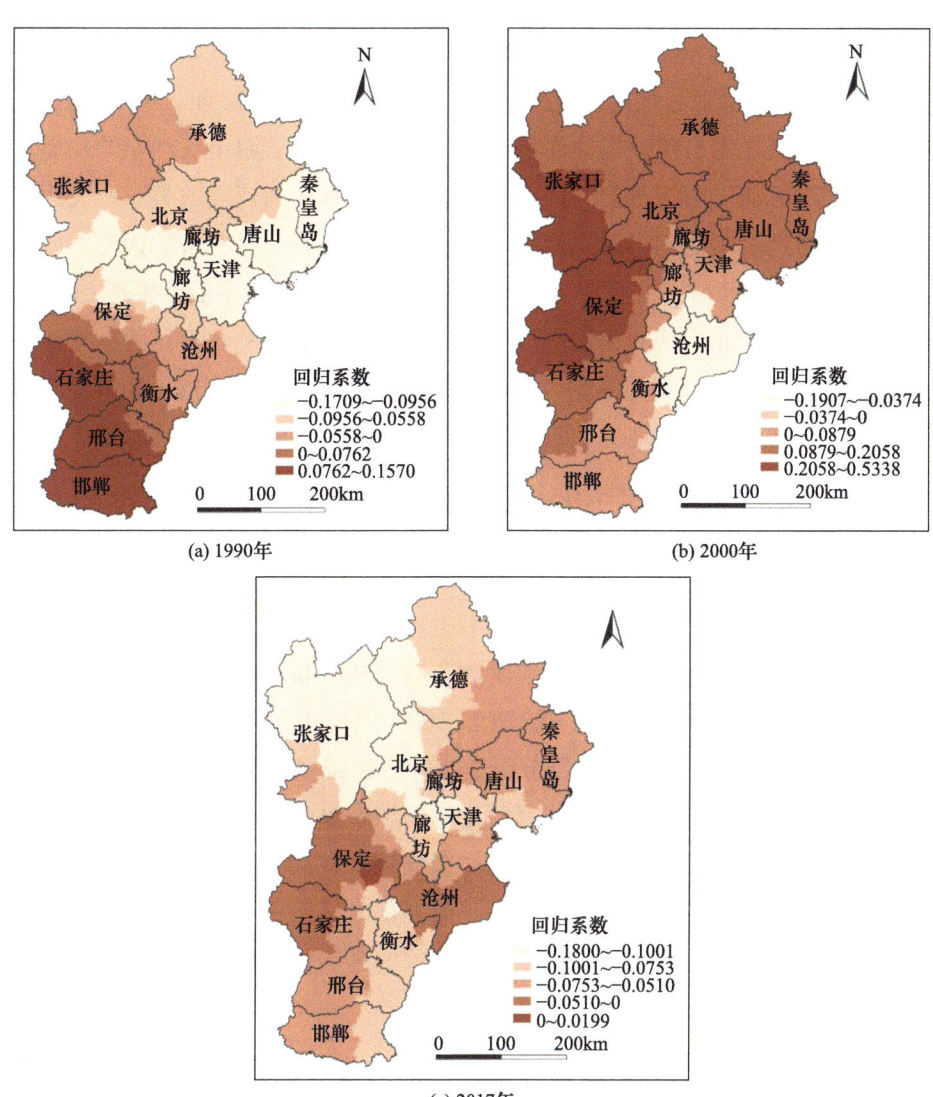

图 3.9 京津冀城市群 1990 年、2000 年、2017 年 GWR 模型第二、第三产业增加值之比回归系数空间分布

标回归系数统计结果来看,第二、第三产业增加值之比回归系数全局均值由负值变为正值,2017 年又变为负值,时空变异性较强。从时间角度看,该因素回归系数的数值范围,1990 年是 −0.1709~0.1570,2000 年是 −0.1907~0.5338,2017 年是 −0.1800~0.0199。从系数正负角度分析,1990 年京津冀地区大部分区县第二、第三产业增加值之比与建设用地之间是负效应关系,说明在工业化起步阶段,以工业为主要构成的第二产业对建设用地扩张的驱动作用还未有力显现;2000 年绝大部分区县的该因素回归系数变为正值,表明工业化进程进入迅猛发展时期,大部

分地区呈现第二产业为主导的产业结构，占地需求大，对建设用地扩张的驱动作用增强，使得该因素对建设用地规模的影响呈现正效应；2017 年，不少地区第二、第三产业增加值之比与建设用地面积比重呈现负相关，表明第三产业的发展对建设用地扩张的驱动作用超过第二产业，以商业、服务业为代表的第三产业用地效益更高，成为建设用地扩张的主要方向。从空间角度看，在北京、天津、唐山、秦皇岛、承德、张家口以北等地区该因素对建设用地的影响在正负相关之间转变，反映出不同阶段产业结构的变化对这些地区的建设用地影响较为显著；京津冀南部地区在 1990~2017 年该因素对建设用地面积比重的影响始终由正相关变为负相关，表明这些地区建设用地的扩张起初主要受第二产业的发展驱动，近年来随产业结构调整，第三产业对建设用地扩张的驱动作用日益凸显。

6. 路网密度的驱动作用

如图 3.10 所示，路网密度回归系数仅有个别区县出现负值，说明路网密度对建设用地面积比重整体上均呈现正向驱动效应。从时间角度看，路网密度回归系数数值范围，1990 年是 −0.1604~0.2705，2000 年是 −0.0412~0.4669，2017 年是 −0.0505~0.4568。从系数正负角度分析，1990~2010 年路网密度与建设用地面积比重之间以正相关关系为主，即路网密度的增加带来了建设用地的增加和扩张。从空间分布来看，路网密度对建设用地的影响程度在京津以南的地区略有减小，而在北部大部分地区影响程度不断增大，且局部区域由负相关发展为正相关。整体上，北部地区路网密度对建设用地面积比重的影响较南部大，反映出不同地区路网密度影响的差异性。

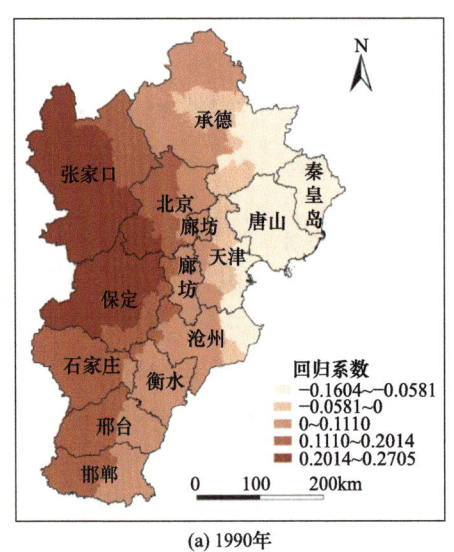 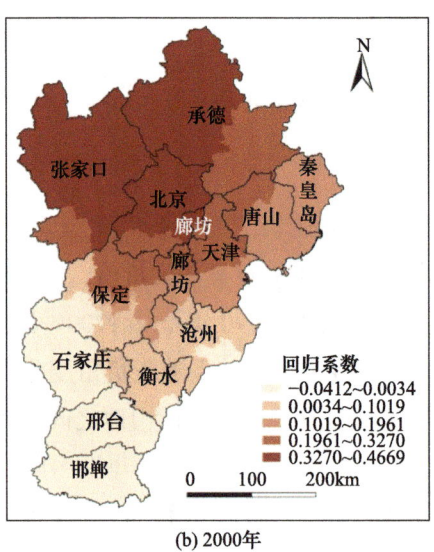

(a) 1990 年　　　　　　　　　　　　(b) 2000 年

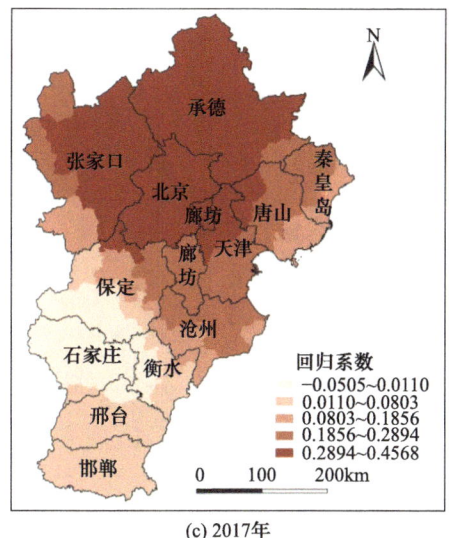

(c) 2017年

图 3.10 京津冀城市群 1990 年、2000 年、2017 年 GWR 模型路网密度回归系数空间分布

7. 交通区位的驱动作用

本书选择距地级市距离和距港口距离两个因素来刻画和分析交通区位对建设用地变化的影响。

如图 3.11 所示,从时间角度来看,距地级市距离的回归系数取值范围,1990 年是 -0.2611~0.0290,2000 年是 -0.2173~0.0692,2017 年是 -0.2813~0.0631。从系数正负角度分析,距地级市距离的回归系数大部分为负值,说明该因素与建设用地面积比重整体呈负相关,即距地级市越近的区域,建设用地面积比重越大,扩张也越显著;负值系数的范围 1990~2010 年先有所扩大,后又缩小,反映出近

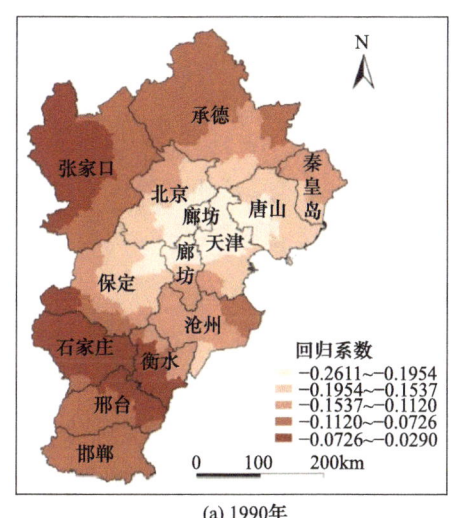

(a) 1990年

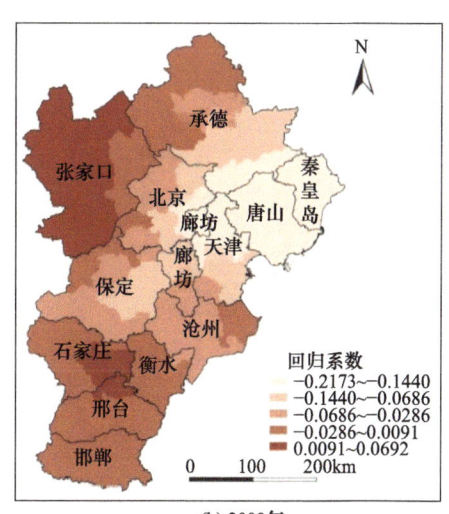

(b) 2000年

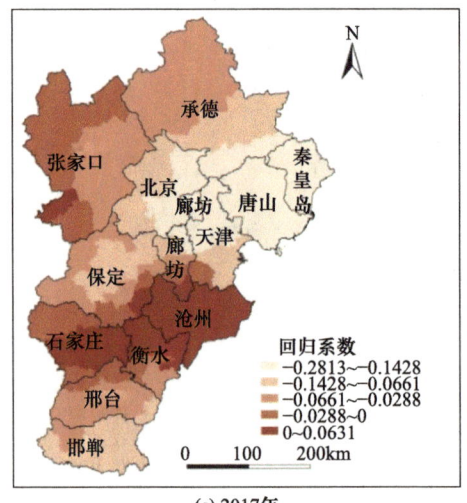

(c) 2017年

图 3.11 京津冀城市群 1990 年、2000 年、2017 年 GWR 距地级市距离回归系数空间分布

年来距地级市距离对建设用地面积比重的负效应有所减弱。从空间角度来看，距地级市距离对建设用地面积比重的影响，北部的张家口、承德部分区县以及南部石家庄、衡水、邢台、邯郸等区域，负向影响程度到 2000 年有所减弱，甚至发展为正向影响，而到 2017 年又基本恢复负向影响，说明这些地区中距地级市越近的区域建设用地扩张越显著；京津唐、廊坊以及秦皇岛等地区始终表现为负相关，这部分地区是京津冀地区的"发展级"，距中心城市越近建设用地规模自然越大。

另一个距港口距离回归系数的空间分布如图 3.12 所示，整体上该因素对建设用地面积比重的影响表现为负效应，且从全局回归系数的均值来看，这种负效应有逐渐增强的趋势。从时间角度来看，距港口距离回归系数的取值范围，1990 年

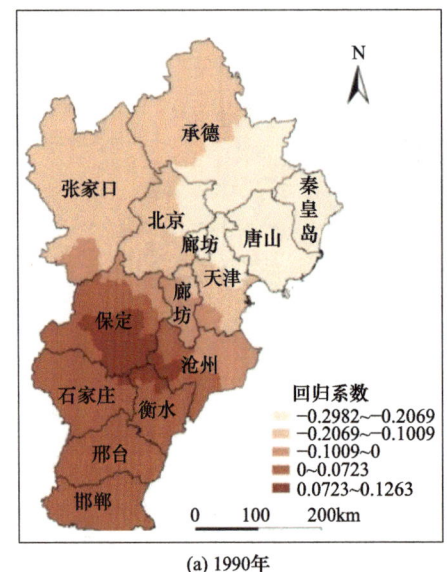

(a) 1990年

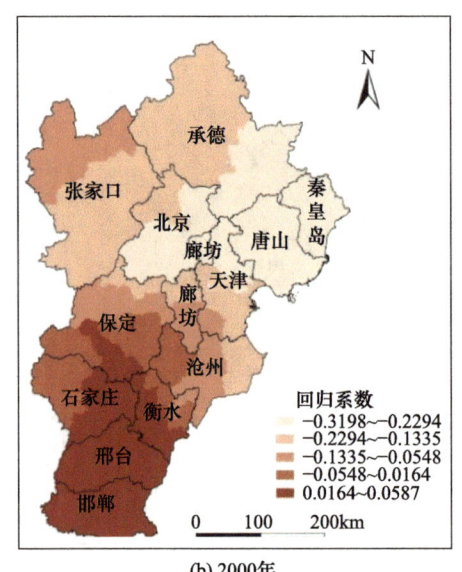

(b) 2000年

第 3 章 城镇化社会经济驱动因子识别 | 77

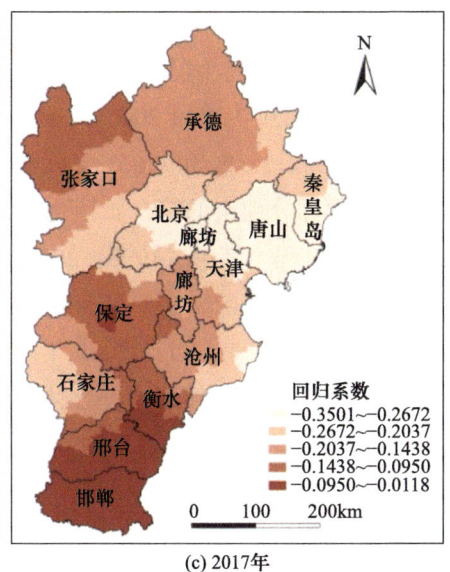

图 3.12 京津冀城市群 1990 年、2000 年、2017 年 GWR 模型距港口距离回归系数空间分布

是-0.2982～0.1263，2000 年是-0.3198～0.0587，2017 年是-0.3501～-0.0118。从系数正负角度分析，距港口距离与建设用地面积比重主要呈负相关，即距港口越近的地区，建设用地规模越大。从空间角度来看，距港口距离对建设用地面积比重的影响，南部部分区县影响程度由正相关发展为负相关；其他区域始终为负相关，且负相关程度增加，特别是京津东部、承德东南部以及唐山、秦皇岛，该因素的影响程度较大。

3.5 小 结

本章首先通过搜集京津冀城市群社会经济方面的统计数据和资料，分析了城市群社会经济发展的格局和特征，指出京津冀作为中国三大城市群之一，人口和经济呈现高度集聚态势；从产业发展来看，北京、天津凭借雄厚的经济技术基础和高端的产业层次水平，门户地位突出，相较之下河北产业竞争力相对较弱，但却具备了建设成为京津产业转移承接地的条件。接着，对京津冀城市群发展过程的特殊性进行分析总结，在二元经济结构的客观背景下，区域内城镇化发展水平的区域不均衡现象显著，产业发展类型及布局的区域不均衡性也较为突出，土地利用的效率和空间问题也同时存在，一些工业城市的产城布局亟待优化。总体来看，京津冀城市群发展过程中最大的一个问题就是区域差异明显，传导至空间层面则易引发一系列土地利用问题，因而有必要从土地利用的角度提出各类经济要素布局的空间引导性政策，促进区域形成协同、科学的经济发展空间格局。

从城镇化的综合测算结果来看，自1990年以来，京津冀城市群各地市的综合城镇化水平都呈现出持续上升的趋势，空间上呈现出圈层渐进式提高的特征。分阶段来看，1990~2000年、2000~2010年和2010~2018年三个阶段的综合城镇化水平年平均增长率分别为1.77%、2.04%和0.66%，除保定、衡水的综合城镇化水平呈现持续下降趋势外，绝大部分地市的综合城镇化水平都经历了快速上升—加速上升—稳定上升的时序变化过程。其中，1990~2000年综合城镇化水平高值区集中在北京、天津，较高值区较为分散，主要分布在石家庄、唐山，其余绝大部分地区综合城镇化属于中值及低值水平，可见2000年以前京津冀城市群区域综合城镇化水平较低。2000年之后，综合城镇化水平整体显著提高，基本上形成以京津唐为高值区，外围区为较高值、中值及低值集中分布区的空间格局，至2018年基本形成以京津唐为核心的"核心-外围"圈层结构。结合对人口、产业、土地不同子系统城镇化水平的测算结果大致判断可知，京津冀城市群的城镇化主要经历了人口城镇化推进（1990~2000年）、土地城镇化和产业城镇化共同推进（2000~2010年）以及土地城镇化推进（2010~2018年）的模式变化过程。

从时序上看，根据2001~2018年基于灰色关联分析法的京津冀城镇化主要驱动因素的测算和分析可知，产业发展始终是城镇化的重要驱动因素，非农产业就业率的影响作用一直较为显著且稳定，且深入产业内部结构来看，随着产业结构的演进和优化，第二产业发展对城镇化的驱动作用弱化，而第三产业发展对城镇化的驱动作用则日益显著，成为北京、天津、石家庄等主要城市以及河北众多地市城镇化演进的关键驱动因素。创新水平对城镇化的驱动作用也较为显著，但与科技进步贡献率相比，研发投入强度与城镇化之间的关联度普遍偏低，还只是少数城市城镇化的主要驱动因素，说明科技创新对于京津冀城镇化的拉动作用尚存在较大空间。此外，以人均GDP、人均固定资产投资为代表的经济发展水平对城镇化的驱动作用较其他因素有所弱化。以人均实际利用外资为代表的全球化对城镇化的驱动作用不及其他因素。以路网密度为代表的基础设施水平也仅对少数城市具有较明显的驱动作用。

从空间上看，基于地理加权回归的城镇化驱动因素分析进一步表明，不同时期GDP、人口密度、城镇化率以及路网密度对京津冀城市群建设用地扩张的正向驱动作用是显著且较为稳定的，说明经济的发展、人口密度的增加、城镇化水平的提高以及交通的发展都能较为明显地引起建设用地的扩张。包括距地级市距离和距港口距离在内的区位因素对建设用地扩张的影响也十分稳定，距地级市或港口的距离越近的区域建设用地扩张越明显，这很大程度上是较好的区位条件对社会经济活动、要素具有较强的吸引作用，一旦吸引社会经济活动集聚，必然会产生新增用地需求而引起建设用地空间的扩张。而以第二产业增加值比重为代表的工业化水平和以第二、第三产业增加值之比为代表的产业结构对建设用地扩张的影响随工业化的推进及产业结构的变化表现出时间上的分异。分时段并结合各驱动因素影响作用的空间异质性来看，2000年以前，京津冀城市群大部分城市仍处于工业化中后期，经济发展水平和城镇化的推进是该区域建设用地扩张的主要驱动力量，特别是GDP、人口密度、城镇化水平、交通基础设施建设水平尤其对北京、天津以及河北东南部一些经济发达城市的驱动作用是增强的，对经济发展的追求传导至空间上就表现为促使建设用地空间蔓延扩张；在此期间工业化发展和产业结构对于建设用地变化的驱动较为有限。2000年之后进入城镇化和工业化加速发展的时期，除城镇化水平以外，京津冀城市群建设用地扩张的产业驱动效应日益显著，工业的发展以及产业结构的调整都会引起土地要素流向效益更高的部门，无论是从农业向非农业部门流向，还是从第二产业向用地效益更高的第三产业流向，特别是在工业化加速阶段，都会明显地刺激第二产业、第三产业用地扩张，从而引发建设用地的整体扩张，且这种驱动作用由开始的在经济发达的热点区明显，逐渐扩散到热点城市周边的经济欠发达地区。

参 考 文 献

方创琳. 2009. 城市群空间范围识别标准的研究进展与基本判断. 城市规划学刊, (4): 1-6.

方创琳, 任宇飞. 2017. 京津冀城市群地区城镇化与生态环境近远程耦合能值代谢效率及环境压力分析. 中国科学: 地球科学, 47(7): 833-846.

刘耀彬, 李仁东, 宋学锋. 2005. 中国区域城市化与生态环境耦合的关联分析. 地理学报, (2): 237-247.

毛汉英. 2017. 京津冀协同发展的机制创新与区域政策研究. 地理科学进展, 36(1): 2-14.

梅振国. 1992. 灰色绝对关联度及其计算方法. 系统工程, (5): 43-44, 72.

宁越敏. 2011. 中国都市区和大城市群的界定——兼论大城市群在区域经济发展中的作用. 地理科学, 31(3): 257-263.

庞瑞秋, 腾飞, 魏冶. 2014. 基于地理加权回归的吉林省人口城镇化动力机制分析. 地理科学, 34(10): 1210-1217.

谭学瑞, 邓聚龙. 1995. 灰色关联分析: 多因素统计分析新方法. 统计研究, (3): 46-48.

王少剑, 方创琳, 王洋. 2015. 京津冀地区城市化与生态环境交互耦合关系定量测度. 生态学报, 35(7): 2244-2254.

姚士谋, 陈爽, 陈振光. 1998. 关于城市群基本概念的新认识. 现代城市研究, (6): 15-17, 61.

第4章 城镇化自然生态环境影响因子识别

4.1 引　言

21世纪以来，中国城镇化的规模和速度均位于世界前列，城镇化进程和经济发展共同促进了中国社会发展和人民生活水平提高，特大城市群作为城镇化的主体形态，是中国推进新型城镇化的重要组成部分（樊杰，2014）。随着城市群数量和规模的不断发展，城市群与区域生态环境的交互作用日益强烈。京津冀城市群地处华北平原，是我国的政治核心，也是主要经济核心之一，在我国城镇化建设过程中具有示范意义（陆大道，2015）。京津冀城市群在发展过程中面临越来越严峻的生态环境问题，如建设用地过度扩张、耕地流失、水资源短缺、大气和土壤污染加剧等（彭建等，2016；吴健生等，2017；张盛等，2017），这些问题已经影响到京津冀城市群的可持续发展，城市发展和生态环境相互胁迫的作用和机理亟待明确。

城镇化过程与社会经济和生态环境的变化密切相关。社会经济要素和生态环境要素的变化可以衡量城镇化的进程、水平和质量。社会经济要素一般包括人口、经济、工业、社会、民生等方面，生态环境要素一般包括水资源、土地资源、气象气候、生态、能源、环境等方面（刘耀彬等，2005）。城镇化过程导致土地利用变化、水资源短缺、城市热岛、植被退化等生态环境问题，而生态环境则从地形、地下水、自然气候等方面支撑或限制城镇化的发展。在确定生态环境对城镇化的影响方面，目前综合性研究较多，包括社会经济要素的演化对城镇化过程的影响和生态环境综合指标与城镇化的联系。主要研究方法是基于多要素的社会经济和生态环境要素指标体系，通过耦合模型得到城镇化综合指标和生态环境综合指标的耦合度，判断研究区城镇化与生态环境的关系。主要研究内容有社会经济要素分布的空间异质性（曹广忠等，2008）、基于人口素质和政府作用等因素的城镇化影响（马孝先，2014），以及根据地区特征来选择影响因素的实证研究等（张丽琴和陈烈，2013）。在城镇化与生态环境的关系方面，目前研究主要集中在城镇化发展趋势理论推演（方创琳和杨玉梅，2006）、城镇化过程与生态环境要素时空分析（谭俊涛等，2015）和城镇化综合过程与生态环境综合指标耦合度计算（崔木花，2015）等方面。综合评价研究明确了城镇化与生态环境的综合关系，但不能明确具体哪些要素与城镇化过程的关联度更高，并且选择不同的要素指标体系对评价结果具有一定影响。当前基于某一类别要素的研究主要探讨要素的时空特征和城镇化发展对要素的影响,其往往集中于土地、气温、植被等某一类生态环境要素,对不同类别的要素与城镇化过程的关联性则少有研究。主要研究内容包括基于社会经济指标体系所反映的城镇化 Kuznets 规律(Zhao et al., 2016),土地利用变化对城镇化过程的表达(Bajocco et al., 2016),城市热环境特征及气象要素变化规律,能源、经济、排放与城镇化进程的动态变化规律(Mohan and Kandya, 2015),城市发展与水资源利用(Walker et al., 2015),植被物候在城市-郊区的变化特征(Chaudhuri and Ale, 2014),城镇化过程对水质的影响等(Borges et al., 2015)。

综合以上研究可知,城镇化过程与生态环境要素的综合关系研究已较为充分,针对水、土等要素也有部分研究,但是从生态环境的水、土、气、生层面,对哪些类别的要素在城镇化与生态环境的交互胁迫中起主要作用讨论较少,即影响交互胁迫作用的关键要素尚不明确;针对要素的关联度,城市和要素间是否存在显著的交互作用仍需进一步确定,以上问题是判定城市化和生态环境要素交互胁迫模式、进一步确定不同要素生态环境效应的基础。针对以上问题,本章研究从影响城镇化的关键要素入手,结合已有研究成果,基于生态环境要素与城镇化过程的相关关系,重点研究不同类别的要素与城镇化过程的关联度,为进一步明确城镇化与生态环境的交互胁迫模式提供参考。

4.2 数据来源与研究方法

4.2.1 数据收集及标准化

本章研究时间范围为 2000~2018 年,社会经济、水、土地等统计数据来自京津冀各省市的《经济统计年鉴》《中国城市统计年鉴》等。数据在收集时统一了量纲单位,保证其绝对值可比。本章研究使用城镇化率衡量城镇化的发展过程,基于城镇人口与常住人口的比值法得到(朱孔来等,2011)。本章研究使用 MODIS MOD13A3 v6 月度植被指数产品作为 NDVI 数据源,并且根据产品手册提取了最高质量的像元,其余像元使用 ArcGIS 软件进行掩膜处理。研究对处理后的月度 NDVI 产品求算数平均值,从而得到年度平均值。

本章研究对数据进行了标准化处理,去除了数据量纲,保证数据的可比性。研究采用 Z-score 法进行处理(Cheadle et al., 2003),核心公式如式(4.1)所示:

$$z = \frac{x - \text{mean}(X)}{\text{std}(X)} \quad (4.1)$$

式中,x 为数据值;X 为某一类别整个数据集;mean(X) 和 std(X) 分别为该数据集的算术平均值和标准差。Z-score 表示原始数据偏离均值的程度,而其度量的标准就是标准差。

4.2.2 灰色关联分析

本章研究通过灰色关联分析得到不同要素对城镇化率的影响。灰色关联分析以要素数据列作为依据,从数据列形态来研究要素之间的几何对应关系,用关联度排序来确定要素之间关系的强弱(谭学瑞和邓聚龙,1995)。结合本章研究数据,基本步骤如下:

(1)确定数据的参考序列和比较序列,本章研究以城镇化率作为参考序列 x_0,其余要素作为比较序列 x_i($i=1,2,3,\cdots,n$)。

(2)数据的无量纲处理。

(3)分别求取参考序列和比较序列之间的差值,进一步求取差值序列中的最大值、最小值(二级差),再计算二级差序列中的最大值和最小值:

$$\Delta_{0,i}(k) = |x_0(k) - x_i(k)|$$
$$\max_{i(k)} = \max(|x_0(k) - x_i(k)|)$$
$$\min_{i(k)} = \min(|x_0(k) - x_i(k)|) \quad (4.2)$$
$$\max_{j(i)} = [\max_{i(k)}]$$
$$\min_{j(i)} = [\min_{i(k)}]$$

式中,$\Delta_{0,i}(k)$ 为参考数列和比较数列的差值列;$\max_{i(k)}$ 和 $\min_{i(k)}$ 分别为差值列的最大值和最小值;$\max_{j(i)}$ 和 $\min_{j(i)}$ 分别为式(4.2)序列中的最大值和最小值。

(4)关联系数计算:

$$\xi_k = \frac{\min_{j(i)} + \rho \cdot \max_{j(i)}}{\Delta_{0,i}(k) + \rho \cdot \max_{j(i)}} \quad (4.3)$$

基于最大值和最小值,结合比较数列进行关联系数计算,根据其他研究结论(曹广忠和刘涛,2010),对 ρ 取值 0.5,得到关联系数矩阵。

(5)关联度计算:

$$\gamma_{0,i} = \frac{1}{N}\sum_{k=1}^{1}\xi_k \quad (4.4)$$

对关联系数矩阵进一步优化,对数据列 x_i 的关联系数矩阵求取算数平均值,得到每个要素类别 i 的关联度 $\gamma_{0,i}$。

(6)关联度排序。对各类别要素的关联度进行排序,得到各要素 i 对城镇化率的影响。

4.2.3 方差分析

基于关联分析结果,本章研究采用方差分析法进行要素与城市的交互作用分析。方差分析法用于两个及两个以上样本平均数差别的显著性检验,是广泛应用的统计分析方法,其基本思想是通过分析不同来源的误差(随机误差和实验误差)对总变异的贡献大小,确定不同因素对研究结果的影响。本章研究使用单因素方差分析以及交互作用模块进行要素间显著性对比以及要素和城市的交互作用分析,要素显著性对比采用 Fisher-LSD 方法。方差分析计算过程复杂,本章研究使用 SPSS 实现,其原理概述如下。

(1)建立检验假设。

H_0:多个样本总体均值相等。

$$\mu_1 = \mu_2 = \mu_3 = \cdots = \mu_k$$

H_1:多个样本总体均值不相等或不全等。

计算每组均值: $\overline{X_j} = \sum_{i=1}^{n_j} x_{ij} \Big/ n_j$ (x_{ij} 为第 j 组的第 i 个样本) (4.5)

每组方差: $s_j^2 = \left[\sum_{i=1}^{n_j} (x_{ij} - \overline{x}_j)^2 \right] \Big/ (n_j - 1)$ (4.6)

若 k 个样本来自同一总体,则总体均值等于所有样本个体之和除以总体数量,即

$$\mu = \frac{\sum_{j=1}^{k} \sum_{i=1}^{n} x_{ij}}{\sum_{j=1}^{k} n_j} \quad (4.7)$$

因此,组间的方差估计为

$$\mathrm{MSTR} = \frac{\sum_{j=1}^{k} (\overline{x}_j - \mu)^2 \times n}{k - 1} \quad (4.8)$$

组内的方差估计 $n_T - k$ 为自由度,指取值不受限制的变量个数。通常记作 $\mathrm{d}f = n - k$。其中 n 为样本数量, k 为被限制的条件数或变量个数:

$$\text{MES} = \frac{\sum_{j=1}^{k}(n_j-1)\cdot s_j^2}{(n_T-k)} \quad (4.9)$$

（2）计算检验统计量的 F 分布：

$$F = \frac{\text{MSTR}}{\text{MES}} \quad (4.10)$$

（3）基于 F 分布确定 P 值并做出推断，检验水准为 0.05，表明对假设的置信区间为 95%；如果 $P<0.05$，则拒绝 H_0 假设，表明样本组间存在差异。

4.3 自然环境要素时空变化特征

研究主要考虑与城镇化交互密切的自然要素，探究其时空变化特征，为定量识别城镇化与生态环境交互胁迫的关键要素建立基础。研究选择市级尺度的用电量、用水量、绿化面积以及土地面积作为主要分析要素。要素的选择兼顾了指标的连续性和指标意义的可靠性。其中，用电量选择用电总量、万元 GDP 电耗、城乡居民用电量以及工业用电量指标；用水量选择用水总量、单位 GDP 水耗、人均用水量以及城市居民生活用水量指标；土地面积选择建成区面积和道路面积指标；城市绿化面积选择建成区绿化面积和人均绿地面积指标。研究以 2000~2018 年作为研究时段，并且以 5 年为间隔，分别绘制了 2000 年、2005 年、2010 年、2015 年以及 2018 年的自然要素时空变化特征。

4.3.1 水要素变化特征

图 4.1 为京津冀地区用水量的变化特征。用水总量与城市规模呈明显正相关，前几位依次为北京、天津、石家庄和唐山。京津冀所有城市中，除北京、天津和石家庄用水总量持续增加外，其他城市增加趋势并不相同。北京用水总量从 2000 年的 11 亿 t 增加到 2018 年的 21.4 亿 t，增长率约为 94.5%，天津从 2000 年的 6 亿 t 增加到 2018 年的 10 亿 t，增长率约为 66.7%。石家庄 2000~2010 年用水总量在 3 亿 t 附近，2015 年升高到 4.8 亿 t，2018 年增加到 6 亿 t，与 2000 年相比，增长率约为 100%。邯郸、邢台以及张家口的用水总量持续下降。城市居民生活用水量方面，京津冀各城市的变化也有较大差异性，并且与城市规模密切相关。城市居民生活用水量较大的城市分别为北京、天津和石家庄。其中，北京从 2000 年的 5.6 亿 t 增加到 2018 年的 7.5 亿 t，增长率约为 33.9%，而天津为持续增加的趋势，从 2000 年的 1.5 亿 t 增加到 2018 年的 4 亿 t，增长率约为 166.7%。唐山、承德、张家口以及邢台总体呈持续下降的趋势。

用水效率方面，从单位 GDP 水耗来看，京津冀地区所有城市的用水效率与 2000 年相比都有显著提升，尤其是保定、邯郸、邢台等地。其中，邢台的单位 GDP 水耗由 2000 年的 506 t/万元下降至 2018 年的 76.43 t/万元，邯郸由 2000 年的 351.04 t/万元下降至 2018 年的 54.62 t/万元，分别约下降了 84.9%和 84.4%，城市用水效率均有较大提升。人均用水量方面，自 2000 年开始，所有城市均有不同程度的下降。其中，用水效率提升最高的城市为保定，人均用水量下降 42.8%，其次为石家庄人均用水量下降明显，从 2000 年的 4.16×10^2 t 下降到 2018 年的 2.69×10^2 t，下降比例约为 35.3%，北京人均用水量下降 35.2%。承德、廊坊、秦皇岛、邢台以及唐山下降比例为 21%~28%，邯郸、张家口、衡水、沧州以及天津下降比例小于 20%，其中天津用水效率提升最小，人均用水下降比例仅为 4.7%。

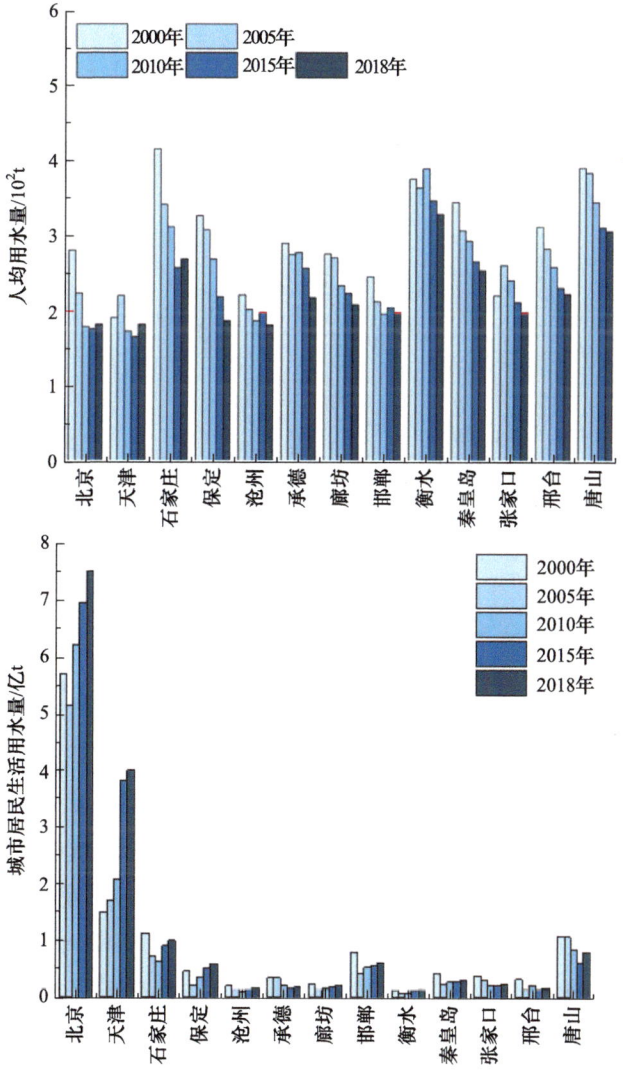

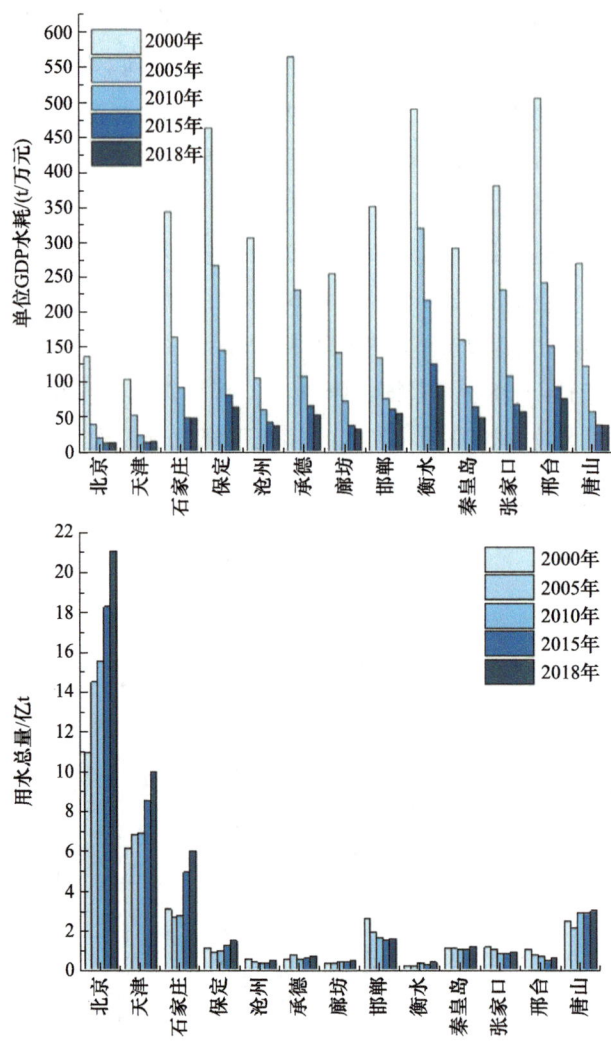

图 4.1 京津冀地区用水量的变化特征

4.3.2 土地要素变化特征

土地要素方面，如图 4.2 所示，建成区面积和道路面积均与城市规模密切相关，各城市建成区面积随城镇化发展而逐步扩大。建成区面积方面，北京建成区面积最大，从 2000 年的 490km² 增加到 2018 年的 1469km²；天津建成区面积位居第二，由 2000 年的 370km² 增加到 2018 年的 1078km²。其他城市建成区面积相对较小，普遍都在 300km² 以下。道路面积方面，其随城市规模扩张也相应增加，天津、石家庄和保定增长尤为显著。北京道路面积 2000 年以来增长较快，到 2010 年之后增长趋缓；天津则有所不同，自 2000 年开始一直保持较高的增长速度。石家庄和保定 2010 年以来也保持了较高的增长速度。

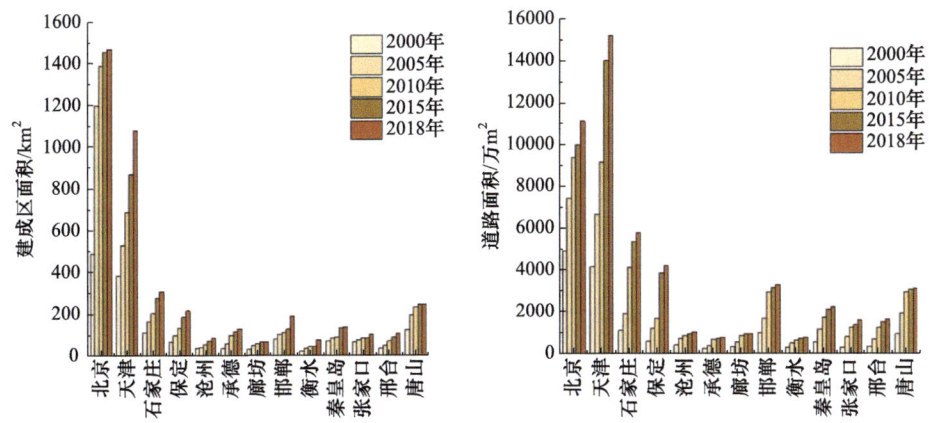

图 4.2　京津冀地区城镇化土地面积的变化特征

4.3.3 植被要素变化特征

图 4.3 分别从总量和人均方面显示了京津冀地区城市绿化面积的时空变化特征。总量方面，所有城市自 2003 年以来建成区绿化面积均为增长趋势，北京和天津的建成区绿化面积最大，其中北京在 2018 年达到 956km²，与 2003 年相比，增长 98%。天津从 2003 年的 150km² 增加到 2018 年的 324km²，其余城市的建成区绿化面积均在 150km² 以下。人均指标方面，与 2003 年相比，京津冀地区各城市的人均绿地面积有较明显的增长，但是 2010 年之后各城市变化有较大差异。北京、天津、石家庄、廊坊、衡水和张家口 2003 年以来的人均绿地面积持续增加。

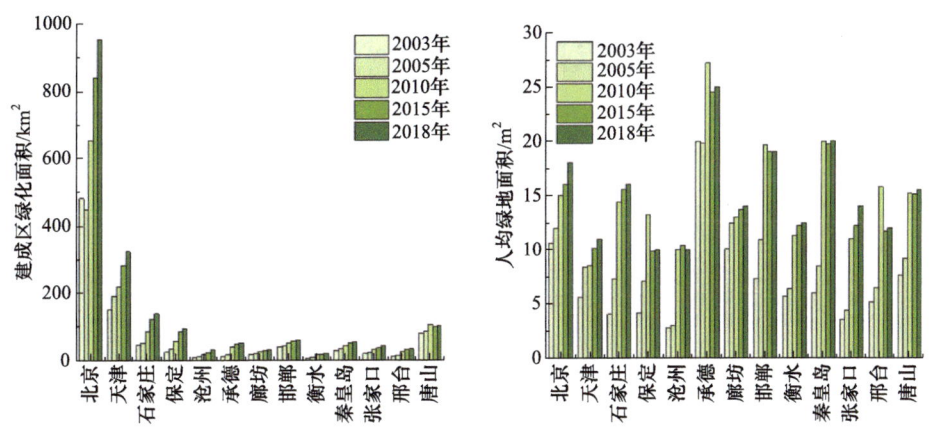

图 4.3　京津冀地区城市绿化面积变化特征

4.3.4 能源要素变化特征

根据图 4.4，京津冀各市间的用电总量、城乡居民用电量以及工业用电量的空间差异性较大。用电总量方面，北京的用电总量最大，其次是天津、唐山和石家庄，其余城市的用电总量总体差异不大。时间序列方面，除邯郸外，其他城市自 2000

年以来的用电总量呈持续增加的趋势。万元 GDP 电耗方面，北京和天津自 2000 年以来持续下降，北京从 2000 年的 1330（kW·h）/万元下降为 2018 年的 387（kW·h）/万元，下降比例约为 70.9%。天津从 2000 年的 1430（kW·h）/万元下降到 2018 年的 493（kW·h）/万元，下降比例约为 65.52%，说明京津两市的能源效率提升显著。万元 GDP 电耗持续下降的城市还有张家口以及邢台，其中张家口 2000~2018 年的下降比例为 62.1%，邢台下降比例为 66.08%。其余城市方面，石家庄 2000~2010 年下降，2010~2018 年略微下降，总体下降比例为 50.78%，保定自 2000 年以来万元 GDP 电耗的下降比例为 44.5%，沧州截至 2018 年用电效率提升较少，整体下降比例仅为 38.5%，承德 2000~2005 年万元 GDP 电耗上升，其后开始下降。

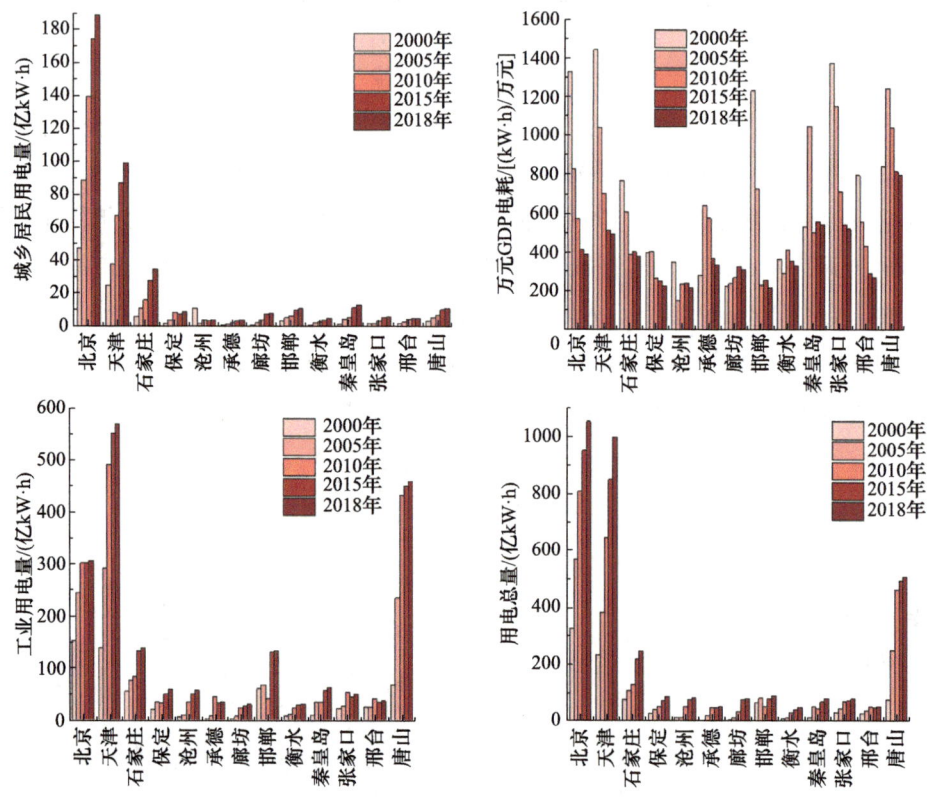

图 4.4　京津冀地区用电量的变化特征

在城乡居民用电量方面，除沧州外，其余城市呈一直增加的趋势。其中，北京自 2000 年以来，用电持续攀升，并且一直位居京津冀第一，截至 2018 年达到 189 亿 kW·h。天津城乡居民用电量位居京津冀第二，到 2018 年达到 99 亿 kW·h，京津冀其他城市与京津差距较大，除石家庄 35 亿 kW·h 外，其余城市城乡居民用电量均处于 30 亿 kW·h 以下。工业用电量方面，与 2000 年相比，2018 年均有增长，但是增长幅度差异性较大。天津从 2000 年的 145 亿 kW·h 增长为 2018 年的

570亿kW·h,位居京津冀第一;唐山从2000年的50多亿kW·h增长到2018年的460亿kW·h,位居京津冀第二;北京从2000年的150亿kW·h增长到2018年的306亿kW·h,仅位居京津冀第三。这说明天津和唐山是京津冀地区工业的主要贡献区。截至2018年,除京津唐外,其他城市工业用电量均小于150亿kW·h。

4.4 城镇化关键自然生态环境影响要素识别

4.4.1 城镇化与要素的关联度分析

为了进一步确定各类要素对城镇化的影响,研究使用灰色关联分析法对要素关联度进行计算和排名(图4.5)并统计了值域和方差(表4.1)。图4.5显示要素类别间和要素类别内部与城镇化率的关联度都存在不同程度的差异。具体来说,在土地方面,建成区面积关联度整体较高,城市间差异小;公园绿地面积比建成区面积关联度整体偏小,城市间差异较大,这表明京津冀地区各城市对城镇化过程中的绿地面积建设有较大差异。能源方面,城乡居民用电量和用电总量均有较高的关联度,其中城乡居民用电量分布更加离散,表明用电总量对城镇化的表征意义更强。但是图4.5中显示邯郸的用电总量关联度较弱,经检查是邯郸地区数据量偏少所致。水资源要素方面,关联度整体低于能源和土地要素,并且用水总量的关联度整体较生活用水高,表明用水总量能更好地描述京津冀地区城镇化过程。社会经济要素方面,关联度整体较高,但是承德在常住人口方面关联度较低,经检查是承德行政区划变动导致的人口统计变化所致。值得注意的是,沧州地区社会经济要素与城镇化的关联性均不高。生态要素方面,关联度均处于0.75以上,分布也较为集中,表明NDVI可以较好地表征区域植被与城镇化过程的关系。

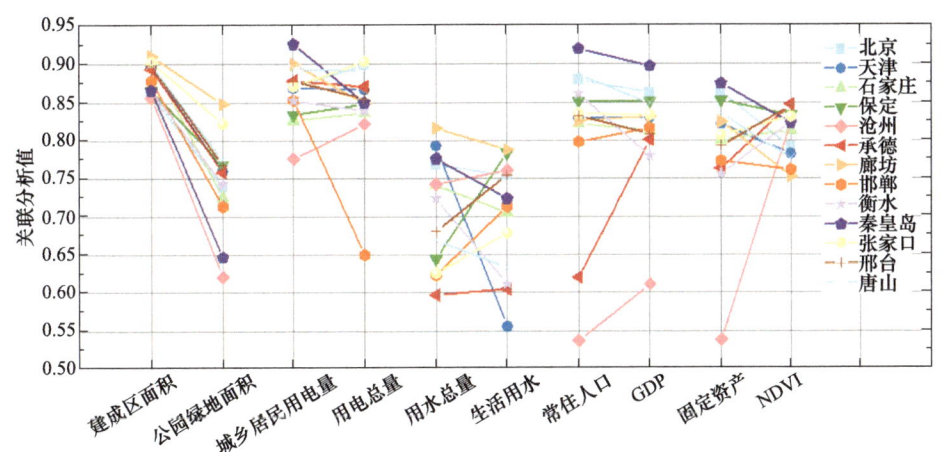

图4.5 灰色关联分析结果

关联度极值差和方差分布体现了要素的稳定性,研究结合绝对值和稳定性来综合评价要素对城镇化过程的影响。如表 4.1 所示,关联度极值差和方差最小的要素是建成区面积,分别为 0.055 和 0.0004,表明该要素在京津冀的各个地市中对城镇化的影响不仅高,而且稳定。极值差及方差最大的是常住人口,其值分别为 0.383 和 0.0107,结合较高的关联度最大值(0.92),表明常住人口要素虽然对京津冀部分地区的影响较大,但对承德和沧州的影响不稳定。从关联度极值上看,生活用水最大值最小(0.787),说明生活用水对城镇化率的影响整体偏低。需要指出的是,虽然 NDVI 的关联度最大值为 0.847,低于建成区面积、用电总量以及固定资产等要素,但方差仅为 0.0009,在稳定性上仅次于建成区面积,说明研究中 NDVI 虽然在关联度上处于中等水平,但稳定性好,优于相同关联度水平的固定资产、用水总量和公园绿地面积要素。

根据关联度结果可知,公园绿地面积、用水总量以及生活用水要素在京津冀所有地市稳定性较弱。常住人口在承德和沧州结果偏低,GDP 和固定资产要素在沧州偏低,城镇化过程在使用相应的关联度或稳定性较低的要素描述时需要对数据的连续性和完整性进行检查。研究分别按照绝对值和稳定性对要素关联度进行了排名:首先,按照关联度最大值由大到小排为:城乡居民用电量>常住人口>建成区面积>用电总量>GDP>固定资产>公园绿地面积>NDVI>用水总量>生活用水;按照方差从大到小排名为:常住人口>固定资产>生活用水>用水总量>GDP>用电总量>公园绿地面积>城乡居民用电量>NDVI>建成区面积。

表 4.1 灰色关联分析结果值域和方差

要素名称	最小值	最大值	极值差	方差
建成区面积	0.856	0.911	0.055	0.0004
公园绿地面积	0.621	0.848	0.227	0.0035
城乡居民用电量	0.776	0.927	0.151	0.0013
用电总量	0.650	0.904	0.254	0.0037
用水总量	0.597	0.817	0.220	0.0048
生活用水	0.556	0.787	0.231	0.0052
常住人口	0.537	0.920	0.383	0.0107
GDP	0.611	0.898	0.287	0.0043
固定资产	0.538	0.875	0.337	0.0067
NDVI	0.752	0.847	0.095	0.0009

4.4.2 影响城镇化的关键要素识别

城镇化过程的复合性导致部分要素间有较强联系，研究基于要素关联度结果，通过评价要素间的差异，进而区别要素的同质性，在此基础上对要素进行合并，从而得到影响城镇化过程的关键要素。研究使用单因素方差分析方法，基于3种统计分析软件对数据相互印证（SPSS、Excel以及OriginPro），确保统计结果可靠。

表4.2显示了两两要素间的差异显著性水平。其中，建成区面积和公园绿地面积差异显著，用电总量和城乡居民用电量差异不显著，用水总量和生活用水差异不显著，常住人口、GDP以及固定资产两两之间差异不显著。而在不同要素类别之间，差异显著增强，如城乡居民用电量和公园绿地面积，用水总量和用电总量，常住人口和生活用水差异均显著。NDVI与社会经济要素的差异均不显著，除用电总量外，与其余要素差异显著。如果要素间差异不显著，则说明所选要素本质上含义类同，可以合并使用；如果差异显著，则二者的含义不同，需要分别使用。通过对类别内差异不显著的要素进行合并，将原有的10个要素缩减为6个，见表4.3。

表 4.2 要素两两差异显著性检验

要素名称	公园绿地面积	城乡居民用电量	用电总量	用水总量	生活用水	常住人口	GDP	固定资产	NDVI
建成区面积	1	0	0	1	1	1	1	1	1
公园绿地面积		1	1	0	1	1	1	1	1
城乡居民用电量			0	1	1	1	1	1	1
用电总量				1	1	0	0	1	0
用水总量					0	1	1	1	1
生活用水						1	1	1	1
常住人口							0	0	0
GDP								0	0
固定资产									0
NDVI									

注：1表示差异性显著；0表示差异不显著。

表 4.3 合并后要素描述统计

要素名称	分析数量	均值	标准差	均方根误差
建成区面积	13	0.88453	0.01958	0.00543
公园绿地面积	13	0.74502	0.06146	0.01705
用电量	26	0.8542	0.05213	0.01022

续表

要素名称	分析数量	均值	标准差	均方根误差
用水量	26	0.70258	0.07212	0.01414
社会经济	39	0.80472	0.08664	0.01387
NDVI	13	0.80785	0.03181	0.00882

合并后要素的关联度排名比合并前更加体现了类别之间的差异性(表4.3)。例如,建成区面积的均值最大,标准差和均方根误差最小;用水量的均值最小,均方根误差和标准差均处于较大的水平。对合并后关联度均值、标准差和均方根误差综合对比,得到合并后要素对城镇化过程的影响排名:建成区面积>用电量>NDVI>社会经济>公园绿地面积>用水量。这一排名排除了同质要素,更清晰地代表了不同类别要素对城镇化过程的影响。这一排名显然与要素稳定性排名更加接近,说明在识别关键影响要素的过程中,仅从绝对值的分布判定要素的影响大小是不全面的,要素关联度的稳定性与关联度真实排名更加相关。

4.5 城镇化与关键自然影响要素交互强度

4.5.1 灰色关联分析均值

经过标准化和灰色关联分析法,分别与城镇化率进行建模,得到了要素间的显著性(表4.4)。基于显著性表统计,得到了城镇化与自然要素的总交互强度。从以下两个方面探讨了相互作用的影响,即①基于城市的影响:对一个特定城市计算成对因素显著差异的数量,数字越大表明当前城市环境中的波动越大。该总数被认为代表了城市与环境之间的总互动强度。②基于因子的效应:进行简单效应分析以进一步分析因子水平上的相互作用。一个变量在另一个变量的特定级别上的作用称为"简单效应"。 接下来,分别计算每个城市中因素之间的显著差异数,然后分析城市与每种因素类型之间的相互作用。

表4.4 各影响要素的GRA均值与变异性

因子名称	名称缩写	GRA均值	城市间GRA变异性
城市道路面积	L-URA	0.87192	0.00111
垃圾处理率	P-GPR	0.85639	0.00085
排水长度	W-DL	0.84604	0.00261
用电总量	E-EC	0.82231	0.00529

续表

因子名称	名称缩写	GRA 均值	城市间 GRA 变异性
绿地面积	L-GA	0.79395	0.0016
NDVI	V-NDVI	0.77054	0.00275
用气总量	E-GC	0.74895	0.00256
作物播种面积	L-CPA	0.72152	0.00411
用水总量	W-WC	0.68791	0.00595

京津冀 13 个城市的关键因素分布如图 4.6 所示，它显示了关键因素在城市发展中的不同代表性。图中的阴影突出显示了高于平均 GRA 的要素。结果表明，GRA 关联度在城市之间是不同的。较高的值表示描述与城市化相互作用较强。大多数因素的 GRA 关联度都大于 0.7。城市道路面积（L-URA）、用电总量（E-EC）、垃圾处理率（P-GPR）和排水长度（W-DL）值均高于平均 GRA。除北京和天津外，城市道路面积主导着其他 11 个城市的关系值，揭示了不透水表面迅速增加对城镇化过程的支撑作用。作为城镇化率较高的城市，北京和天津的用电总量较高，显示了该因子对京津两地工业的支撑性较强。邯郸的垃圾处理率显示出较高的相关值，衡水和唐山的排水长度的快速增加与城市发展特征的关系最为密切。多数作物播种面积（L-CPA）的关联度低于 0.7，说明该因子不是城镇化发展特征的有效参考指标。而较低 GRA 的要素分布比较高要素更分散，说明与城镇化过程关联度较小的要素在支撑城镇化发展时的不确定性和离散性较强，难以准确反映当前城市城镇化过程的生态环境特征。

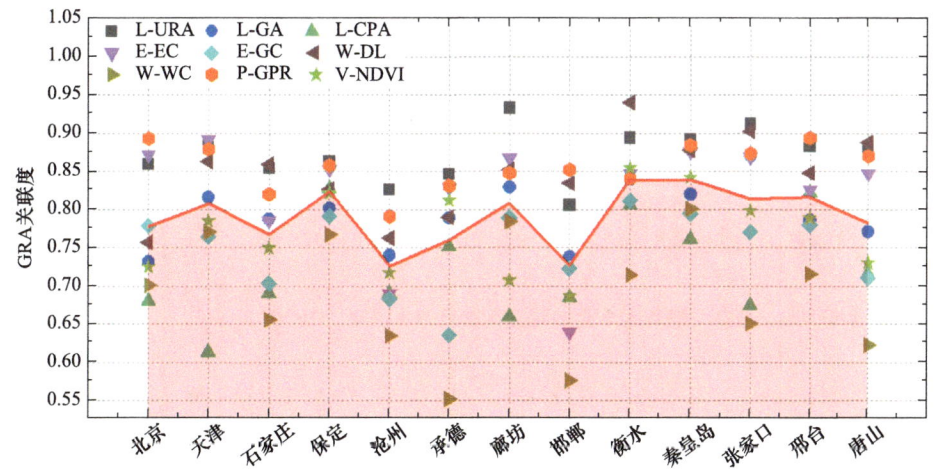

图 4.6 京津冀 13 个城市的关键因素分布（红线表示平均 GRA）

通过以上分析，研究确定建成区面积、公园绿地面积、用电量、用水量、垃圾处理率以及NDVI共6个指标是反映城镇化与生态环境交互耦合的关键要素。

4.5.2 整体交互强度排名

对于每个城市，本书研究了其与生态环境因子之间的交互程度，计算了每个城市交互结果显著性数量（$P<0.001$）。该数据揭示了每个城市的要素交互程度，因此被定义为总交互强度（图4.7）。数字越大，表明城市与生态环境因子之间的交互程度越强，即城市经济社会发展对生态环境本底资源的利用开发强度更高，对生态资源的依赖性更强。

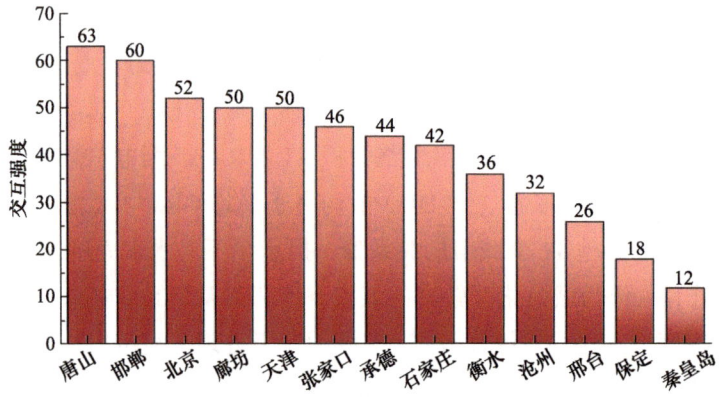

图4.7　各城市与生态环境因子的交互强度分布

根据图4.8，排名显示了13个城市连续的线性模式。唐山和邯郸名列前两位（>55），两个城市都是重工业基地，第二产业占GDP的比重分别为55.1%和50%（根据2018年数据）。因此，图4.8表明唐山和邯郸与生态环境因子的相互作用最大。保定的农业占比为15%，秦皇岛的旅游业占GDP的比重为48%，因此，以农

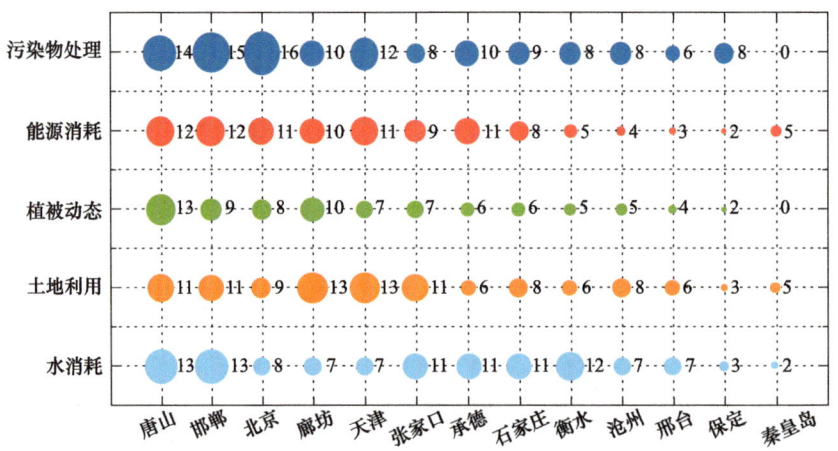

图4.8　基于生态要素的交互强度分类

业为基础的保定和以旅游业为基础的秦皇岛是与生态环境因子交互强度最小（<20）的城市。值得注意的是，北京、天津和廊坊的交互强度几乎相同，这三个城市都位于京津冀地区的中心附近。其他城市则表现出中等的交互强度（20~50）。城市交互强度的值越高，意味着环境的利用率越高，而交互强度较低的城市可能更多地依赖于社会经济因素。图4.8表明，重工业城市（唐山和邯郸）显示出比农业型城市（保定）和旅游型城市（秦皇岛）更高的环境利用强度。

4.5.3 不同城市交互强度特征

根据总交互强度及简单效应分析进一步确定环境变量之间的成对显著性差异。研究将选定的6个关键耦合要素按照类别合并为5种代表性因素类型，即污染物处理、能源消耗、植被动态、土地利用和水消耗。在图4.8中对城市与生态环境因子类型之间的交互作用进行了计数和分类。图4.8中的数字表示各因子之间的显著性差异计数，表明了每个因子与相应城市的交互强度。京津冀城市群中，北京的污染物处理压力最大（16），而能源消耗（11）的交互强度也较为显著，植被动态（8）、土地使用（9）和水消耗（8）的交互强度相对较低。唐山几乎对所有要素类型都表现出强大的环境压力（>10），并且污染物处理压力也很高（14）。秦皇岛的交互强度最弱，其污染物处理和植被动态的交互强度均为0，能源消耗和土地利用的交互强度均为5，水消耗的交互强度为2。显然，在3个交互强度最高的城市（唐山、邯郸和北京）中，污染物处理是京津冀城市群面临的最大压力。即使在保定和邢台等交互强度较低的城市，污染物处理也显示出较大的压力。所有城市的交互强度之和表明了京津冀区域的污染物处理的压力最大（在所有城市强度中为124，23.35%），其次是水消耗（112，21.09%）、土地使用（110，20.72%）和能源消耗（103，19.4%），而植被动态（82，15.44%）与城市的交互强度最小。

4.6 小　　结

针对城镇化过程与生态环境要素交互胁迫作用的关键影响因子尚不明确的问题，研究基于相关关系和灰色关联分析法，从水、土、能源等方面识别了关键影响因子，对关联度进行了排名和稳定性检验，基于方差分析明确了生态环境要素和城市交互胁迫作用的显著性。研究得到以下主要结论：①不同要素对城镇化过程的影响排名依次为建成区面积、用电量、NDVI、社会经济、公园绿地面积、用水量。②仅考虑关联度的关键要素识别存在缺陷，研究证明关键要素排名与关联度的稳定性更加相关。③同类要素间同质化较强，不同类别要素间同质化较弱。④城市和生态环境因子的交互作用非常显著。本书初步明确了与城镇化过程相关的不同类别要素的影响，但是目前选择的生态环境要素偏少，应该从类别上和要素数量上进行更加全面的评估，部分要素资料的收集具有一定困难，需要从更多资料中总结。另外，研究对行政区划变动引起的要素异常变化尚未考虑，因此需要更加深入理解要素特性，在更多尺度基础上对研究方法和研究结论进一步验证。

城市化与主要环境之间的交互强度方面，结果表明：①有 6 个要素对城镇化与生态环境之间的相互作用具有独立性和重要意义，即建成区面积、公园绿地面积、用电量、用水量、垃圾处理率以及 NDVI。②产业结构决定了交互强度。重工业城市与环境的交互强度高于农业型和旅游型城市。③污染物处理和水消耗是与城市交互作用的前两个因素类型。在京津冀地区，污染物处理的压力仍然很大。对于政府部门来说，这项研究表明，在未来的城镇化过程中，尤其是在重工业城市中，需要对城市中的污染物处理和水的供应进行认真管理。这项研究的结果可以作为其他相互作用效应研究的参考，并且可以为城市化带来的环境效应评估做出贡献。

参 考 文 献

曹广忠, 刘涛. 2010. 中国省区城镇化的核心驱动力演变与过程模型. 中国软科学, (9): 86-95.

曹广忠, 王纯洁, 齐元静. 2008. 我国东部沿海省区城镇化水平影响因素的空间差异. 地理研究, 27 (6): 1399-1406.

崔木花. 2015. 中原城市群 9 市城镇化与生态环境耦合协调关系. 经济地理, 35 (7): 72-78.

樊杰. 2014-03-19. 城镇化为何以城市群为主体形态. 人民日报, 10 版.

方创琳, 杨玉梅. 2006. 城市化与生态环境交互耦合系统的基本定律. 干旱区地理, 29(1): 1-8.

黄金川, 林浩曦, 漆潇潇. 2017. 空间管治视角下京津冀协同发展类型区划. 地理科学进展, 36 (1): 46-57.

刘耀彬, 李仁东, 宋学锋. 2005. 中国城市化与生态环境耦合度分析. 自然资源学报, 20 (1): 105-112.

陆大道. 2015. 京津冀城市群功能定位及协同发展. 地理科学进展, 34 (3): 265-270.

马孝先. 2014. 中国城镇化的关键影响因素及其效应分析. 中国人口·资源与环境, 24 (12): 117-124.

彭建, 刘志聪, 刘焱序, 等. 2016. 京津冀地区县域耕地景观多功能性评价. 生态学报, 36 (8): 2274-2285.

谭俊涛, 张平宇, 李静, 等. 2015. 吉林省城镇化与生态环境协调发展的时空演变特征. 应用生态学报, 26 (12): 3827-3834.

谭学瑞, 邓聚龙. 1995. 灰色关联分析: 多因素统计分析新方法. 统计研究, (3): 46-48.

吴健生, 王茜, 李嘉诚, 等. 2017. PM 2.5 浓度空间分异模拟模型对比: 以京津冀地区为例. 环境科学, 38 (6): 2191-2201.

张丽琴, 陈烈. 2013. 新型城镇化影响因素的实证研究——以河北省为例. 中央财经大学学报, 12: 84-91.

张盛, 王铁宇, 张红, 等. 2017. 多元驱动下水生态承载力评价方法与应用——以京津冀地区为例. 生态学报, 37 (12): 4159-4168.

朱孔来, 李静静, 乐菲菲. 2011. 中国城镇化进程与经济增长关系的实证研究. 统计研究, 28(9): 80-87.

Bajocco S, Ceccarelli T, Smiraglia D, et al. 2016. Modeling the ecological niche of long-term land use changes: the role of biophysical factors. Ecological Indicators, 60: 231-236.

Borges R C, Dos Santos F V, Caldas V G, et al. 2015. Use of geographic information system (GIS) in the characterization of the Cunha Canal, Rio de Janeiro, Brazil: effects of the urbanization on water quality. Environmental Earth Sciences, 73 (3): 1345-1356.

Chaudhuri S, Ale S. 2014. Long-term(1930-2010)trends in groundwater levels in Texas: influences of soils, landcover and water use. Science of the Total Environment, 490: 379-390.

Cheadle C, Chochung Y S, Becker K G, et al. 2003. Application of z-score transformation to Affymetrix data. Applied Bioinformatics, 2 (4): 209-217.

Mohan M, Kandya A. 2015. Impact of urbanization and land-use/land-cover change on diurnal temperature range: a case study of tropical urban airshed of India using remote sensing data. Science of the Total Environment, 506: 453-465.

Walker J J, de Beurs K M, Henebry M G. 2015. Land surface phenology along urban to rural gradients in the US Great Plains. Remote Sensing of Environment, 165: 42-52.

Zhao Y, Wang S, Zhou C. 2016. Understanding the relation between urbanization and the eco-environment in China's Yangtze River Delta using an improved EKC model and coupling analysis. Science of the Total Environment, 571: 862-875.

第 5 章　京津冀城市群地区生态环境交互胁迫

5.1　引　言

伴随着京津冀城市群的快速发展，高密集人口与高强度社会经济活动给有限的资源环境带来极大的压力，京津冀地区的生态环境问题日益凸显，成为影响居民健康、限制区域进一步发展的瓶颈。随着生态文明建设和体制的进一步深化，京津冀地区生态恢复及生态环境问题治理的行动与力度不断加大，一些地区的生态环境质量有明显的改善。但是，由于人类活动与生态环境之间相互作用关系十分复杂，而且它们之间存在动态变化的交互作用，因此，全面厘清京津冀地区人类活动与生态环境要素之间的交互作用关系，对深入解析京津冀地区人类活动与生态环境的相互影响机制具有重要意义。

在第 4 章关于京津冀地区城镇化自然生态环境影响因子识别的基础上，本章针对京津冀地区的土地、水与能源三种重要资源，针对"人-地"、"人-水"与"人-碳"三个方面，从社会经济活动与土地、水与能源相互支撑与相互限制两个角度，采用指标体系法，分别建立了京津冀地区"人-土"、"人-水"与"人-碳"单要素交互胁迫关系评价指标体系，定量解析了京津冀地区"人-土"、"人-水"与"人-碳"交互胁迫关系时空变化及其驱动机制，旨在为缓解城市群地区"人-地"、"人-水"与"人-碳"矛盾提供科学依据。

5.2　数据来源与研究方法

5.2.1　数据来源

京津冀地区城镇化与不同资源要素的单要素交互胁迫作用分析采用了指标分析方法，通过选择代表性指标，从资源要素对京津冀地区城镇发展的支撑作用，以及京津冀地区城镇发展对资源要素的胁迫作用两个角度，定量刻画了城镇化与不同资源要素之间的交互胁迫作用（图 5.1）。其中，"人-土"整体关系以土地蔓延度表示，具体指标为建设用地面积增长率与城镇人口增长率的比值，其可用来表征城市土地利用扩张速度和土地利用效率，数据来源为《中国城市统计年鉴》

（2001~2019年）。以人均建设用地面积表示土地要素对城镇化的影响，其中，人口和建设用地面积数据来源于《中国城市统计年鉴》（2001~2019年）；经济数据来源于《中国城市统计年鉴》（2001~2019年）（表5.1）。

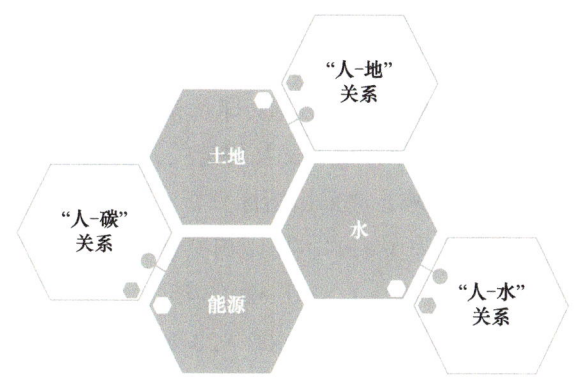

图 5.1　单要素胁迫关系

表 5.1　单要素双向胁迫相关数据说明

单要素双向胁迫关系	名称	数据来源	数据时间
"人-地"关系	土地扩张/人口城镇化	《中国城市统计年鉴》	2001~2019 年
	人均建设用地面积	《中国城市统计年鉴》	2001~2019 年
	单位 GDP 建设用地面积	《中国城市统计年鉴》	2001~2019 年
"人-水"关系	水资源开发利用率	北京市、天津市、河北省水资源公报	2002~2019 年
	人均水资源总量	《中国城市统计年鉴》；北京市、天津市、河北省水资源公报	2002~2019 年
	单位 GDP 用水量	《中国城市统计年鉴》；北京市、天津市、河北省水资源公报	2002~2019 年
"人-碳"关系	能源供需比值	《北京统计年鉴》《天津统计年鉴》《河北经济年鉴》；河北省各地级市统计年鉴	2002~2019 年
	人均能源生产量	《北京统计年鉴》《天津统计年鉴》；河北省各地级市统计年鉴	2002~2019 年
	单位 GDP 能源消费量	《北京统计年鉴》《天津统计年鉴》《河北经济年鉴》	2002~2019 年

"人-水"整体关系以水资源供需矛盾表示，数据来源于北京市、天津市、河北省水资源公报等资料。此外，采用人均水资源总量和单位 GDP 用水量分别表示水资源对城镇化的支撑及城镇化对水资源的胁迫作用。其中，人口经济数据来源

于《中国城市统计年鉴》（2002～2019 年），水资源数据来源于北京市、天津市、河北省水资源公报（2002～2019 年）。

"人-碳"整体关系以本地能源生产量与能源消费量的比值表示能源供需矛盾，核算数据来源于《北京统计年鉴》《天津统计年鉴》《河北经济年鉴》，以及河北省各地级市统计年鉴（2002～2019 年）。此外，采用人均能源生产量和单位 GDP 能源消费量分别表示能源对城镇化的支撑及城镇化对能源的胁迫作用。

"人-地"、"人-水"与"人-碳"交互胁迫关系的驱动因素分析主要考虑城镇发展对土地、水与能源的影响，也采用指标分析法，解析京津冀地区"人-地"、"人-水"与"人-碳"交互胁迫关系的主要影响因素（图 5.2），涉及数据来源于《北京统计年鉴》《天津统计年鉴》（2000～2019 年）、《河北经济年鉴》（2002～2019 年）及河北省各地级市统计年鉴（2000～2019 年）等（表 5.2）。

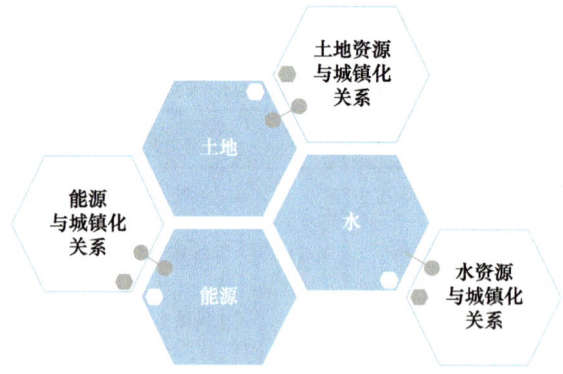

图 5.2 综合要素胁迫关系

表 5.2 综合要素交互胁迫相关数据说明

	名称	数据来源	数据时间
经济城镇化	人均 GDP	《中国城市统计年鉴》《北京统计年鉴》《天津统计年鉴》《河北统计年鉴》	2002～2019 年
产业城镇化	第二产业比例	《中国城市统计年鉴》	2002～2019 年
	第三产业比例	《中国城市统计年鉴》	2002～2019 年
人口城镇化	城镇人口比例	《北京统计年鉴》《天津统计年鉴》《河北经济年鉴》；河北省各地级市统计年鉴	2002～2019 年
土地城镇化	建设用地面积	《北京统计年鉴》《天津统计年鉴》；河北省各地级市统计年鉴	2002～2019 年
	人均建设用地面积	《北京统计年鉴》《天津统计年鉴》《河北经济年鉴》	2002～2019 年
	人均全社会消费品零售总额	《北京统计年鉴》《天津统计年鉴》《河北经济年鉴》；河北省各地级市统计年鉴	2002～2019 年

续表

	名称	数据来源	数据时间
社会城镇化	普通高等学校在校学生人口比例	《北京统计年鉴》《天津统计年鉴》《河北经济年鉴》；河北省各地级市统计年鉴	2002~2019年
	城镇居民人均可支配收入	《北京统计年鉴》《天津统计年鉴》《河北经济年鉴》；河北省各地级市统计年鉴	2002~2019年

5.2.2 研究方法

研究从"人-地"、"人-水"与"人-碳"三个方面分别分析京津冀地区城镇化与土地资源、水资源及能源等不同生态环境要素的胁迫关系，并建立城镇化与生态环境交互胁迫的单要素评价指标体系（表5.3）。

表5.3 单要素胁迫评价指标体系

指标类型	指标意义	指标名称	指标公式
"人-地"关系指标	土地资源紧缺程度	土地蔓延度	市辖区建设用地面积年际增长率/城镇人口年际增长率
	城镇化对土地的胁迫作用	人均建设用地面积	市辖区建设用地面积（km²）/城镇人口数量（万人）
	土地对城镇化的约束作用	单位GDP建设用地面积	市辖区建设用地面积（km²）/市辖区地区生产总值（万元）
"人-水"关系指标	水资源紧缺程度	水资源供需矛盾	水资源消费量（m³）/水资源供给量（m³）
	城镇化对水资源的胁迫作用	人均水资源量	水资源总量（亿m³）/城市总人口数量（万人）
	水资源对城镇化的约束作用	单位GDP用水量	城市水资源消费量（亿m³）/城市地区生产总值（万元）
"人-碳"关系指标	能源紧缺程度	能源供需矛盾	能源消费量（万吨标准煤）/能源生产量（万吨标准煤）
	城镇化对能源的胁迫作用	人均能源生产量	能源本地生产量（万吨标准煤）/城市总人口（万人）
	能源对城镇化的约束作用	单位GDP能源消费量	城市能源消费量（万吨标准煤）/城市地区生产总值（万元）

关于"人-地"单要素双向胁迫关系的解析，研究从土地蔓延度角度，综合判定京津冀地区城镇化与土地的交互胁迫程度。此外，从供给角度，通过人均建设用地面积（公式：市辖区建设用地面积/城镇人口数量），解析城镇化对土地的压力（刘世超和柯新利，2019），然后，从需求角度，通过单位GDP建设用地面积（公式：市辖区建设用地面积/市辖区地区生产总值），揭示土地对城镇化的约束作

用。土地蔓延度指标用来衡量京津冀地区土地扩张与人口扩张的供需均衡特征，其中，土地扩张采用的判定指标为城市建设用地的增加速度，人口扩张采用的判定指标为人口城镇化速度。土地蔓延度即土地扩张与人口扩张指标的比值（公式：市辖区建设用地面积年际增长率/城镇人口年际增长率）。特别地，人地关系研究期在2000～2018年，由于该指标年际变化稳定性低，以五年为一个单元的时间间隔，选择2000～2005年、2005～2010年、2010～2015年和2015～2018年四个时间段计算年际变化情况。

关于"人-水"单要素双向胁迫关系的解析，研究从水资源供需失衡角度，综合判定京津冀地区城镇化与水资源的交互胁迫程度；从供给角度，通过人均水资源量（公式：水资源总量/城市总人口数量），解析城镇化对水资源的压力。然后，从需求角度，通过单位GDP用水量（公式：城市水资源消费量/城市地区生产总值），揭示水资源对城镇化的约束作用。其中，水资源供给考虑的是京津冀地区本地可利用水资源总量，主要包括地表水与地下水。水资源需求主要考虑京津冀地区的用水总量，主要包括生活用水、工业用水、农业用水与生态环境用水，水资源供需矛盾关系公式表示为水资源消费量/水资源供给量。

关于"人-碳"单要素双向胁迫关系的解析，研究从能源供需失衡角度，综合判定京津冀地区城镇化与能源的交互胁迫程度；从供给角度，通过人均能源生产量（公式：能源本地生产量/城市总人口），解析城镇化对能源的压力。然后，从需求角度，通过单位GDP能源消费量（公式：城市能源消费量/城市地区生产总值），揭示能源对城镇化发展的生态约束。能源供需矛盾关系公式以能源消费量与能源生产量的比值表示，其中，能源供给主要考虑京津冀地区本地生产的能源量，根据统计年鉴工业产品中各类能源产品产量实际量转化为标准量统一计算总量，包括原煤、原油、天然气和一次电力（水电、风电、核电等）、一次能源，能源需求则以实际能源消耗情况表示，总量以各城市单位GDP能源消费量与当年经济产值的乘积表示，包括第一产业、第二产业、第三产业和生活消费。

5.3 "人-地"交互胁迫

5.3.1 "人-地"交互胁迫时空变化特征

1. 城镇化对土地资源的胁迫作用与变化

从2000～2005年、2005～2010年、2010～2015年与2015～2018年四个时段的平均值看，京津冀地区不同城市的土地蔓延度的变化范围为0.27～2.12（图5.3）。其中，廊坊（0.27）与衡水（0.33）平均土地蔓延度相对较小，天津（2.12）、邢台（1.79）与北京（1.58）的平均土地蔓延度相对较大。根据相关参考文献，如果土地扩张速度超过人口扩张速度的 1.12 倍，即表明土地扩张快而且低效，如果土地扩张速度小于人口扩张速度的 1.12 倍，表明土地扩张慢且低效。从时间变化上看，2000~2005 年，不同城市之间的土地蔓延度差异明显，北京（4.44）、天津（2.51）与唐山（1.66）的土地蔓延度明显高于其他城市；2005~2010 年，邢台（3.76）的土地蔓延度最高，北京（0.56）、天津（0.94）与唐山（0.22）的土地蔓延度明显降低；2010~2015 年，多数城市的土地蔓延度很高，沧州（4.37）、秦皇岛（3.59）、邢台（2.36）、保定（2.93）、石家庄（1.68）、北京（1.34）与天津（1.29）的土地蔓延度都超过文献标准（1.12）；2015~2018 年，天津（3.75）、邯郸（3.67）和张家口（2.86）的土地蔓延度较高，且明显高于前三段研究期，土地扩张较快，其他城市土地蔓延度均明显降低（1.12）（图 5.4）。

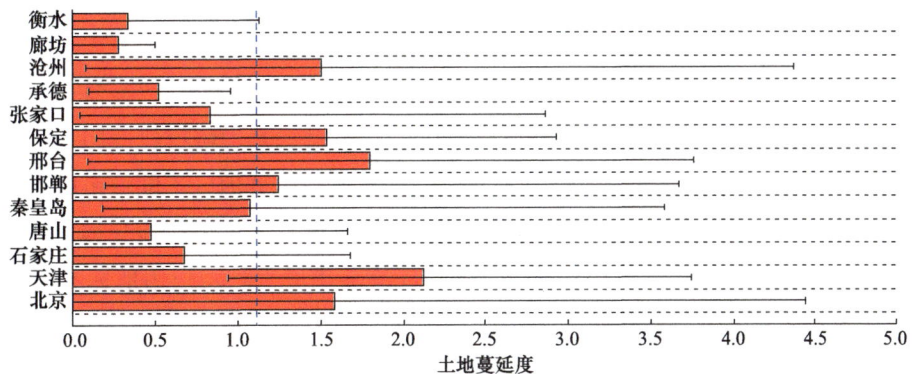

图 5.3　2000~2018 年京津冀城市群地区土地蔓延度特征（平均值，最大值，最小值）

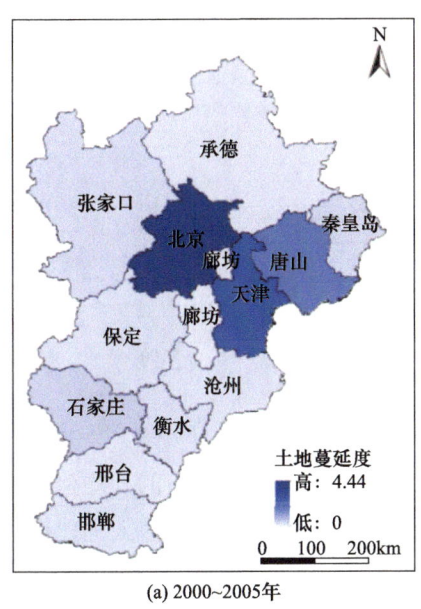

(a) 2000~2005年　　　　　　　　　　(b) 2005~2010年

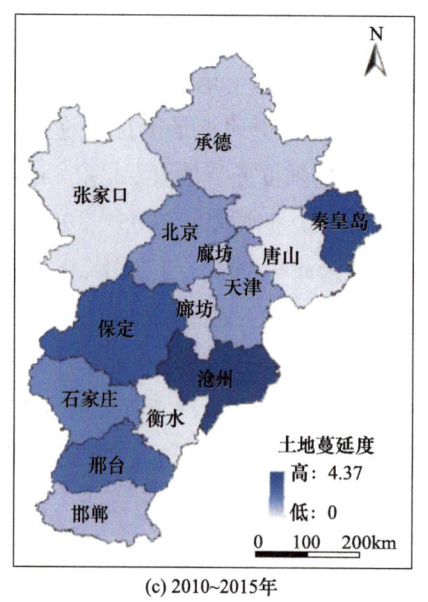
(c) 2010~2015年

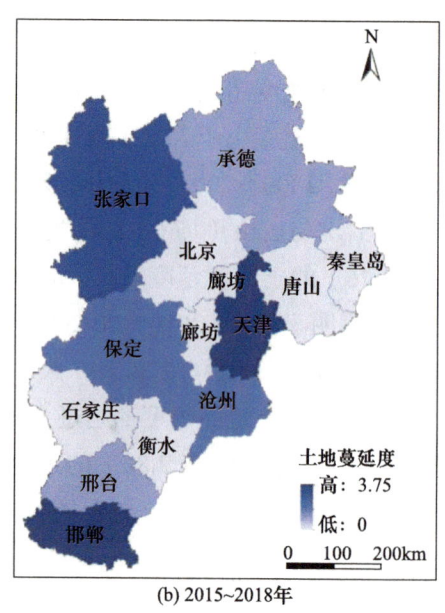
(b) 2015~2018年

图 5.4　2000~2018 年京津冀城市群地区土地蔓延度的空间分布特征与变化

京津冀地区城镇化对土地资源存在明显胁迫作用。人均城市建设用地的分析结果表明，从 2000~2018 年的均值特征看，京津冀城市群地区不同城市的人均城市建设用地变化范围为 21.32~86.85m^2（图 5.5）。按照《城市用地分类与规划建设用地标准》（2012 年），京津冀城市群地区所有城市的人均建设用地标准为 65~85m^2，除了北京外，京津冀多数城市的人均建设用地面积符合标准的最高限。从时间变化上看，2000~2015 年，除了北京和天津外，其他城市的人均建设用地面积都是明显减少的，表明城镇人口增加对土地的胁迫减弱。

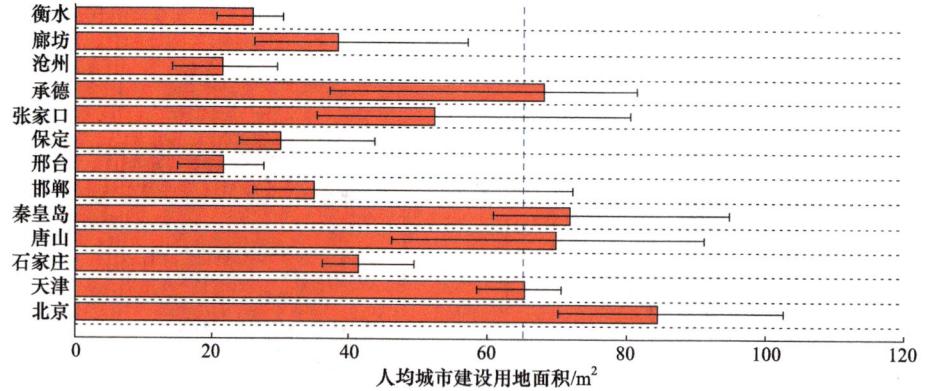

图 5.5　2000~2018 年京津冀城市群地区人均城市建设用地面积（平均值，最大值，最小值）

对比 2000 年、2005 年、2010 年、2015 年与 2018 年不同年份的人均建设用地面积的空间分布特征与变化，结果表明，2000~2015 年北京和天津人均建设用地面积与其他城市的差距随时间越来越明显，2015~2018 年差距有所减缓（图 5.6）。

2. 土地资源对城镇化的约束作用与变化

京津冀城市群地区土地资源对城镇化的约束作用明显（贾绍凤和张军岩，2003；林巍，2015）。对京津冀城市群地区单位 GDP 建设用地面积的分析结果表明，从 2000~2015 年的均值特征看，京津冀城市群地区不同城市的单位 GDP 建设用地面积变化范围为 11.48~37.88m²/万元（图 5.7）。按照 2015 年全国平均水平（8.98m²/万元），京津冀城市群地区单位 GDP 建设用地面积明显高于全国平均水平，揭示出京津冀城市群地区土地资源对城镇化的约束很强。北京和天津的单位

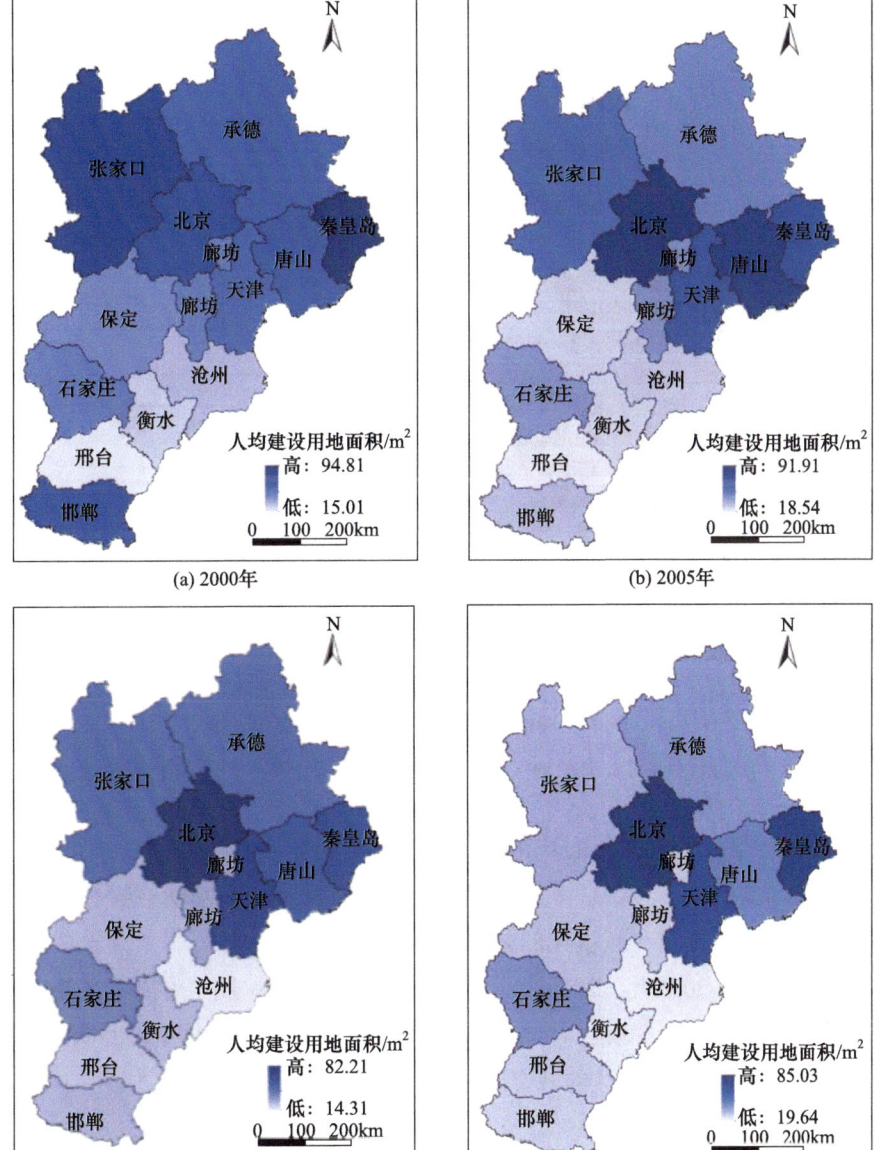

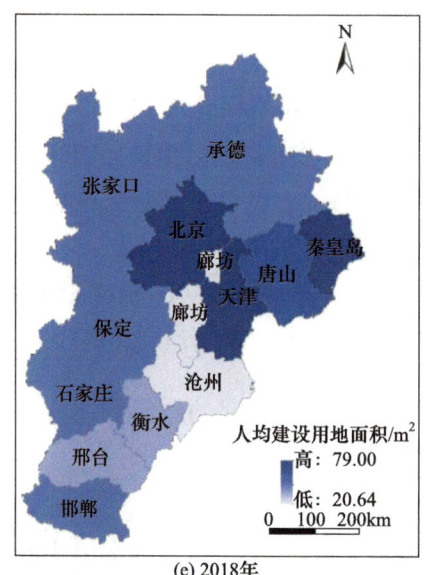

(e) 2018年

图 5.6 2000～2018 年京津冀城市群地区人均建设用地面积的空间分布特征与变化

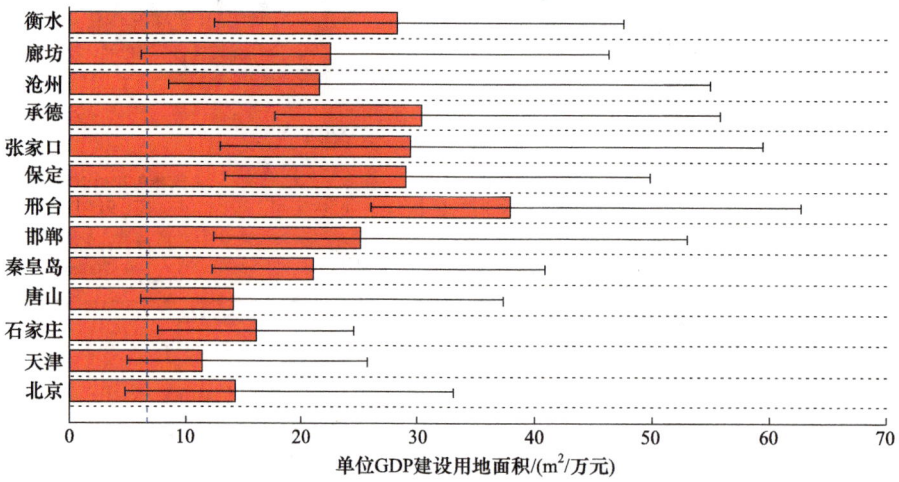

图 5.7 2000～2018 年京津冀城市群地区单位 GDP 建设用地面积（平均值，最大值，最小值）

GDP 建设用地整体低于河北的城市，河北内部不同城市之间也存在差异。从时间变化上看，2000～2018 年，京津冀城市群地区所有城市单位 GDP 建设用地面积均在减少，表明土地资源对城镇化的胁迫减弱。

对比 2000 年、2005 年、2010 年、2015 年与 2018 年不同年份的单位 GDP 建设用地面积的空间分布特征与变化，结果表明，京津冀城市群地区整体单位 GDP 建设用地投入面积整体减少，河北地区的城市比北京和天津的减幅大（图 5.8）。

5.3.2 "人-地"交互胁迫影响机制

总体上，城镇化水平与人均建设用地面积具有显著相关性（表5.4）。但是，由于京津冀城市群地区城镇化具有多维度特征，在不同时间，人均建设用地面积受不同维度城镇化特征的影响。例如，2000年，人口、社会和经济城镇化水平与人均建设用地面积均无显著相关性；2005年，只有经济城镇化与人均建设用地面积具有显著正相关性，表明经济城镇化水平高的城市，其人均建设用地面积相对较大；2010年与2015年，只有社会城镇化与人均建设用地面积具有显著正相关性，表明京津冀城市群地区社会城镇化特征对人均建设用地面积影响较大。

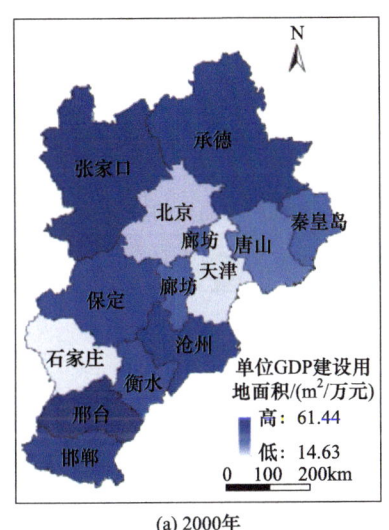

(a) 2000年

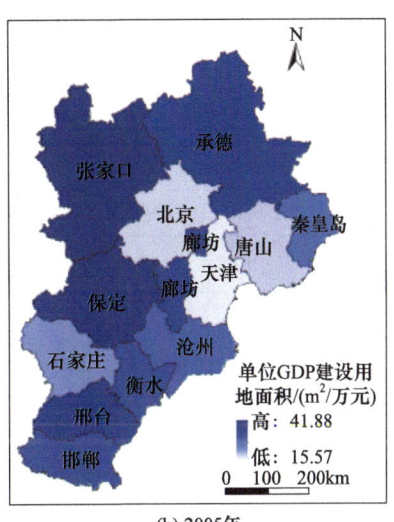

(b) 2005年

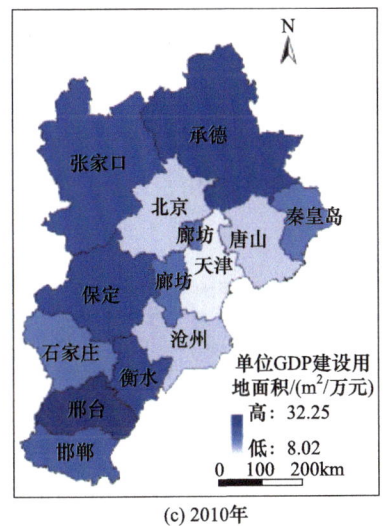

(c) 2010年

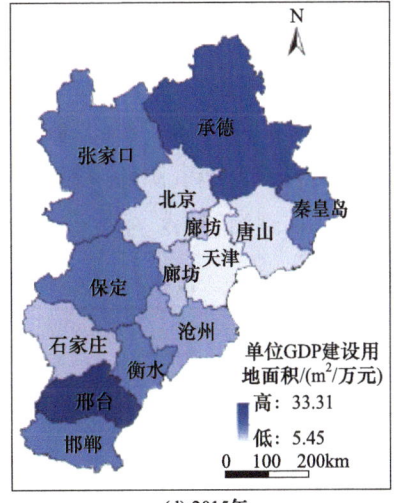

(d) 2015年

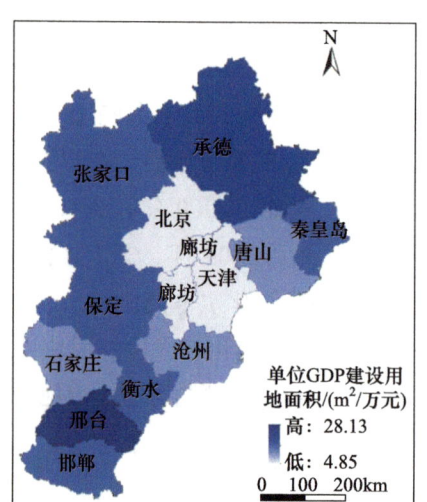

(e) 2018年

图 5.8 2000～2018 年京津冀城市群地区单位 GDP 建设用地面积的空间分布特征与变化

表 5.4 京津冀城市群地区城镇化水平与人均建设用地面积的关系

指标	年份	常数	人口城镇化	社会城镇化	经济城镇化	R^2
人均建设用地面积	2000	—	—	—	—	—
	2005	25.676	—	—	172.342**	0.598
	2010	11.517	—	113.566**	—	0.626
	2015	0.191	—	100.197**	—	0.743

**表示在 0.01 水平（双侧）上显著相关。

此外，京津冀城市群地区单位 GDP 建设用地面积与经济城镇化水平呈显著负相关，与人口、社会城镇化水平没有明显相关性（表 5.5），表明京津冀城市群地区经济增长模式对土地资源的利用具有重要的影响，但是，随着城镇化进程的推进，经济增长对土地资源的依赖在逐渐降低，表明京津冀城市群地区土地依赖性发展模式正在逐渐转变。

表 5.5 京津冀城市群地区城镇化水平与单位 GDP 建设用地面积的关系

指标	年份	常数	人口城镇化	社会城镇化	经济城镇化	R^2
单位 GDP 建设用地面积	2000	56.48	—	—	−232.236**	0.783
	2005	40.286	—	—	−75.952**	0.776
	2010	28.163	—	—	−32.411**	0.705
	2015	22.795	—	—	−19.484**	0.49

**表示在 0.01 水平（双侧）上显著相关。

5.4 "人-水"交互胁迫

5.4.1 "人-水"交互胁迫时空变化特征

水资源是人类社会不可或缺的重要资源,水资源与城市的兴起、发展关系紧密(Zuo et al., 2016)。一方面伴随着城镇化进程的加快,城市范围逐步扩张,人口向城市集聚,产业数量与类型剧增,水资源的需求量势必增大,形成供不应求的局面(王晶等,2014)。因此,城市规划制定过程中,不考虑区域的水资源条件或是考虑不足,可能导致水资源盲目开发和过度开发,危及水资源可持续利用,进而影响城市可持续发展(Chebly, 2014)。例如,有些城市位于水资源匮乏地区,如果不充分考虑区域水资源的承载能力,盲目进行大规模发展,势必加剧水资源供需矛盾;有些城市所在区域水污染问题突出,如果盲目发展高耗水、高污染产业,势必加重对水资源和生态环境的破坏。因此,在城市规划制定阶段,应该先对城市整体经济社会发展的水资源需求进行控制,对城市的经济产业布局与水资源供给能力进行匹配性分析,有效减少或消除区域水资源开发利用中的累积影响,从而保障水资源可持续利用(任俊霖等,2016)。

1. 城镇化对水资源的胁迫作用与变化

总体上,京津冀城市群"人-水"关系严重失衡(鲍超和邹建军,2018)。如果只考虑将本地可利用水资源量作为供给,京津冀所有城市的水资源需求量均高于供给量(图5.9)。从2001～2018年的水资源供需失衡程度的均值特征看,供需矛盾相对较小的城市是承德(0.51)、张家口(0.74)与秦皇岛(0.85),而衡水(3.86)、天津(2.06)、沧州(2.03)与邢台(1.89)的水资源供需失衡程度相对严重。从时间变化上看,2018年较2001年,除了邯郸与承德外,其他城市的水资源供需矛盾都有所降低(图5.10)。

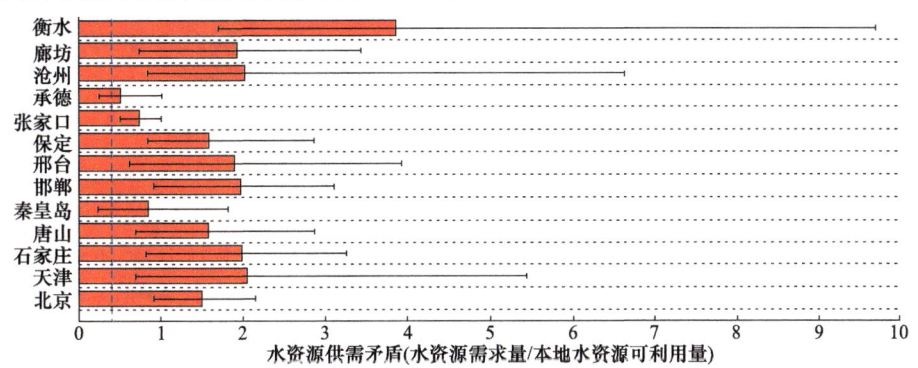

图5.9 2001～2018年京津冀城市群地区水资源供需失衡特征(平均值,最大值,最小值)

对比 2001 年、2005 年、2010 年、2015 年与 2018 年不同年份水资源供需失衡特征，结果表明，京津冀城市群地区多数城市水资源供需矛盾都有所下降；整体上，北京、天津与河北北部城市水资源供需矛盾较河北南部城市减缓得更为明显（图 5.10）。

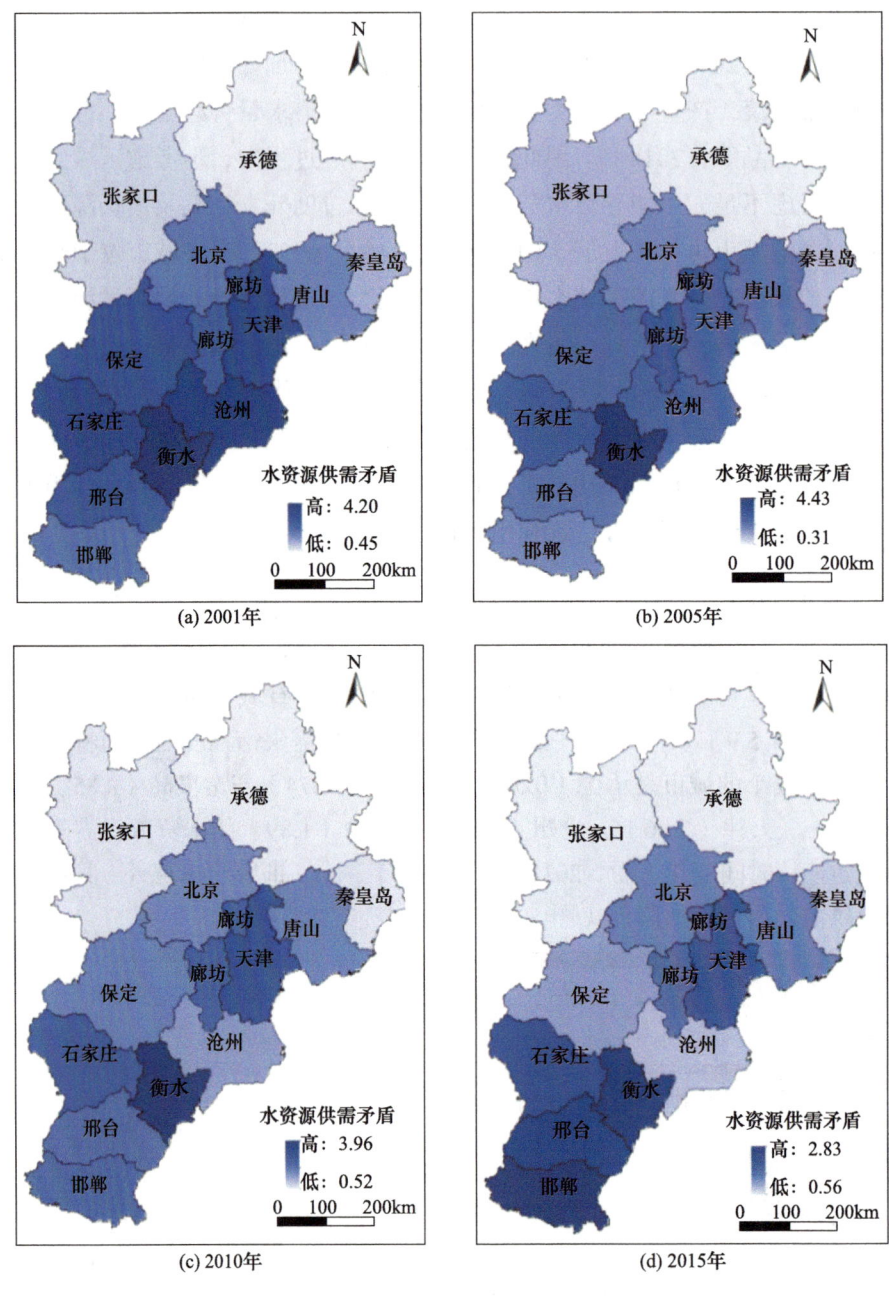

(a) 2001年 (b) 2005年 (c) 2010年 (d) 2015年

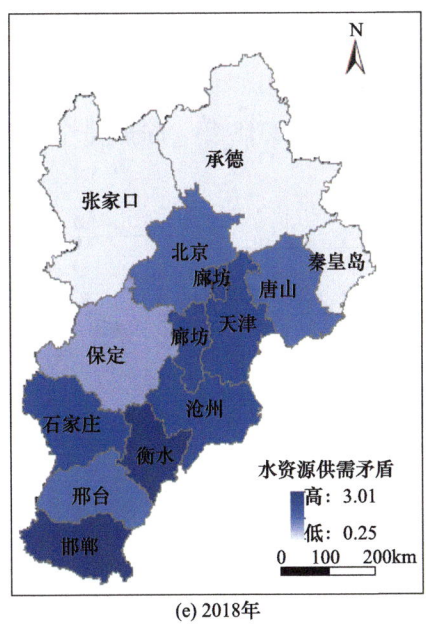

(e) 2018年

图 5.10　2001~2018 年京津冀城市群地区水资源供需矛盾的空间分布与变化

京津冀城市群地区城镇化对水资源的胁迫作用非常严重。城镇化对水资源的胁迫作用分析结果表明，从 2001~2018 年的人均水资源量的均值特征看，京津冀城市群地区不同城市的人均水资源量变化范围为 106~558m³（图 5.11）。如果按照国际通用的缺水程度分类标准，即充足（人均水资源量>1700m³）、不缺水（人均水资源量介于 1000~1700m³）、缺水（人均水资源量介于 500~1000m³）与极度缺水（人均水资源量<500m³），除了承德（558m³）外，其他城市（<500m³）都面临着严重的缺水胁迫。此外，从时间变化上看，如图 5.12，2001~2018 年，除了邯郸、保定和张家口的人均水资源量变化较大外，其他城市的人均水资源量变化相对稳定，表明京津冀城镇化对水资源胁迫程度没有明显缓解（鲍超和贺东梅，2017）。

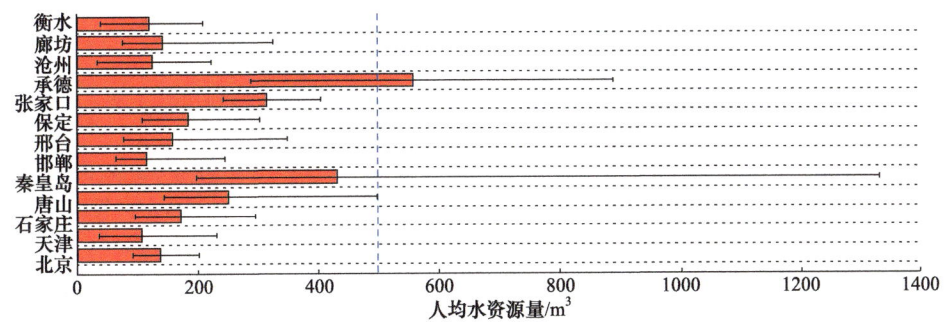

图 5.11　2001~2018 年京津冀城市群地区人均水资源量（平均值，最大值，最小值）

对比 2001 年、2005 年、2010 年、2015 年与 2018 年不同年份的人均水资源量的空间分布与变化，结果表明，城市群北部明显高于城市群南部城市，空间分布差异性略有减小。对比 2001 年和 2018 年，除邯郸外，其他城市人均水资源量均有所增加（图 5.12）。

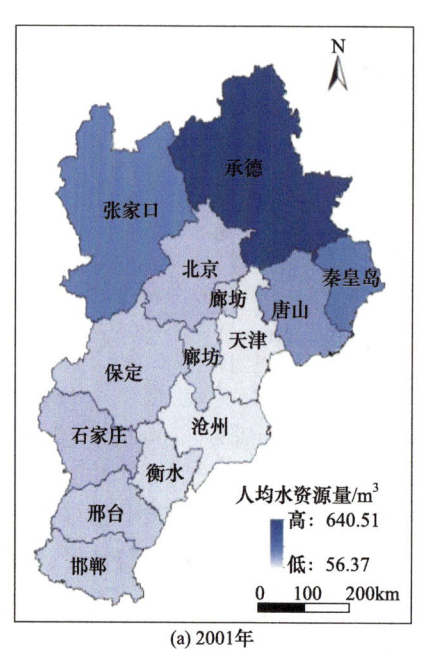

(a) 2001年

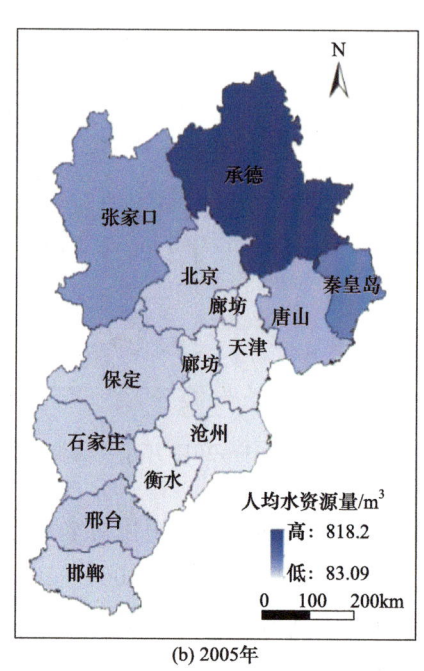

(b) 2005年

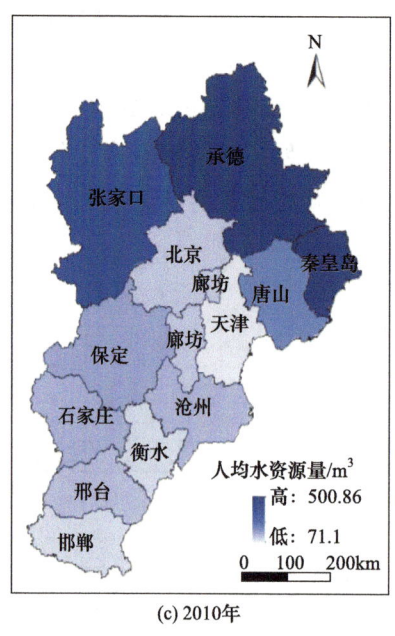

(c) 2010年

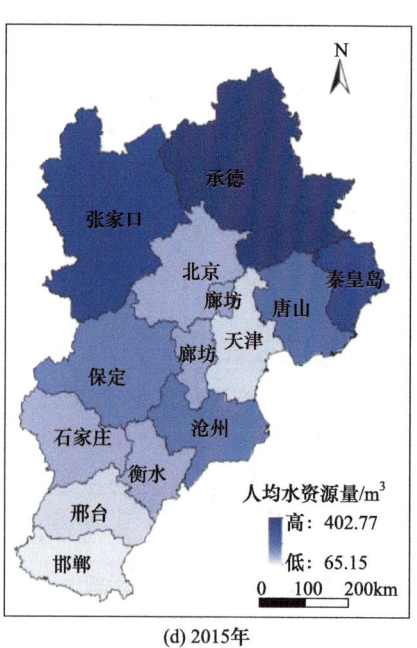

(d) 2015年

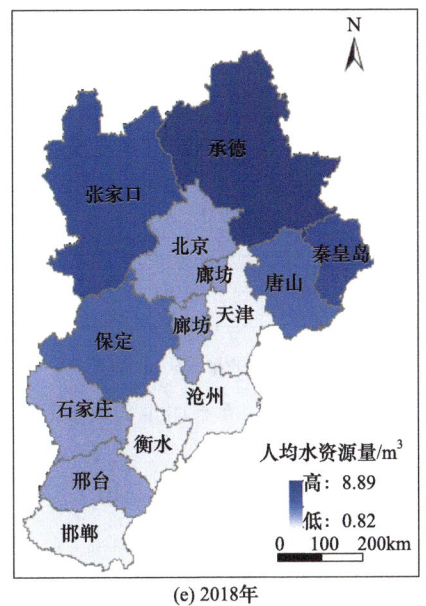

(e) 2018年

图 5.12 2001～2018 年京津冀城市群地区人均水资源量的空间分布与变化

2. 水资源对城镇化的约束作用与变化

自然界的基本规律决定了水资源的可利用量和水系统的净化能力，也确定了水系统的可承受能力，城镇化对水资源的利用超出了这一范围，水资源要素转化为城市生产生活活动的限制因素。京津冀不具备水资源丰富的天然优势，但通过南水北调工程很大程度上缓解了这种约束作用。另外，为了继续保持经济的快速发展，通过不断挤占生态环境用水、超采地下水等来填补城市用水缺口，并且工农业生产带来的废污水排放量增大，水污染的外部不经济性反过来又将阻碍城市的发展（贾绍凤等，2002；陈利群和王亮，2012）。

京津冀城市群地区水资源对城镇化的约束作用明显降低。对水资源对城镇化的约束作用的分析结果表明，从 2001～2015 年的单位 GDP 用水量的均值特征看（佟金萍等，2011），京津冀不同城市的单位 GDP 用水量均值的变化范围为 39.92～243.58m³/万元（图 5.13）。如果以 2018 年全国单位 GDP 用水量（66.8m³/万元）作为参照标准，至 2018 年，除了邢台（76.43m³/万元）和衡水（94.49m³/万元）外，其他城市单位 GDP 用水量均低于全国平均水平，并以北京（12.96m³/万元）和天津（15.11m³/万元）为最低，由此表明，京津冀城市群地区水资源对城镇化的约束作用有所降低（鲍超和方创琳，2010；熊鹰等，2018；曾惠等，2020）。

对比 2001 年、2005 年、2010 年、2015 年与 2018 年不同年份的单位 GDP 用水量的空间分布与变化，结果表明，除北京、天津和廊坊的中心区域变化不大外，其他城市的单位 GDP 用水量降低变化显著（图 5.14），即随着城镇化发展，京津冀

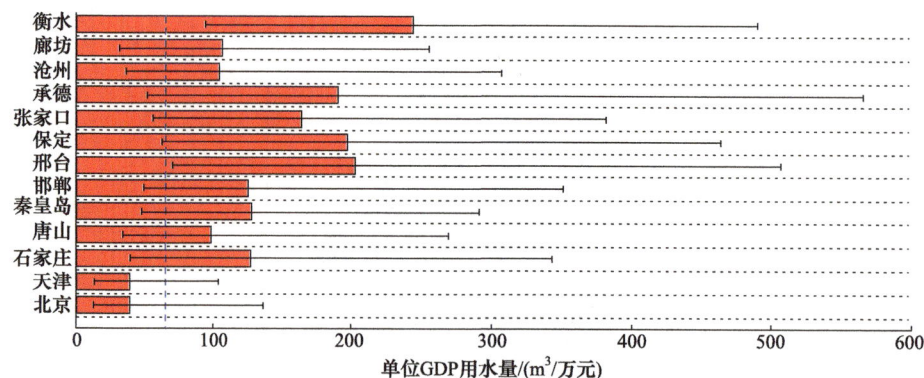

图 5.13　2001~2018 年京津冀城市群地区单位 GDP 用水量（平均值，最大值，最小值）

城市的经济城镇化对水资源的依赖度减小（图 5.14）。

5.4.2 "人-水"交互胁迫影响机制

总体上，2000 年以来，京津冀城市群地区"人-水"胁迫的自然因子影响无明显缓解，而社会经济因子影响显著降低，且自然因子和社会经济因子影响在不同城市两极分化较严重（海霞等，2018）。京津冀城市群地区的自然因子影响一直较为严重，缺水指数由 2001 年的 0.78 降至 2015 年的 0.71，同比降低 8.97%，缺水局势无明显缓解趋势。分别来看，缺水程度最轻的城市为承德，年均缺水指数为 0.30；缺水程度最严重的城市为衡水和廊坊，2001~2015 年，年均缺水指数分别为 0.91 和 0.94，是承德缺水程度的 3 倍以上。从缺水程度的变化上看，京津冀城市群地区各城市缺水指数的变化均较小，承德和邯郸缺水指数增长率分别为 0.002%

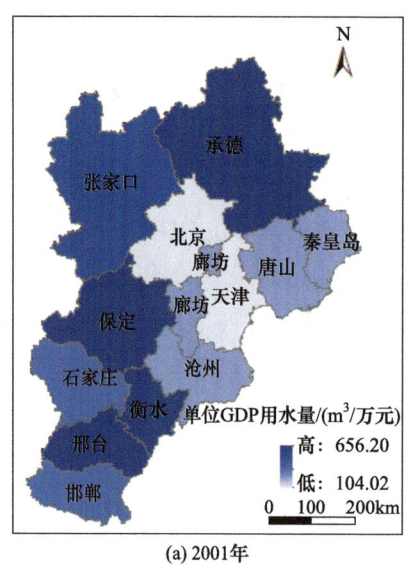

(a) 2001 年

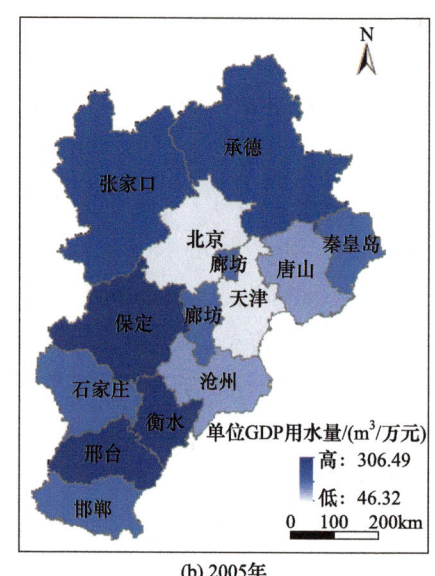

(b) 2005 年

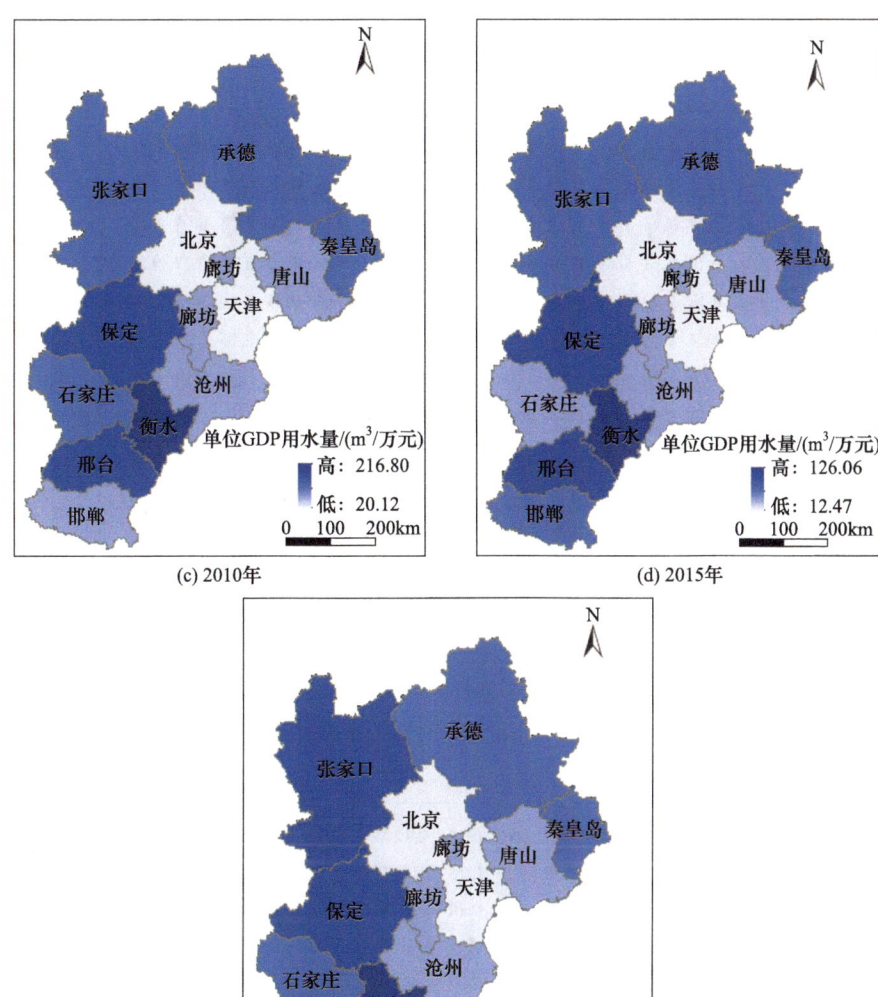

图 5.14　2001~2018 年京津冀城市群地区单位 GDP 用水量空间分布特征

和 0.01%，其余城市自然缺水程度均略微下降（图 5.15）。

京津冀城市群地区社会经济缺水局势显著缓解，缺水指数由 0.42 降至 0.14，同比降低了 66.67%，且 2008 年前后为明显的分界点，一方面说明 2008 年之后南水北调陆续通水，全区水资源量呈逐渐增长的趋势，另一方面也表明奥运会后京津冀城市群社会经济用水效率快速提升。从城市尺度看，缺水程度最严重的城市为衡水和邢台，2001~2015 年，两市年均缺水指数分别为 0.45 和 0.30；相对缺水较轻的城市为北京，年均缺水指数 0.12。从社会经济缺水的变化情况来看，承德和沧州缺水程度减轻最快，缺水程度年均降低 0.12% 和 0.11%，而缺水程度变化最小的为邯郸，仅降低 0.04%（图 5.16）。

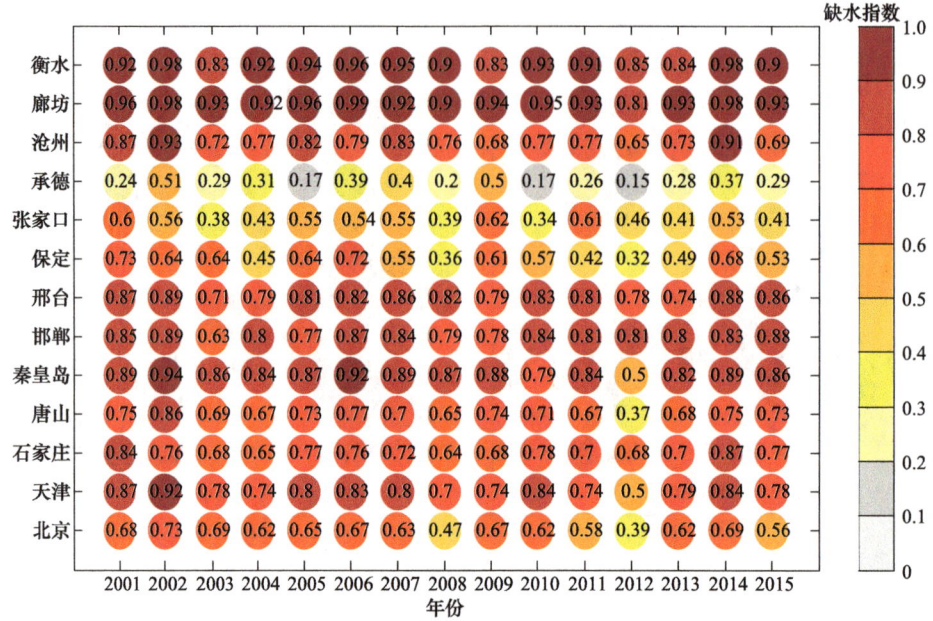

图 5.15　京津冀城市群地区自然缺水的时空变化特征

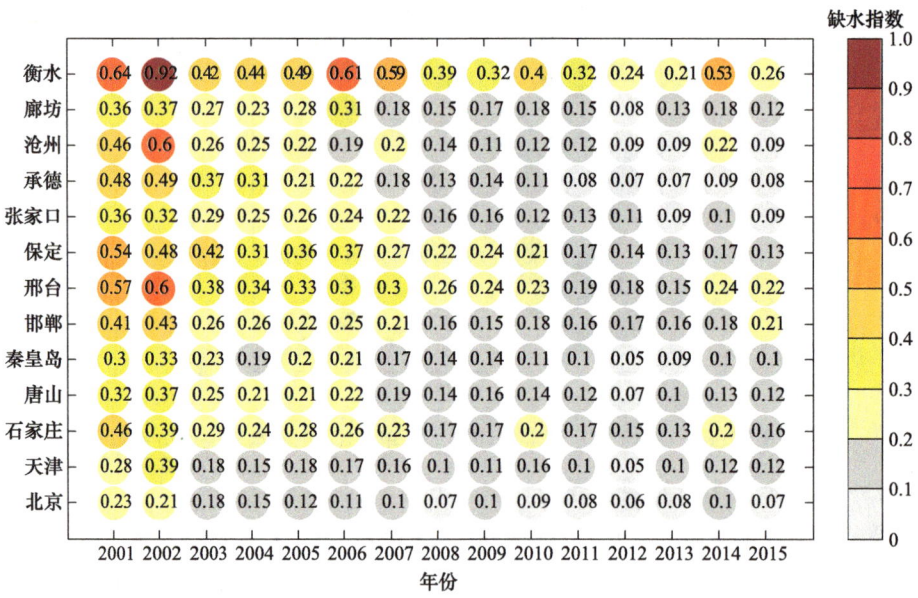

图 5.16　京津冀城市群地区社会经济缺水的时空变化特征

综合缺水是自然缺水和社会经济缺水的综合反映，自然缺水和社会经济缺水对综合缺水的贡献率分别为 36% 和 64%。2001~2015 年，京津冀地区综合缺水指数由 0.50 降至 0.27，降低了 46%，缺水程度明显下降（图 5.17）。一方面，衡水、邯郸和邢台三个城市还面临较严重的缺水态势，2015 年三地缺水指数均大于等于 0.45，说明这些城市水资源供需矛盾仍然激烈。另一方面，从缺水指数年均变化率角度，承德、保定和张家口缺水问题最为明显，年均缺水指数下降率分别为 8.06%、6.64%和 6.47%，然而这些城市缺水程度也相对较轻，2015 年缺水指数均低于 0.3，充分表明京津冀地区内部缺水局势出现两极分化，亟待改进。

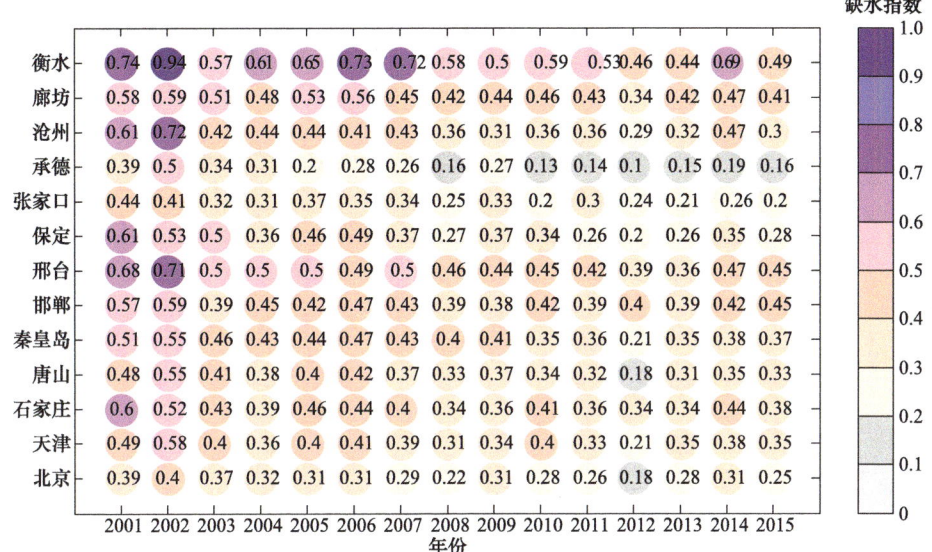

图 5.17　京津冀城市群地区综合缺水的时空变化特征

此外，"人-水"胁迫关系与城镇化水平关系的分析结果表明，城镇化水平与京津冀地区水资源短缺具有显著相关性（表 5.6）。同"人-地"关系相似，由于京津冀地区城镇化具有多维度特征，在不同时间，缺水程度受不同维度城镇化特征的影响。但是，自然缺水程度与城镇化的各个方面特征均没有显著关系，表明京津冀地区的城镇化发展对自然缺水没有明显影响，但是对社会经济缺水有显著影响。其中，经济城镇化与社会经济缺水呈显著负相关，表明京津冀地区的经济增长有助于缓解社会经济缺水，此外，土地城镇化与社会经济缺水呈显著负相关，表明建设用地的增加对"人-水"关系的缓解具有不利影响（袁宝招等，2007；彭少明等，2017）。

表 5.6　京津冀城市群地区缺水程度评价指标体系

	常量	人口城镇化	社会城镇化	经济城镇化	土地城镇化	R^2
综合缺水程度	0.46**	—	—	−0.41**	—	0.27
社会经济缺水	0.41**	—	—	−0.71**	0.18**	0.38

**表示在 0.01 水平（双侧）上显著相关。

综合考虑自然、社会经济和综合缺水三大属性，依据 Z-score 正态分布标准化后的数据分布情况，可将京津冀地区 13 个城市大致分为以下 3 种缺水程度梯度，分别为重度缺水型（A 型，3 种缺水程度值均在钟形曲线右侧，数值符号为"+"）、中度缺水型（B 型，3 种缺水程度值在钟形曲线两侧随机分布，数值符号为"+"或"−"）和轻度缺水型（C 型，3 种缺水程度值均在钟形曲线左侧，数值符号为"−"）（表 5.7）。京津冀地区缺水较严重的城市为衡水、邯郸、邢台和石家庄，缺水指数符号均为"+"，而缺水相对较轻的城市为北京、张家口、唐山和承德，缺水指数均小于 0。

表 5.7　2001～2015 年京津冀城市群地区缺水程度分区

缺水梯度类型	城市	自然缺水程度	社会经济缺水程度	综合缺水程度
A 型（重度缺水型）	石家庄	+0.08	+0.14	+0.12
	邯郸	+0.51	+0.13	+0.35
	邢台	+0.54	+0.89	+0.86
	衡水	+1.04	+2.46	+2.06
B 型（中度缺水型）	天津	+0.35	−0.76	−0.22
	秦皇岛	+0.73	−0.68	+0.10
	保定	−0.83	+0.59	−0.23
	沧州	+0.34	−0.30	+0.09
	廊坊	+1.20	−0.13	+0.74
C 型（轻度缺水型）	北京	−0.50	−1.17	−0.99
	唐山	−0.07	−0.46	−0.30
	张家口	−1.19	−0.34	−0.97
	承德	−2.19	−0.36	−1.61

综合考虑人口、土地、社会与经济四要素，依据 Z-score 正态分布标准化后的数据分布情况，可将京津冀地区 13 个城市大致分为以下 3 种综合城镇发展程度，分别为城市发展水平偏高型（Ⅰ型，五类城市发展水平值均在钟形曲线右侧，符号为"+"）、城市发展水平居中型（Ⅱ型，五类城市发展水平值在钟形曲线两侧随机分布，符号为"+"或"−"）和城市发展水平偏低型（Ⅲ型，五类城市发展水平值均在钟形曲线左侧，符号为"−"）（表 5.8）。根据分类结果可知，

北京和天津属于综合城镇发展水平偏高的Ⅰ型城市，综合城镇发展水平分别为 2.76 和 1.44，石家庄、唐山和秦皇岛城镇化水平次之，属于Ⅱ型，综合城镇发展水平相对居中。邯郸、邢台、衡水等其他 8 个城市综合城镇发展水平相对较低，其在人口、经济、社会以及土地发展水平上均低于Ⅰ型和Ⅱ型城市。

表 5.8　2001～2015 年京津冀城市群地区缺水程度梯度与城镇发展水平梯度模式

城镇化梯度类型	城市	人口发展水平	经济发展水平	社会发展水平	土地发展水平	综合城镇发展水平
Ⅰ型（偏高型）	北京	+2.59	+2.47	+2.75	+2.85	+2.76
	天津	+1.66	+1.38	+1.28	+1.30	+1.44
Ⅱ型（居中型）	石家庄	+0.12	+0.03	+0.52	-0.16	+0.10
	唐山	-0.19	+0.37	-0.12	+0.07	0
	秦皇岛	-0.40	+0.33	-0.36	-0.09	-0.20
Ⅲ型（偏低型）	邯郸	-0.23	-0.46	-0.45	-0.43	-0.40
	邢台	-0.20	-0.96	-0.61	-0.58	-0.54
	保定	-0.51	-0.64	-0.16	-0.45	-0.44
	张家口	-0.56	-0.41	-0.64	-0.38	-0.50
	承德	-0.78	-0.63	-0.62	-0.30	-0.58
	沧州	-0.37	-0.29	-0.57	-0.67	-0.53
	廊坊	-0.57	-0.31	-0.31	-0.52	-0.46
	衡水	-0.55	-0.87	-0.70	-0.63	-0.66

5.5　"人-碳"交互胁迫

5.5.1　"人-碳"交互胁迫时空变化特征

1. 城镇化对能源的胁迫作用与变化

总体上，京津冀城市群地区"人-碳"关系严重失衡。如果仅考虑将本地能源生产量作为供给，京津冀城市群地区所有城市的能源需求量均高于供给量（图 5.18）。从 2001～2018 年的供需失衡程度的均值特征看，供需矛盾相对较小的城市是张家口（1.49）、天津（1.56）与邢台（1.98），而北京（11.86）、石家庄（53.71）、秦皇岛（63.05）与保定（116.23）的能源供需矛盾相对较大，而衡水与廊坊本地基本无一次能源生产。

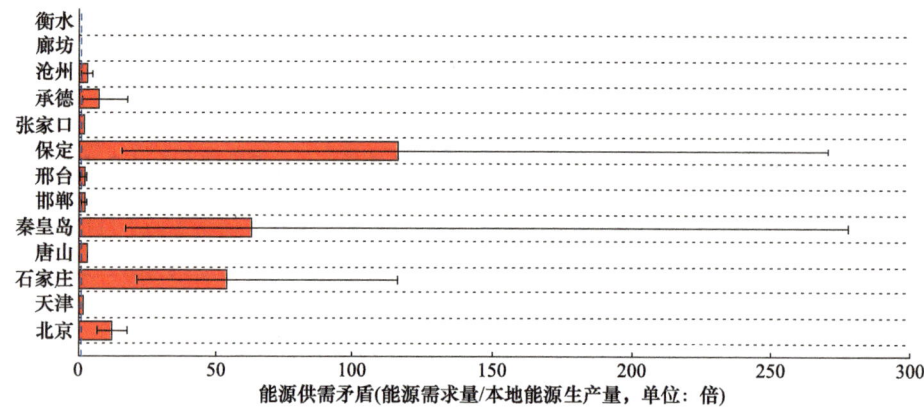

图 5.18　2001~2018 年京津冀城市群地区能源供需矛盾特征（平均值，最大值，最小值）

从时间变化上看，2018 年较 2001 年，除了天津与张家口外，其他城市的能源供需矛盾都有所加重。对比 2001 年、2005 年、2010 年、2015 年与 2018 年不同年份的能源供需矛盾特征，结果表明，相比北京与天津，河北部分城市能源供需矛盾有持续增加的趋势，表明这些城市是京津冀地区"人-碳"胁迫关系尤为突出的地区（图 5.19）。

京津冀城市群地区城镇化对能源的胁迫作用非常强。城镇化对能源的胁迫作用分析结果表明，从 2001~2018 年人均能源生产量的均值看，京津冀城市群地区不同城市的人均能源生产量的变化范围为 0~3.32 吨标准煤（图 5.20）。如果以 2015 年全国人均能源生产量（3.13 吨标准煤）作为参照标准，只有唐山（3.32 吨标准煤）的

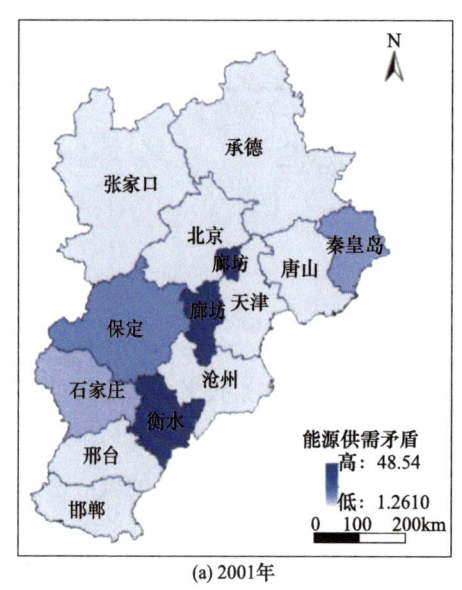

(a) 2001年

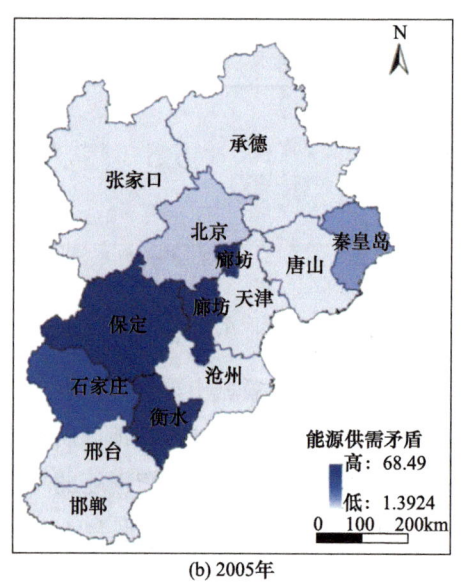

(b) 2005年

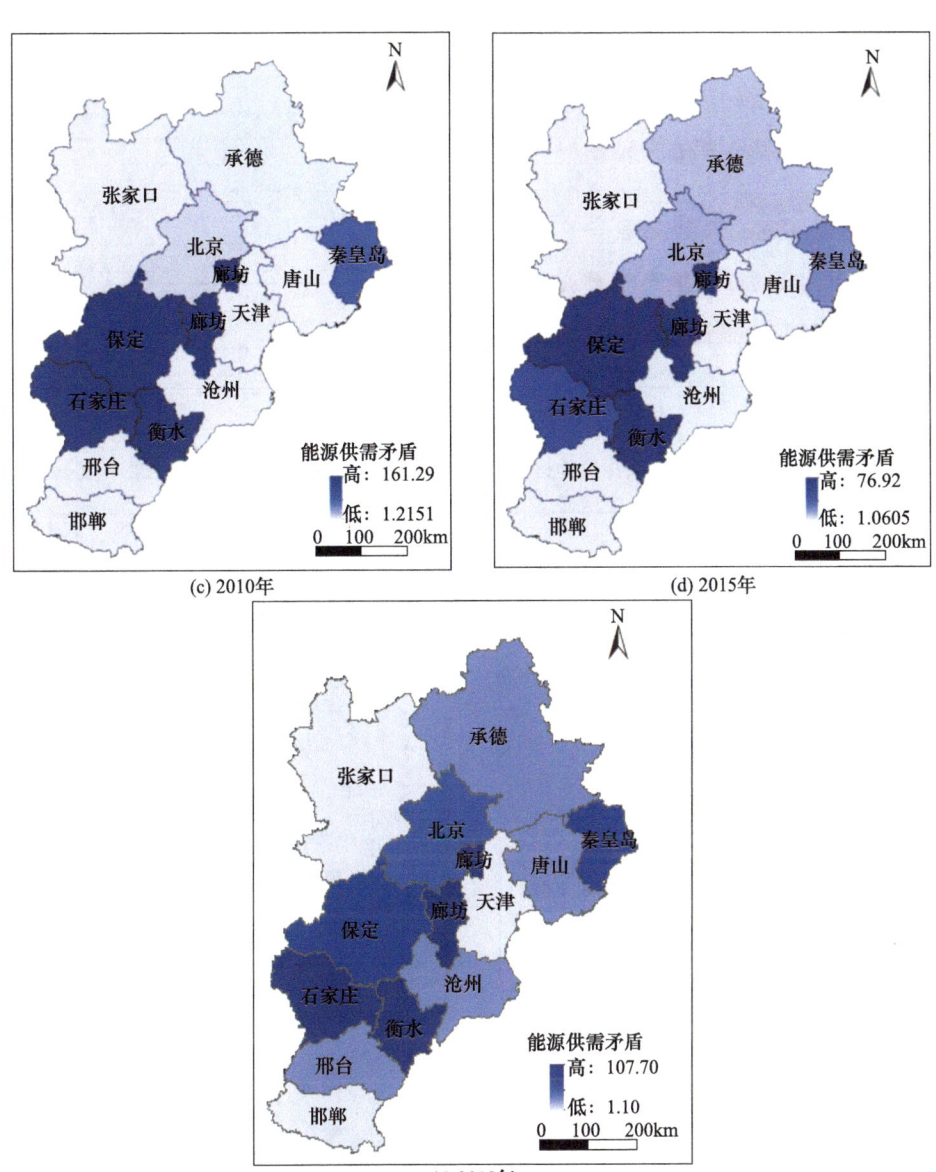

图 5.19 2001～2018 年京津冀城市群地区能源供需矛盾的空间分布与变化

人均能源生产量高于全国平均水平，表明京津冀城市群地区城镇化对能源的单向胁迫程度非常严重。此外，从时间变化上看，2001～2018 年，只有天津、张家口、唐山和承德 4 个城市的人均能源生产量有明显增加，其他城市的人均能源生产量变化不明显，其中，北京、石家庄与邢台的人均能源生产量有所降低。

对比 2001 年、2005 年、2010 年、2015 年与 2018 年不同年份人均能源生产量的空间分布与变化，结果表明，廊坊、保定、石家庄、衡水与秦皇岛等城市的人均能源生产量一直相对较低，表明从单要素单向角度看，这些城市城镇发展对能源的胁迫作用相对较强（图 5.21）。

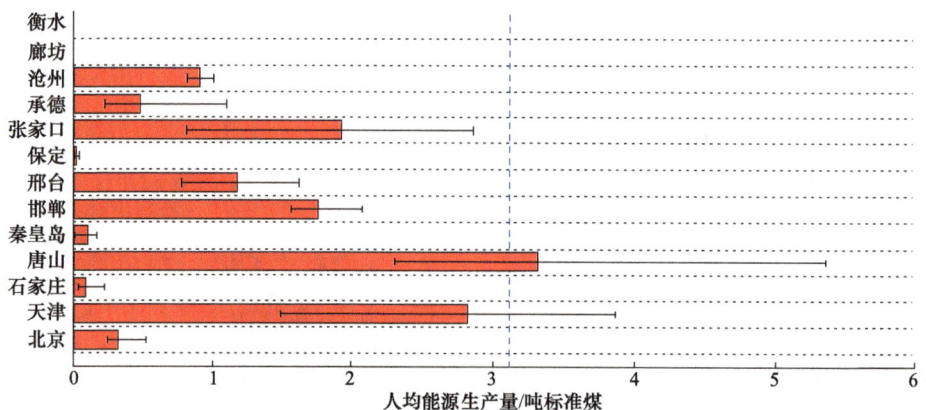

图 5.20　2001～2018 年京津冀地区人均能源生产量（平均值，最大值，最小值）

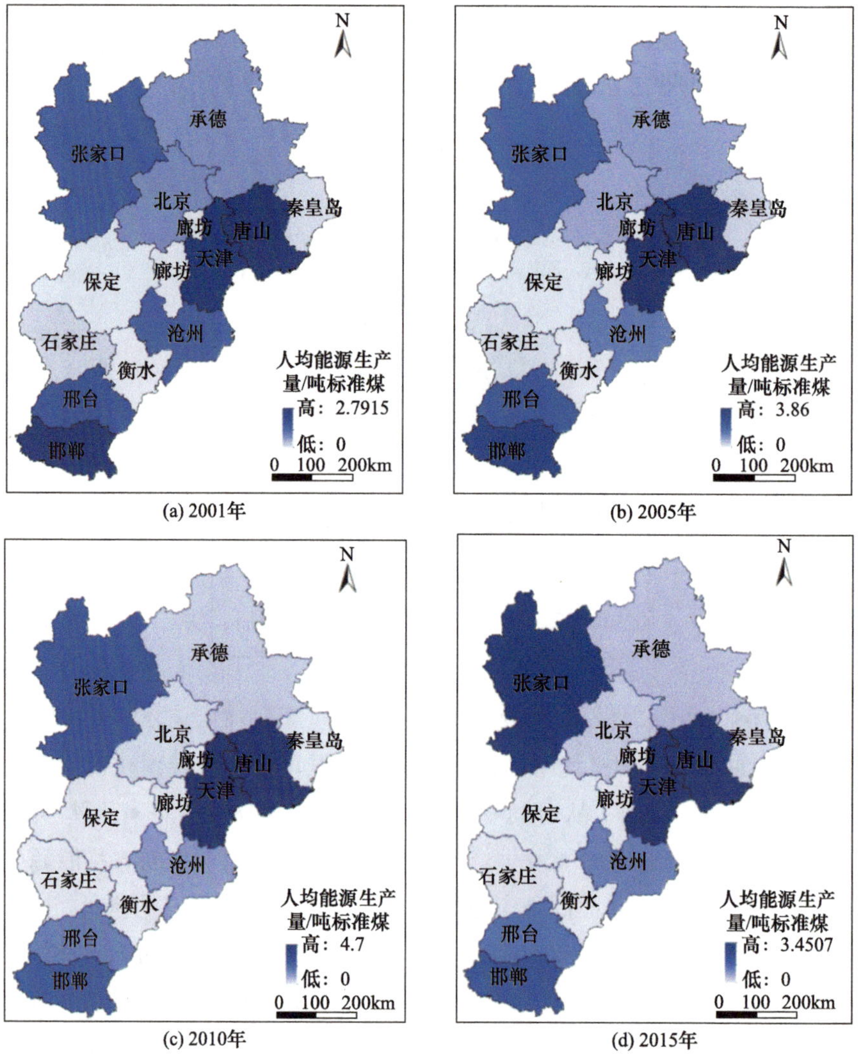

(a) 2001年

(b) 2005年

(c) 2010年

(d) 2015年

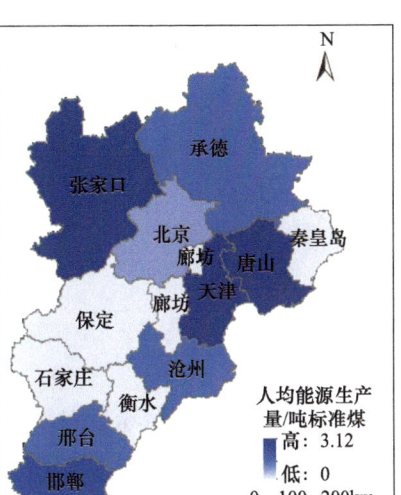

(e) 2018年

图 5.21 2001~2018 年津冀地区人均能源生产量的空间分布与变化

2. 能源对城镇化的约束作用与变化

京津冀城市群地区能源对城镇化的约束作用明显下降。能源对城镇化的约束作用的分析结果表明，从 2001~2018 年的单位 GDP 能源消费量的均值看，京津冀城市群地区不同城市的单位 GDP 能源消费量的变化范围为 0.61~2.22 吨标准煤/万元（图 5.22）。2001~2018 年，城市群整体单位 GDP 能源消费量呈下降趋势，均值水平以唐山（2.22 吨标准煤/万元）、邯郸（1.97 吨标准煤/万元）和张家口（1.9 吨标准煤/万元）较高，如果以 2018 年全国平均单位 GDP 能源消费量（0.52 吨标准煤/万元）作为参照标准，至 2018 年，京津冀城市群地区仅北京（0.25 吨标准煤/万元）、天津（0.41 吨标准煤/万元）和保定（0.52 吨标准煤/万元）的单位 GDP 能源消费量小于全国平

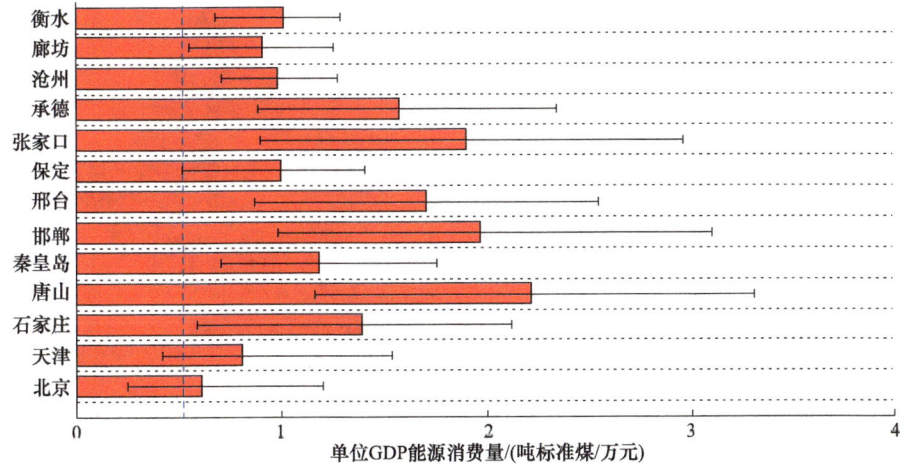

图 5.22 2001~2018 年京津冀城市群地区单位 GDP 能源消费量（平均值，最大值，最小值）

均能源消费量水平,表明从单位 GDP 能源消费量角度看,能源对京津冀城市群地区超大城市的单向约束作用相对较小,对其他城市仍有较强的约束作用(白泉,2006)。

对比 2001 年、2005 年、2010 年、2015 年与 2018 年不同年份的单位 GDP 能源消费量的空间分布与变化,结果表明,北京与天津等城市的单位 GDP 能源消费量一直相对较低,表明从单要素单向角度看,这些城市能源对城市的约束作用相对较低(图 5.23)。

5.5.2 "人–碳"交互胁迫影响机制

京津冀城市群属于能源资源禀赋较高的区域。国务院发布的《全国资源型城市可持续发展规划(2013-2020 年)》中列入的资源型城市(以本地区矿产、森林等自

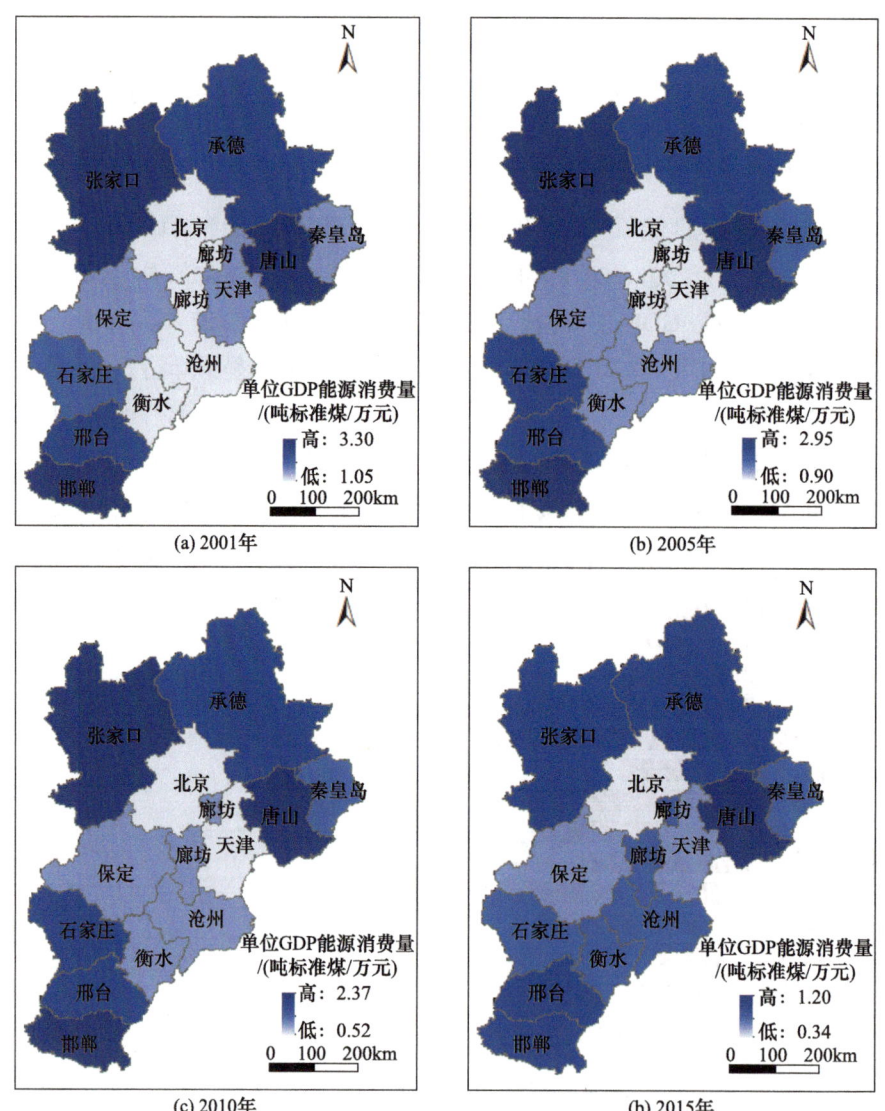

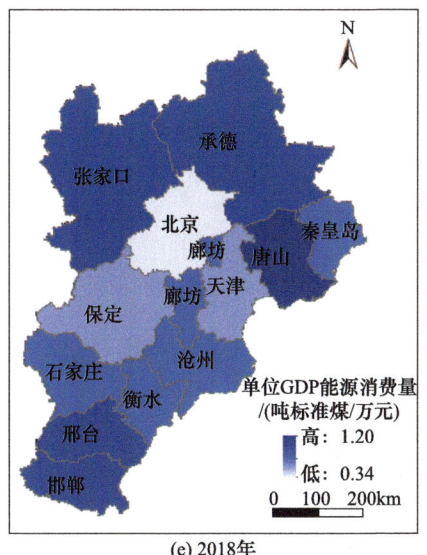

(e) 2018年

图 5.23 2001～2018 年京津冀城市群地区单位 GDP 能源消费量特征空间分布与变化

然资源开采、加工为主导产业的城市类型）包含城市群的唐山、张家口、石家庄、邢台和邯郸 5 个地级市。2001～2018 年，京津冀总体能源自身供给与能源需求失衡。其中，2015 年，城市群能源生产量远低于消费量，供需矛盾表现最为突出，能源生产量占全国能源生产量的 3.89%，能源消费量却占到全国能源消费量的 11.07%。因而，相比全国平均水平，京津冀城市群地区总体能源生产不足而消费过高。2015 年后，城市群能源消费量趋于下降，能源生产量与消费量的失衡关系有所缓和（图 5.24）。

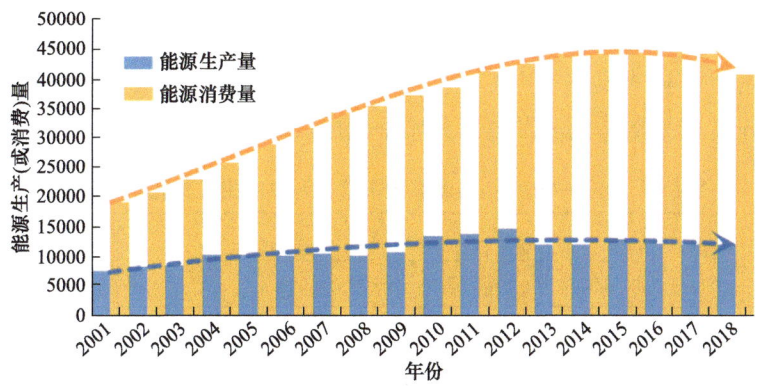

图 5.24 2001～2018 年京津冀城市群能源生产量与消费量的时间变化特征

从城市群总体来看，2001～2018 年，能源生产量呈增长趋势，一次能源种类趋于丰富，包括煤炭、石油、天然气及水力、风力、生物质、垃圾发电等一次电力生产。从地级市尺度来看，城市群能源储量情况则空间分异明显。其中，煤炭资源主要集中在河北的开滦、蔚县、宣化下花园、峰峰、井陉与邢台六大矿区，分布于北部的唐山、张家口和南部的石家庄、邢台和邯郸 5 个城市（姬春旭，2008）；油气资源主要分布在东部沿海，包括大港油田、华北油田和冀东油田，横跨天津、沧州、唐山、秦皇岛；风力发电站主要分布在北部的张家口、承德（图 5.25）。

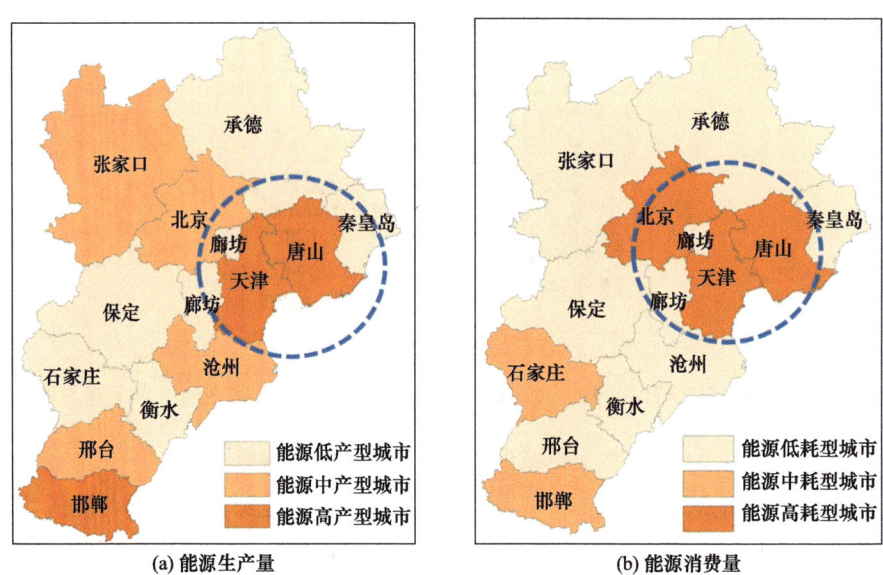

图 5.25 京津冀城市群地区能源生产量与消费量的空间变化特征

对比京津冀地区的能源供需模式与城镇化模式（表 5.9）可以看出，京津冀不同城市能源供需模式与城镇化模式不完全一致。天津的城镇化模式属于高水平型，能源供需模式属于高供需型，城镇化水平与能源供需水平较为一致；北京的城镇化模式属于高水平型，能源供需模式属于中供需型；邢台的城镇化模式属于低水平型，能源供需模式属于中供需型。秦皇岛、保定、张家口、承德、衡水的城镇化模式属于低水平型，能源供需模式属于低供需型。

表 5.9 2001~2018 年京津冀城市群能源供需模式与城镇化模式

能源供需模式	城镇化模式		
	高水平型模式	中水平型模式	低水平型模式
高供需型模式	天津 （一致型）	唐山、邯郸 （滞后型）	—
中供需型模式	北京 （先进型）	石家庄 （一致型）	邢台 （滞后型）
低供需型模式	—	沧州、廊坊 （先进型）	秦皇岛、保定、张家口、承德、衡水 （一致型）

对于能源供需模式与城镇化模式不一致的城市，如果城镇化水平较高、能源供需水平较低，说明城市能源的开发利用效率较高，研究将这一类城市总结为属于"先进型"关系模式，主要包括北京、沧州和廊坊；如果能源供需水平相对较高、城镇化水平相对较低，说明城市的发展方式相对粗放，能源开发利用效率偏低，将此类城市总结为"滞后型"关系模式，包括唐山、邯郸和邢台（表5.9）。

1. 能源生产结构特征、变化及影响机制

如图 5.26 所示，京津冀城市群地区能源生产结构特征、变化及影响机制分析结果表明，2015 年以前京津冀城市群能源生产量整体呈缓慢上升趋势，其中以 2010~2012 年增长最明显，2015~2018 年呈明显下降趋势，因此研究重点展开对 2001~2015 年影响机制的分析。2001~2018 年，京津冀城市群原煤、原油两类化石能源生产比例较大（图 5.27），天然气比例较小，非化石燃料（一次电力）比例最小且除 2018 年外均未达到 15%的低碳城市能源生产结构标准。根据主要生产能源类型，可以

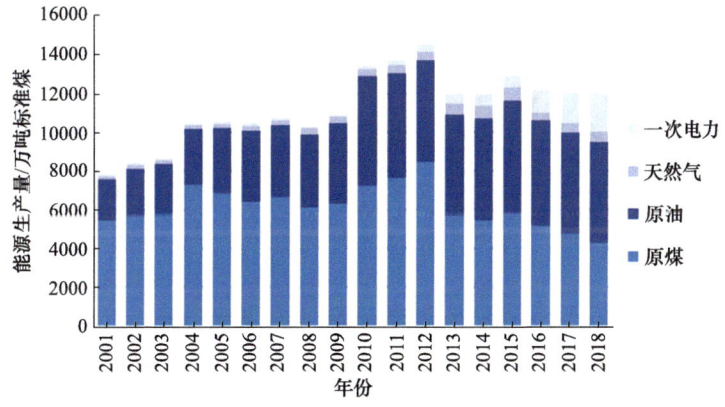

图 5.26 2001~2018 年京津冀城市群能源生产量变化

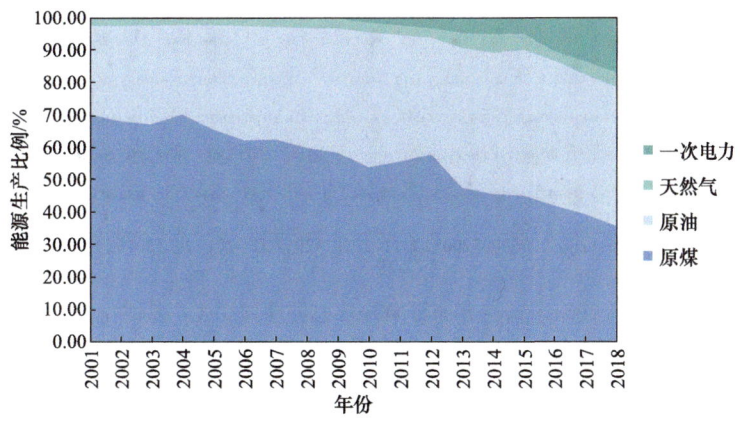

图 5.27 2001~2018 年京津冀城市群能源生产结构

将京津冀城市群划分为以原煤生产与原油生产主导的两类城市,廊坊和衡水在研究期内无能源生产而不予以考虑。因此,原煤型城市有 9 个:北京、石家庄、唐山、秦皇岛、邯郸、邢台、保定、张家口和承德;原油型城市有 2 个:天津和沧州。

原煤型城市能源生产结构特征与变化。原煤型城市以历年平均原煤生产量排序,如图 5.28 所示,其中千万吨级产煤城市包括属于我国资源型城市的唐山、邯郸、邢台和张家口市。从城市群整体来看,原煤生产量变化主要呈先增加后减少的趋势,主要在 2010 年前后达到最高生产量后趋于平稳或下降。分城市来看,煤炭生产变化趋势主要分为 3 类:①显著减少,如北京、秦皇岛和石家庄;②相对和缓变化,如邯郸和承德;③波动变化,如唐山、邢台、张家口和保定(图 5.29)。

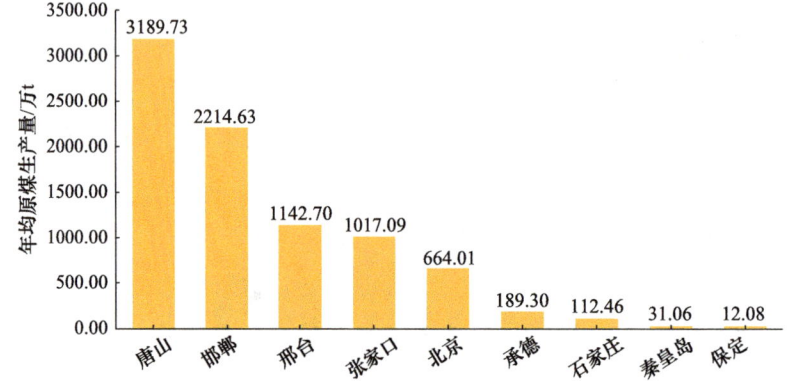

图 5.28　2001~2018 年京津冀原煤型城市年均原煤生产量

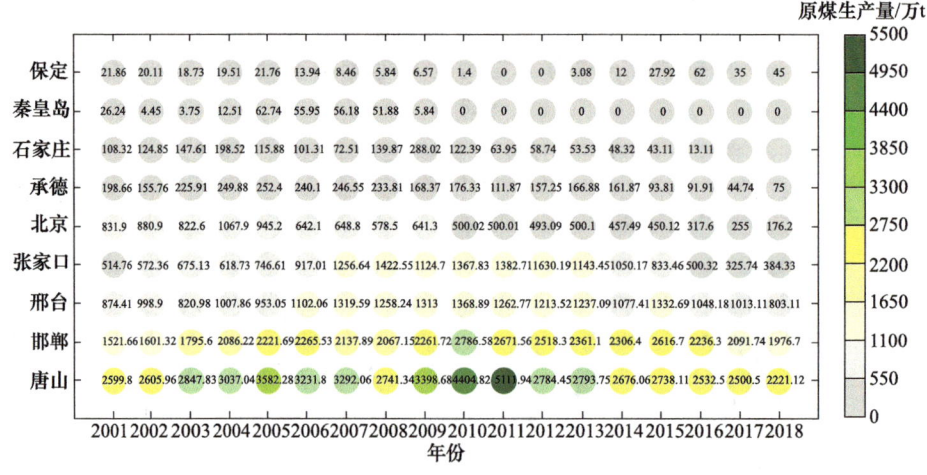

图 5.29　2001~2018 年京津冀原煤型城市原煤生产量时空分布

如图 5.29 所示,煤炭生产显著减少的城市北京,其原煤生产量居于城市群中间水平,2001~2005 年保持较高水平,尤其是在 2004 年达千万吨以上。2006 年原煤生产量下降后,又呈追回趋势,直到 2010 年后表现出明显的变化,即 2010

年北京完成关闭小煤矿任务后，原煤生产规模得到了有效控制，生产量显著下降。秦皇岛则是城市群原煤生产能力最弱的城市之一，年均生产量为12.08万t，低于河北煤矿保留产能最低要求，2008年后产煤量显著减少并再无规模以上煤炭生产。

原煤生产量变化较平稳的城市邯郸，其原煤生产能力较强，年均原煤生产量超过2000万t，在2010年达到最高值2786.58万t。其中，2008年北京奥运会期间由于受到影响，邯郸原煤生产量明显下降。承德和石家庄能源生产量变化整体产量偏低并呈稳定下降趋势，符合城市群淘汰落后产能的需求。

其他城市原煤生产量则呈波动变化，其中，唐山原煤生产能力最高，生产量变化呈先增加后减少趋势，转折点2011年生产量高达5111.94万t。其次，邢台和张家口原煤生产量较高，2007~2013年原煤产量均在1100万t以上，但在2013年后表现出不同走向：邢台继续保持较高水平，而张家口自确立发展新能源示范基地以来，风力发电替代优势凸显，原煤生产量显著下降。保定原煤生产能力较弱，其年均原煤生产量不足30万吨标准煤且生产不稳定。

煤炭生产城市在降低煤炭产量的同时，也在扩增新能源补给。河北在"十三五"重点项目中规划了沿海区域的海兴核电、河北长河核电一期工程、中国核工业集团公司中核冀东核电、中国广核集团有限公司低温供热堆示范项目4个核电项目，以增加替代能源。此外，不容忽视的一点是张家口作为示范区开发的新型能源，将在一定程度上缓解京津冀的能源供给需求。根据《河北省煤炭工业发展"十三五"规划》（2017年），按计划到2022年张家口氢能及相关产业累计产值达到350亿元，将建成氢气、液氢制造基地，形成全产业链发展格局，并在城市公交、物流、公务用车等领域实现规模化、商业化创新发展。张家口将重点在六大领域实施"三大工程"，创建张家口零碳制氢基地，以国家可再生能源示范区和全球能源互联网张家口创新示范区建设为载体，发挥氢能可大规模、长时间、跨区域储能的优势，将其打造成为零碳制氢与可再生能源发电协同互补的示范基地，并向北京、天津、雄安新区等地供给。张家口将被建设成为世界级氢能城市，以张家口主城区和崇礼低碳奥运专区为重心，以服务冬奥会为主线，实施"三个一批"，也就是到2022年，在城市公交、物流、旅游及奥运专线等领域，规模化商业运行一批。

综上所述，各市原煤生产逐渐得到有效控制，但离减煤目标仍有一定距离。河北整体原煤生产量到2015年仍在7600万t以上，距离2020年控煤目标仍有1600万t左右的差距。对于具有"基本无煤矿"目标的城市，秦皇岛和保定产煤量很低而距离目标最近，北京和承德次之且下降显著，张家口减煤工作距目标差距最大。

原油型城市能源生产结构特征与变化。城市群中仅天津和沧州原油生产在能源生产中占主导，两城市均为城市群东部沿海城市，具有油气资源优势，年均原油生产量分别为2275.66万t和291.49万t。天津能源生产主要包括原油、天然气、少量一次电力生产，油气资源主要来自大港油田，沧州油气资源则产自华北油田。

如图 5.30 所示，天津原油生产量整体呈上升趋势，2009 年前呈逐年上升趋势，到 2010 年显著上升，后以较平稳变化的趋势保持在 3000 万 t 以上。相比之下，沧州原油生产量远低于天津，其原油生产量变化平稳，2001~2010 年呈缓慢上升趋势，2010 年后趋于平稳且变化不明显。由此可知，城市群原油生产量主要呈上升趋势，油气资源尚处于开发阶段。

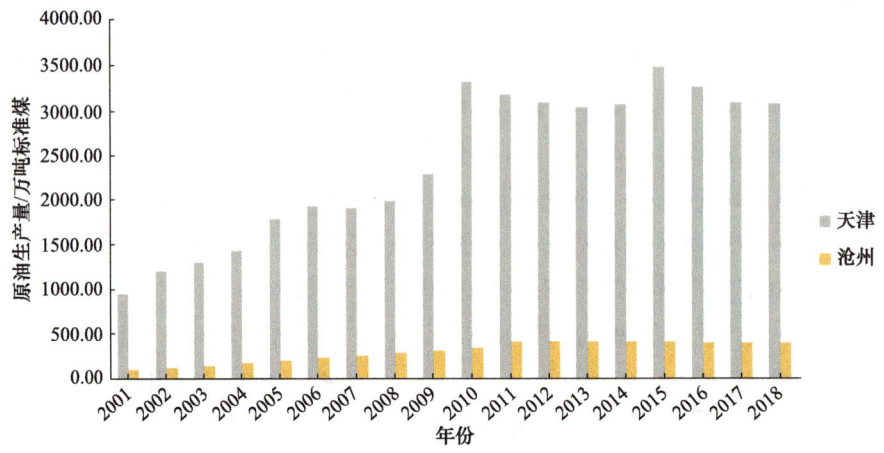

图 5.30　2001~2018 年京津冀原油型城市原油生产量

如图 5.31 所示，天津原油生产量占比均在 90% 以上，平均占比 94.42%。总体上，天津原油生产量占比很高且基本保持稳定，能源生产结构变化不大。沧州原油生产量占比则呈平稳增长趋势，从 70% 左右上升到 90% 以上，由远低于天津到与天津持平。综上，京津冀原油型城市的原油生产量占比变化相对稳定，且无下降趋势，能源生产结构优化不明显，相关政策影响较小。

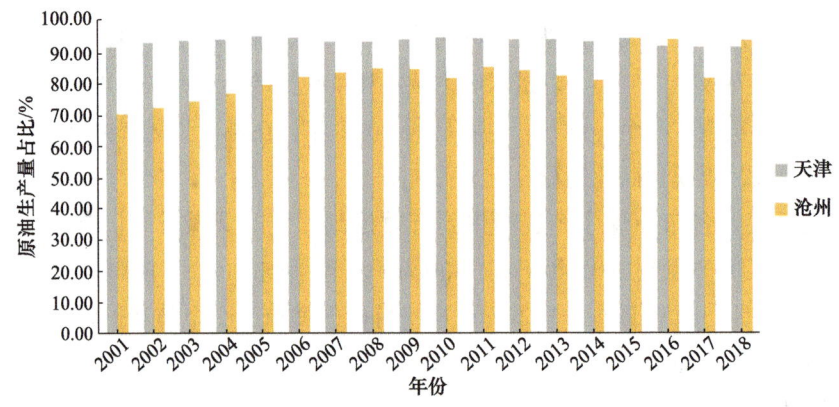

图 5.31　2001~2018 年京津冀原油型城市原油生产量占比

此外，一次电力与天然气在京津冀城市群地区能源生产结构中占有一定比例。

前期一次电力主要为水电，后期转为风电生产且近年来在沿海城市建立了核电站。风电、核电将成为京津冀城市群地区未来增长型能源来源，也是城市群在压减煤炭生产的同时，仍能保持能源自身供应增长的重要路径。然而，目前无论是一次能源生产结构还是含一次电力的发电结构，城市群的一次电力生产比例仍偏低。研究对二次能源生产结构中的电力生产结构分析发现，在发电总量上，各城市均呈不同程度的增长趋势，与城市群总体趋势一致。而在发电结构上，2001~2015年除承德、张家口外，其他城市火电均在90%以上，一次电力生产仍不足。承德、张家口则由于近年来风力发电的发展，电力生产结构优化显著，到2015年火力发电比例分别下降到63.13%和55.45%。

2. 能源消费结构特征、变化及影响机制

2001~2017年京津冀城市群地区整体能源消费量较高且呈显著上升趋势，2001~2012年增速较快，呈直线上升趋势，2012年后增速放缓且能源消费终端结构优化（图5.32）。其中，第二产业能源消费量占比最高，平均占比70.77%，第三产业占比与生活消费占比相近，年均占比分别为14.76%和11.77%，第一产业能源消费量所占比例最低，平均占比为2.4%。城市群总体能源消费结构变化不明显，分行业来看，第一产业能源消费量占比呈稳定均衡趋势；第二产业占比则呈先增长后下降趋势，2001~2012年能源消费逐年增长，2012年后呈缓慢下降趋势；相反，第三产业和生活消费占比主要呈上升趋势，体现了城市群能源消费结构的优化趋势（图5.33）。城市群整体产业能源消费量和消费结构变化趋势不同，主要体现在第一产业能源消费量呈增加趋势，消费结构则呈减少趋势；第二产业能源消费量呈增加趋势，而其结构呈先增加后减少趋势，由此说明第一产业能源消费量增长速度小于能源总消费增长速度，城市群总体消费结构由第一产业向第二、第三产业转换，2011年后，局部消费结构呈现出第二产业向第三产业、生活消费转换趋势。

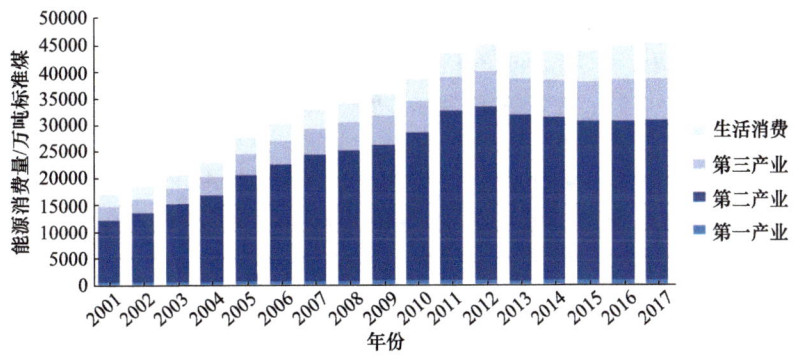

图5.32 2001~2017年京津冀城市群分行业能源消费量变化

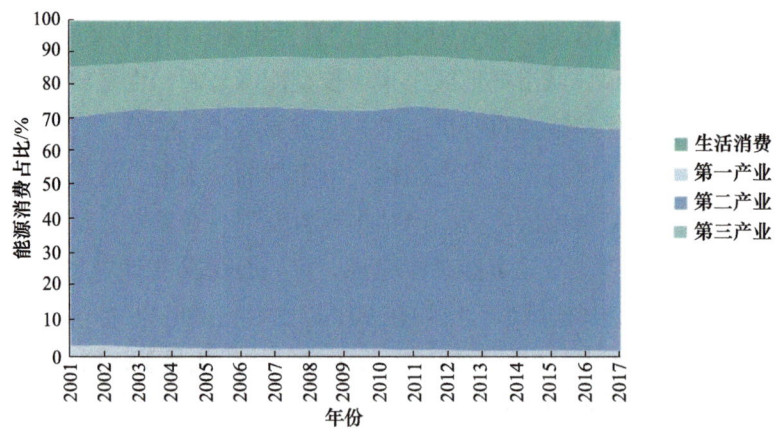

图 5.33　2001~2017 年京津冀城市群地区分行业能源消费结构

京津冀城市群地区城市全行业能源消费量如图 5.34 所示，整体上，京津冀地区 2001~2015 年全行业能源消费量仍呈现增长趋势，京津唐区域和石家庄是全行业能源消费量最大的地区，研究期后期能源消费量均超过 5000 万吨标准煤，而其变化趋势上各有不同。其中，唐山全行业能源消费量在 2013 年达到最大值后趋于下降，北京市以 2010 年为能源消费量持续较快增长的拐点，天津和石家庄则变化平稳，没有呈现出下降趋势。其他城市中，以资源型城市邯郸和邢台能源消费量较高。如图 5.35 所示，以典型年份 2010 年为例展开全行业能源消费剖面，不同城市能源消费流向不同行业占据不同比例，且差异显著，因此对以三次产业划分能源消费结构讨论如下。

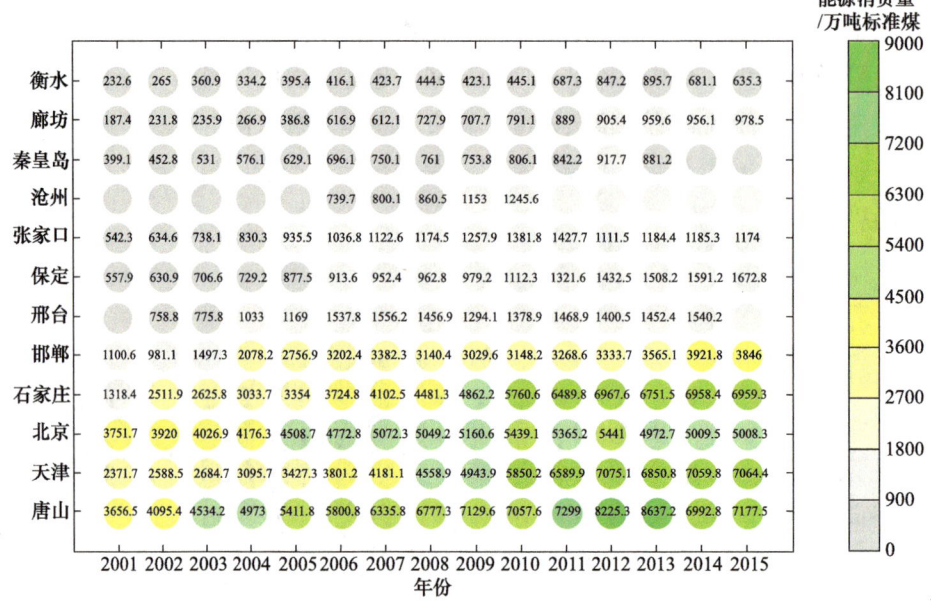

图 5.34　2001~2015 年京津冀地级市全行业能源消费量
灰色圆点表示空值

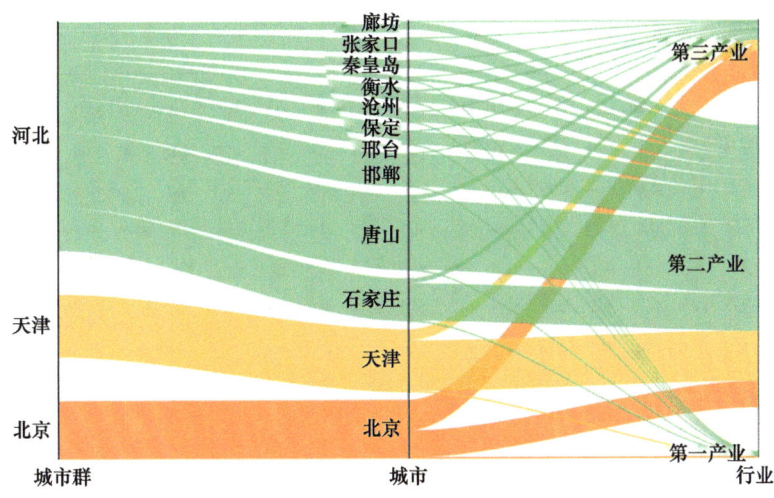

图 5.35 2015 年京津冀城市群能源消费结构剖面图

关于第二产业能源消费结构，第二产业能源消费量在京津冀城市群地区能源消费量中占比最高。

总体上，京津冀第二产业能源消费量主要呈现 3 种变化趋势（图 5.36，图 5.37），即①持续增长趋势：天津、邯郸、邢台、保定、沧州、廊坊和衡水；②先增加后减少：石家庄、唐山、秦皇岛和张家口；③持续下降：北京。其中，持续增长型城市，天津和邯郸是城市群中发展依赖工业的城市，工业行业保持增长势头，其消费能源也随之不断增长，而邢台、保定、沧州、廊坊和衡水第二产业能源消费量相对较低，工业仍呈扩张式发展；先增加后减少的城市，石家庄、唐山是城市

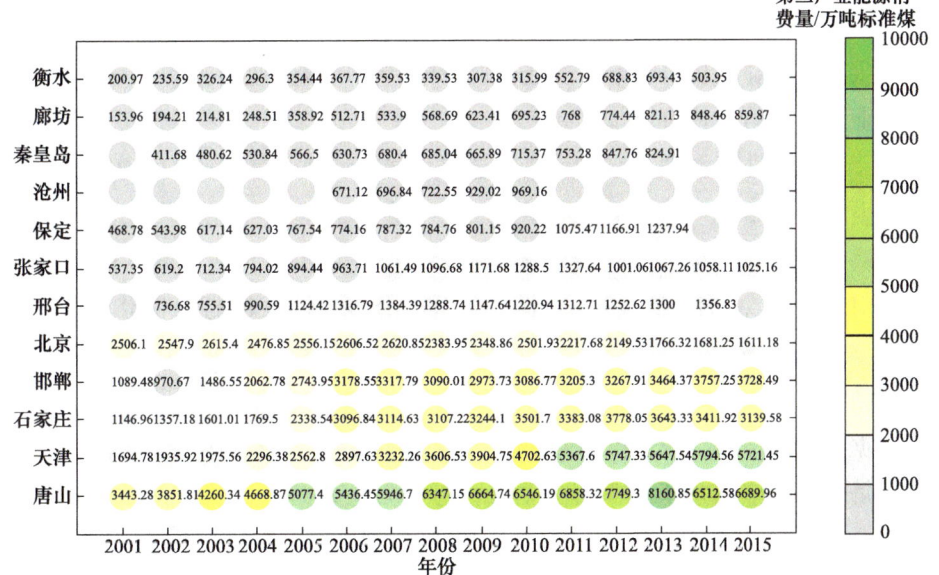

图 5.36 2001～2015 年京津冀城市群第二产业能源消费量
灰色圆点表示空值

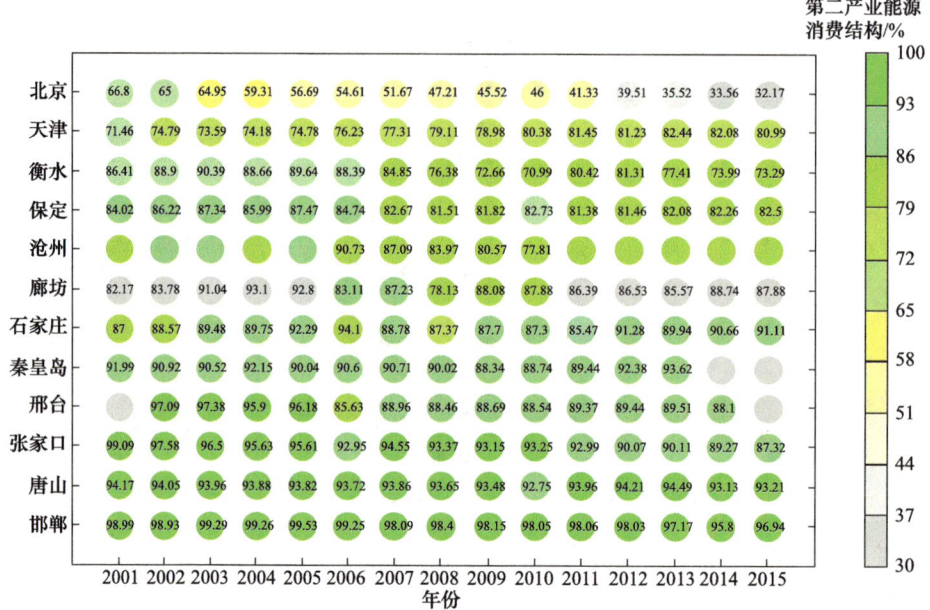

图 5.37 2001~2015 年京津冀城市群地区第二产业能源消费结构
灰色圆点表示空值

群第二产业能源消费量偏高的城市，而秦皇岛和张家口第二产业能源消费量相对较低，研究前期呈增长趋势，到 2013 年前后略有下降，表明该类型城市有工业转型升级趋势，技术进步带动行业节能和城镇化政策导向行业向第三产业转变；持续下降城市，北京作为城市群的中心城市，近年来推行疏解非首都功能政策，截至 2015 年上半年已累计清退 865 家污染企业，同时积极推动一般制造业以及高端制造业生产环节向河北转移布局，产业结构发生显著变化，同时城市吸纳科技人才和技术促使效率显著提升，第二产业比例下降并向以服务业为主的第三产业转变，第二产业能源消费量持续减少。

关于工业行业能源消费结构，研究选取京津冀地区发展迅速的 2010~2015 年分析工业行业内部消费量变化，探究第二产业能源消费量变化的内在原因。除北京外，高耗能、中耗能城市主要能源消费源于高耗能工业行业，而其他工业行业比重相对较低，以 2015 年为例，如图 5.38 剖面图所示，高耗能行业能源消费占比远高于其他工业行业。对此，研究划分高耗能行业和其他工业行业，讨论工业能源消费结构变化。

根据 2015 年六大高耗能行业能源消费量占比情况（图 5.39），除北京以石油加工、炼焦和核燃料加工业消费为主外，可分为电力、热力生产和供应业消费为主的城市以及黑色金属冶炼和压延加工业消费为主的城市，前者包括石家庄、沧州、张家口、保定和衡水，后者包括唐山、天津、邯郸、承德、邢台、秦皇岛和廊坊。其中，以钢铁行业为代表的黑色金属冶炼和压延加工业消费在城市群中占比 54.86%，特别在唐山和承德占比较高，平均比例均超过 75%，表明该行业是城市群能耗最高的，也是减耗影响最大的行业，由此反映了城市群以唐山、天津和邯郸为代表的高耗能、中耗能城市过度依赖钢铁行业的产业结构特点。

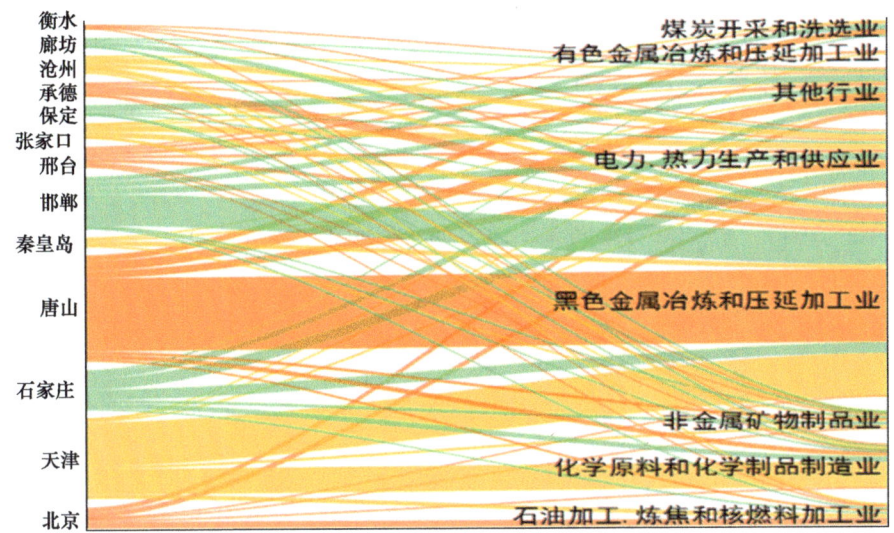

图 5.38　2015 年京津冀城市群地区工业行业能源消费结构

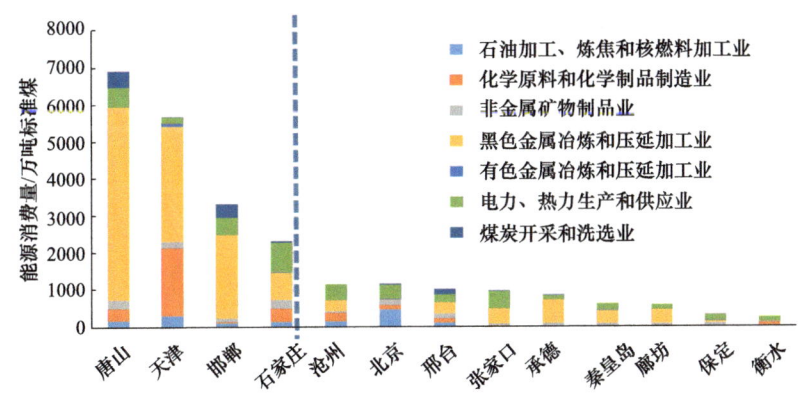

图 5.39　2015 年京津冀城市群高耗能行业能源消费结构

为清楚反映六大高耗能行业在 2010~2015 年的能耗时空特点，研究以柱形图表示城市差异与时间变化，如图 5.40（a）~（f），城市间高耗能行业能耗变化时空差异显著，具体分析如下。增长趋势行业中，化学原料和化学制品制造业：整体上变化较为平稳，以天津、石家庄和唐山消费量最大，而表现为差异性变化趋势，其中天津在 2015 年消费量显著下降，石家庄变化平稳，唐山则仍保持增长趋势。黑色金属冶炼和压延加工业：主要呈平稳增长趋势，唐山消费量远高于其他城市，平均消费量在 5000 万吨标准煤左右，其次为邯郸和天津，消费量分别在 2000 万 t 标准煤和 1000 万 t 标准煤以上。下降趋势行业中，石油加工、炼焦和核燃料加工

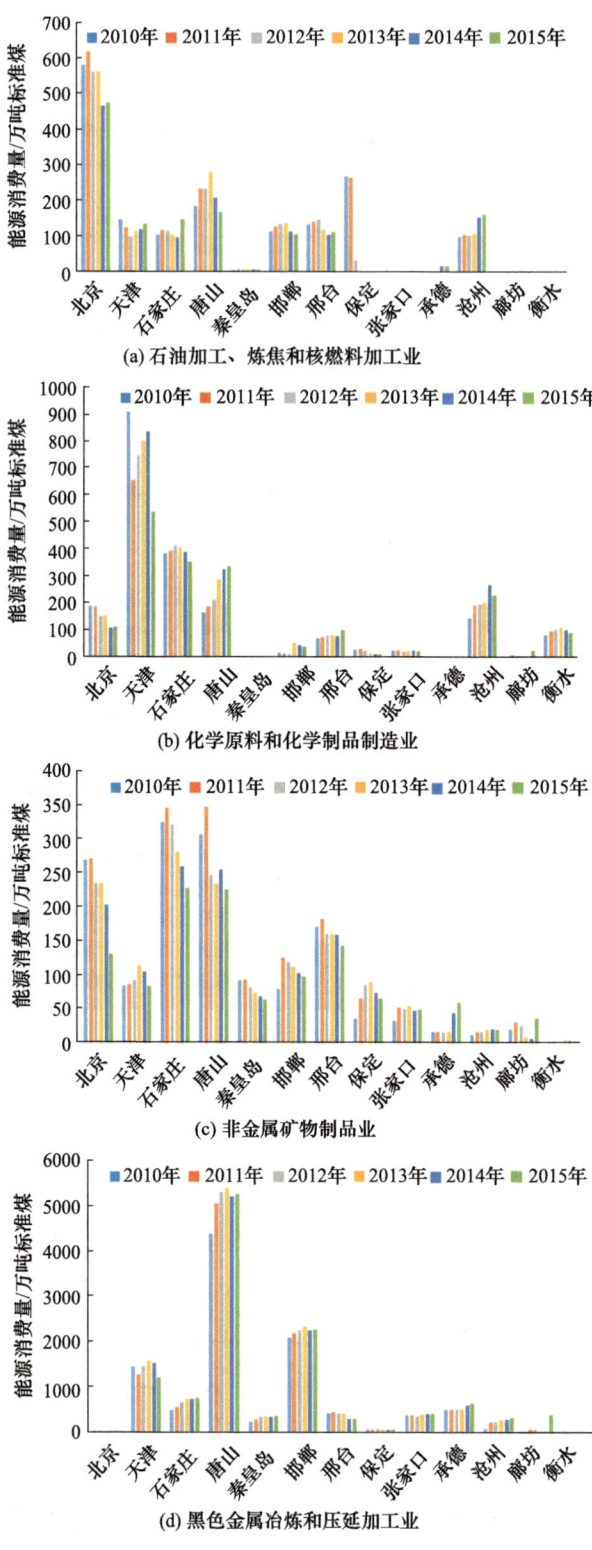

(a) 石油加工、炼焦和核燃料加工业

(b) 化学原料和化学制品制造业

(c) 非金属矿物制品业

(d) 黑色金属冶炼和压延加工业

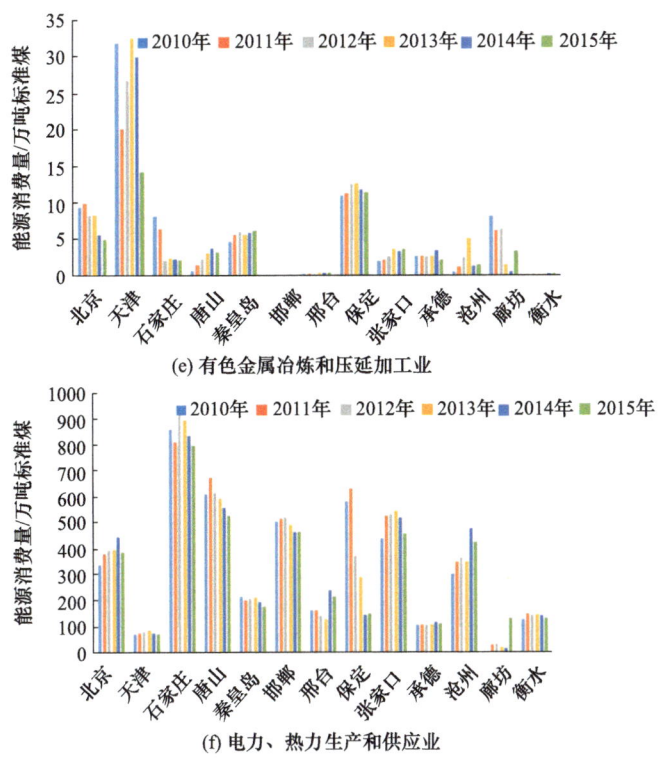

图 5.40 2010~2015 年京津冀城市群高耗能行业能源消费变化

业：以北京消费量最高，平均高于 500 万吨标准煤，而秦皇岛、张家口、承德、廊坊和衡水消费量很低，均不足 10 万吨标准煤。变化趋势上，主要以原油型城市天津和沧州对此行业需求度较高且增长趋势最明显，而呈下降趋势的城市中保定在 2012 年下降幅度最大，主要是由于产业结构的变化。非金属矿物制品业：整体呈下降趋势，尤其是消费量最高的石家庄、唐山和北京，2011 年后下降趋势明显。有色金属冶炼和压延加工业：能耗相对较低，均在 35 万吨标准煤以下，以工业型城市天津为最高消费量城市。电力、热力生产和供应业：以石家庄和唐山消费量最高，主要呈下降趋势，保定在 2011 年后下降最快，其他城市没有显著增长趋势。综上，城市群高耗能行业能耗变化趋势不同，其增长主要来源于化学原料和化学制品制造业、黑色金属冶炼和压延加工业能源消费量的增长。

除高耗能行业外，其他工业行业相比能源消耗较低，但也表现出了显著的时间变化，与城市群的产业变迁也密切相关。图 5.41（a）和图 5.41（b）反映了 2010~2015 年，不同城市的不同行业能源消费量流动变化，而图 5.41（c）和图 5.41（d）反映了 2010~2015 年不同城市的不同行业能源消费占比变化。对比图 5.41（a）和图 5.41（b），在城市群中，黑色金属矿采选业能源消费量下降最明显，农副产品加工业、交通运输设备制造业和金属制品业能源消费量增加最显著。分城市而言，北京其他行业能源消费量显著降低，而天津显著增加，其他城市则相对变化不明显，石家庄、保定、承德略有增加。对比图 5.41（c）和图 5.41（d），北京黑色金属矿采选业能源压减显著，由 13.97%下降到不足 0.5%，其次为纺织业，天津则是金属制品业和纺织业能源消费占比下降。而北京、天津周边的廊坊纺织业、承德黑色金属矿采选业和唐山金属制品业能源消费占比分别增加，体现了京津冀产业迁移政策的影响，如北京动物园、大红门、西直河等服装批发市场商户已向廊坊永清、保定白沟、沧州黄骅等地疏解，丰台服装加工基地已向廊坊固安疏解，属于城市群纺织业的迁移；天津丰田汽车零部件配套项目向唐山迁移，属于城市群金属制品业的迁移。此外，石家庄市农副产品加工业能源消费比例的增加，反映了《京津冀产业转移指南》（2016 年）中"1555N"产业发展格局中沿京广线先

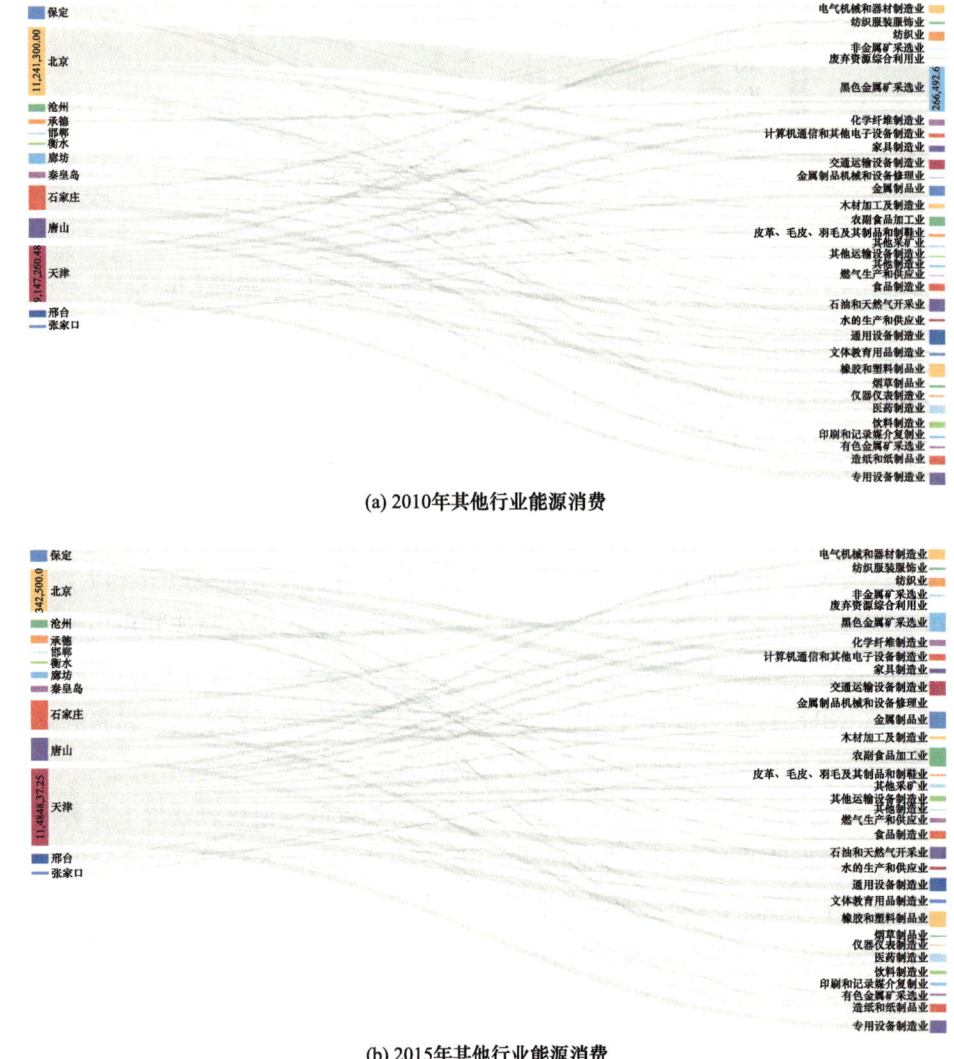

(a) 2010年其他行业能源消费

(b) 2015年其他行业能源消费

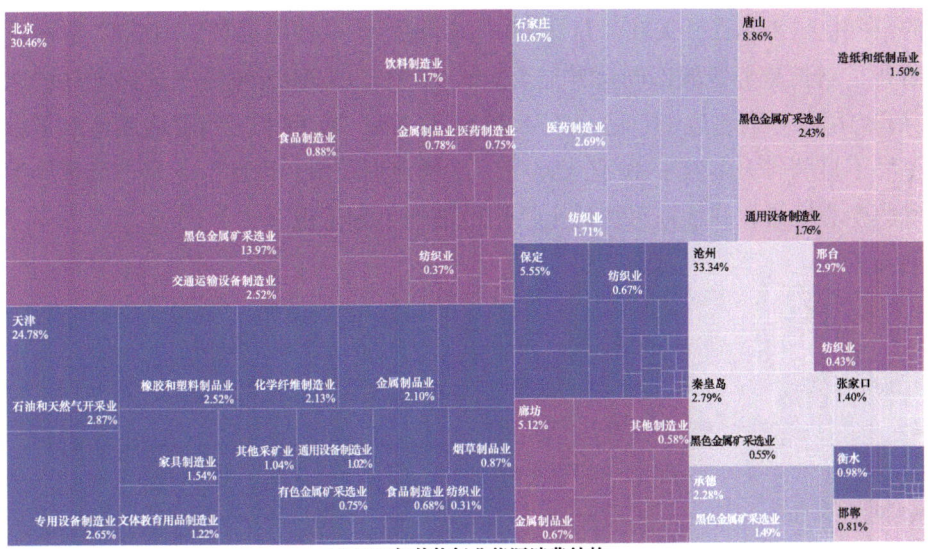

(c) 2010年其他行业能源消费结构

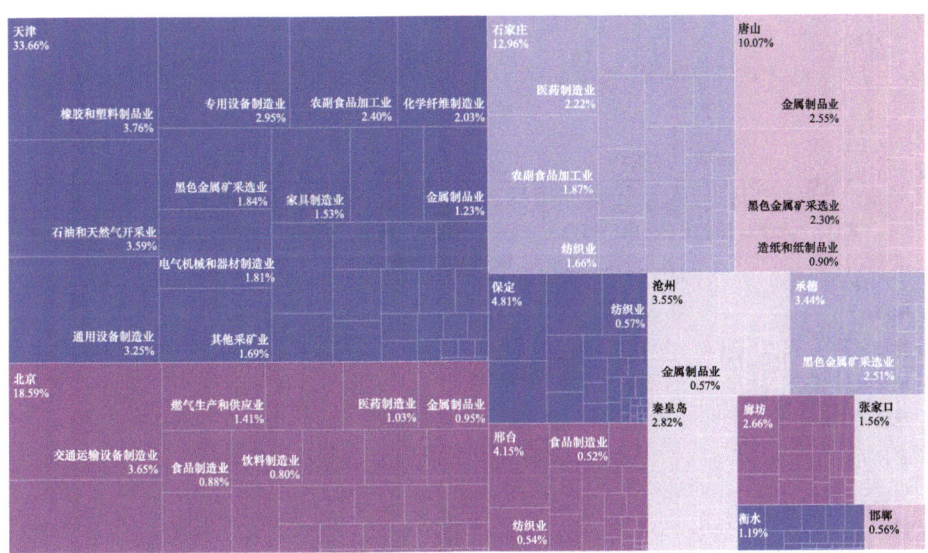

(d) 2015年其他行业能源消费结构

图 5.41 2010～2015 年京津冀城市群其他工业行业能源消费变化

进制造业产业带的发展，食品产业成为石家庄经济技术开发区的特色产业。因此，研究认为，产业迁移政策对城市群能源消费结构具有影响，产业迁移过程增加了城市群的能源消耗，但产业迁移后迁入地的产业集群效应有助于城市群总体能源消费结构的优化。

此外，关于生活能源消费结构，城市居民生活中最方便、最直接的可利用能源形式为电力能源，电力消费在很大程度上反映了城市居民生活总体能源消费水平，区域城镇化水平的提高也往往伴随着生活用电的增加，城市居民生活用电方面的研究也越来越受到关注。京津冀城市群地区生活用电消费如图 5.42 所示,整体消费呈增长趋势但城市间差异显著。其中,以北京和天津消费量最高且增速最快,平均用电分别超过 110 亿 kW·h 和 50 亿 kW·h,河北城市普遍用电水平较低且差异不显著,大多低于 10 亿 kW·h,增长速度缓慢。因此,北京、天津作为城市群的中心城市,其增速过快的生活用电消费不容忽视。

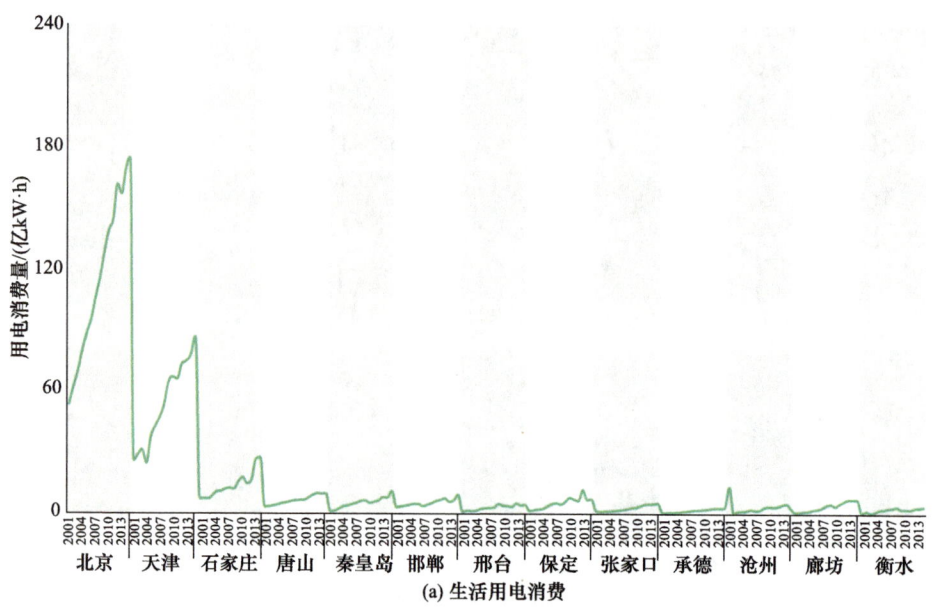

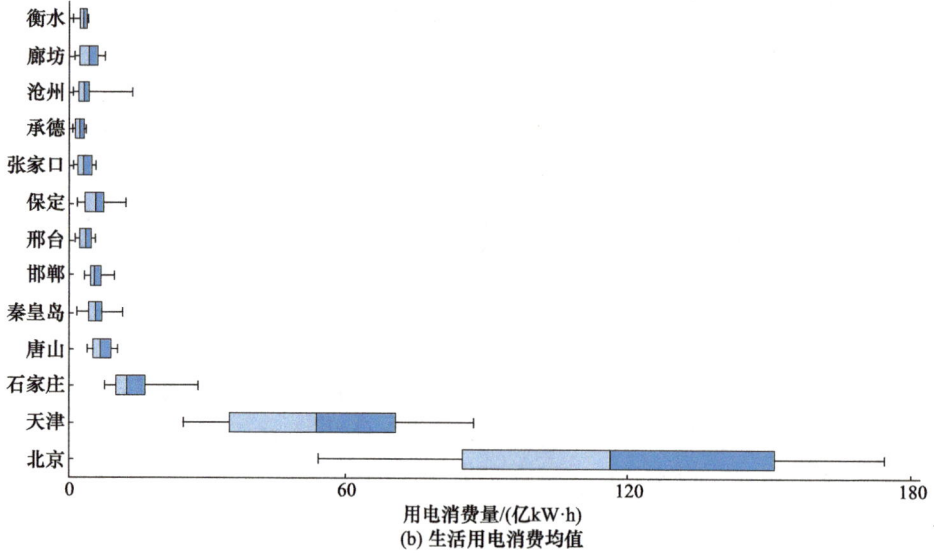

图 5.42 2001~2015 年京津冀城市群生活用电消费变化
(a)中横轴数字代表年份

5.6 小　　结

1. 京津冀城市群地区"人-地"胁迫关系特征

研究从城镇建设用地扩张速度与城镇人口增加速度的协同程度，以及土地资源与城市人口、经济发展的响应关系角度，分析了京津冀特大城市群地区"人-地"的交互胁迫关系。整体上，京津冀城市群地区土地扩张快而且较为低效，至2018年，京津冀多数城市的城镇建设用地扩张速度超过城镇人口增长速度的1.12倍。例如，北京、天津、石家庄、秦皇岛、邢台、保定与沧州。此外，京津冀城市群地区城镇化对土地资源的胁迫作用相对较轻，根据《城市用地分类与规划建设用地标准》（2012年）的现状人均建设用地面积标准，除了北京外，京津冀城市群地区大多数城市低于国家标准，而且2000~2015年，除了北京与天津外，河北大部分城市的人均建设用地面积呈下降趋势。京津冀城市群地区土地资源对城镇化的胁迫作用较强，至2018年，除了北京、天津、唐山与廊坊外，多数城市当年单位GDP投入建设用地面积高于全国城市的平均水平，但2001~2018年，所有城市单位GDP投入建设用地面积均明显降低。

城镇化发展与京津冀城市群地区"人-地"关系具有胁迫作用，城镇化的不同方面对"人-地"关系的影响不同，不同时段的影响机制也不同。人均建设用地主要受到经济城镇化、社会城镇化与经济城镇化水平的影响；单位GDP建设用地主要受经济城镇化水平的影响，但经济城镇化的影响随时间逐渐减弱，表明京津冀城市群地区土地依赖性发展模式正在逐渐转变。缓解京津冀地区"人-地"胁迫关系的主要建议为两点：一方面，要限制城市的无序扩张。通过严格划定"三区三线"，强化生态保护红线、永久基本农田保护红线、城镇开发边界三条控制线对城市无序蔓延的约束，压缩新增建设用地规模，扭转建设用地无序扩张局面，实现高效集约发展。另一方面，要加快已发展城市区域格局优化。搭建战略性功能平台，京津冀地区发展重心逐步由城镇体系转向功能性空间组织，充分发挥雄安新区建设以及战略性功能区的引领作用，加快地区发展格局优化。

2. 京津冀城市群地区"人-水"胁迫关系特征

研究从京津冀城市群地区本地水资源供求协调程度，以及水资源与人口、经济发展的响应关系角度，分析了京津冀城市群地区"人-水"的交互胁迫关系。整体上，京津冀城市群地区本地水资源面临严重的供不应求问题，根据国际标准，京津冀地区所有城市面临极度严重的缺水问题，2000~2018年，多数城市的水资源开发利用率有所降低，但仍然处于极度缺水状态。此外，京津冀地区城镇化对水资源的胁迫作用非常大，根据国际标准，京津冀地区绝大多数城市人均水资源量严重不足。京津冀地区水资源对城镇化的胁迫程度低于全国平均水平，至2018年，除了邢台与衡水外，多数城市单位GDP用水量低于全国城市的平均水平，且2001~2018年，所有城市单位GDP用水量均大幅度明显降低。

京津冀城市群地区"人-水"胁迫关系主要受自然与社会、经济综合作用，京津冀自然性水胁迫程度没有明显变化，但社会经济性水胁迫明显减轻。城镇化水平对"人-水"胁迫程度具有明显影响，但主要体现在经济城镇化方面。缓解京津冀地区"人-水"胁迫关系的主要建议为两点：一方面，根据京津冀地区的协同发展目标，统一协调与优化产业结构，针对京津冀地区整体与不同地区之间的发展目标与问题，制定水资源利用与监管方案，落实"以水定需"方针；另一方面，进一步加大科技创新与推动公众参与，提高各行业水资源利用效率。

3. 京津冀城市群地区"人-碳"胁迫关系特征

研究从京津冀城市群地区本地能源供求协调程度，以及能源与人口、经济发展的响应关系角度，分析了京津冀特大城市群地区"人-碳"的交互胁迫关系。整体上，京津冀城市群地区本地能源面临严重的供不应求问题。基于本地能源生产量，京津冀地区所有城市面临能源的供不应求问题，廊坊与衡水基本无本地能源供给量，且2000~2018年，多数城市的能源供求矛盾程度有所加深。此外，京津冀城市群地区城镇化对能源的胁迫作用较强，根据我国生态城市建设标准，绝大多数城市的人均能源占有生产量低于参考值。京津冀城市群地区能源对城镇化的胁迫作用相对较低。至2018年，除北京、天津和保定外，京津冀地区大多数城市的单位GDP能源消费量高于我国当年平均水平，但2001~2018年，所有城市单位GDP能源消费量均明显降低。

整体上，京津冀城市群地区能源供需胁迫程度与城市综合发展水平不一致，但不同城市之间存在差异，北京与天津的城镇化水平与能源供需模式相对匹配，唐山、邯郸、邢台城镇化水平与能供需模式最不匹配。京津冀城市群地区的能源生产结构以原煤与原油为主，虽然总体能源结构趋于优化，但仍以化石燃料为主。能源消费结构，第二产业的能源消费占主导地位，2010年以后，第二产业消费量虽然有所减少，但仍然占主导地位。缓解京津冀地区"人-碳"胁迫关系的主要建议为两点：一方面，加快优化京津冀地区产业发展模式，进一步提高能源利用效率；另一方面，加快调整能源消费结构，从严重依赖煤炭资源，向绿色、低碳化能源发展转变。

参 考 文 献

白泉. 2006. 国外单位 GDP 能耗演变历史及启示. 中国能源, 28(12): 10-14.
鲍超, 方创琳. 2010. 城镇化与水资源开发利用的互动机理及调控模式. 城市发展研究, 17(12): 19-23.
鲍超, 贺东梅. 2017. 京津冀城市群水资源开发利用的时空特征与政策启示. 地理科学进展, 36(1): 58-67.
鲍超, 邹建军. 2018. 基于人水关系的京津冀城市群水资源安全格局评价. 生态学报, 38(12): 4180-4191.
陈利群, 王亮. 2012. 北方典型缺水大城市供水系统演变研究. 给水排水, 48(12): 119-124.
海霞, 李伟峰, 王朝, 等. 2018. 京津冀城市群用水效率及其与城镇化水平的关系. 生态学报, 38(12): 4245-4256.
姬春旭. 2008. 河北省煤炭资源供需与安全保障研究. 北京: 中国矿业大学.
贾绍凤, 张军岩. 2003. 日本城镇化中的耕地变动与经验. 中国人口·资源与环境, 13(1): 31-34.
贾绍凤, 张军岩, 张士锋. 2002. 区域水资源压力指数与水资源安全评价指标体系 地理科学进展, (6): 538-545.
林巍. 2015. 城镇化对京津冀土地资源承载力的影响研究. 北京: 中国地质大学.
刘世超, 柯新利. 2019. 中国城市群土地利用效率的演变特征及提升路径. 城市问题, (9): 54-61.
彭少明, 郑小康, 王煜, 等. 2017. 黄河流域水资源-能源-粮食的协同优化. 水科学进展, 28(5): 681-690.
任俊霖, 李浩, 伍新木, 等. 2016. 长江经济带省会城市用水效率分析. 中国人口·资源与环境, 26(5): 101-107.
佟金萍, 马剑锋, 刘高峰. 2011. 基于完全分解模型的中国万元 GDP 用水量变动及因素分析. 资源科学, 33(10): 1870-1876.
王晶, 李云鹤, 郭东阳. 2014. 京津冀区域水资源需求分析与供水保障对策. 海河水利, (3): 1-3.
熊鹰, 苏孟婷, 张方明, 等. 2018. 长株潭城市群城镇化进程与水资源利用响应关系研究. 人文地理, 33(6): 69-76.
袁宝招, 陆桂华, 李原园, 等. 2007. 水资源需求驱动因素分析. 水科学进展, (3): 404-409.
曾惠, 鄢春华, 黄婉彬, 等. 2020. 城镇化水平与水资源利用效率的关系研究——珠江三角洲城市群为例. 北京大学学报(自然科学版), 299(3): 180-181.
中国城市规划设计研究院. 2011. 城市用地分类与规划建设用地标准. 北京: 中国建筑工业出版社.
中华人民共和国中央人民政府. 2013. 国务院关于印发全国资源型城市可持续发展规划(2013—2020 年)的通知. http://www.gov.cn/zfwj/2013-12/03/content_2540070.htm. 2018 年 5 月 6 日.
Chebly J E. 2014. The value of water: economics of water for a sustainable use. Economic & Social Review, 45(2): 207-222.
Zuo Q, Liu H, Ma J, et al. 2016. China calls for human-water harmony. Water Policy, 18(2): 255-261.

第6章 城镇化与生态环境交互胁迫时空演变模式

6.1 引 言

城镇化是一个复杂多元化的过程，体现在人口、土地、社会与产业等多个层面，而生态环境也是一个复杂的系统，体现在资源、环境及生态等多个方面。当前，大多数研究都是针对单一的生态环境问题，探究其与城镇发展的关系，识别其主要影响因素与影响机制，本书第5章针对土地、水资源及能源等重要资源环境要素，开展了基于单要素的京津冀地区"人-地"、"人-水"与"人-碳"交互胁迫作用分析，但是城镇化地区社会经济快速发展对生态环境的综合影响尚缺乏有效的研究方法及明确的结论。

与第5章不同，本章旨在分析我国特大城市群地区社会经济快速发展对生态环境的综合影响，鉴于这个研究目标，以京津冀特大城市群地区为例，探讨了京津冀地区城镇发展与生态环境的整体交互作用及时空变化趋势。本章主体研究思路与第4章一样，首先从城市群地区城镇发展与生态环境相互支撑与相互限制两个角度，解析城镇发展与生态环境的交互胁迫作用：一方面，从城镇快速发展与生态环境相互支撑的角度，解析了生态环境为社会经济发展提供的支撑作用（生态禀赋）及其时空变化特征，以及社会经济发展对生态环境改善提供的支撑作用（生态恢复）及其时空变化特征；另一方面，从城镇快速发展与生态环境相互胁迫的角度，解析了社会经济发展对生态环境的限制作用（生态胁迫）及其时空变化特征以及生态环境对社会经济发展的限制作用（生态约束）及其时空变化特征。其次，针对城镇快速发展与生态环境的交互作用，建立了多等级指标体系，分别评估了社会、经济发展与生态环境的交互作用（生态禀赋、生态恢复、生态胁迫与生态约束）。然后，采用加权平均的方法，评估了特大城市群地区城镇发展与生态环境的综合交互作用。最后，建立了城市群地区城镇发展与生态环境交互胁迫模式识别方法，识别了京津冀地区城镇发展与生态环境的交互胁迫模式及其时空变化。

6.2 数据来源与研究方法

6.2.1 数据来源

本章以京津冀城市群为研究对象，基于2001~2018年的经济与生态环境统计数据,研究京津冀城市群地区城镇化与生态环境的协同耦合,并分析两者的交互胁迫时空演变与模式。所采用的数据主要来自《中国城市统计年鉴》《北京统计年鉴》《天津统计年鉴》《河北经济年鉴》以及各地市的水资源公报、国民经济和社会发展公报、环境公报等其他政府公报,见表 6.1 和表 6.2。

表 6.1 京津冀城市群地区城镇化与生态环境交互胁迫时空演变模式生态环境数据来源

生态环境	名称	数据来源	数据时间
生态禀赋	人均能源占有生产量	《中国城市统计年鉴》	2001~2018 年
	人均水资源占有量	《中国城市统计年鉴》;河北省水资源公报	2001~2018 年
	人均粮食占有量	《北京统计年鉴》《天津统计年鉴》《河北经济年鉴》	2001~2018 年
	人均净初级生产力(NPP)	《中国城市统计年鉴》	2001~2018 年
生态恢复	工业固体废物综合利用率	《中国城市统计年鉴》	2001~2018 年
	污水处理率	《中国城市统计年鉴》	2001~2018 年
	建成区绿化覆盖率	《中国城市统计年鉴》	2001~2018 年
	人均公园绿地面积	《中国城市统计年鉴》	2001~2018 年
生态胁迫	$PM_{2.5}$ 浓度	《北京统计年鉴》《天津统计年鉴》《河北经济年鉴》;河北省各地级市统计年鉴	2001~2018 年
	人均工业 SO_2 排放量	《北京统计年鉴》《天津统计年鉴》;河北省各地级市统计年鉴	2001~2018 年
	人均工业废水排放量	《北京统计年鉴》《天津统计年鉴》《河北经济年鉴》	2001~2018 年
	水资源开发利用率	北京市、天津市、河北省水资源公报	2001~2018 年
生态约束	单位 GDP 能耗	《北京统计年鉴》《天津统计年鉴》《河北经济年鉴》	2001~2018 年
	单位 GDP 水耗	《北京统计年鉴》《天津统计年鉴》《河北经济年鉴》	2001~2018 年
	人均农作物总播种面积	《北京统计年鉴》《天津统计年鉴》《河北经济年鉴》	2001~2018 年
	建设用地人口密度	《北京统计年鉴》《天津统计年鉴》《河北经济年鉴》	2001~2018 年

表 6.2 京津冀城市群地区城镇化与生态环境交互胁迫时空演变模式城镇化数据来源

城镇化	名称	数据来源	数据时间
经济城镇化	人均 GDP	《中国城市统计年鉴》；北京市、天津市、河北省统计年鉴	2001～2018 年
产业城镇化	第二产业比例	《中国城市统计年鉴》	2001～2018 年
	第三产业比例	《中国城市统计年鉴》	2001～2018 年
人口城镇化	城镇人口比例	《北京统计年鉴》《天津统计年鉴》；《河北经济年鉴》；河北省各地级市统计年鉴	2001～2018 年
土地城镇化	建设用地面积占比	《北京统计年鉴》《天津统计年鉴》；河北省各地级市统计年鉴	2001～2018 年
	人均建设用地面积	《北京统计年鉴》《天津统计年鉴》《河北省经济年鉴》	2001～2018 年
社会城镇化	人均全社会消费品零售总额	《北京统计年鉴》《天津统计年鉴》；《河北经济年鉴》；河北省各地级市统计年鉴	2001～2018 年
	普通高等学校在校学生人口比例	《北京统计年鉴》《天津统计年鉴》《河北经济年鉴》；河北省各地级市统计年鉴	2001～2018 年
	城镇居民人均可支配收入	《北京统计年鉴》《天津统计年鉴》《河北经济年鉴》；河北省各地级市统计年鉴	2001～2018 年

6.2.2 城镇发展与生态环境交互胁迫评价指标体系

研究针对京津冀城市系统与生态系统相互支撑与限制的双向动态变化特征，建立城镇化与生态环境交互作用的评价框架（图6.1）。该框架从生态禀赋与生态恢复特征两个方面解析了城镇化与生态环境的交互支撑作用，从生态约束与生态胁迫两个方面解析了城镇化与生态环境的交互限制作用。

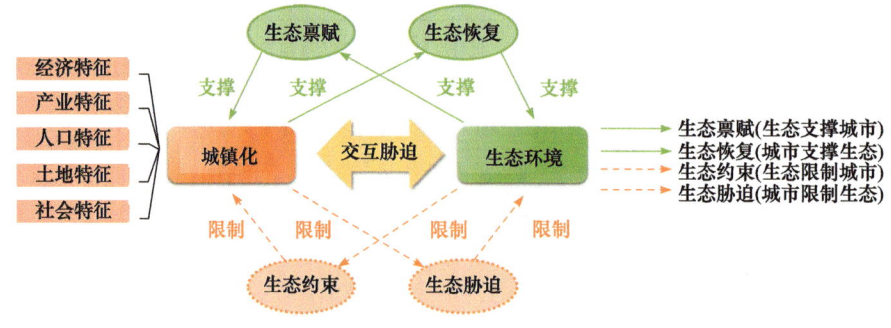

图 6.1 京津冀城镇化与生态环境交互作用机制

1. 城镇发展与生态环境交互作用评价指标体系构建

近几年，京津冀城市群地区城镇化水平日益提高，城镇化过程已经进入关键期。但是，在快速城镇化的背后，出现了环境污染加剧、资源利用紧张、人地矛盾激增等一系列问题。因而，城镇化与生态环境之间在人口增长、城市扩张、经济发展等方面存在着极其复杂的交互关系。生态环境是一个复杂、动态的系统，包含水、食物以及能源等人类赖以生存和发展的资源，对社会经济发展起着至关重要的作用。一方面，各类自然资源及环境禀赋构成了一个地区的生态环境资本，这种生态环境资本是该地区经济社会发展的物质基础和生态约束；另一方面，经济社会发展和城镇化建设等人类活动则引起区域生态环境的变化，二者之间存在着交互耦合现象（卢瑜和向平安，2020）。因此，本章从生态禀赋、生态恢复、生态胁迫以及生态约束四个方面来构建京津冀城镇化与生态环境交互作用评价指标体系。

（1）生态禀赋主要阐明了生态环境条件作为经济社会发展的物质基础和条件保障，其对人类社会发展具有基石意义。本章在生态禀赋方面主要选择人均能源占有生产量、人均水资源占有量、人均粮食占有量与人均 NPP 4 个指标，用以表征本地资源环境对城镇化的支撑作用（表 6.3）。

表 6.3 生态禀赋指标体系

目标层	子目标层	权重	指标层	权重	指标方向
城镇化与生态环境交互作用指标	生态禀赋	0.25	人均能源占有生产量	0.25	+
			人均水资源占有量	0.25	+
			人均粮食占有量	0.25	+
			人均 NPP	0.25	+

其中，能源作为物质生产条件，是经济发展的重要因素，能源与经济发展之间相互影响、相互依赖。能源为经济发展创造物质基础，经济为能源提供市场需求和技术条件（田玉琢等，2020）。在城镇化过程中，经济增长依赖于能源利用，同时能源的价值又是通过经济来体现的。2019 年，我国全年能源消费总量 48.6 亿吨标准煤，比上年增长 3.3%。煤炭消费量增长 1.0%，原油消费量增长 6.8%，天然气消费量增长 8.6%，电力消费量增长 4.5%。煤炭消费量占能源消费总量的 57.7%，比上年下降 1.5 个百分点；天然气、水电、核电、风电等清洁能源消费量占能源消费总量的 23.4%，比上年上升 1.3 个百分点（《中华人民共和国 2019 年国民经济和社会发展统计公报》）。2000 年以来，京津冀城市群地区能源消费总量持续上升，有限的能源与无限的经济发展需求之间的矛盾是京津冀城市群地区未来亟待解决的问题。京津冀城市群地区经济的快速发展，对水资源的需求也在

不断增加。截至 2018 年，京津冀城市群地区水资源总量共 213.51 亿 m^3，但由于京津冀城市群地区人口基数大，人均水资源量仅为 $192m^3$。目前，水资源短缺、污染已经成为限制京津冀城市群地区城镇化进程的重要因素，如何提高水资源利用效率、促进水资源和城镇化协同发展是解决水资源与经济社会之间矛盾的关键。粮食问题是国民经济发展不可或缺的重要一环，中国经济得以飞速发展，这些都得益于粮食产量的稳步提高。粮食生产已经成为国家战略布局的重要组成部分，是经济社会发展的坚实基础。据国家统计局关于 2019 年粮食产量数据的公告[①]显示，2019 年，全国粮食总产量 66384 万 t，比上年增加 594 万 t，增长 0.9%。京津冀城市群地区粮食总产量为 3991 万 t，同比上年增长 1.17%，人均粮食占有量约 360kg。粮食安全与经济社会发展之间的矛盾主要体现在粮食供求失衡限制了经济社会发展速度与质量，新时期，必须从协调发展的角度，统筹城乡区域来提高粮食产量，促进粮食安全与国民经济安全的有机统一。NPP 指绿色植物在单位时间、单位面积所生产的有机质总量除去呼吸消耗所剩余的能量，其可以表征土地利用变化情况对地表植被初级生产力的影响程度，是衡量生态环境对环境气候响应的重要指标，已经列入生态统计指标体系中。NPP 对生态环境和自然资源生产力具有指示作用，能够反映生态环境的质量、物质交换和能量流动过程。

（2）在城镇化过程中，合理的产业结构布局与科学规划能够对该区域的生态环境具有积极效应，如植树造林、污染修复、绿色生产等措施。本章在生态修复方面主要选择了工业固体废物综合利用率、污水处理率、建成区绿化覆盖率与人均公园绿地面积 4 个指标，用以表征城镇化对生态环境的促进与支撑作用（表 6.4）。

表 6.4 生态恢复指标体系

目标层	子目标层	权重	指标层	权重	指标方向
城镇化与生态环境交互作用指标	生态恢复	0.25	工业固体废物综合利用率	0.25	+
			污水处理率	0.25	+
			建成区绿化覆盖率	0.25	+
			人均公园绿地面积	0.25	+

其中，工业固体废物是工业生产活动中产生的固体废物，主要包括废渣、粉尘和其他废物，可分为一般工业固体废物和危险工业固体废物两类。工业固体废物经过一系列的处理后能够成为工业原料或其他能源，如水泥、砖瓦等建筑材料

---

① 中华人民共和国中央人民政府. 国家统计局关于 2019 年粮食产量数据的公告. http://www.gov.cn/xinwen/2019-12/07/content_5459250.htm.

以及铁、铜、锌等金属材料。但是,由于工业固体废物在经过生产后处理利用较困难,因此对设施处理条件要求较高,随着城镇化进程的加快、社会经济水平的提高,工业部门处理工业固体废物的标准、设施水平、工艺流程逐渐完善成熟。2018年,京津冀城市群地区一般工业固体废物综合利用率平均为76.53%,比上年下降2.98%。污水处理率是指经过处理的生活污水、工业废水占污水排放总量的比重。京津冀城市群地区2018年污水处理率平均为97.24%,比上年提高0.6%[《中国城市统计年鉴》(2019年)]。截至2018年底,全国城市污水处理能力高达1.67亿 m^3/d,累计处理污水量519亿 m^3[1]。随着社会经济水平的提高,人们对居住地的自然环境条件的要求也越来越高。建成区绿化覆盖率指在城镇中的绿化覆盖面积占建成区的百分比,其意义在于衡量一个城市的绿化水平。这里的绿化覆盖主要包括绿地草坪、公园以及道路两旁的绿化带,2018年京津冀城市群地区的建成区绿化覆盖率为42.12%,人均公园绿地面积为$6.48m^2$。近几年来,生态城市与绿色建筑慢慢走进大众的视野,人们开始追求高效和谐、绿色健康、人与自然协同发展的居住环境。

(3)随着城市社会经济的发展和城镇化水平的提高,城镇化对生态环境的胁迫日益突出。本章在生态胁迫方面主要选择了$PM_{2.5}$浓度、人均工业SO_2排放量、人均工业废水排放量与水资源开发利用率4个指标来表征城镇化过程对生态环境产生的胁迫压力(表6.5)。

表6.5 生态胁迫指标体系

目标层	子目标层	权重	指标层	权重	指标方向
城镇化与生态环境交互作用指标	生态胁迫	0.25	$PM_{2.5}$浓度	0.25	—
			人均工业SO_2排放量	0.25	—
			人均工业废水排放量	0.25	—
			水资源开发利用率	0.25	—

其中,大气污染一直是京津冀城市群地区发展的一大难题,虽然近年来随着环保制度的完善和环保水平的不断提高,京津冀城市群地区的空气质量有所改善,但是空气污染情况依然很严重,空气污染物主要有气态物质、挥发性物质以及颗粒物质等其他成分。其中,$PM_{2.5}$又称细颗粒物,主要指空气中当量直径小于等于$2.5\mu m$的颗粒物,颗粒物随呼吸进入肺部,从而引起呼吸系统疾病,同时,颗粒物上附着许多有害物质,能够诱发多种疾病。2011年,环境保护部发布的《环境空

---

[1] 生态环境部华北督察局. 2018中国生态环境状况公报. http://hbdc.mep.gov.cn/hjyw/201905/t20190529_704848.shtml.

气PM$_{10}$和PM$_{2.5}$的测定重量法》开始实施，首次对PM$_{2.5}$的测定进行了规范。2013年2月，全国科学技术名词审定委员会将PM$_{2.5}$的中文名称命名为细颗粒物。同年底，全国大部分城市的PM$_{2.5}$监测系统开始试运行，PM$_{2.5}$成为空气质量评价的指标之一。2018年，京津冀城市群地区PM$_{2.5}$浓度为56.08μg/m³，其中，北京地区PM$_{2.5}$浓度比上年下降12.69%，天津地区比上年下降16.13%[《中国城市统计年鉴》（2019年）]。工业SO$_2$排放量，是指在工业生产过程中排放到大气中的SO$_2$的量。排放到大气中的SO$_2$形成工业烟雾，其浓度高时集聚成悬浮颗粒物，随呼吸进入肺部影响身体健康。2018年，京津冀城市群地区人均工业SO$_2$排放量为3.41kg，比上年下降18.23%。在城镇化快速进行的背景下，水资源的污染程度逐渐加剧，我国废水排放量逐年上升。工业废水主要指工业生产过程中产生的废水和废液，如炼焦煤气废水、化学肥料废水以及有机磷废水等。工业废水的主要特点是不同的生产方式、工业原料形成的废水中包含的物质有很大差别，这些工业废水流入江河湖泊中污染地表水，同时还会下渗到地下污染地下水。工业废水不仅会污染生态环境，还会对人类身体健康造成直接或间接的影响。2018年，京津冀城市群地区人均工业废水排放量为5.24t，比上年降低10.12%。我国自古以来就是农业大国，因而水资源显得尤为重要，我国的淡水总量为28000亿m³，占全球水资源的6%，人均水资源量仅有2300m³。目前，人类能够利用的水资源仅占地球总量的0.26%，据估计，到2025年，世界缺水人口将高达25亿人。因此，水资源的合理开发利用成为解决水资源短缺问题的重要举措。水资源开发利用率是指流域或区域用水量占水资源总量的百分比，体现了水资源的开发利用程度。2018年，京津冀地区水资源开发利用率平均为138.26%，其中北京、天津两地水资源开发利用率比上年下降16.48%、23.70%，因此，可通过提高城市水资源开发利用能力来解决城市发展过程中的人水矛盾。

（4）城镇化的快速发展产生了一系列生态环境问题，如资源短缺、环境污染、用地紧张等。生态环境不仅对城镇化发展起到支撑作用，同时不断涌现的生态环境问题已经成为城市发展的约束（常新锋和管鑫，2020）。本章在生态约束方面主要选择了单位GDP能耗、单位GDP水耗、人均农作物总播种面积与建设用地人口密度4个指标，用以表征生态环境对城镇化发展需求的胁迫作用（表6.6）。

表6.6 生态约束指标体系

目标层	子目标层	权重	指标层	权重	指标方向
城镇化与生态环境交互作用指标	生态约束	0.25	单位GDP能耗	0.25	—
			单位GDP水耗	0.25	—
			人均农作物总播种面积	0.25	—
			建设用地人口密度	0.25	—

其中，单位 GDP 能耗是一次能源消费总量与国内生产总值的比值，主要反映了能源消费水平和节能降耗状况，说明一个国家和地区对能源的利用程度和经济结构的变化。单位 GDP 水耗，即单位地区生产总值水耗，是指一个地区或城市总用水量与国内生产总值之比。在我国，农业是国民经济稳步提升、社会和谐安定的基础和保障，农业的兴衰关系着国民经济安全。因此，要想实现国家工业化和现代化，就必须对传统农业生产方式进行改造，利用先进的机械化设施、完善的农业保障制度提高农业生产与经济结构。农作物总播种面积是指实际种有农作物的面积，其播种的植物主要有粮食、棉花、油料和蔬菜等其他农作物。城市地区人口数量的不断增加，对城市建设用地的需求越来越大，建设用地人口密度已经成为反映城市人地关系的重要指标。

2. 城镇发展特征评价指标体系

同时，为了较为系统全面地表征城市系统特征，选择从经济、产业、人口、土地与社会 5 个方面评价京津冀城镇发展特征（表 6.7）。

表 6.7 京津冀城镇发展特征评价指标体系

目标层	子目标层	权重	指标层	权重	指标方向
城镇发展特征指标（9个）	经济发展	0.2	人均 GDP	1	+
	产业发展	0.2	第二产业比例	0.5	+
			第三产业比例	0.5	
	人口发展	0.2	城镇人口比例	1	+
	土地发展	0.2	建设用地面积占比	0.5	+
			人均建设用地面积	0.5	
	社会发展	0.2	人均全社会消费品零售总额	0.33	+
			普通高等学校在校学生人口比例	0.33	
			城镇居民人均可支配收入	0.33	

其中，在经济城镇化方面，主要选取了人均 GDP 作为该层指标，据《京津冀蓝皮书：京津冀发展报告（2018）》数据显示，2000~2017 年，京津冀城市群地区人均 GDP 逐年上升。在产业城镇化方面，我国目前的城镇化产业结构仍处于"二三一"阶段，城镇化的提高必然会促进第二、第三产业的发展。随着城镇化的推进，第一产业比例开始下降，第二、第三产业比例平稳上升。在人口城镇化方面，人口城镇化是指在城镇化过程中，农村人口转为城镇人口、农业人口转为非农业

人口的过程，反映人口城镇化的指标是城镇人口比例，即城镇人口占总人口的比例。在土地城镇化方面，土地在城镇化过程中起非常重要的支撑作用，近几年，土地城镇化速度快于人口城镇化，主要表现在土地扩张、用地紧张等方面。在城市发展建设过程中，合理的土地利用规划布局能促进经济更快更好的发展，城市建设用地主要包括公共服务用地、工业用地、交通设施用地等其他用地。城镇化的最终目的是实现全民共同富裕，缩小城乡差距，改变国民的生活方式，提高生活质量。随着城镇化的推进，居民消费水平有了提高，居住条件得以改善，就业、教育、分配、社保等民生问题有了极大的改变。在社会城镇化方面，主要选取人均全社会消费品零售总额、城镇居民人均可支配收入和普通高等学校在校学生人口比例3个指标。

6.2.3 城镇发展与生态环境交互胁迫评价方法

京津冀城市群地区城镇化与区域生态环境彼此交互影响，主要表现在：区域资源与生态环境要素对城镇发展具有支撑和限制作用，同时，城镇快速发展也会对生态环境产生恢复和胁迫影响。根据前文对京津冀城市群地区城镇化水平时空分析可知，京津冀地区城镇化水平历年不断攀升，呈现出时、空维度的双增长优势，而生态环境质量经历了较大波动，且不同生态环境要素特征与变化也存在很大差异。在此背景下，如何客观评价城镇发展与生态环境的交互胁迫关系及时空变化趋势，对进一步优化城市群地区城镇发展模式与制定生态环境保护政策具有重要的支撑作用。研究从城镇发展与生态环境之间交互作用的角度，建立了城镇发展与生态环境交互胁迫模式的识别与划分方法。

1. 城镇化与生态环境交互胁迫模式识别方法

城镇发展与生态环境协调发展属于一对交互耦合的时空响应函数，两大系统之间不断地经过物质、能量和系统等要素的耦合流动引起系统熵变，进而形成一对耗散结构体。目前，关于城镇化与生态环境交互胁迫范式的研究主要有如下几个方面。

1）单一耦合指数范式研究

倒"U"形曲线：美国学者罗斯曼等（1995）指出，生态环境与经济增长呈倒"U"形曲线的特征，其内涵是当经济发展水平较低时环境污染程度较为严重，当经济发展状况变好时环境污染得到改善。

"S"形曲线：He等（2017）评估了1980~2013年上海城镇化与生态环境的耦合协调过程，发现其符合"S"形曲线。经济社会子系统和资源环境子系统协调关系经历了由低水平协调（经济社会缓慢发展，资源环境优势没有完全转化为社会经济优势，彼此制约较小），到矛盾（资源环境过度开发，资源环境对经济社会的反馈作用非常强，经济增长在资源环境的影响下逐步达到极限），到高水平协调（资源环境和社会经济的矛盾逐渐缓和，人们的环保意识逐渐增强并开始增加环保投入，且资源环境对社会经济的约束作用在逐渐变小）三个阶段。

脱钩理论：20 世纪 60 年代由经济合作与发展组织（Orgnization for Economic Co-operation and Development，OECD）提出阻断经济增长与环境污染之间联系的脱钩理论（decoupling theory），在经济发展水平处于良好的状态时，将不再投入大量资源带动经济发展，要实现经济发展与资源消耗的脱钩（梁振民和陈才，2019；OECD，2001）。

双指数模型：该模型将生态环境随经济发展水平变化的环境库兹涅茨曲线（EKC）和城市化随经济发展水平变化的对数曲线画在同一个坐标系的第一和第三象限，然后分别从两条曲线上引水平和垂直辅助线向第二象限投射，将经济轴消去后，即在第二象限生成一条城镇发展与生态环境耦合的关系曲线。该曲线被中间的拐点分为两部分，两部分都是指数曲线，前一部分单调增，后一部分单调减。在拐点之前，生态环境恶化程度随城镇发展而增加；在拐点之后，生态环境恶化程度随城镇发展水平而衰减（乔标等，2006）。

2）基础耦合模型范式研究

压力-状态-响应模型：加拿大统计学家 Rapport（1979）提出的压力-状态-响应（pressure-state-response，PSR）模型，此后 OECD 对该模型进行修正，充分考虑了外界人为干扰、流域的变化和各种响应措施。

耦合度模型：耦合度是一个物理学概念，是指两个（或两个以上）的系统通过自身和外界的各种相互作用而彼此影响的现象。借鉴物理学中容量耦合概念与模型，可推广得到多个系统相互作用的耦合度模型。耦合度能较好地反映城镇化与生态环境系统相互作用的强度，引入耦合协调度模型之后可以综合反映系统间整体协调发展水平的高低（王俊龙，2019；Huang et al.，2019）。

3）动态模拟范式研究

地理学界对城镇化和生态环境的关系研究日渐深入。城镇化和生态环境的关系正经历由知识描述到过程模拟，再到决策支持的发展趋势。动态模拟是对地理过程的历史重现，可预测地理过程的发展趋势（崔学刚等，2019）。

系统动力学（SD）：系统动力学模型是发展最早、最常用的动态模拟技术，在 20 世纪 50 年代由 Forrester 教授提出。作为一门由系统科学理论与计算机动态技术集成的学科，系统动力学基于"定性+定量"的方法模拟各类高阶次、非线性的人地系统、城市复合系统和复杂系统（Zhong et al.，2013）。基于"理论分析—系统动力学建模—动态模拟—情景调控"这一流程，系统动力学在城市系统演化、城市可持续发展和城镇化与生态环境多要素耦合动态模拟中应用广泛，起始标志是 1972 年罗马俱乐部出版的《增长的极限》（Meadows et al.，1972）。系统动力学是一类广泛、简便的动态模拟方法，但也存在显著缺陷：一是模型结构的固定性导致难以模拟技术进步、制度和行为等不确定性系统，部分变量关系局限于回归关系；二是模拟对象偏向宏观系统，在处理微观或栅格系统时处于相对劣势地位。

人工智能模拟技术：目前，以人工神经网络（ANN）和贝叶斯网络（BN）为代表的人工智能技术发展迅速，其在一定程度上解决了自组织、自适应、自学习系统的处理难题。ANN 和 BN 在算法复杂度和训练方式等方面具有相似性，但在拓扑结构、学习规则和算法原理等方面存在差异。人工智能模拟技术主要模拟城市扩张及其生态环境效应、城市资源需求预测与可持续管理、城市生态脆弱性与灾害风险识别等（Haykin，2009；Zhang and Guo，2006；Huang，2013）。城镇化与生态环境耦合的动态模拟存在"黑箱"，人工智能可基于深度学习功能破解该难点。

研究从城市系统与生态系统的相互支撑与限制作用两个方面建立定量评价指标体系，结合京津冀城市群的实际情况，参考双指数范式研究方法，建立了表征城镇发展综合水平与生态环境综合健康程度演变过程的模拟模型，并在此基础上发展了城镇化与生态环境交互胁迫程度的定量评价指数：

$$T = Va / Vb \quad (6.1)$$

式中，Va、Vb 分别为城镇发展综合水平指数与生态环境综合健康程度指数，分别表征城镇发展综合水平与生态环境综合健康程度随时间变化的演变速率；T 为城镇发展与生态环境交互胁迫指数，用于表征城镇发展与生态环境交互胁迫程度。根据 T 值，可将城镇发展特征与生态环境特征之间的相互关系分为四种交互模式（图 6.2）：（Ⅰ）强胁迫、（Ⅱ）弱胁迫、（Ⅲ）弱协调、（Ⅳ）强协调，对于城镇化不断推进的京津

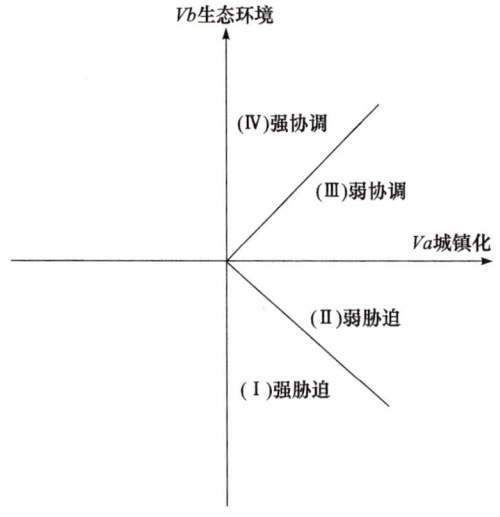

图 6.2 城镇发展与生态环境交互胁迫模式的理论框架图

冀城市群地区，设定 $Va>0$。

（1）强胁迫，$Va<|Vb|(Vb<0)$：在这一模式下，城镇发展综合水平提高，生态环境质量下降，且生态环境质量下降幅度大于城镇发展水平提高程度。此时，城镇发展对资源的开发强度与环境破坏严重，城镇发展与生态环境综合健康程度之间的矛盾日益激化。

（2）弱胁迫，$Va>|Vb|(Vb<0)$：在这一模式下，城镇发展水平提高，生态环境质量下降，但生态环境质量下降幅度小于城镇发展水平提高程度。此时，城镇发展对生态环境的破坏和影响相对较慢，生态环境对城镇发展进程的约束和限制也逐渐突出，二者之间的矛盾开始显露，但尚在可接受范围内，展现出一定的胁迫作用。

（3）弱协调，$Va>Vb(Vb>0)$：在这一模式下，城镇发展水平提高，生态环境质量也提高，但生态环境质量提高幅度小于城镇发展水平提高程度。此时，城镇发展与生态环境综合健康程度之间的相互关系重组，由胁迫逐渐转变为相互促进。

（4）强协调，$Va<Vb(Vb>0)$：在这一模式下，城镇发展水平提高，生态环境质量也提高，且生态环境质量提高幅度大于城镇发展水平提高程度。此时，城镇发展对生态环境的负影响较低，生态环境综合健康程度逐步提高，与城镇发展协调发展。

2. 城镇化与生态环境交互胁迫模式划分方法

城镇发展是人类社会发展演化的最重要表现之一，包含人口大规模迁移、城镇用地扩张、产业结构调整、资本集聚、文化和消费习惯转变等一系列复杂的演化和转型过程，生态环境是人类赖以生存繁衍的自然本底条件与支撑系统，涵盖了水、土、气、生物、能源、矿产等诸多自然要素，是生命有机体赖以生存、发展、繁衍、进化的各种生态因子和生态关系的总和（刘海猛等，2019；方创琳等，2016）。

根据前期文献调研和数据考察，研究中京津冀城市群城镇发展综合水平主要表现在人口发展、经济发展、产业发展、土地发展和社会发展五方面，而生态环境综合健康程度则主要表现在生态禀赋、生态恢复、生态约束和生态胁迫四方面。为精准识别京津冀城市群不同城市的城镇发展水平与生态环境交互胁迫的模式与类型，主要遵循如下推衍路径，如图 6.3 所示。

（1）分别构建京津冀城市群城镇发展综合水平评价指标体系和生态环境综合健康程度评价指标体系，并分析京津冀城市群 2001~2018 年 13 个城市城镇发展综合水平与生态环境综合健康程度的时空分布特征，经标准化去量纲处理，得到京津冀城市群城镇发展综合水平指数矩阵和京津冀城市群生态环境综合健康程度指数矩阵。

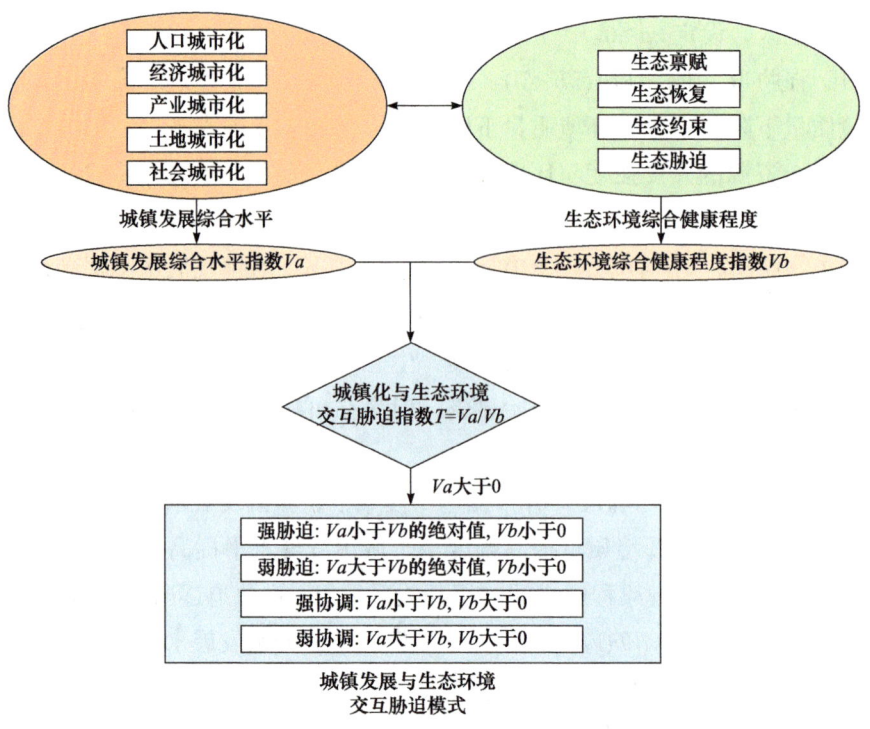

图 6.3　京津冀城市群城镇发展与生态环境交互胁迫模式

（2）根据京津冀城市群内部各城市不同年份的城镇发展综合水平与生态环境综合健康程度的时空分布特征，计算各城市不同年份的城镇发展综合水平与生态环境综合健康程度的变化指数，其中各城市各年份城镇发展综合水平指数用 Va_{xi} 表示，各城市各年份生态环境综合健康程度指数用 Vb_{xi} 表示，其中 x 表示城市，i 表示年份。

（3）在已知各城市各年份城镇发展综合水平指数（Va_{xi}）和生态环境综合健康程度指数（Vb_{xi}）的基础上，批量计算城镇发展与生态环境交互胁迫指数（T_{xi} 值），得到京津冀城市群城镇发展与生态环境交互胁迫指数矩阵，由 MATLAB 软件实现。

（4）在京津冀城市群城镇发展与生态环境交互胁迫指数矩阵中，可以准确识别每一个城市的逐年胁迫指数变化趋势（曲线），由此判断不同城市的逐年胁迫变化模式，并进行同类归并。

6.3　城镇发展与生态环境交互胁迫时间演变特征

6.3.1　生态环境综合水平时间演变特征

1. 生态环境综合水平的时间变化特征

2001～2018 年，京津冀城市群地区生态环境状况总体上是改善与提升的，但是生态禀赋、生态恢复、生态胁迫与生态约束不同方面的特征与变化不同（图6.4～图6.8）。

京津冀城市群地区的生态禀赋方面，基于多指标归一标准化的评估结果表明（图6.4），2001～2018年，北京、石家庄、唐山、秦皇岛与廊坊5个城市的生态禀赋有所下降，其他城市的生态禀赋状态均呈上升状态。其中，张家口的生态禀赋相对提升最大（0.20），承德的生态禀赋提升了0.12，天津的生态禀赋相对提升了0.07，而沧州的生态禀赋相对提升了0.03。廊坊的生态禀赋相对下降最多，下降了0.07；此外，北京、石家庄、唐山与秦皇岛的生态禀赋也相对下降较多，均下降了0.03。

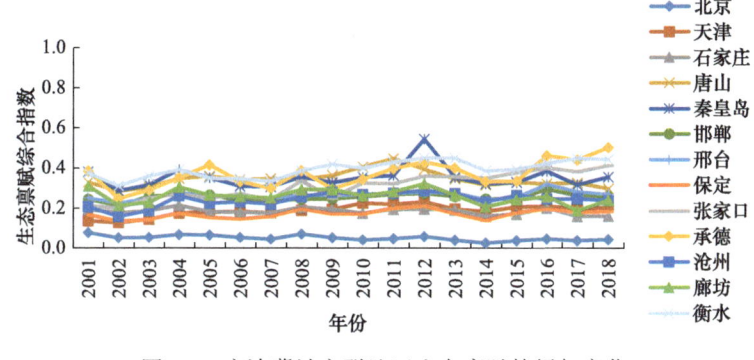

图6.4 京津冀城市群地区生态禀赋特征与变化

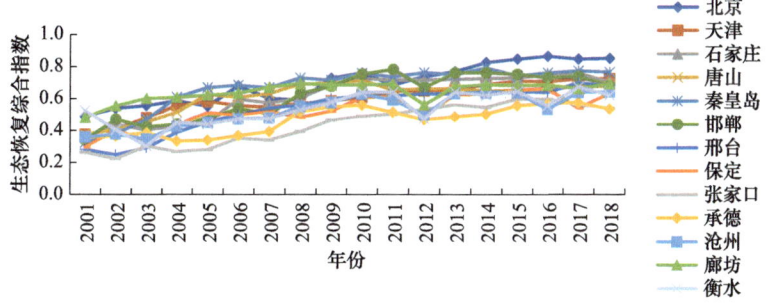

图6.5 京津冀城市群地区生态恢复特征与变化

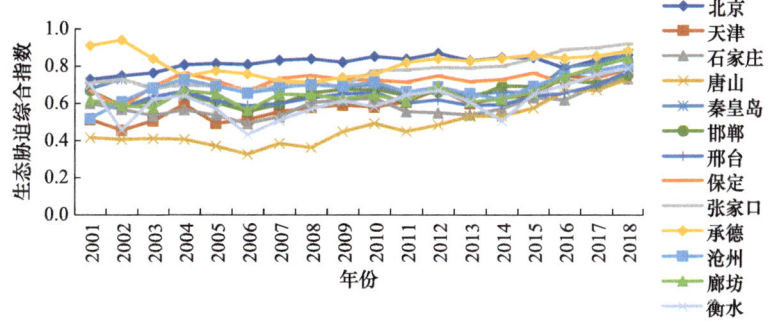

图6.6 京津冀城市群地区生态胁迫特征与变化

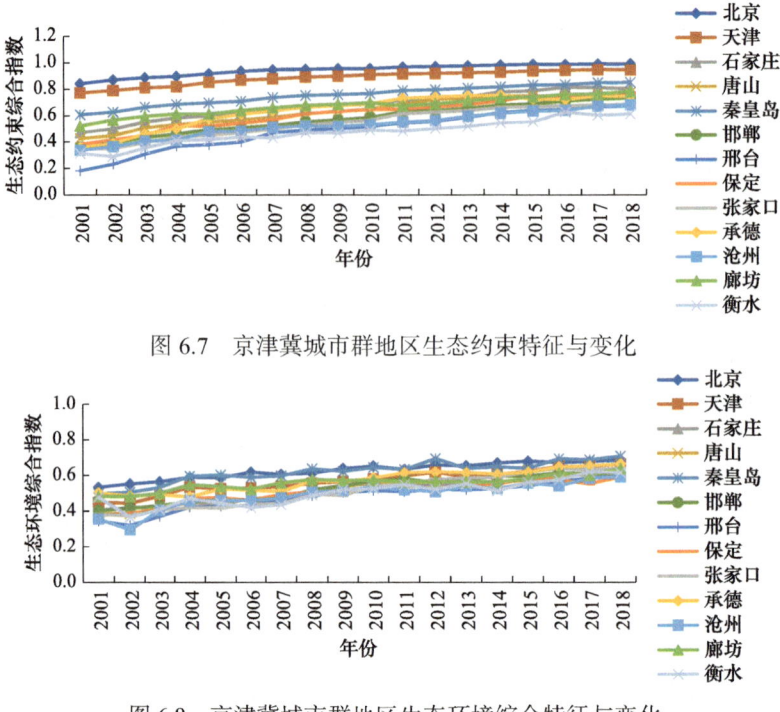

图 6.7 京津冀城市群地区生态约束特征与变化

图 6.8 京津冀城市群地区生态环境综合特征与变化

京津冀城市群地区的生态恢复方面，基于多指标归一标准化的评估结果表明（图 6.5），京津冀城市群地区 13 个城市的生态恢复能力均明显提升。秦皇岛、邢台、北京与天津生态恢复能力提升幅度相对较大，分别为 0.44、0.40、0.37、0.35；石家庄、邯郸与保定的生态恢复能力也明显提升，分别提升 0.34、0.34、0.34；唐山、张家口、承德、沧州、廊坊与衡水的生态恢复能力提升幅度相对较小，分别为 0.30、0.28、0.18、0.29、0.21 与 0.10。

京津冀城市群地区的生态胁迫方面，基于多指标归一标准化的评估结果表明（图 6.6），除了承德外，其他 12 个城市的生态胁迫程度均有所下降（值越小表明生态胁迫程度越大）。承德的生态胁迫程度相对增加了 0.03。唐山、沧州与天津的生态胁迫程度下降相对较多，分别下降 0.31、0.29 与 0.27；廊坊、张家口与秦皇岛 3 个城市的生态胁迫程度也有明显缓解，降幅分别为 0.23、0.21 及 0.19；北京、石家庄、保定、邢台、邯郸与衡水的生态胁迫程度降幅相对较小，分别为 0.13、0.13、0.12、0.10、0.09、0.09。

京津冀城市群地区的生态约束方面，基于多指标归一标准化的评估结果表明（图 6.7），京津冀城市群地区 13 个城市的生态约束程度均有所下降（值越小表明生态约束程度越大）。邢台的生态约束程度缓解相对最大（0.50），石家庄、唐山、邯郸、保定、张家口与承德 6 个城市的生态约束程度缓解也相对较大，分别为 0.34、0.35、0.38、0.39、0.35 和 0.39；而北京与天津的生态约束程度的降幅相对较小，分别为 0.15、0.18。

最后，基于生态禀赋、生态恢复、生态胁迫及生态约束 4 个方面特征，对京津冀城市群地区生态环境状况进行了综合评估（图 6.8），结果表明，京津冀城市群地区 13 个城市的生态环境状况整体有所改善。其中，唐山、邯郸、邢台、保定、张家口与沧州的总体生态环境状况改善相对较大，其生态环境综合指数的增幅分别为 0.23、0.21、0.25、0.22、0.26 与 0.24；北京与衡水的生态环境综合指数的增幅相对较小，分别为 0.15、0.14。

2. 生态环境综合水平演变的原因分析

针对京津冀城市群地区生态禀赋、生态恢复、生态胁迫、生态约束，以及生态环境综合状况的多个评价指标，通过最大贡献率分析，识别了影响京津冀城市群地区生态环境状态及变化的主导因素（图 6.9～图 6.13），结果表明，影响京津冀

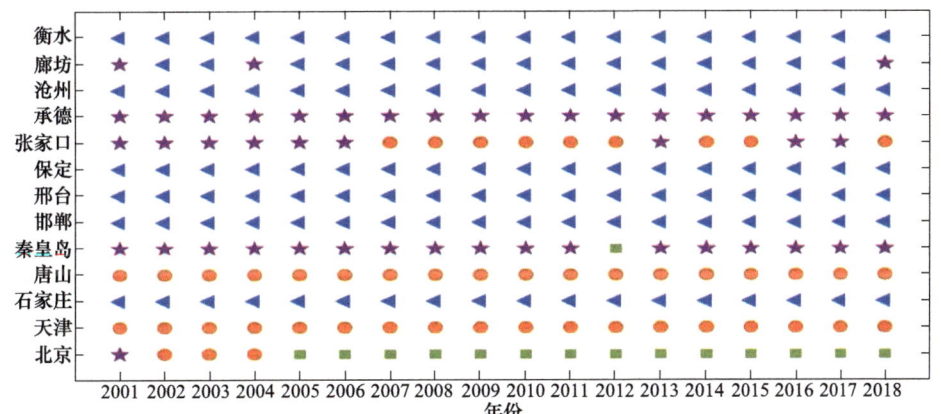

图 6.9 京津冀城市群地区生态禀赋主控因素

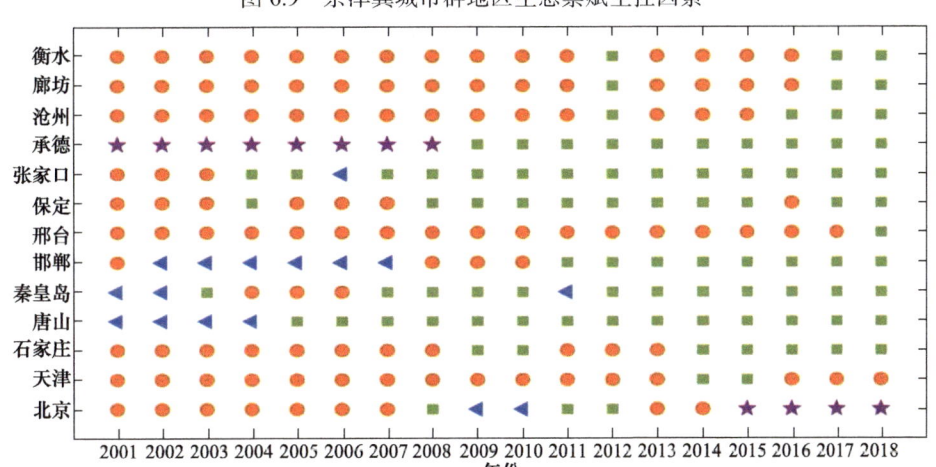

图 6.10 京津冀城市群地区生态恢复主控因素

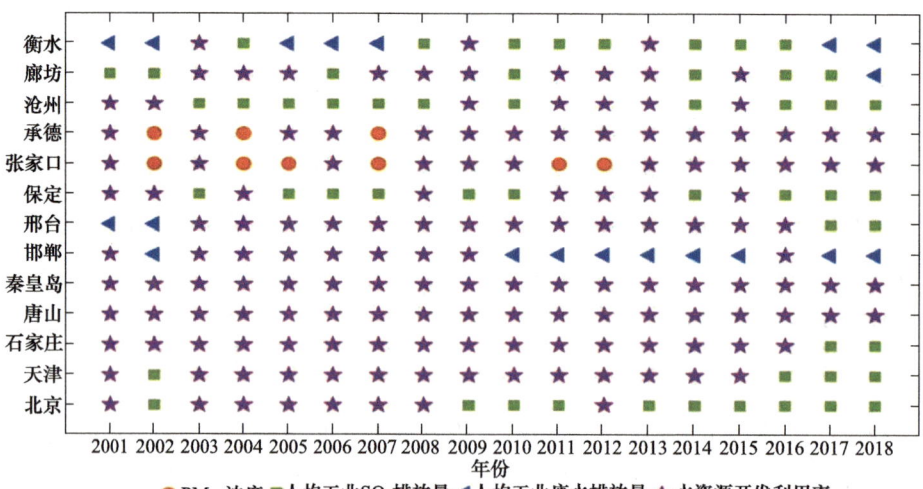

图 6.11 京津冀城市群地区生态胁迫主控因素

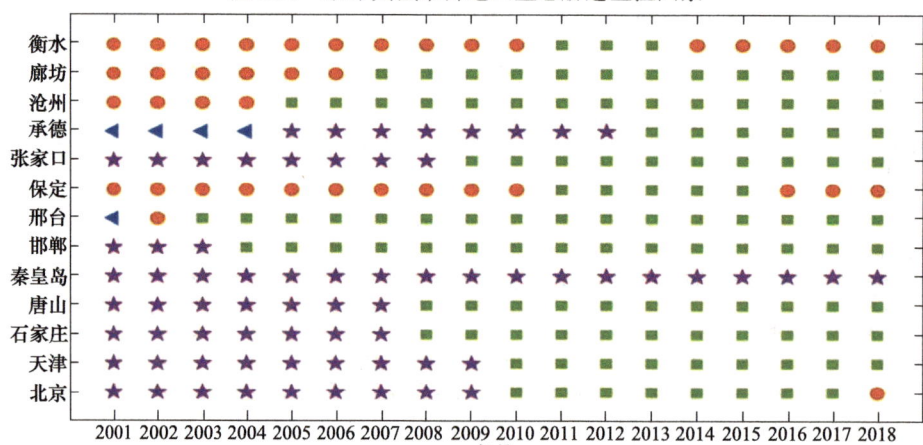

图 6.12 京津冀城市群地区生态约束主控因素

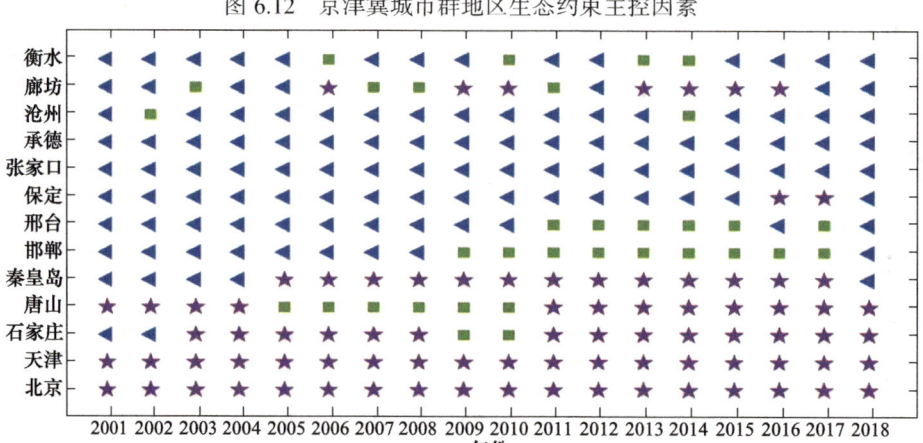

图 6.13 京津冀城市群地区生态环境综合特征的主控因素

城市群地区生态环境状况的主导因素较为复杂，不同城市，以及不同时段的主导影响因素存在明显差异。

生态禀赋方面，人均能源占有生产量、人均水资源占有量、人均粮食占有量与人均 NPP 4 个指标均在不同城市以及不同时间体现为影响生态禀赋的主要因子（图 6.9）。其中，衡水、廊坊、沧州、保定、邢台、邯郸与石家庄 2001～2018 年影响生态禀赋的决定性指标主要为人均粮食占有量；唐山与天津两市 2001～2018 年影响生态禀赋的决定性指标均为人均能源占有生产量；承德和秦皇岛 2001～2018 年影响生态禀赋的决定性指标主要为人均 NPP；张家口在 2007 年以前影响生态禀赋的决定性指标主要为人均 NPP，之后主要受人均能源占有生产量影响；北京 2001～2004 年影响生态禀赋的决定性指标主要是人均能源占有生产量，2005～2018 年的决定性指标主要为人均水资源占有量。

生态恢复方面，工业固体废物综合利用率、污水处理率、建成区绿化覆盖率与人均公园绿地面积 4 个指标均在不同城市以及不同时间体现为影响生态恢复能力的主要因子（图 6.10）。北京 2001～2018 年生态恢复能力的决定性指标主要为工业固体废物综合利用率与人均公园绿地面积两个指标，表现为前期以工业固体废物综合利用率为主，后期以人均公园绿地面积为主；天津 2001～2018 年生态恢复能力的决定性指标主要为工业固体废物综合利用率；张家口和保定 2001～2018 年生态恢复能力的决定性指标主要为工业固体废物综合利用率与污水处理率，均体现为前期以工业固体废物综合利用率为主，后期转变为以污水处理率为主；石家庄、沧州、廊坊、衡水和邢台生态恢复能力的决定性指标在 2016 年以前主要是工业固体废物综合利用率，2016 年以后转变为污水处理率；承德 2001～2018 年生态恢复能力主要受人均公园绿地面积与污水处理率两个因素影响，其中，2001～2008 年的主控指标为人均公园绿地面积，随后转变为污水处理率；秦皇岛和邯郸 2001～2018 年生态恢复能力的决定性指标主要分为 3 个阶段，从建成区绿化覆盖率转变为工业固体废物综合利用率，再转变为污水处理率；唐山 2001～2018 年生态恢复能力的决定性指标为建成区绿化覆盖率和污水处理率，表现为 2005 年以前以建成区绿化覆盖率为主，2005 年以后以污水处理率为主。

生态胁迫方面，$PM_{2.5}$ 浓度、人均工业 SO_2 排放量、人均工业废水排放量与水资源开发利用率 4 个指标均在不同城市以及不同时间体现为影响生态胁迫程度的主要因子（图 6.11）。其中，天津、秦皇岛、唐山、石家庄和邢台 5 个城市影响其生态胁迫程度的因素均主要为水资源开发利用率；北京、保定、沧州和廊坊的生态胁迫程度主要受水资源开发利用率与人均工业 SO_2 排放量影响，其中，北京在 2009 年以前生态胁迫程度主要受水资源开发利用率影响，在 2009 年以后主要受人均工业 SO_2 排放量影响；张家口生态胁迫程度的主控要素为水资源利用率和 $PM_{2.5}$ 浓度，在 2012 年以后生态胁迫程度主要受水资源开发利用率影响，其他年份有的主控要素是水资源开发利用率，有

的主控因素是 $PM_{2.5}$ 浓度；衡水生态胁迫程度的主控要素为人均工业废水排放量和人均工业 SO_2 排放量，前期以人均工业废水排放量为主，后期以人均工业 SO_2 排放量为主；承德生态胁迫程度的主控要素为水资源开发利用率和 $PM_{2.5}$ 浓度，主要表现为在 2007 年以后生态胁迫程度主要受水资源开发利用率影响；邯郸 2001~2018 生态胁迫程度主要受水资源开发利用率与人均工业废水排放量影响，在 2010 年以前生态胁迫程度主要影响因素为水资源开发利用率，在 2010 年以后转变为人均工业废水排放量。

生态约束方面，单位 GDP 能耗、单位 GDP 水耗、人均农作物总播种面积与建设用地人口密度 4 个指标均在不同城市以及不同时间体现为影响生态约束程度的主要因子（图 6.12）。北京、天津、石家庄、唐山和张家口 2001~2018 年生态约束程度主要分为两个阶段：2008 年以前主要受建设用地人口密度影响，2008 年以后主要受单位 GDP 水耗影响；秦皇岛 2001~2018 年生态约束程度受建设用地人口密度单一因素影响；沧州和廊坊 2001~2018 年生态约束程度前期主要受单位 GDP 能耗影响，后期主要受单位 GDP 水耗影响；邯郸 2001~2003 年生态约束程度受建设用地人口密度影响，2003 年以后影响因素转变为单位 GDP 水耗；邢台 2001~2018 年生态约束程度主要受单位 GDP 水耗影响；承德、保定和衡水 2001~2018 年生态约束程度影响因素可分为 3 个阶段，前者在 2005 年以前受人均农作物总播种面积影响，2005~2012 年受建设用地人口密度影响，2012 年以后受单位 GDP 水耗影响，后两者在 2011~2014 年主要受单位 GDP 水耗影响，其他年份主要受单位 GDP 能耗影响。

最后，基于生态禀赋、生态恢复、生态胁迫与生态约束 4 个方面的相对影响，分析了影响京津冀城市群地区生态环境整体特征的主控原因（图 6.13）。结果表明，与其他城市相比，影响北京、天津和石家庄的总体生态环境质量的主控因素为其受到的生态约束；唐山总体生态环境质量的主控因素前期为生态约束，随后又经历了由生态恢复向生态约束转变的过程；秦皇岛、邢台和邯郸总体生态环境质量在前期主要受生态胁迫的影响，后期分别受生态约束（秦皇岛）和生态恢复（邯郸、邢台）影响；保定、张家口、承德、沧州和衡水 2001~2018 年总体生态环境质量的主控因素主要是生态胁迫；廊坊影响总体生态环境质量的主要因素为生态胁迫和生态约束。

6.3.2 城镇发展与生态环境交互胁迫时间演变特征

基于式（6.1）京津冀城市群地区城镇发展与生态环境交互胁迫的综合评价方法，拟合计算京津冀城市群地区城镇发展综合水平随时间的变化率（Va）与生态环境综合健康程度的变化速率（Vb），并且通过建立交互胁迫指数 T（即 Va/Vb），分析了京津冀城市群地区城镇发展与生态环境的交互影响特征与变化。

京津冀城市群地区城镇发展与生态环境随时间的整体变化速率分析结果表明（图 6.14），2002~2017 年，京津冀城镇发展水平一直在不断提升，即城镇发展变化速率始终为正,但城镇发展变化速率整体上呈下降状态。相比之下,2002~2017年,京津冀城市群地区生态环境状况随时间的整体变化速率波动很大(图 6.14)。总体上,2002~2017 年,京津冀地区的生态环境总体上是改善的。其中,改善最明显的阶段为 2002~2008 年,这个阶段的主要表现为京津冀城市群地区生态环境变化速率维持在相对较高的水平,2008 年之后生态环境水平提升的速率有所放缓,而 2012 年之后,生态环境水平提升的速率又有所增加。

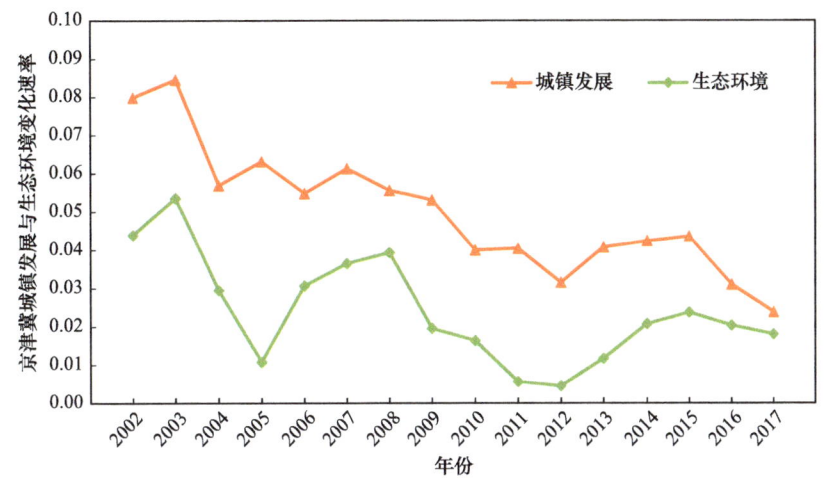

图 6.14 京津冀城市群地区城镇发展与生态环境的整体变化特征

基于京津冀城市群地区城镇发展与生态环境交互胁迫程度的计算方法,将京津冀城市群地区的城镇发展与生态环境交互作用关系分为四类,即强协调、弱协调、强胁迫与弱胁迫。对京津冀城市群地区城镇发展与生态环境交互作用关系的总体分析结果表明(图 6.15),2002~2017 年,京津冀城市群地区城镇发展与生态

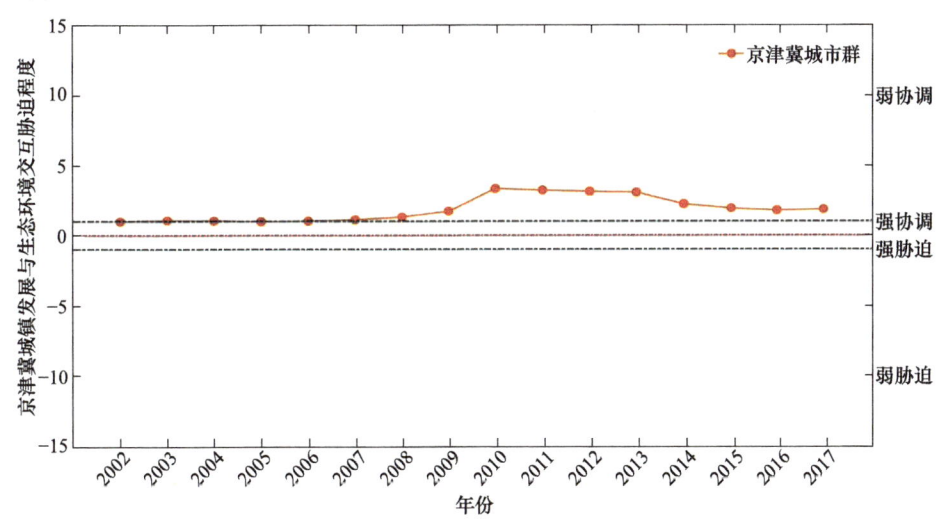

图 6.15 京津冀城市群地区城镇发展与生态环境交互胁迫的整体变化特征

环境的交互胁迫关系基本稳定在弱协调状态。

6.4 城镇发展与生态环境交互胁迫空间演变特征

6.4.1 生态环境综合水平空间演变特征

京津冀城市群地区生态环境特征具有明显的空间差异（图 6.16～图 6.20），但是，生态禀赋、生态恢复、生态胁迫及生态约束的空间分布与差异不一致，揭示了京津冀城市群地区生态环境特征与变化的复杂性。

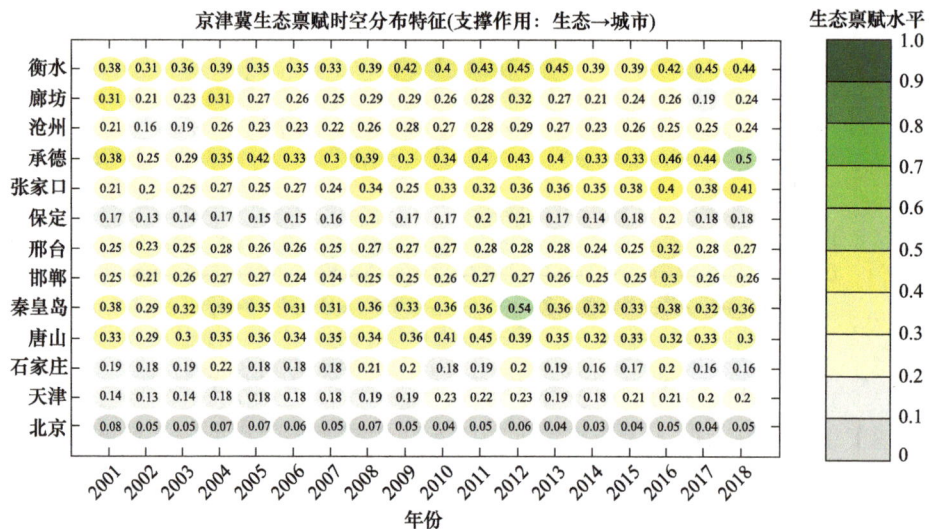

图 6.16 京津冀城市群地区生态禀赋的空间变化特征

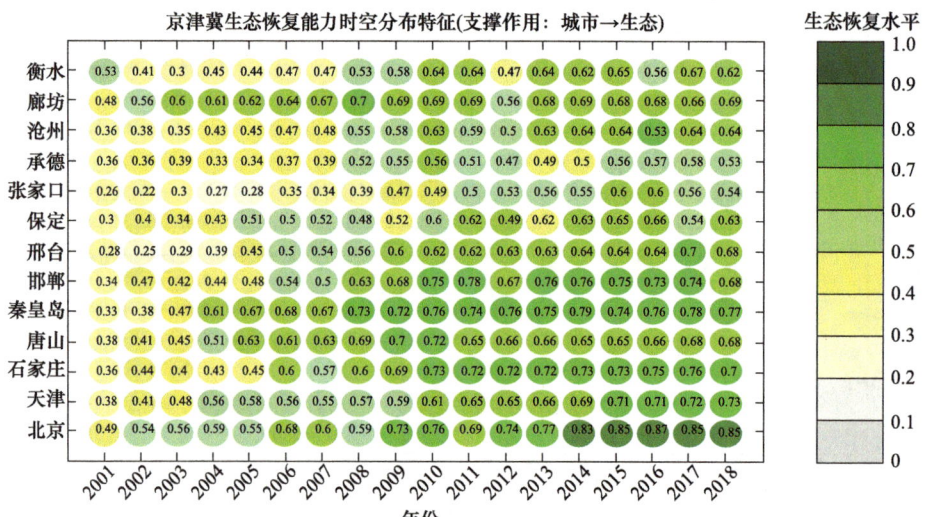

图 6.17 京津冀城市群地区生态恢复的空间变化特征

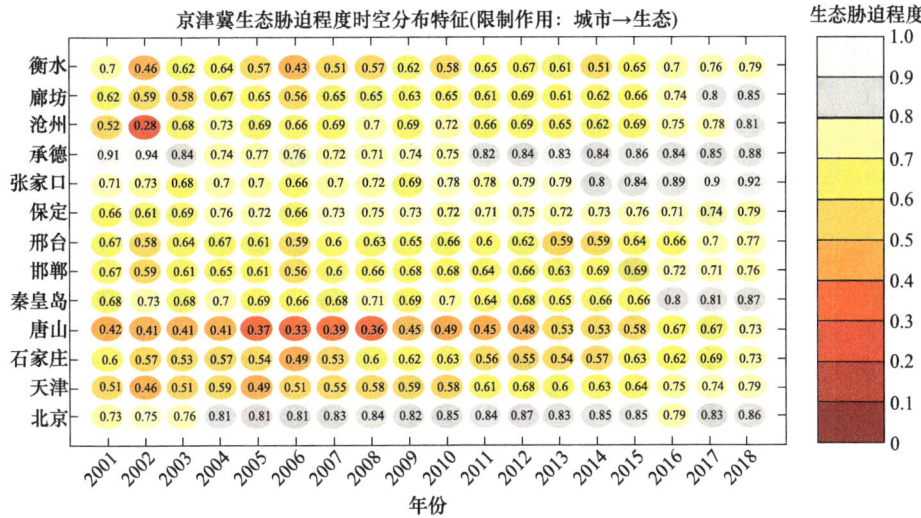

图 6.18 京津冀城市群地区生态胁迫的空间变化特征

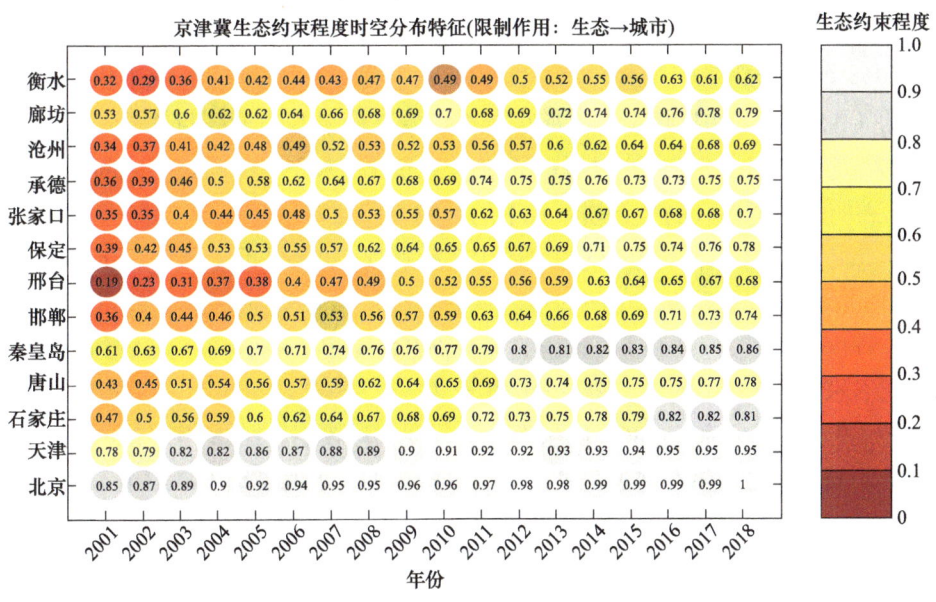

图 6.19 京津冀城市群地区生态约束的空间变化特征

生态禀赋方面，北京的生态禀赋水平明显低于其他城市，除北京、天津、石家庄和保定外，其他城市的生态禀赋水平差异不是特别明显（图 6.16）。基于数据标准化的计算，2001 年京津冀城市群地区生态禀赋水平最高与最低之间的差值为 0.30，而到 2018 年，京津冀城市群地区生态禀赋最高与最低之间的差值为 0.45，表明京津冀城市群地区不同地区之间生态禀赋的差异略微增加，但幅度不大。

生态恢复方面，京津冀城市群地区不同城市生态恢复水平存在明显差异（图 6.17）。基于数据标准化的计算，2001 年京津冀城市群地区衡水的生态恢复水平相对最高（0.53），其次是北京的生态恢复水平（0.49），其他城市的生态恢复水平差别不明

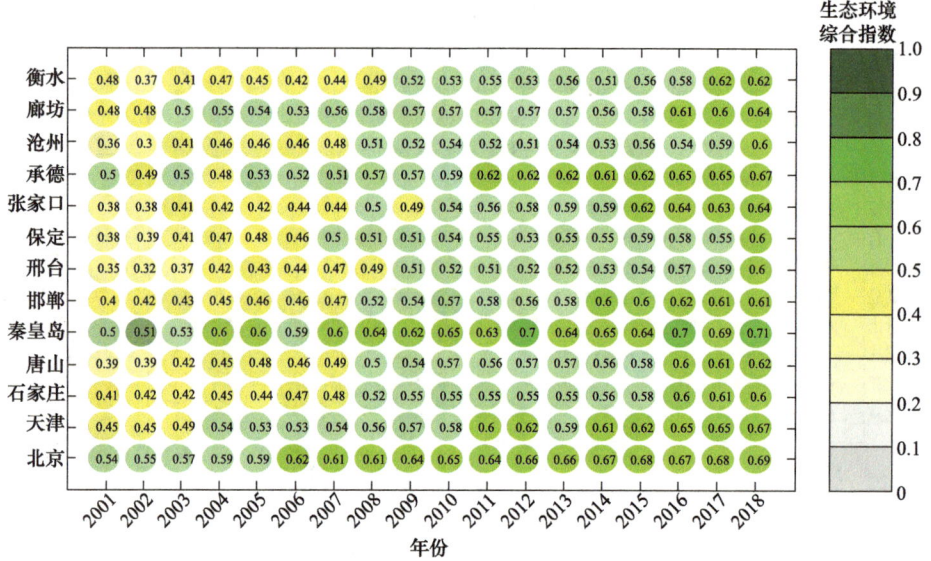

图 6.20 京津冀城市群地区生态环境综合的空间变化特征

显，2018 年生态恢复水平相对最高的是北京（0.85），生态恢复水平相对最低的是承德（0.53）。2001 年京津冀城市群地区生态恢复水平最高与最低之间的差值为 0.27，而到 2018 年，京津冀城市群地区生态恢复水平最高与最低之间的差值为 0.32，表明京津冀地区的生态恢复水平的空间差异在增大。

生态胁迫方面，京津冀不同地区的生态胁迫程度也存在明显的空间差异（值越小表明生态胁迫程度越大）（图 6.18）。基于数据标准化的计算，2001 年唐山的生态胁迫程度相对最大（0.42），承德的生态胁迫程度相对最小（0.91），到 2018 年，唐山与石家庄（0.73）的生态胁迫程度相对最大，张家口（0.92）、承德（0.88）、秦皇岛（0.87）与北京（0.86）的生态胁迫程度相对较小。2018 年与 2001 年相比，京津冀不同地区之间生态胁迫程度的差异有所增加，表明城镇发展对生态环境的约束影响的空间差异在增加。

生态约束方面，京津冀城市群地区不同城市之间的生态约束程度不同（值越小表明生态约束程度越大）（图 6.19），呈现明显的两极化特征。北京与天津两个超大城市的生态约束明显低于其他城市，表明这两个城市的发展相对于其他城市更加集约化。基于数据标准化的计算，2001 年衡水、沧州、张家口、承德与邢台的生态约束相对较高，到 2018 年，虽然所有城市的生态约束都明显有所缓解，但是衡水的生态约束程度还是相对高于其他城市，而且不同城市之间生态约束程度的差异性在增加，表明京津冀城市群地区不同城市的发展模式的差异性有增加的趋势。

基于生态禀赋、生态恢复、生态胁迫与生态约束综合后获得的生态环境综合指数表明，京津冀城市群地区生态环境总体状况也存在明显的空间差异（图 6.20）。基于数据标准化的计算，北京的生态环境总体情况明显优于其他城市。2001 年，邢台的生态环境总体状况相对最差，其次，沧州、张家口、保定等城市生态环境状况相对较差，到 2018 年，虽然所有城市的生态环境状况都呈改善趋势，但是沧州、保定、邢台和石家庄的生态环境相对较差，表明京津冀城市群地区不同城市之间的生态环境状况的改善与提高尚需加强。

6.4.2 城镇发展与生态环境交互胁迫空间演变特征

基于京津冀城市群地区城镇发展与生态环境交互胁迫的综合评价方法，通过城镇发展与生态环境交互胁迫指数 T（即 Va/Vb）的计算，可以定量地表征京津冀城市群地区城镇发展与生态环境的交互作用关系。Va/Vb 值表征城镇发展与生态环境的交互作用程度，Va/Vb 的正负表征城镇发展与生态环境的交互作用方向。

对比京津冀城市群地区不同城市的城镇发展与生态环境交互胁迫指数 T，结果表明，不同城市的城镇发展演变特征、生态环境的演变特征存在明显的时空差异，进而城镇发展与生态环境交互胁迫指数表征的不同城市的城镇发展与生态环境交互作用关系也存在明显的时空差异。

不同城市的城镇发展演变特征的分析结果表明，京津冀城市群地区不同城市的城镇发展轨迹有差异，但也有一定规律（图 6.21）。总体上，基于 2002～2017 年的分析，北京和天津的城镇发展综合水平明显高于河北的 11 个城市，河北的 11 个城市之间也存在一定的差异，但差异不大。时间分布上，总体上，京津冀所有城市的城镇发展水平均呈增加趋势，但是不同的城市城镇发展水平增长的轨迹不同，有的城市城镇发展增长速度呈先减慢后增加的特征，如北京、邯郸、邢台和保定；有的城市城镇发展速度呈波动变化，如天津、石家庄、秦皇岛、廊坊和衡水等城市，张家口的城镇发展速度呈先增加后减缓再增加的趋势。

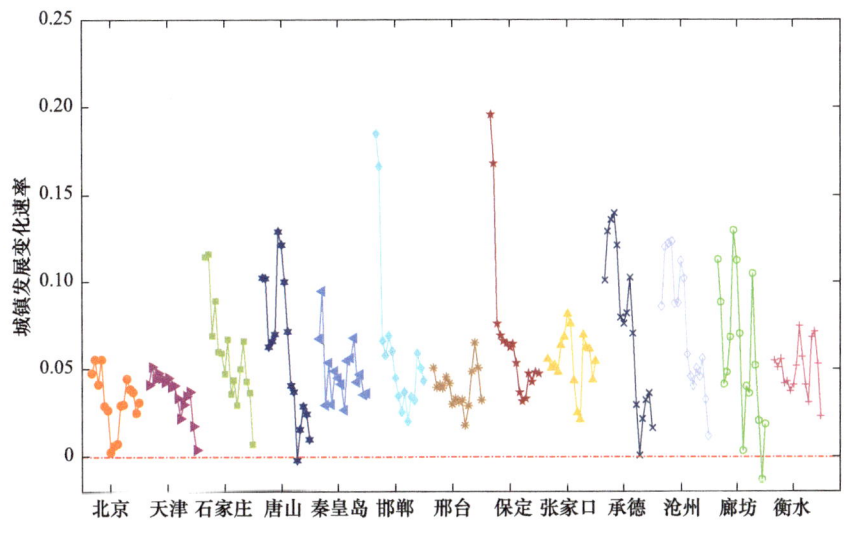

图 6.21 京津冀城市群地区城镇发展水平的变化特征

不同城市的生态环境演变特征的分析结果表明，京津冀城市群地区不同城市的城镇发展轨迹有差异，通过非线性拟合分析，揭示了京津冀城市群地区生态环境的时空变化规律（图6.22）。2002～2017年，京津冀城市群地区13个城市的生态环境总体上呈改善状态，根据生态环境状况的变化轨迹，京津冀城市群地区生态环境变化体现为几种情况，生态环境综合健康水平波动变化，如北京、天津、石家庄、唐山、秦皇岛、保定和衡水；生态环境综合健康增速先下降后提升，如邢台、沧州和廊坊；生态环境状况改善速度先提升后下降，如邯郸、张家口和承德。

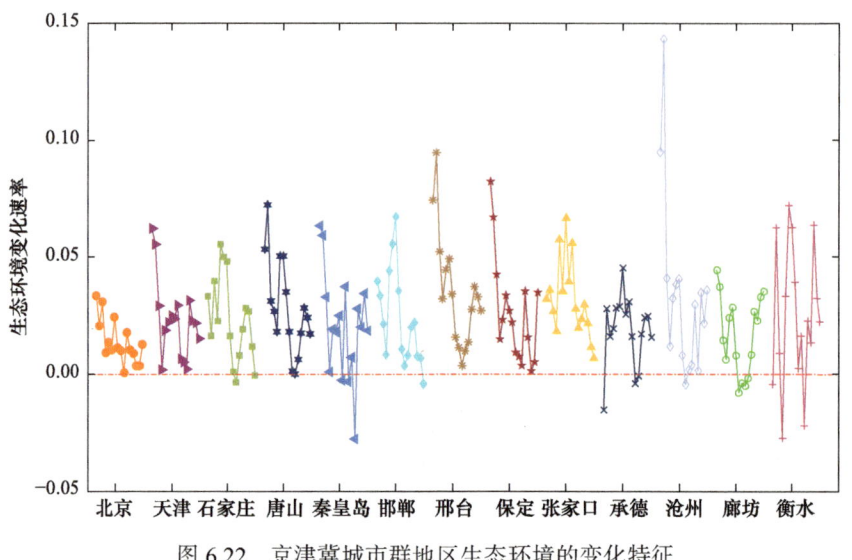

图6.22 京津冀城市群地区生态环境的变化特征

不同城市的城镇发展与生态环境交互胁迫指数计算结果表明（图6.23），2002～

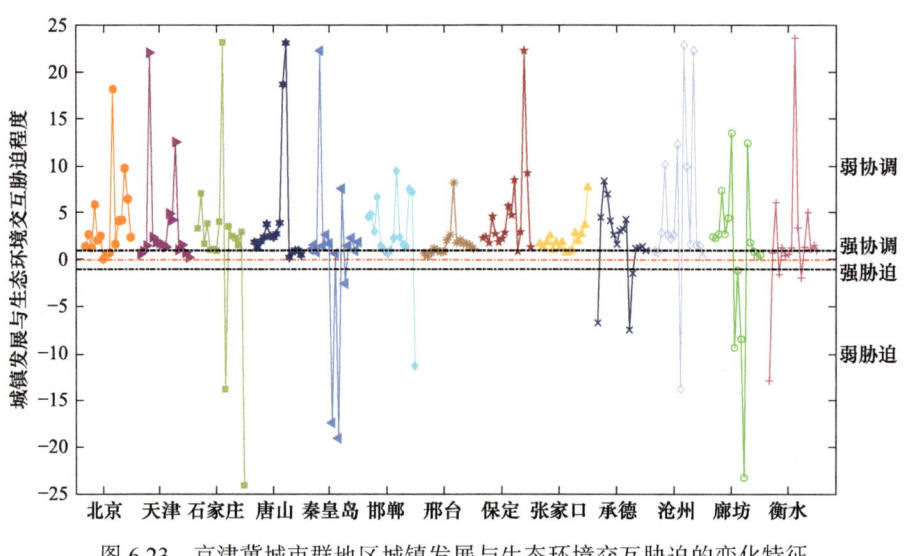

图6.23 京津冀城市群地区城镇发展与生态环境交互胁迫的变化特征

2017年，京津冀城市群地区多数城市在多数年份城镇发展与生态环境的交互作用关系处于协调状态，即生态环境提升的速度是超过城镇发展的速度的，但有的城市在某些年份城镇发展与生态环境的交互作用关系属于胁迫状态，即生态环境处于退化状态，如石家庄、秦皇岛、承德和衡水等市。

6.5 城镇发展与生态环境交互胁迫类型与模式

6.5.1 生态环境综合健康程度演变模式

根据6.4.2节阐述的京津冀城市群地区生态环境状况的变化轨迹与特征，将京津冀城市群地区生态环境综合健康程度变化模式划分为3种类型：波动变化型、"U"形与倒"U"形，并根据每个城市生态环境变化的轨迹，将其归为对应的类型（表6.8）。其中，表现为波动变化型的生态环境综合健康程度变化模式的城市包括北京、天津、石家庄、唐山、秦皇岛、保定和衡水7个城市；表现为"U"形的生态环境综合健康程度变化模式的城市包括邢台、沧州和廊坊；表现为倒"U"形的生态环境综合健康程度变化模式的城市为邯郸、张家口和承德。

表6.8 京津冀城市群地区生态环境综合健康程度变化模式

生态环境综合健康程度变化模式	所属城市
波动变化型	北京、天津、石家庄、唐山、秦皇岛、保定、衡水
"U"形	邢台、沧州、廊坊
倒"U"形	邯郸、张家口、承德

6.5.2 城镇发展与生态环境交互胁迫类型和模式

基于城镇发展与生态环境交互胁迫指数的定义，京津冀城市群地区不同城市的城镇发展与生态环境交互胁迫关系可以划分为4种类型：强协调、弱协调、强胁迫与弱胁迫（图6.24）。

针对2002～2017年京津冀城市群地区不同城市生态环境状态的演变轨迹，归纳了4种演变模式，即协调下降型、协调增强型、波动变化型和稳定型（表6.9）。其中，协调下降型，包括邢台，主要表现为从强协调向弱协调的变化特征；协调增强型包括唐山，主要表现为从弱协调向强协调的变化特征；波动变化型，包括石家庄、秦皇岛、承德、沧州、廊坊和衡水6个城市，主要表现为强协调、弱协

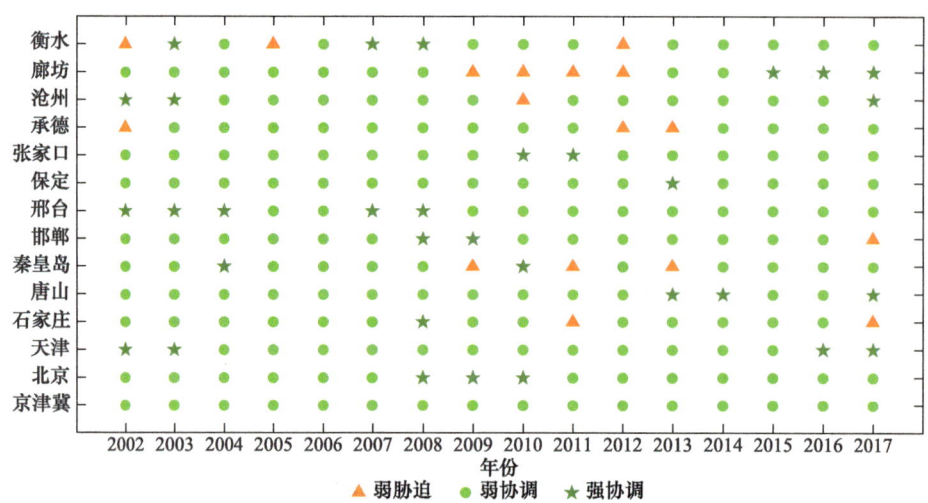

图 6.24 京津冀城市群地区城镇发展与生态环境交互胁迫类型的变化特征

调和弱胁迫的波动变化特征；稳定型包括北京、天津、邯郸、保定和张家口 5 个城市，主要处于弱协调状态。

表 6.9 京津冀城市群地区城镇发展与生态环境交互胁迫关系演变轨迹的模式划分

城镇发展与生态环境交互胁迫模式	所属城市
协调下降型	邢台
协调增强型	唐山
波动变化型	石家庄、秦皇岛、承德、沧州、廊坊、衡水
稳定型	北京、天津、邯郸、保定、张家口

根据 2017 年京津冀城市群不同城市的城镇发展与生态环境交互胁迫指数值，划分了当前京津冀城市群地区不同城市的城镇发展与生态环境交互胁迫状况（表 6.10）。2017 年京津冀城市群地区 13 个城市的城镇发展与生态环境交互胁迫状况主要体现为强协调、弱协调和弱胁迫，其中，属于城镇发展与生态环境强协调状态的城市

表 6.10 基于现状（2017 年）京津冀城市群地区城镇发展与生态环境交互胁迫关系的模式划分

城镇发展与生态环境交互胁迫模式	所属城市
强协调	天津、唐山、沧州、廊坊
弱协调	北京、秦皇岛、邢台、保定、张家口、承德、衡水
强胁迫	—
弱胁迫	石家庄、邯郸

包括天津、唐山、沧州和廊坊 4 个城市；属于城镇发展与生态环境弱协调状态的城市包括北京、秦皇岛、邢台、保定、张家口、承德和衡水 7 个城市；属于城镇发展与生态环境弱胁迫状态的城市包括石家庄和邯郸 2 个城市。

6.6 小　　结

本章针对京津冀城市群地区城镇发展与不同生态环境方面的交互作用，从相互支撑与相互限制两个角度，建立了京津冀地区城镇发展与生态环境交互胁迫关系的综合定量评价方法，定量评估了京津冀城市群地区城镇发展与生态环境的交互胁迫关系及时空变化特征，并归纳了京津冀城市群地区城镇发展与生态环境交互胁迫关系的类型与模式，获得如下主要结论。

（1）京津冀城市群地区城镇发展特征多元化，且时空分布特征与变化不同。2001～2018 年，京津冀地区城镇发展的总体水平呈持续增加趋势，且保持两极化状态。但经济、产业、人口、土地与社会发展等不同方面的时空特征与变化不同。空间上，经济、人口、社会与土地发展的两极化特征非常显著，主要表现为北京与天津两个超大城市的经济、人口、社会及土地发展水平远高于其他城市，而产业发展水平的空间差异相对小；时间上，经济、人口与社会发展的整体增幅最为明显。京津冀地区城镇化演变的原因解析揭示，除北京和天津主要受人口发展影响外，其他城市主要受产业和人口发展水平双重因素影响。

（2）京津冀城市群地区生态环境特征多样化，且空间上分布不均衡，时间上变化不一致。2001～2018 年，京津冀地区生态环境的总体状况有所改善。但是，生态环境的不同侧面（生态禀赋、生态修复、生态胁迫与生态约束）的状态与变化趋势不同，其中，天津、邯郸、邢台、保定、张家口、承德、沧州和衡水的生态禀赋有所提升，其余城市的生态禀赋表现出不同程度的下降；京津冀地区所有城市的生态恢复能力均明显提升，北京、天津、邢台和秦皇岛的生态恢复能力增幅最明显，其余城市的增幅较为一致；除承德外，京津冀地区其他 12 个城市的生态胁迫程度均有所下降；京津冀城市群地区 13 个城市的生态约束程度也均有所下降。京津冀城市群地区生态环境演变的原因解析揭示，京津冀不同地区生态环境状况的主导因素不同，影响北京、天津、石家庄、唐山和秦皇岛的主控因素主要是生态约束，其余城市的生态环境状况主要受生态胁迫影响。

（3）京津冀城市群地区城镇发展与生态环境的交互胁迫程度整体上缓解，但具有明显的时空分异性。2002～2017 年，京津冀地区不同城市的城镇发展与生态环境的交互胁迫关系主要表现为 4 种情况：强协调、弱协调、强胁迫与弱胁迫。从时间变化轨迹看，京津冀地区不同城市生态环境状态的演变轨迹归纳为 4 种演变模式，即协调下降型、协调增强型、波动变化型和稳定型。邢台主要表现为从强协调向弱协调变化的协调下降型，唐山主要表现为从弱协调向强协调变化的协调增强型，石家庄、秦皇岛、承德、沧州、廊坊和衡水主要表现为强协调、弱协调和弱胁迫的波动变化型，北京、天津、邯郸、保定和张家口主要表现为处于弱协调的稳定型。从 2017 年现状看，京津冀城市群地区 13 个城市的城镇发展与生态环境交互胁迫状况主要体现为强协调、弱协调与弱胁迫，天津、唐山、沧州和廊坊属于城镇发展与生态环境强协调状态，北京、秦皇岛、邢台、保定、张家口、承德和衡水属于城镇发展与生态环境弱协调状态，石家庄和邯郸属于城镇发展与生态环境弱胁迫状态。

参 考 文 献

北京市统计局. 2020. 北京市 2019 年国民经济和社会发展统计公报. http://tjj.beijing.gov.cn/tjsj_31433/tjgb_31445/ndgb_31446/202003/t20200302_1673343.html[2020-06-12].

北京市统计局, 国家统计局北京调查总队.2019.北京统计年鉴 2019. 北京：中国统计出版社.

常新锋, 管鑫. 2020. 新型城镇化进程中长三角城市群生态效率的时空演变及影响因素. 经济地理, 40(3): 185-195.

崔学刚, 方创琳, 刘海猛, 等. 2019. 城镇化与生态环境耦合动态模拟理论及方法的研究进展. 地理学报, 74(6):1079-1096.

方创琳, 周成虎, 顾朝林, 等. 2016. 特大城市群地区城镇化与生态环境交互耦合效应解析的理论框架及技术路径. 地理学报, 71(4): 531-550.

国家统计局城市社会经济调查司.2019.中国城市统计年鉴 2018. 北京：中国统计出版社.

梁振民, 陈才. 2019. 城市化与生态环境非协调性耦合关系识别研究. 安徽大学学报(自然科学版), 43(1): 72-79.

刘海猛, 方创琳, 李咏红. 2019. 城镇化与生态环境"耦合魔方"的基本概念及框架. 地理学报, 74(8): 1489-1507.

卢瑜, 向平安. 2020. 城镇化和生态环境的协同耦合研究——以长株潭城市群为例. 城市发展研究, 27(1): 1-6.

乔标, 方创琳, 黄金川. 2006. 干旱区城市化与生态环境交互耦合的规律性及其验证. 生态学报, (7): 2183-2190.

生态环境部华北督察局. 2018. 中国生态环境状况公报. http://hbdc.mep.gov.cn/hjyw/201905/t20190529_70 4848.shtml[2020-05-15].

天津市人民政府. 2019 年天津市国民经济和社会发展统计公报. http://www.tj.gov.cn/tj/tjgb/202004/t20200 426_3673079.html[2020-05-12].

天津市统计局, 国家统计局天津调查总队. 2019. 天津统计年鉴 2019. 北京：中国统计出版社.

田玉琢, 宋捷, 吴江. 2020. 中国经济发展与能源消费的现状分析及对策初探. 上海节能, (3): 176-179.

王俊龙. 2019. 上海城镇化与生态环境综合发展及其耦合协调研究. 牡丹江大学学报, 28(4): 80-85.

中华人民共和国国家统计局. 2020. 中华人民共和国 2019 年国民经济和社会发展统计公报. http://www. stats.gov.cn/tjsj/zxfb/202002/t20200228_1728913.html[2020-05-13].

中华人民共和国生态环境部. 2011. 关于发布《环境空气 PM10 和 PM2.5 的测定重量法》等三项国家环境保护标准的公告. http://www.mee.gov.cn/gkml/hbb/bgg/201109/t20110914_217271.htm[2020-05-17].

中华人民共和国中央人民政府. 2019. 国家统计局关于 2019 年粮食产量数据的公告. http://www.g ov.cn/xinwen/2019-12/07/content_5459250.htm[2020-05-13].

祝合良, 叶堂林, 张贵祥, 等. 2018. 京津冀蓝皮书: 京津冀发展报告(2018). 北京: 社会科学文献出版社.

Gene M G, Krueger B. 1995. Economic growth and the environment. The Quarterly Journal of Economics, Oxford University Press, 110(2): 353-377.

Haykin S S. 2009. Neural Networks and Learning Machines. Upper Saddle River: Prentice-Hall.

He J, Wang S, Liu Y, et al. 2017. Examining the relationship between urbanization and the eco-environment using a coupling analysis: Case study of Shanghai, China. Ecological Indicators, 77(jun.): 185-193.

Huang Y, Qiu Q Q, Sheng Y H, et al. 2019. Exploring the relationship between urbanization and the eco-environment: a case study of Beijing. Sustainability, 11(22): 6298.

Huang Y P. 2013. Survey on Bayesian network development and application. Transactions of Beijing Institute of Technology, 33(12): 1211-1219 .

Meadows D H, Meadows D L, Randers J, et al. 1972. The Limits to Growth. New York: Universe Books.

OECD. 2001. Decoupling:an conceptional overview. https: //www. researchgate.net[2019-09-18].

Zhang L W, Guo H P. 2006. Introduction to Bayesian Networks. Beijing: Science Press.

Zhong Y G, Jia X J, Qian Y, et al.2013. System Dynamics. 2nd ed. Beijing: Science Press.

第 7 章 城镇化的生态环境胁迫效应

7.1 引 言

生态用地减少、城市能耗增加、空气及水土污染等生态环境问题已经严重限制了城市的进一步发展。其中，建设用地无序扩张和城市内部绿化面积不足导致的城市热岛效应额外增加了城市的能耗和水耗，对城市内部居民健康和人居舒适度都产生了显著的负面效应。极端高温频发、各城市内涝频频发生表明城镇化过程与区域生态环境的交互胁迫作用已经非常深入，因此，描述城市群与生态环境的交互胁迫效应，对缓解城镇化对生态环境的压力以及制定相应的调节政策具有明确的指导意义。

其中，水资源胁迫是指人类活动对区域水资源造成的压力，水足迹的分析方法能全面地反映区域水资源胁迫状况。京津冀地区属于严重资源型缺水区域，水足迹方法能够有效地刻画京津冀地区的水资源利用状况。本章将计算京津冀地区市级、区县尺度水足迹，分析市级、区县尺度水足迹和人均水足迹的时空变化特征，并解析水足迹的组成结构。

在城镇化过程中，城市建成区范围不断扩大，同一地区城市群中不同规模、不同定位的城市呈现出不同的形态和扩张特征。城市建设用地面积变化是城市扩张最显著的特征，也是衡量城市化质量的重要指标（焦利民和张欣，2015）。为了描述城市在不同方向上的扩张特征，常用圈层划分城市空间，以市中心为圆心向外按一定的距离划分等距缓冲区，计算每个缓冲区范围内建设用地的比例，建立建设用地密度梯度曲线，分析在不同时期城市化过程中城市扩张的空间特征。

近年来，我国空气污染形势日益严峻（任阵海等，2004；Han et al.，2016），其中以 $PM_{2.5}$ 为首要污染物的空气污染最为严重，导致我国雾霾天气现象越来越多，使得 $PM_{2.5}$ 成为制约区域发展的最主要的生态环境限制因素。$PM_{2.5}$ 的形成机理和过程相对复杂，通常 $PM_{2.5}$ 的产生更多来自人为污染源。所以，准确监测 $PM_{2.5}$，深入了解其在城镇化地区的分布和与人类活动的关系，对治理大气环境有一定价值。

城镇化扩张占用了耕地和林草等植被，这一方面减少了植被覆盖（刘焱序等，2013），另一方面，从景观尺度到区域尺度减少了植被绿度，加上城市内部的绿化面积往往不足，再叠加城市热岛效应，因此不管从城市内部的人居环境舒适度上，还是从城市微气候（周淑贞和张超，1982）、城市生态环境上，城镇不透水面的扩张都对区域植被生态产生了一定的负面影响（肖荣波等，2005）。除此之外，城镇化扩张对植被的占用还直接减弱了植被的固碳能力，对区域碳循环产生了一定的影响。但是，人类有意识地改善地表覆盖的活动也对缓解地表热效应具有一定的贡献（方精云等，2003）。因此，深入研究城镇化过程对植被的影响，有助于理解人类活动与植被生态的相互关系。

地表温度是研究地表热环境的重要指示要素，也是表征区域和全球尺度环境变化的一个重要的物理参数，其能够提供地表能量平衡的时空变化信息。城市地表温度的梯度变化有明显的季节特征，通过城市之间和同一城市不同发展阶段之间的对比分析，可以发现城市不同规模、不同形态以及气候等因素对地表温度梯度特征的影响。

本章围绕城镇化过程对水资源、大气环境、植被生态以及城市热环境的胁迫关系展开研究，较为全面地展示了城市群地区城镇化对生态环境的胁迫效应，从而可以为相关领域的科学研究和政策制定提供参考。

7.2　城镇化对水资源的胁迫效应

水资源胁迫是指人类活动对区域水资源造成的压力，水足迹的分析方法能全面地反映区域水资源胁迫状况，目前区县尺度水足迹的研究还较为缺乏。京津冀地区属于严重资源型缺水区域，水足迹方法能够有效地刻画京津冀地区的水资源利用状况。本章将计算京津冀地区市级、区县尺度水足迹。通过查找京津冀地区水资源公报和统计资料，收集生活用水量，生态环境用水量，城镇、乡村人均主要农产品、动物产品消费量和城乡常住人口数量等数据，计算出虚拟水消费量，然后汇总得到水足迹和人均水足迹。分析京津冀地区2000～2017年市级、区县尺度水足迹和人均水足迹的时空变化特征，并解析水足迹的组成结构。

7.2.1　数据来源与计算方法

京津冀市级、区县城镇与乡村常住人口数据来自2000～2017年《北京统计年鉴》《天津统计年鉴》《北京区域统计年鉴》《河北经济年鉴》《河北农村统计年鉴》等。由于受可获得统计数据的限制，城镇、乡村居民主要食品人均年消费量只能收集到省级尺度。其中，对于《北京统计年鉴》《天津统计年鉴》《河北统计年鉴》中城乡居民主要食品人均年消费量统计缺失的年份，参照《中国统计年鉴》中的全国城乡居民主要食物消费量，按照北京、天津、河北城乡居民食品消费支出与全国城乡居民平均食品支出之比，估算出京津冀城乡居民主要食品人均年消费量。京津冀地区生活用水量和生态环境用水量来自2000～2017年北京、天津和河北省各市水资源公报，数据收集到市级尺度，并按照区县总人口数量，分配全区县行政单元。

水足迹是指任何已知人口（一个国家、一个地区或者一个人）在一定时间内所消费的所有产品和服务所需要的水资源数量（Chapagain and Hoekstra，2003）。这部分水资源量既包括日常生活实体用水，又包括工农业产品和服务中的虚拟水及为人类提供生态服务功能的用水（曹永强和马静，2011；王艳阳等，2011）。其中，以产品和服务形式的虚拟水消费是人类对水资源的主要消费形式（Gleick and Cain，2004）。水足迹通常有两种计算方法，即自上而下的方法和自下而上的方法。本章将采用自下而上的研究方法计算京津冀地区水足迹，公式为

$$WF = DU + \sum_{1}^{n} P_i \times VWP_i + ENV \quad (7.1)$$

式中，WF 为一个国家或地区水资源的足迹；DU 为生活用水量；P_i 为第 i 种产品消费量；VWP_i 为第 i 种产品的单位产品虚拟水含量；ENV 为生态环境用水量。该方法相对简单，所需的消费数据可以从统计年鉴上获得，但存在数据不全的缺陷。

农作物产品和动物产品的虚拟水是目前虚拟水计算中最主要的部分（Ge et al.，2011）。单位农作物产品的虚拟水含量参考姜莉（2011）在京津冀地区的研究成果。单位农作物产品的虚拟水含量为农作物单位面积虚拟水量与单位面积实际产量的比值。农作物单位面积虚拟水含量的获取主要参照《中国主要农作物需水量等值线图研究》中关于京津冀地区的研究成果和研究区内已有的研究文献。同时根据《北京统计年鉴》《天津统计年鉴》《河北经济年鉴》等相关统计数据，计算京津冀地区单位产品虚拟水含量。本章选取了京津冀地区主要的粮食作物类（小麦、水稻）和经济作物类（水果、蔬菜）共 4 种为研究对象，其单位质量的虚拟水含量见表 7.1。

表 7.1　京津冀地区主要农作物单位质量的虚拟水含量（姜莉，2011）（单位：m^3/kg）

城市	小麦	水稻	水果	蔬菜
北京	1.23	1.4	0.58	0.38
天津	1.25	1.19	0.48	0.35
河北	1.38	1.56	0.68	0.56

由于计算动物产品虚拟水含量需要的数据很多，并且这些数据通常难以获得，因此作者参考 Chapagain 和 Hoekstra（2003）的研究，根据联合国粮食及农业组织（FAO）和世界贸易组织（WTO）提供的数据资料，按照贡献度大小对世界 100 多个国家单位质量动物产品的虚拟水估算中有关中国部分的估算结果。考虑到数据的可获得性和连续性，本章选取了京津冀地区 7 种主要动物产品，分别是猪肉、羊肉、牛肉、家禽肉、禽蛋、奶类、水产品，其单位质量虚拟水含量见表 7.2。动物产品单位质量虚拟水含量较农作物产品的高（Hoekstra，2003）。

表 7.2 主要动物产品单位质量虚拟水含量 （单位：m³/kg）

动物产品	猪肉	羊肉	牛肉	家禽肉	禽蛋	奶类	水产品
单位质量虚拟水含量	3.6	19.9	18.1	3.5	9.65	2.2	5.1

7.2.2 市级尺度水资源胁迫分析

市级尺度的水足迹计算能反映京津冀地区各城市水资源的胁迫状况。本章根据式（7.1）计算出京津冀 13 个城市 2000~2017 年水足迹（图 7.1、图 7.2，表 7.3）。

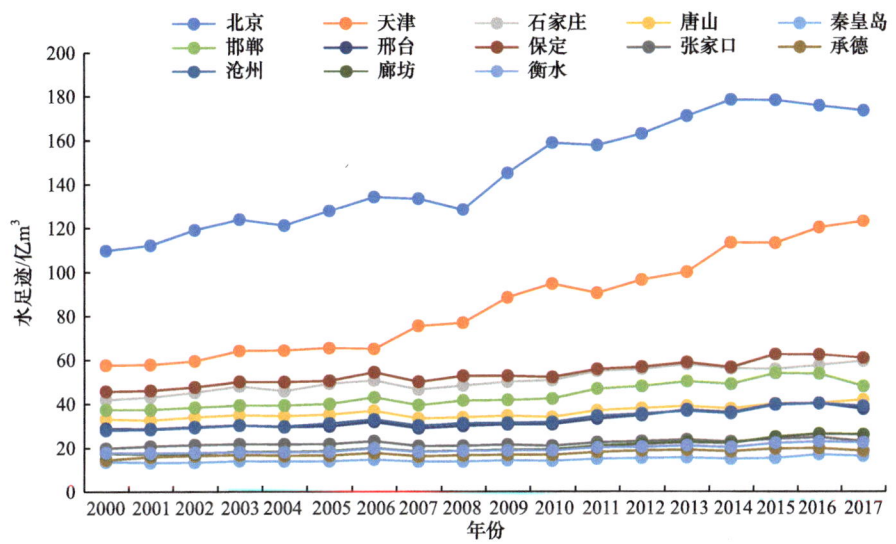

图 7.1 2000~2017 年京津冀地区市级水足迹

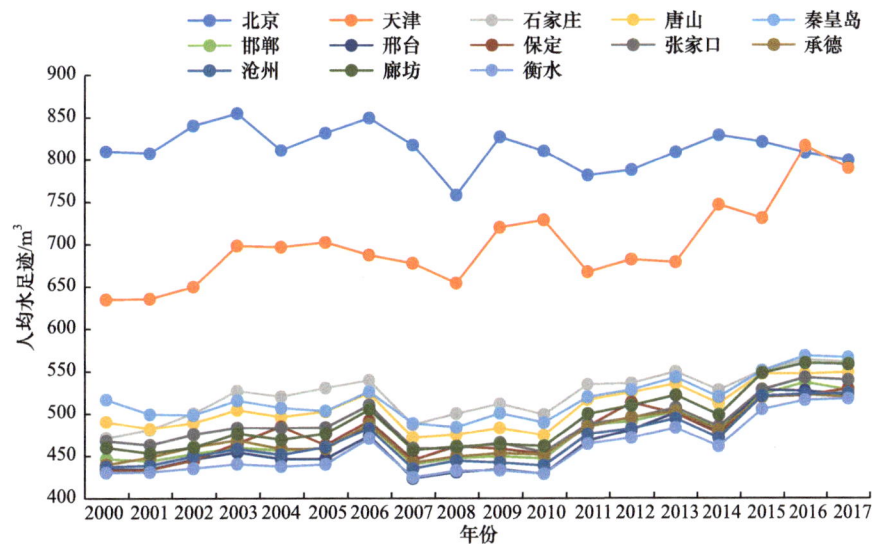

图 7.2 2000~2017 年京津冀地区市级人均水足迹

表 7.3 2000~2017年京津冀地区市级水足迹

(单位：亿 m³)

城市	2000年	2001年	2002年	2003年	2004年	2005年	2006年	2007年	2008年	2009年	2010年	2011年	2012年	2013年	2014年	2015年	2016年	2017年	2000~2017年平均
北京	109.87	112.25	119.22	123.94	121.22	127.91	134.29	133.49	128.49	145.12	158.87	157.76	163.00	171.03	178.35	178.12	175.60	173.39	145.11
天津	57.58	57.80	59.40	64.11	64.32	65.42	65.06	75.55	76.94	88.41	94.65	90.38	96.35	99.91	113.21	112.99	120.03	122.91	84.72
石家庄	41.92	43.08	45.23	48.00	45.88	49.20	50.70	46.53	48.34	50.02	50.69	54.85	55.67	57.91	55.96	55.63	57.38	59.32	50.91
唐山	33.08	32.53	33.95	34.91	34.50	35.15	36.88	33.38	33.87	34.63	34.00	37.01	37.85	38.87	37.68	39.92	40.13	41.57	36.11
秦皇岛	13.77	13.40	13.49	14.10	13.99	14.03	14.77	13.85	13.84	14.39	14.12	15.06	15.38	15.61	14.99	15.28	16.90	16.21	14.62
邯郸	37.48	37.49	38.48	39.42	39.41	40.05	43.05	39.47	41.56	41.81	42.43	46.94	47.99	50.18	48.97	53.85	53.52	47.89	43.89
邢台	28.88	28.72	29.59	30.33	29.55	29.86	31.88	28.95	29.96	30.70	30.75	33.23	34.86	37.28	36.04	39.88	40.17	37.57	32.68
保定	45.69	46.09	47.63	50.04	49.96	50.51	54.37	50.00	52.68	52.72	52.10	55.72	56.64	58.74	56.47	62.39	62.25	60.72	53.60
张家口	19.88	20.78	21.43	21.76	21.73	21.78	23.15	20.87	20.97	21.52	20.94	22.54	22.92	23.67	22.72	24.00	24.65	22.83	22.12
承德	14.59	15.96	16.49	16.83	16.53	16.57	17.72	16.22	16.63	16.90	16.84	18.13	18.68	19.02	18.30	19.53	19.68	18.46	17.39
沧州	28.14	28.46	29.33	30.26	29.77	31.13	32.96	30.12	31.19	31.36	31.69	34.56	35.48	36.86	35.68	39.53	40.12	38.86	33.08
廊坊	17.63	17.23	17.52	18.45	18.30	18.66	19.99	18.37	18.81	19.18	19.35	20.94	21.76	22.61	22.13	24.88	26.30	26.00	20.45
衡水	17.90	17.69	17.89	18.21	18.14	18.39	19.89	18.18	18.71	18.89	18.88	20.24	20.38	21.01	20.19	22.07	22.69	22.25	19.53
平均	35.88	36.27	37.67	39.26	38.72	39.90	41.90	40.38	40.92	43.51	45.02	46.72	48.23	50.21	50.82	52.93	53.80	52.92	

结果表明,北京 2000~2017 年平均水足迹为 145.11 亿 m³,在京津冀 13 个城市中位居第一。天津次之,2000~2017 年平均水足迹为 84.72 亿 m³。京、津两个直辖市由于人口总量大,且城镇化水平高,所以水足迹较高。根据《河北省经济年鉴》,在河北的 11 个地级城市中,保定和石家庄是仅有的两个人口过千万的城市,2017 年常住人口分别为 1147.08 万人、1057.57 万人,因此水足迹最高,2000~2017 年平均水足迹分别为 53.60 亿 m³、50.91 亿 m³。作为河北常住人口数量最少的地级市(2017 年常住人口 286.16 万人),秦皇岛 2000~2017 年水足迹最低,仅为 14.62 亿 m³。位于京津冀北部燕山山区的承德、张家口和中南部的衡水,由于人口数量相对较少,且城镇化水平较低,水足迹相对较低。在时间上,京津冀市级尺度水足迹总体呈现增加的趋势,13 个城市的平均水足迹由 2000 年的 35.88 亿 m³ 增长为 2017 年的 52.92 亿 m³。主要驱动因素是人口数量增加、城市发展及经济水平的提高。其中,天津、北京水足迹增长幅度最大,增长率分别为 113.46%、57.81%。主要是因为京、津两直辖市城镇化水平较高,城市人口增加数量较多。

京津冀地区 13 个城市 2000~2017 年人均水足迹如图 7.2 所示。时间尺度上,京津冀地区各城市人均水足迹呈现波浪式变化。总体上,北京人均水足迹最高,2000~2017 年人均水足迹为 814.00m³。天津次之,人均水足迹为 699.69m³。石家庄、秦皇岛、唐山人均水足迹相对较高,均超过了 500m³。衡水、邢台、沧州人均水足迹相对较低,其中衡水人均水足迹为 456.94m³。

7.2.3　区县尺度水资源胁迫分析

本节基于区县尺度水足迹分析了水资源胁迫。京津冀地区区县 2000~2017 年水足迹结果表明(图 7.3),北京市辖区水足迹总体最高,朝阳区年均水足迹达 27.73 亿 m³,位居京津冀区县第一,其次是海淀区,年均水足迹为 26.06 亿 m³。天津市辖区平均水足迹低于北京市辖区,滨海新区年均水足迹达 13.95 亿 m³,位居天津市辖区第一。在河北所辖区县中,定州年均水足迹最高,为 5.58 亿 m³。北部燕山山区与西部太行山区区县由于人口总量相对较少,且城镇化水平较低,因此水足迹相对较低,如张家口、承德、邢台等市所辖区县。其中,张家口下花园区水足迹最低,年均水足迹仅为 0.36 亿 m³。衡水所辖区县水足迹也较低。在时间上,2000~2017 年,由于人口总量,特别是城镇人口的增加,京津冀区县水足迹总体呈现增长趋势,201 个区县平均水足迹由 2000 年的 2.30 亿 m³ 增长为 2017 年的 3.44 亿 m³。其中,北京市辖区水足迹增长幅度最大,天津次之(图 7.3)。

京津冀地区区县 2000~2017 年人均水足迹结果表明(图 7.4),北京主城六区(东城区、西城区、朝阳区、海淀区、丰台区、石景山区)人均水足迹在京津冀区县中最高,人均水足迹超过 860m³。北京其他市辖区和天津主城六区(和平区、南开区、河北区、河东区、河西区、红桥区)、滨海新区人均水足迹次之,均高于 700m³。石家庄主城区人均水足迹也相对较高,均高于 600m³。邯郸、邢台、保定所辖山区区县人均水足迹相对较低。衡水所辖区县人均水足迹也较低。

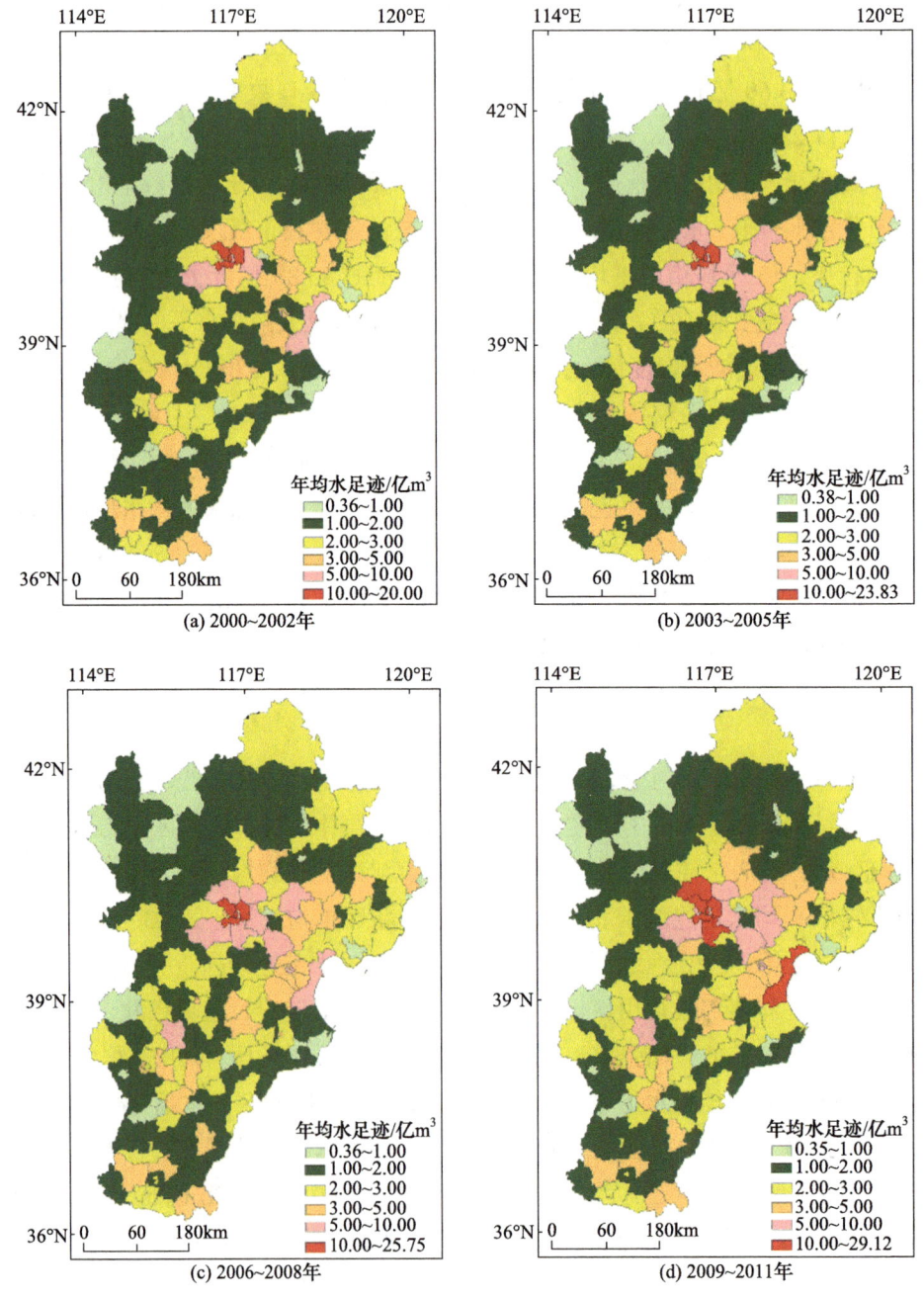

(a) 2000~2002年 (b) 2003~2005年
(c) 2006~2008年 (d) 2009~2011年

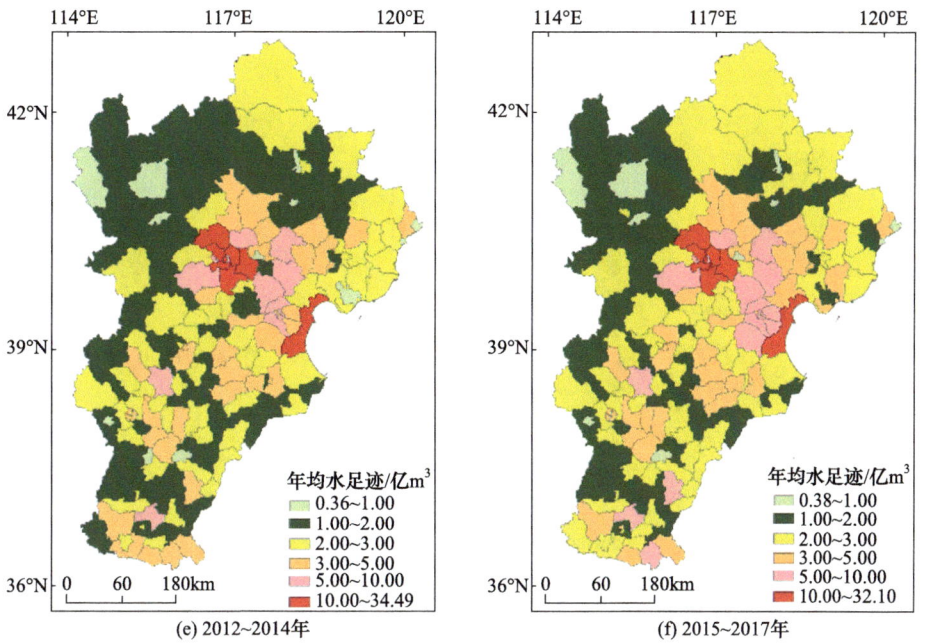

图 7.3　2000～2017 年京津冀地区区县年均水足迹

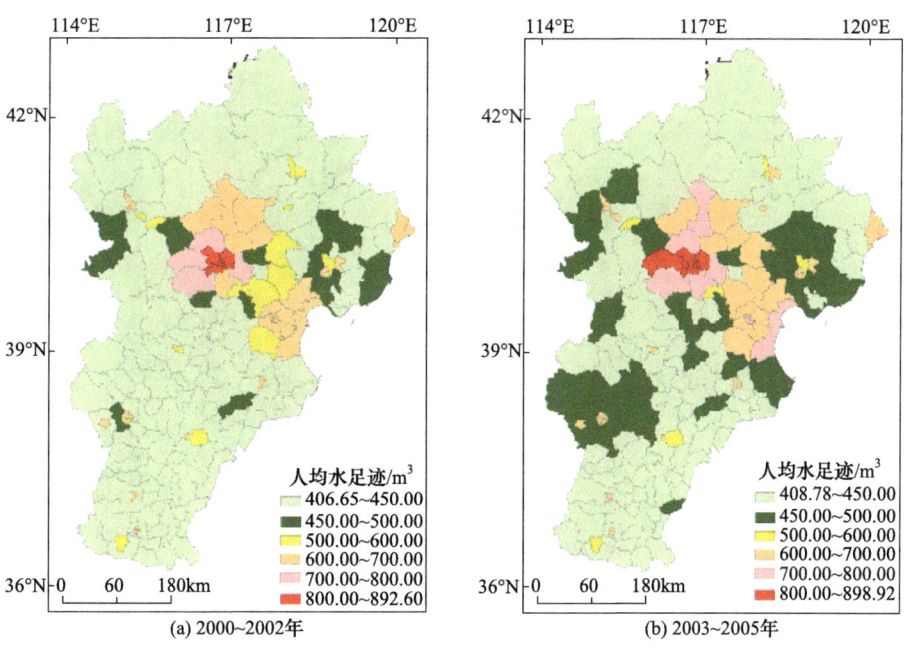

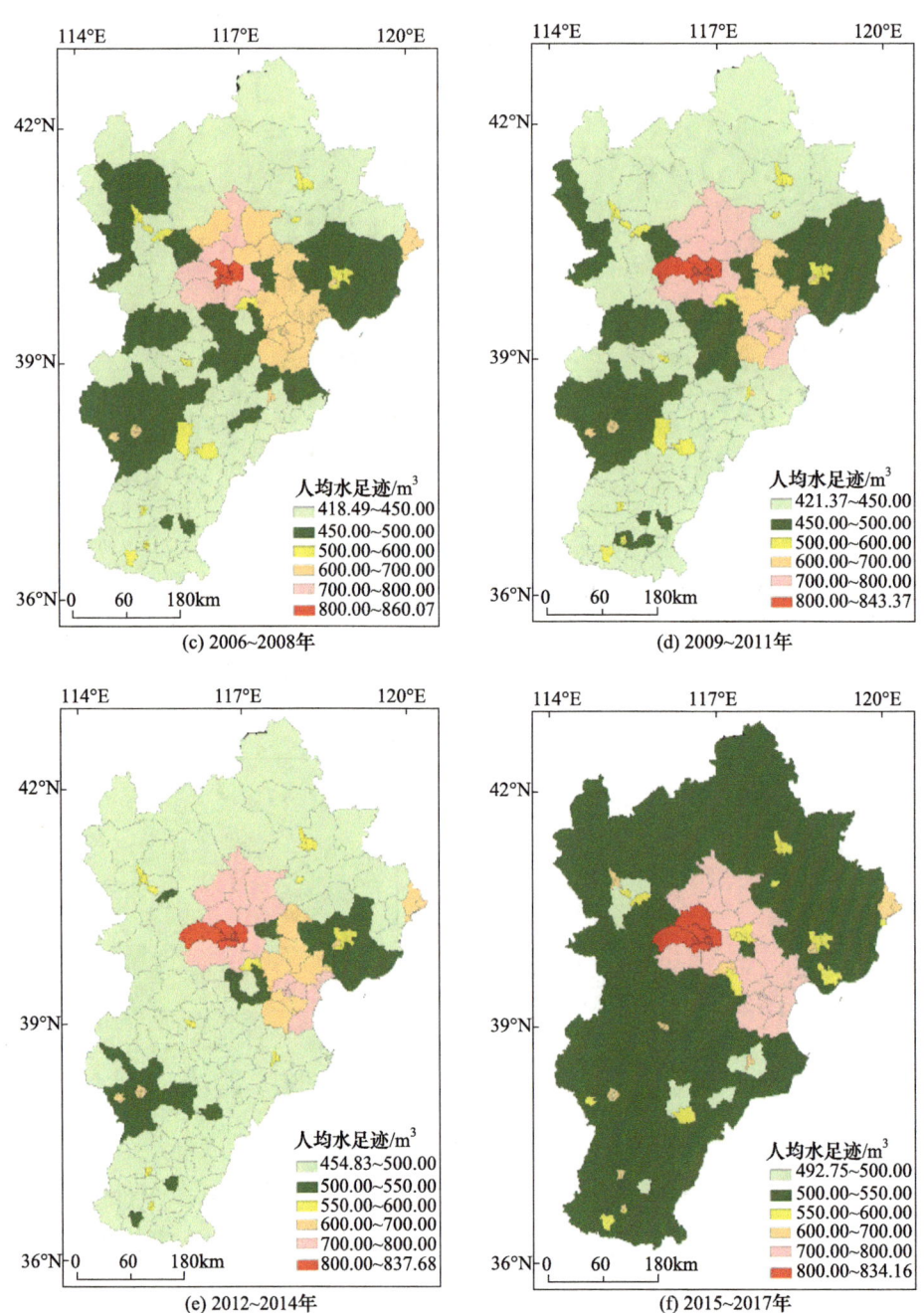

图 7.4 2000～2017 年京津冀地区区县人均水足迹

7.2.4 城镇化的水资源胁迫效应分析

通过水足迹的组成分析,可以准确掌握区域水资源胁迫的组成结构,在此基础上提出具有针对性的水资源节约利用措施。以 2017 年为例,分析京津冀地区

13个城市水足迹的结构组成（图7.5）。结果表明，京津冀地区水足迹的组成比例从大到小依次是虚拟水消费量、生活用水量和生态环境用水量。虚拟水消费量约占水足迹的90%。京津冀地区生活用水量所占水足迹的平均比例为6.64%，北京和廊坊生活用水量所占比例超过了平均值。其中，北京生活用水量所占水足迹的比例最高，为10.55%。居民人均动物产品虚拟水消费量所占食物消费量的比重，可以反映区域经济发展水平。一般而言，在同一地区，城镇居民人均动物产品虚拟水消费量明显高于农村。北京与天津人均动物产品虚拟水消费量分别达449.07m^3、498.87m^3，远超河北各城市。动物产品虚拟水消费量所占水足迹的比例在河北11个城市中无显著差异，均处于50%左右（图7.5）。

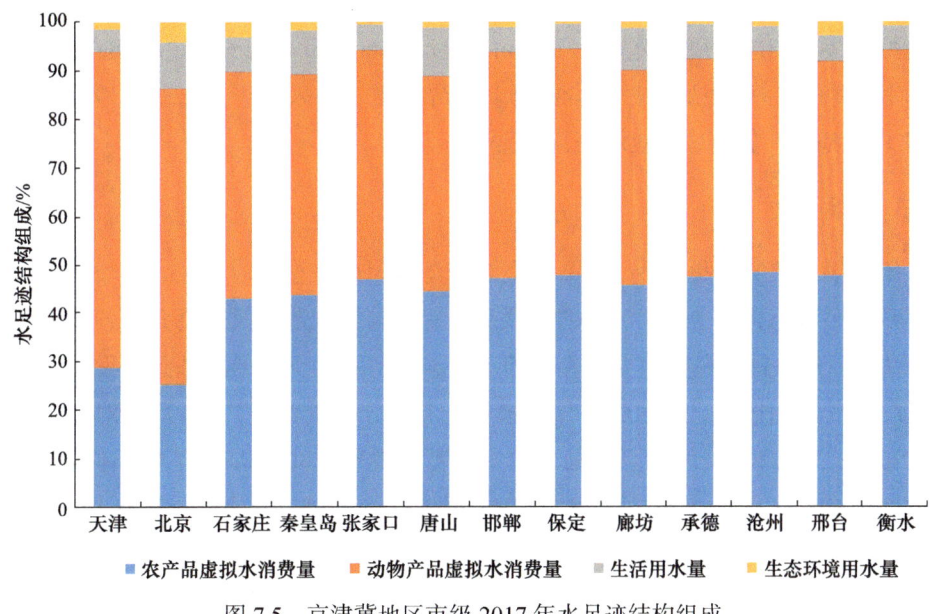

图7.5 京津冀地区市级2017年水足迹结构组成

7.3 城镇化对大气环境的胁迫效应

本部分以遥感数据为主要数据源，以遥感信息反演、特征提取和GIS空间分析为技术手段，结合典型气象、环境和地面调查数据，开展了一系列的研究，旨在明确京津冀地区$PM_{2.5}$浓度的时空分异格局特征和京津冀地区城市$PM_{2.5}$污染对其周边区域影响的时空分异格局特征。

7.3.1 数据和方法

1. $PM_{2.5}$遥感反演数据

目前，利用MODIS、MISR和SeaWiFS获得的AOD产品，通过地球化学传输模型和地理加权回归模型，可以较为准确地获取全球全覆盖的 $PM_{2.5}$ 浓度数据（Hammer et al.，2020；van Donkelaar et al.，2019）。该产品可在加拿大达尔豪斯大学（Dalhousie University）的网站大气成分分析组（Atmospheric Composition Analysis Group）免费下载使用。

2. 土地覆盖和基础地理信息数据

最新版本（Version 1.0-2014）的全球土地覆盖共享数据产品（Global Land Cover-SHARE，GLC-SHARE）也获取并应用于研究之中。该产品可在 GLC-SHARE 的共享平台免费下载（下载地址：http://www.glcn.org/databases/lc_glcshare_downloads_en.jsp），并具有 80.2% 的总体精度。城市分布数据可从美国威斯康星大学麦迪逊分校的可持续与全球环境研究中心（Center for Sustainability and the Global Environment）免费获取。研究所使用的全国行政边界数据主要来源于国家基础地理信息中心的 1∶250000 全国基础地理信息数据。

3. 主要方法

研究发现，城市是 $PM_{2.5}$ 污染的主要来源，因此在全球、区域、城市和局地多尺度开展了城市化与 $PM_{2.5}$ 污染的关联分析，因篇幅限制，仅简要介绍各部分的主要方法。研究的总体框架主要是在分析 $PM_{2.5}$ 污染的时空格局的基础上发现城市的浓度高于其周边区域，进而建立评估模型，定量分析了城市 $PM_{2.5}$ 污染对其周边区域的影响。$PM_{2.5}$ 污染的时空格局分析主要基于地理空间分析平台，具体分析方法可参见相关文献（Han et al.，2014，2015；别同等，2018；韩立建，2018）的详细描述。城市 $PM_{2.5}$ 浓度显著高于其他用地类型，因此为了定量地评估 $PM_{2.5}$ 污染对其周边区域的影响程度，本书在地级市尺度上构建了城市与其周边区域 $PM_{2.5}$ 浓度差异评估模型，通过该模型可以定量评价城市与其周边区域的 $PM_{2.5}$ 污染的相互影响关系。

7.3.2 京津冀地区 $PM_{2.5}$ 污染时空格局演变特征

利用遥感反演获得的京津冀地区多年的 $PM_{2.5}$ 浓度时空格局数据，在城市群、省级和地级市尺度，系统分析了 2000 年、2005 年、2010 年、2015 年和 2018 年平均 $PM_{2.5}$ 浓度的时空分布规律。2000 年、2005 年、2010 年、2015 年京津冀地区的 $PM_{2.5}$ 平均浓度分别为 $34\mu g/m^3$、$46\mu g/m^3$、$51\mu g/m^3$、$53\mu g/m^3$ 和 $36\mu g/m^3$（图 7.6）。2000~2015 年 $PM_{2.5}$ 浓度呈显著升高趋势，尤其在 2000~2005 年 $PM_{2.5}$ 浓度年增幅较大（图 7.7）。京津冀地区 $PM_{2.5}$ 浓度东南地区高、西北地区低，尤其在 2000~2005 年，$PM_{2.5}$ 浓度等级变化明显；相应地，在不同 $PM_{2.5}$ 污染等级的暴露面积比例中，2000~2005 年，$PM_{2.5}$ 浓度处于 $35~70\mu g/m^3$ 的面积下降幅度较大，反之处于 70～105μg/m³ 的面积上升幅度较大。总的来看，2000～2015 年 PM$_{2.5}$ 浓度处于 0～35μg/m³、35～70μg/m³ 的面积呈下降趋势，相反处于 70～105μg/m³、105～140μg/m³ 的面积呈递增趋势。整体来看，2000～2015 年北京、天津和河北 PM$_{2.5}$ 平均浓度逐年升高（图 7.8），其中天津 PM$_{2.5}$ 平均浓度最高，在 2015 年高达 80μg/m³，而北京和河北 PM$_{2.5}$ 平均浓度较低，都处于 40μg/m³ 左右。北京和河北 2000～2015 年 PM$_{2.5}$ 平均浓度处于 0～35μg/m³ 的面积比例呈下降趋势，处于 70～105μg/m³ 的面积比例呈上升趋势，而天津由于污染较严重，在 2000～2015 年处于 35～70μg/m³ 的面积呈下降趋势，处于 70～105μg/m³ 的面积呈上升趋势，在 2000～2005 年和

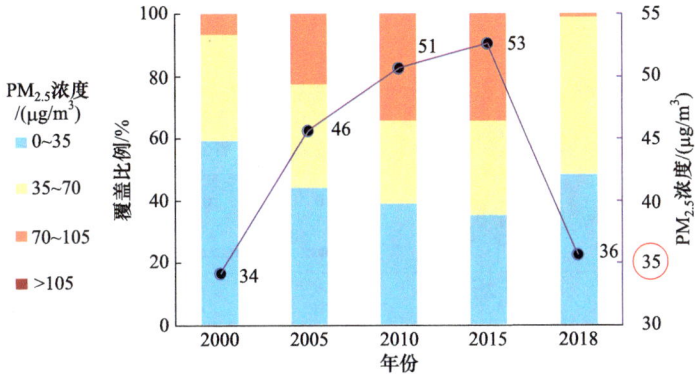

图 7.6 京津冀地区省级 PM$_{2.5}$ 平均浓度图及不同 PM$_{2.5}$ 污染等级的暴露面积比例图
35μg/m³ 为世界卫生组织对 PM$_{2.5}$ 规定的上限水平

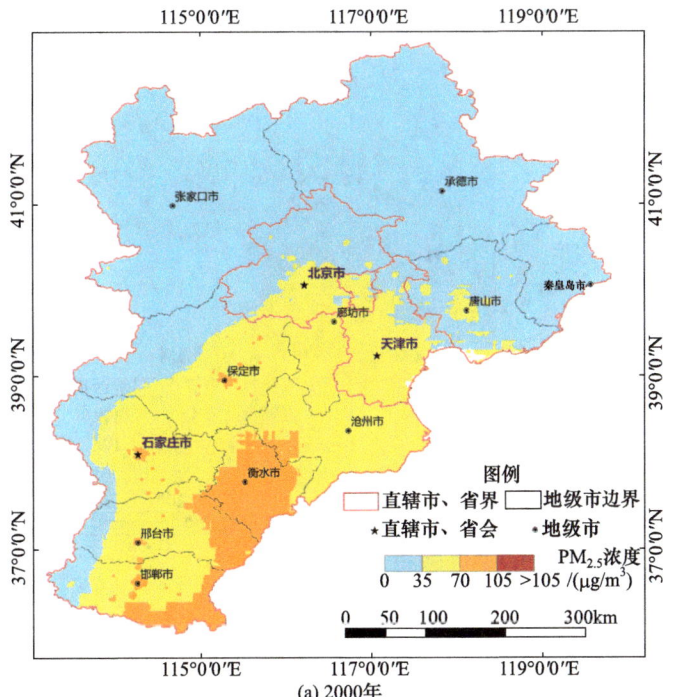

(a) 2000 年

186 | 城市群地区城镇化与生态环境时空演变特征及胁迫效应

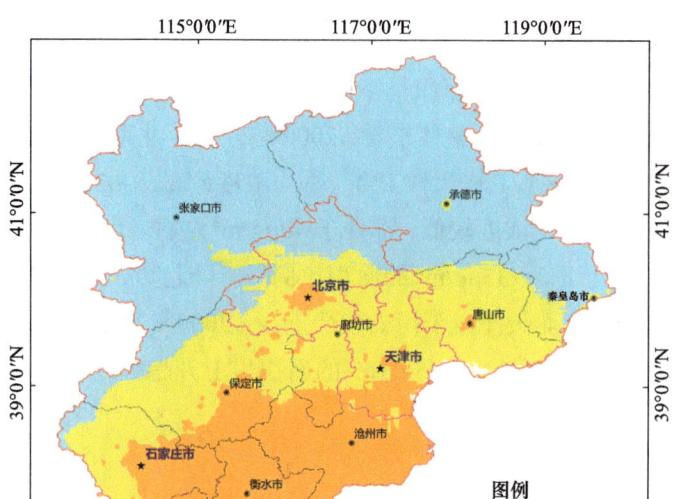

(b) 2005年

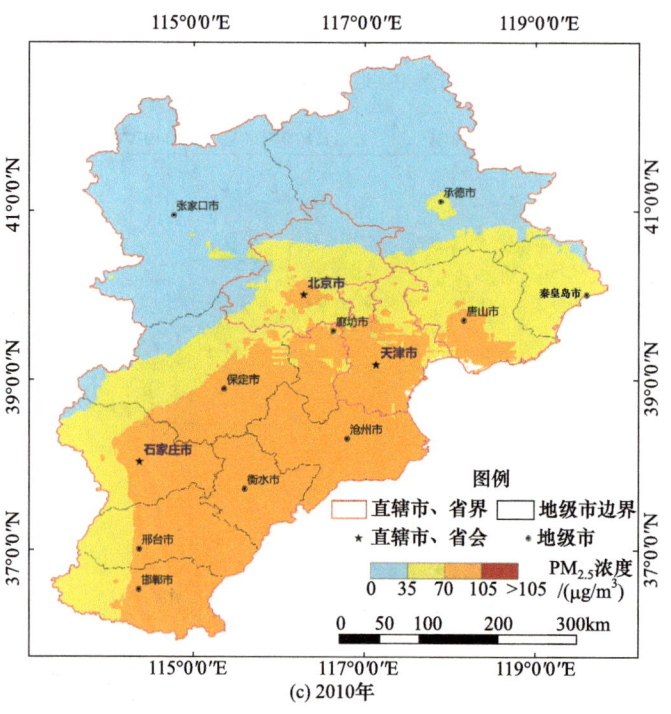

(c) 2010年

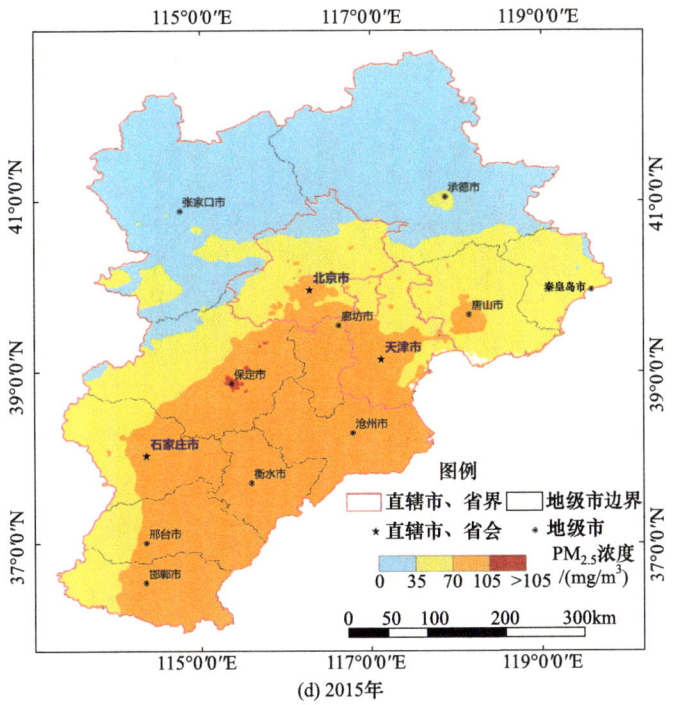

(d) 2015年

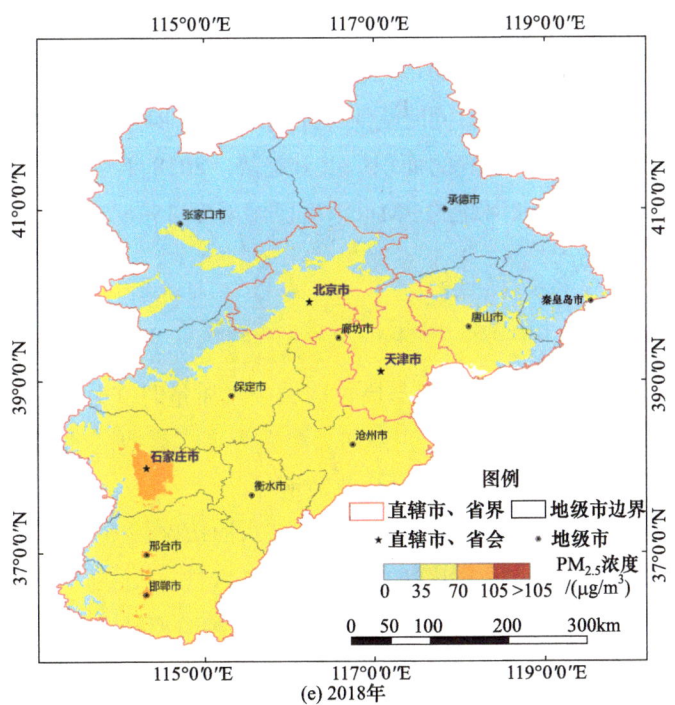

(e) 2018年

图 7.7 2000～2018 年京津冀地区 $PM_{2.5}$ 浓度时空格局演变

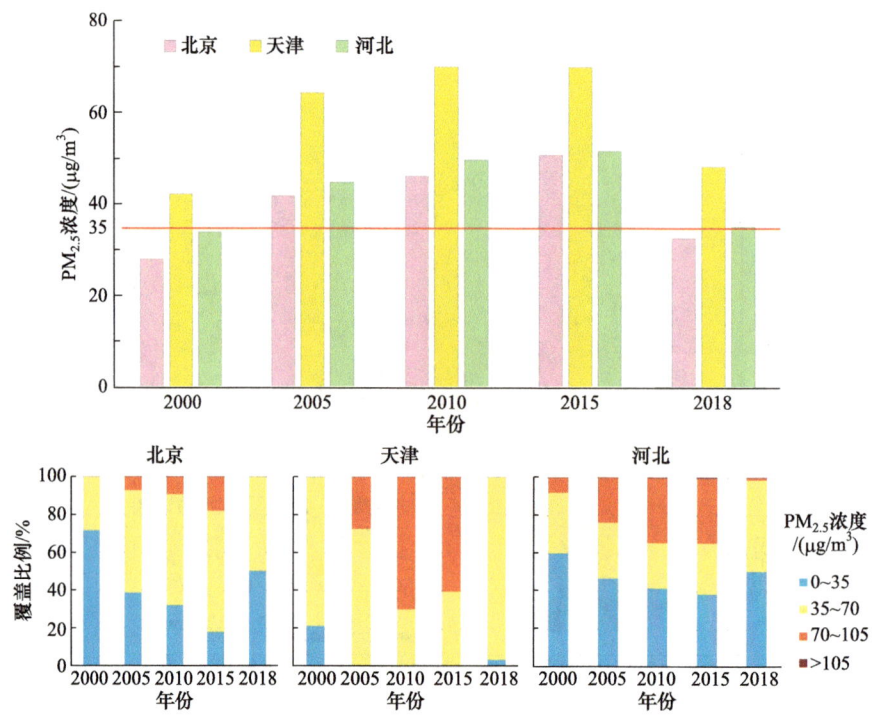

图 7.8　京津冀地区省级 $PM_{2.5}$ 平均浓度及不同 $PM_{2.5}$ 污染等级的覆盖比例图

2000~2010 年这两个时间段暴露面积比例变化较大。2015~2018 年，京津冀地区 $PM_{2.5}$ 平均浓度下降较为显著，同时受到 $70\mu g/m^3$ 以上影响的面积显著下降，受到 $0~35\mu g/m^3$、$35~70\mu g/m^3$ 影响的面积呈上升趋势。2018 年京津冀 $PM_{2.5}$ 浓度已经降至 $36\mu g/m^3$，其中北京和河北的 $PM_{2.5}$ 浓度已经降至 $35\mu g/m^3$ 左右、天津的 $PM_{2.5}$ 浓度已经降至 $48\mu g/m^3$。

7.3.3　京津冀地区城市 $PM_{2.5}$ 污染潜在风险时空格局特征

京津冀地区各地级市城市区域与周边区域空气质量时空分布（图 7.9）可直观地反映区域大气环境质量的变化。北京和天津作为京津冀地区的核心功能区，城市化发展程度较高，所以区域大气质量变化较明显。

2000~2015 年，京津冀地区各地级市城区与周边区域空气质量时空分布分为以下两种模式：第一种模式是城区浓度高、周边区域低，具体表现在北京、石家庄、保定等这类重污染型城市和承德、张家口等这类轻污染型城市；第二种模式是城区浓度低、周边区域高且浓度差异不大，具体表现在天津、廊坊、衡水和沧州。每个城市其周边区域浓度距离城区越远，浓度越低，并且在每个方向上浓度差异较显著。在不同时间段具有不同的特征，具体表现如下：2000~2005 年，北京、石家庄、保定等城市区域 $PM_{2.5}$ 浓度高于一二级缓冲区浓度，并且城区浓度呈增长趋势，

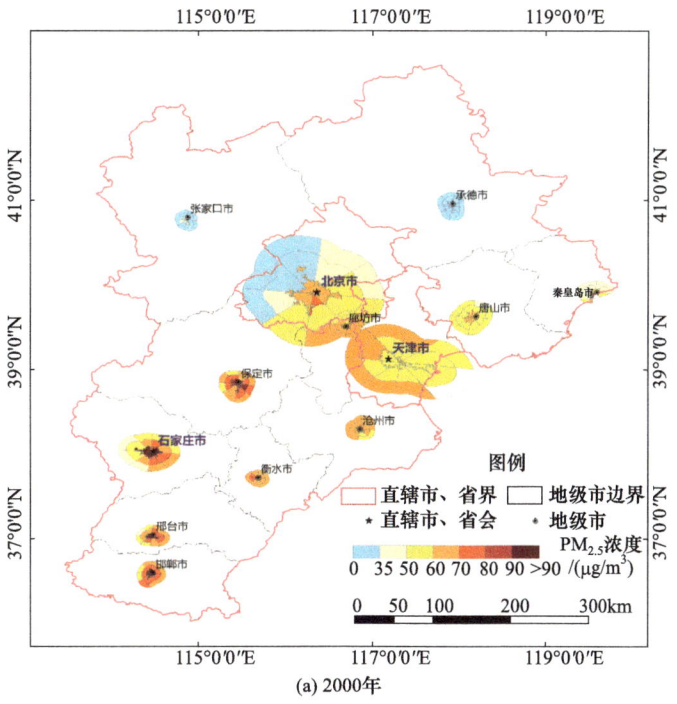

(a) 2000年

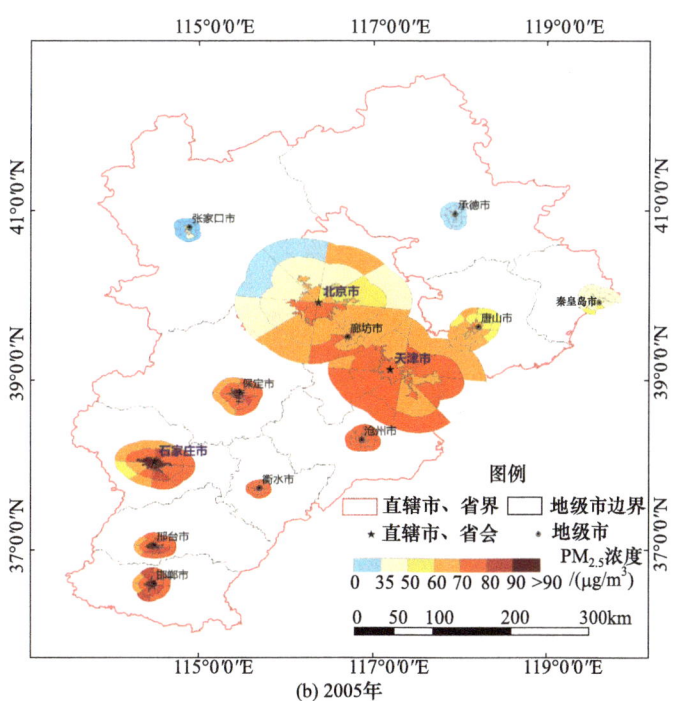

(b) 2005年

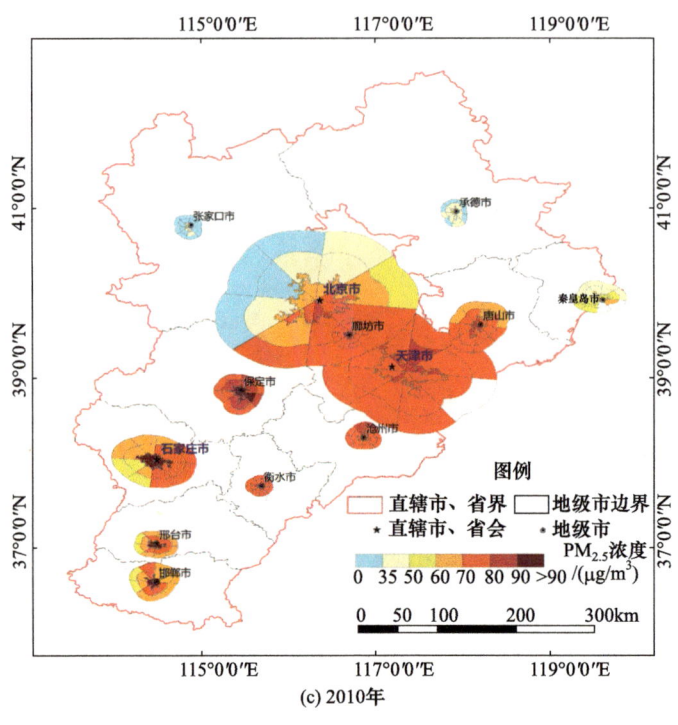

(c) 2010年

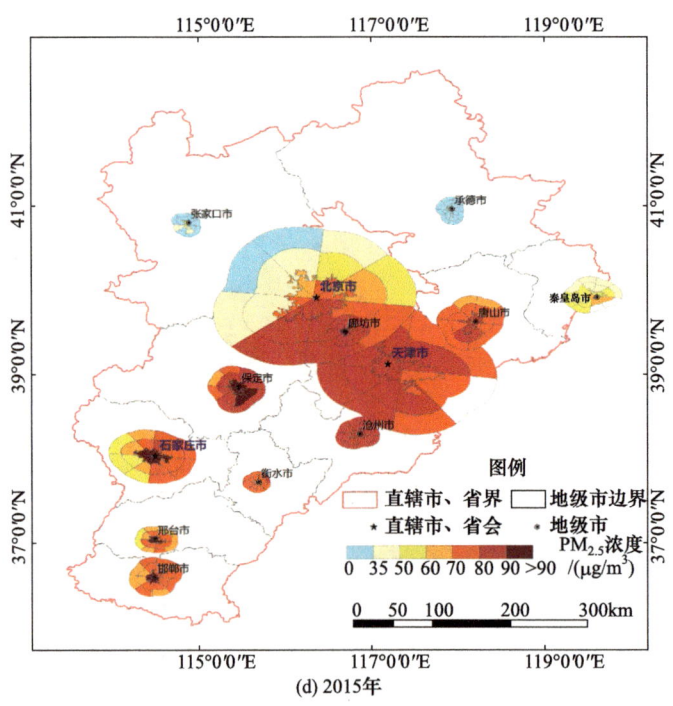

(d) 2015年

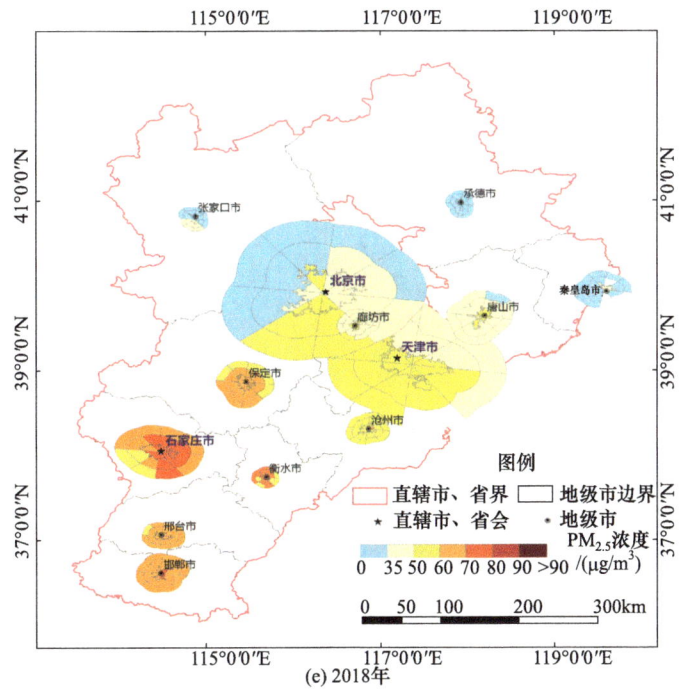

(e) 2018年

图 7.9　京津冀地区各城市与周边 PM$_{2.5}$ 分布图

周边区域一级缓冲区普遍比二级缓冲区浓度高，且浓度在每个方向上差异较大，而天津、廊坊等城市区域 PM$_{2.5}$ 浓度低于一二级缓冲区浓度。2005~2015 年，同样表现为北京、石家庄、保定等城区 PM$_{2.5}$ 浓度高于一二级缓冲区浓度，且浓度在周边区域每个方向上存在差异，而天津、廊坊、衡水和沧州表现为城区 PM$_{2.5}$ 浓度低于周边区域浓度。

2015~2018 年，京津冀各地级市城区与周边区域空气质量的 PM$_{2.5}$ 浓度整体降低，表现为除保定、石家庄、衡水、邢台和邯郸以外，其余城市及其周边区域的 PM$_{2.5}$ 浓度均低于 60μg/m^3，城区与其周边区域的浓度差异降低。

总体上大部分城市对周边区域产生影响，少数城市表现为周边区域对城市产生影响，但是京津冀地区各地级市城市对周边区域的影响在每个方向上差异显著，且不同年份方向性特征不同（图 7.10），具体的代表性年份表现如下：

2000 年，北京和邢台在东南、南偏西方向上城市对周边区域影响较大，且北京城区对周边区域影响比率在南偏东方向上达到最高，为 63%，其他城市在方向上都不具有相似特征；石家庄表现为在西南和南偏东方向上影响比率较高，保定表现为在东偏南和南偏西方向上影响比率较高，唐山在东偏北方向上影响比率较高，邯郸在南偏东和南偏西方向上影响比率较高，秦皇岛在东偏北和南偏西方向上影响比率较高，承德、张家口分别在南偏东方向和东偏北方向上影响比率较高，而天

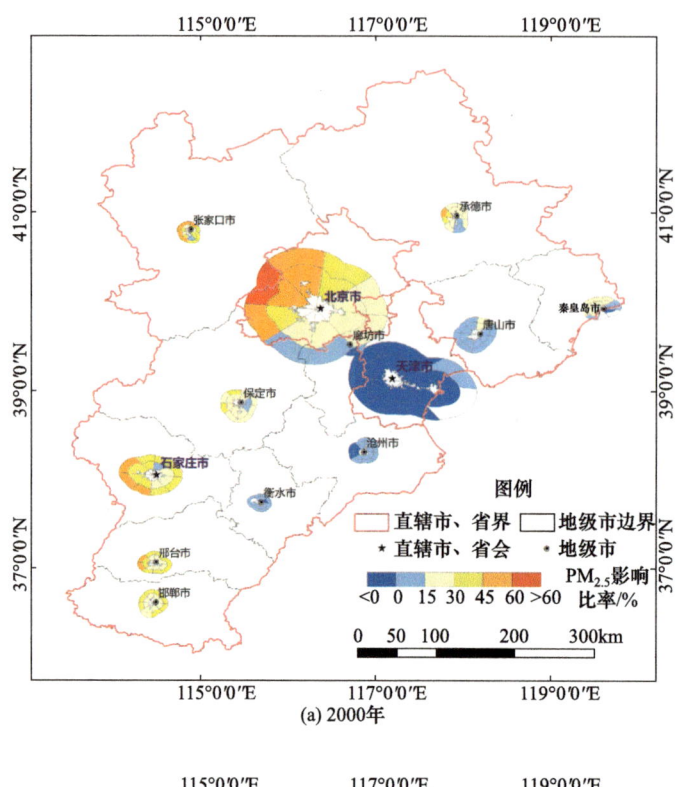
(a) 2000年

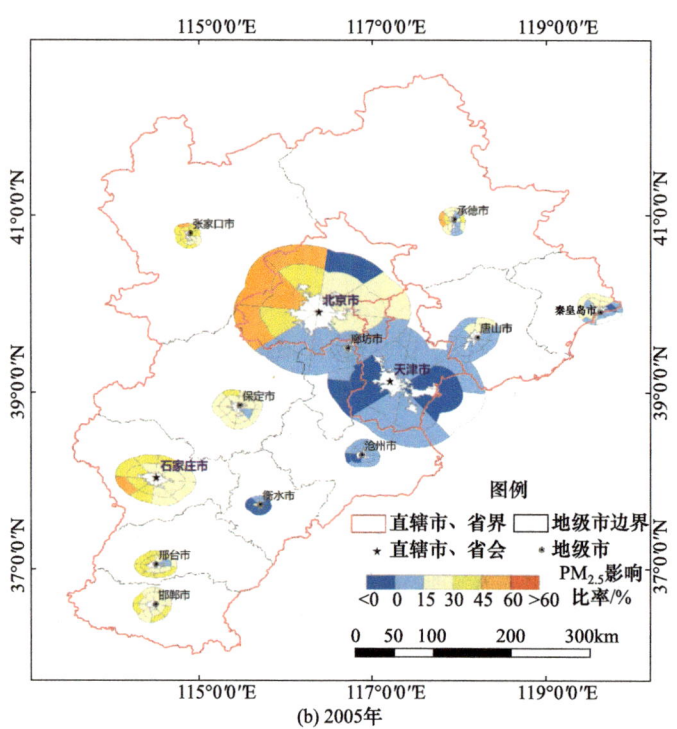
(b) 2005年

第 7 章 城镇化的生态环境胁迫效应

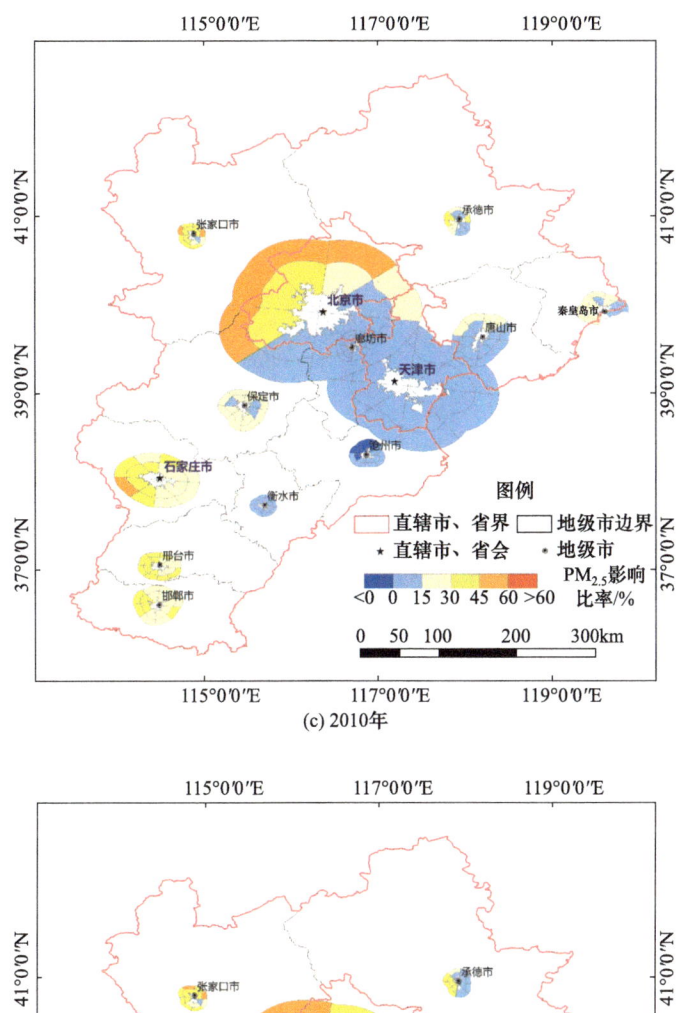

(c) 2010年

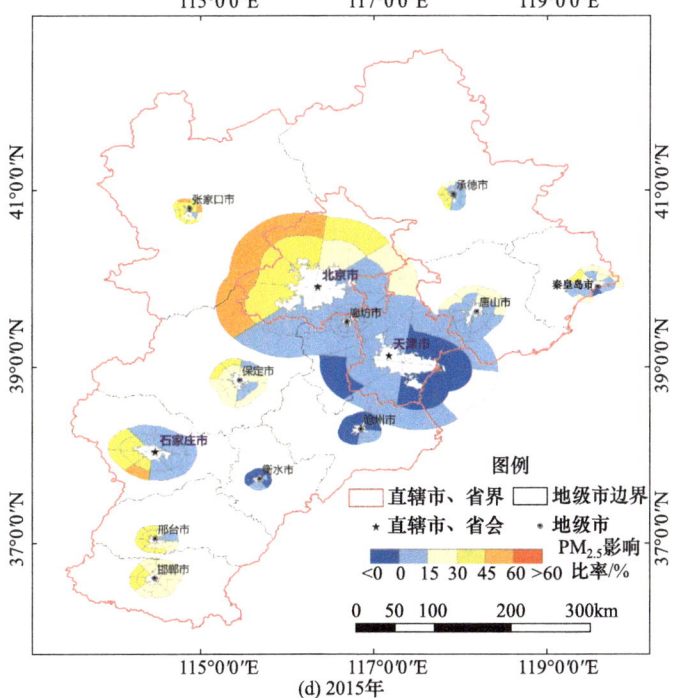

(d) 2015年

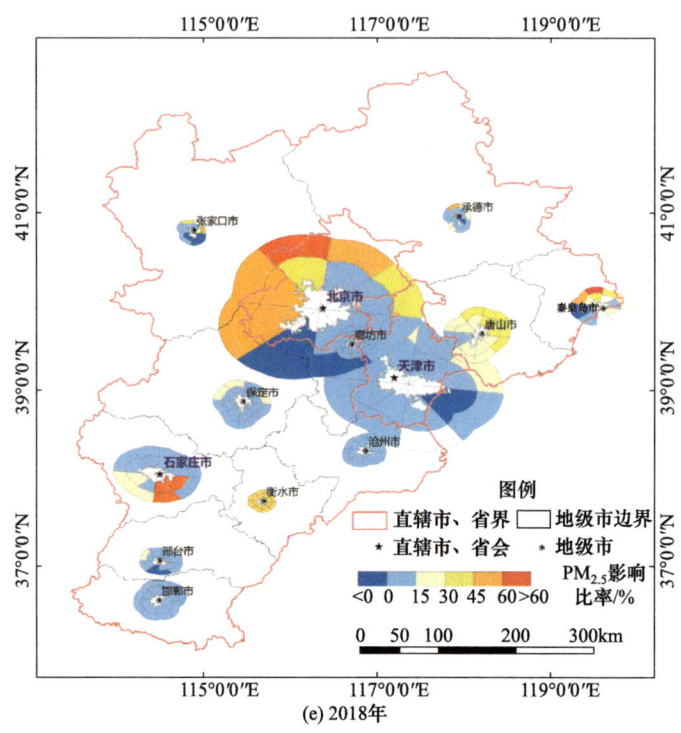

图 7.10　京津冀地区各城市 PM$_{2.5}$ 对周边影响分布图

津、廊坊、衡水和沧州每个方向上对周边区域影响比率很低，接近于 0 或者小于 0，可以认为周边区域对城市本身会产生较大影响。

2015 年，北京和邢台在东南、南偏西方向上城市对周边区域影响比率较高，石家庄在西南方向上影响比率较高，保定在东南方向上影响比率较高，唐山在东偏北方向上影响比率较高，邯郸在南偏东和南偏西方向上影响比率较高，秦皇岛和张家口分别在南偏东方向和北偏东方向上影响比率较高，承德在西南和南偏东方向上影响比率较高，而天津、廊坊、衡水和沧州这四个城市影响比率都较低，在每个方向上接近于 0 或者小于 0，说明周边区域对城市本身影响较大。

2018 年，在区域整体污染浓度降低的背景下，各城市依旧表现出对周边区域不同程度的影响，影响的形态整体与 2015 年类似，但北京等城市出现了城外高于城内的现象，说明随着城市 PM$_{2.5}$ 污染管控的深入，城市 PM$_{2.5}$ 浓度污染开始由本地贡献与区域传输向以区域传输为主转变。

京津冀地区各地级市城市区域对周边区域影响不仅在不同年份具有不同的方向性特征，而且在不同时间段方向性特征也会发生相应变化。京津冀地区中北京、石家庄、邢台、邯郸、承德和张家口这些城市对周边区域影响比率都较高，大部分处于 30%～45%，而天津、唐山等城市影响比率都较低，大部分接近于 0，但这种潜在影响并不能反映实际影响大小。北京的方向性特征表现在东南、南偏西方向上，即在西北部地区城市对周边区域影响较大，而在实际中受到气象、地形因素影响，西北部 $PM_{2.5}$ 浓度一直较低，空气质量最好；天津和唐山这两个城市的潜在影响较小，但是天津和唐山分布较多重工业，$PM_{2.5}$ 浓度在城区和郊区都很高。总体而言，京津冀地区各地级市，除了北部的张家口和承德对周边的影响较小以外，其他城市均对周边存在较强的潜在污染输送影响，形成了典型的城市"污染岛"的现象。

7.4 城镇化对植被生态的胁迫效应

研究从两个方面开展城镇化对植被生态的胁迫效应研究：一方面，考虑城镇化过程中植被覆盖和植被绿度的变化；另一方面，考虑城镇化过程对植被固碳效应的影响。研究使用 MODIS 的 500m 归一化植被指数产品（MOD13A1）、500m 土地分类产品（MCD12Q1）以及 500m 的植被净生产力年度产品（MOD17A3HGF）作为数据基础，在此基础上定量计算京津冀地区城镇化对植被生态的胁迫效应。首先，计算 2001~2018 年京津冀地区各市范围的 NDVI 年度均值，并且计算各市的 NDVI 变化趋势；再基于土地分类产品中的不透水面类别，分别提取 2001~2018 年各市范围内建成区的 NDVI 均值，求取建成区 NDVI 的变化趋势，见表 7.4。

表 7.4 京津冀地区各市域以及建成区的 NDVI 均值变化趋势

城市	建成区 NDVI 均值		市域 NDVI 均值	
	斜率/a^{-1}	显著性 P 值	斜率/a^{-1}	显著性 P 值
秦皇岛	0.0007	0.139	0.0034	0.000
石家庄	−0.0001	0.813	0.0026	0.002
廊坊	0.0007	0.207	0.0007	0.373
衡水	0.0033	0.000	0.0047	0.000
邢台	0.0004	0.523	0.0034	0.000
张家口	0.0012	0.056	0.0037	0.000
保定	0.0008	0.185	0.0031	0.000
承德	−0.0005	0.381	0.0035	0.000
北京	0.0025	0.001	0.0035	0.000
沧州	0.0011	0.080	0.0029	0.010

续表

城市	建成区 NDVI 均值		市域 NDVI 均值	
	斜率/a^{-1}	显著性 P 值	斜率/a^{-1}	显著性 P 值
唐山	−0.0003	0.572	0.0014	0.033
天津	0.0012	0.048	0.0019	0.011
邯郸	−0.0005	0.475	0.0026	0.003

7.4.1 城镇化过程与植被动态变化

如表 7.4 所示，京津冀地区自 2001 年开始，各市域范围内的 NDVI 均值均为增长趋势。以 $P=0.05$ 作为显著性评价的阈值，仅廊坊的市域 NDVI 均值变化趋势表现为不显著，其余城市都是显著上升的趋势。而在各市域建成区范围内，NDVI 均值的变化趋势则有所不同。自 2001 年以来，石家庄、承德、唐山和邯郸建成区的 NDVI 均值为降低的趋势，其余城市有不同程度的增长。从显著性方面，以 $P=0.05$ 作为评价阈值，仅北京、天津和衡水的建成区 NDVI 均值变化通过显著性检验，说明京津冀地区大部分城市建成区的 NDVI 均值变化趋势并不稳定，建成区绿化潜力较大。

图 7.11 为各市域 NDVI 均值变化特征。从图 7.11 可以看出，秦皇岛、石家庄和衡水的 NDVI 均值和年际变化趋势较为接近，处于 0.36~0.44；廊坊 NDVI 均值较低，并且 NDVI 均值随时间的变异性很强。承德 NDVI 均值较高，北京次之，但二者变化趋势较为接近；沧州 NDVI 均值较低，为 0.28~0.36，NDVI 均值随时间的变异性也较大。邯郸 NDVI 均值范围处于 0.36~0.42，唐山 NDVI 均值处于 0.32~0.36，天津 NDVI 均值较低，处于 0.28~0.32。保定和邢台 NDVI 均值范围和趋势非常接近，均为 0.35~0.40。

图 7.12 为各市域建成区的 NDVI 均值变化特征。与全市域的 NDVI 均值相比，各市域建成区 NDVI 均值的差异性较大。例如，秦皇岛、石家庄和衡水市域 NDVI 均值的变化趋势和值域基本一致，但是建成区 NDVI 均值值域具有明显的差异。各城市间，秦皇岛的 NDVI 均值最高（0.30~0.35），其次为保定（0.32~0.34）和邢台（0.30~0.33）。张家口和天津的建成区 NDVI 均值最低，2001 年和 2018 年分别为 0.20~0.22 和 0.22~0.25。

第 7 章 城镇化的生态环境胁迫效应 | 197

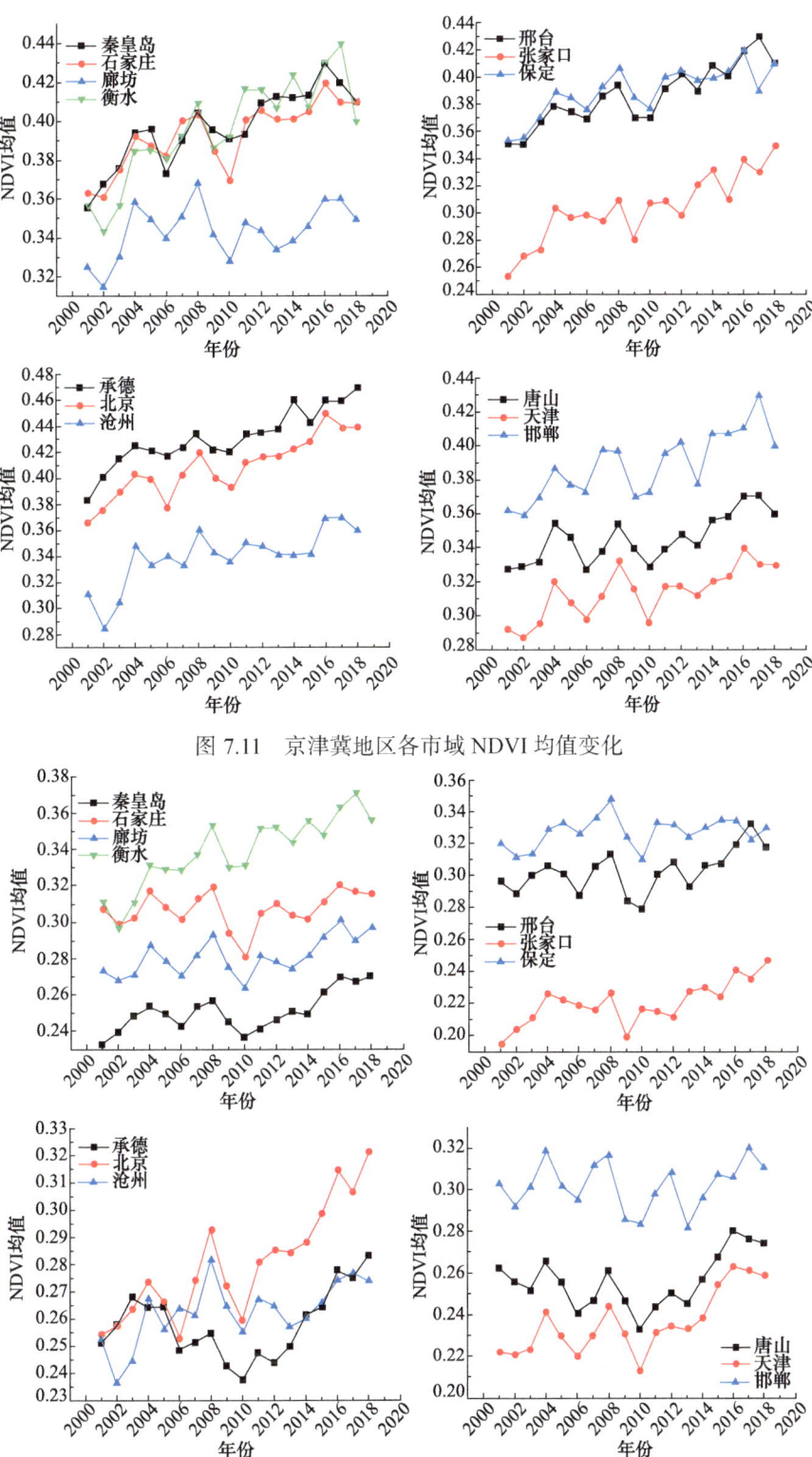

图 7.11 京津冀地区各市域 NDVI 均值变化

图 7.12 京津冀地区各市域建成区 NDVI 均值变化

综合起来，虽然京津冀地区各市域 NDVI 均值随时间具有增加的趋势，但是在城镇化发展核心的建成区范围内，NDVI 均值的变化趋势一方面并不显著，另一方面也具有很大的差异性，这说明京津冀地区城市不透水面的扩张对植被覆盖和 NDVI 具有一定的负向胁迫作用，而在区域层面上的植树造林和生态保护措施则导致了全市域范围内的 NDVI 增加。因此，在城镇化过程中，建成区的绿化对改善城市舒适度和城市环境的生态功能具有十分巨大的潜力和必要性。

7.4.2 城镇化背景下植被 NPP 时空特征

从整个区域的平均值来看（图 7.13），京津冀地区自 2001 年以来的 NPP 均值、NDVI 总量以及降水总量均呈增加趋势，并且 NPP 均值增加最快，斜率达到 5.9。而 NDVI 总量和降水总量增加的趋势较为接近，斜率分别为 3.39 和 3.9。其中，由于 NPP 和 NDVI 的密切联系，二者增长曲线和年际变化规律十分类似，而降水作为气象因子，其变异性要显著大于植被要素，尤其是自 2012 年以来，年际降水变异性在 400~600mm 反复波动，体现了气象要素的随机性，这也给 NPP 变化的归因分析带来一定的不确定性。

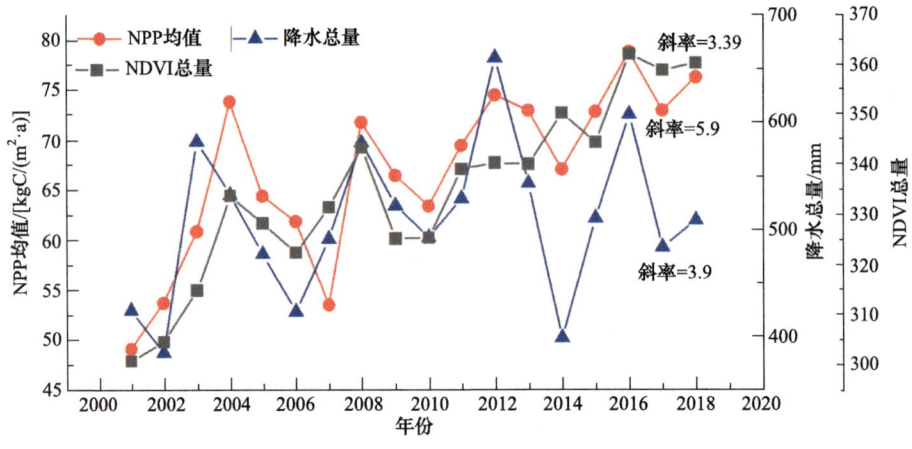

图 7.13　京津冀地区 NDVI 总量、NPP 均值以及降水总量随时间的变化

如图 7.14 所示，分别计算了林地、草地、耕地以及建成区的 NPP 总量、NDVI 总量及其面积随时间的变化。NPP 总量方面，以上 4 种土地利用类型的 NPP 总量自 2001 年来均为增加趋势，但增长速率有所差别。林地 NPP 总量增长最快，斜率达到 0.723，其次是耕地（0.32）和草地（0.107），建成区 NPP 总量增长最慢，斜率仅有 0.053。NDVI 总量方面，NDVI 总量整体规律与 NPP 总量类似，但是各自类别的斜率有所不同。例如，草地的 NDVI 总量整体趋势为减少，斜率为-0.569。而林地同样增加最快，斜率达到 2.855。面积方面，自 2001 年起耕地和草地的面积为净

第 7 章 城镇化的生态环境胁迫效应 | 199

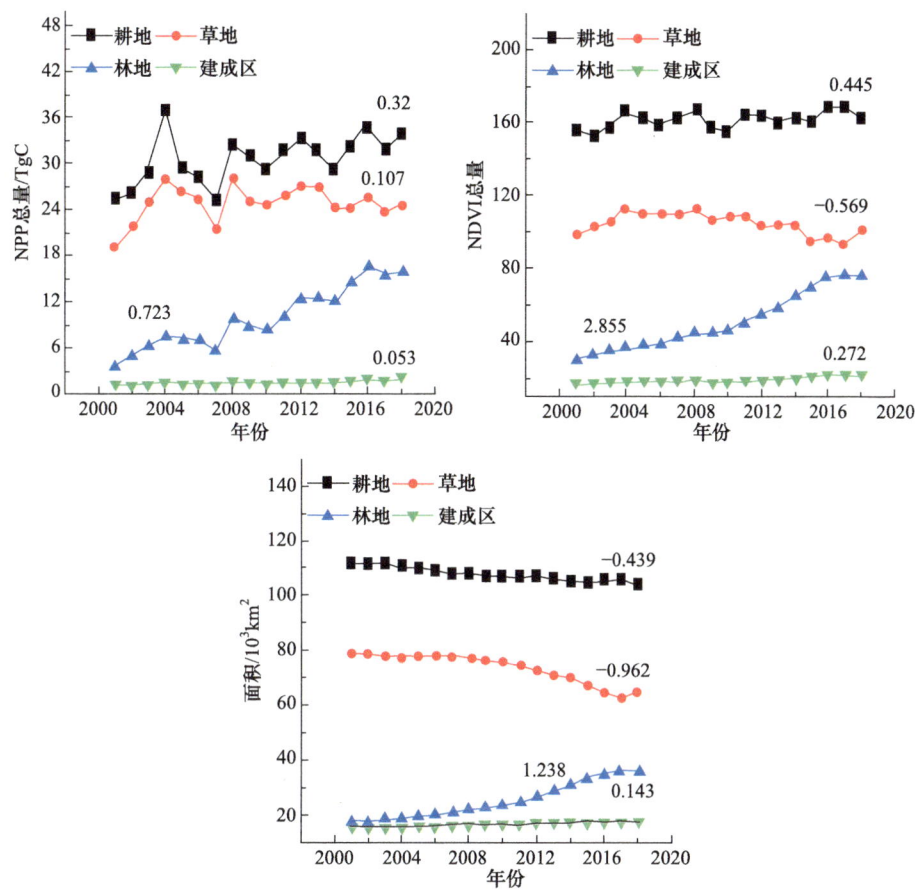

图 7.14 不同土地类型的 NPP 总量、NDVI 总量以及对应面积的时间变化

图中数字为趋势斜率

减少，斜率分别为 -0.439 和 -0.962，林地和建成区面积为净增加，斜率分别为 1.238 和 0.143。

图 7.15 从空间上描述了各土地利用类型 NPP 均值的变化情况。整体上，截至 2018 年，各土地利用类型的 NPP 均值在空间上是全面增长的趋势。耕地主要分布在京津冀地区中南部以及东部，2018 年北部张家口耕地面积有所增加。2001 年京津冀中部和南部的耕地多数 NPP 均值小于 $0.26 kgC/m^2$；到 2010 年，部分区域增长到 $0.26 \sim 0.31 kgC/m^2$；2018 年中南部区域耕地 NPP 均值普遍大于 $0.31 kgC/m^2$，北部耕地更是大于 $0.37 kgC/m^2$，东部耕地多数区域大于 $0.44 kgC/m^2$。草地主要分布于京津冀北部坝上区域，2001 年草地多数区域 NPP 均值小于 $0.27 kgC/m^2$，到 2010 年北部草地有显著增长；截至 2018 年，北部草地区域 NPP 大于 $0.49 kgC/m^2$。京津冀地区森林资源主要分布在西部和北部山区，从图 7.15 可以看到，林地面积自 2001 年以来持续增加，主要集中在北部的承德地区。而林地单位面积 NPP 均值也持续

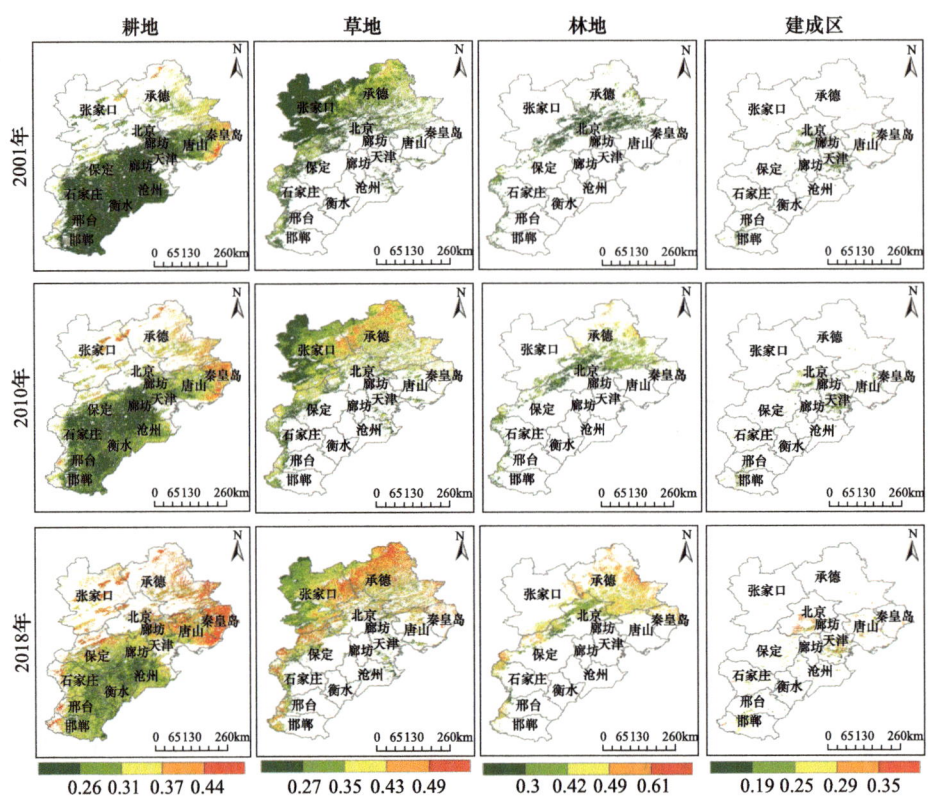

图 7.15 各土地利用类型 NPP 均值的时空分布特征

增加，从 2001 年的 0.3kgC/m² 左右，增加到 2018 年的 0.49~0.61kgC/m²。建成区在京津冀地区土地面积占比最少，但是城市化扩张导致的 NPP 的空间变化也十分显著。除面积绝对值增加外，NPP 的均值也从 2001 年的 0.19kgC/m² 增加到 2018 年的 0.29~0.35kgC/m²。

7.4.3 土地利用类型转换引起的 NPP 净变化

在识别影响因素的基础上，本书基于土地转移矩阵描述了京津冀区域内部土地利用类型转换造成的 NPP 变化（表 7.5）。2001~2018 年，林地转换比例较小，有 4.927%转换为草地，有 0.694%转换为耕地，有 0.075%转换为建成区。草地转换比例较大，有 20.253%草地转换为林地，有 6.705%转换为耕地，有 0.254%转换为建成区。耕地保留了 88.585%，其余都不同程度地转换为其他土地利用类型。建成区较为特殊，没有转出，而分别从林地、草地和耕地转换而来。

在土地转移矩阵基础上，我们计算了土地利用类型转换后导致的 NPP 净变化值（表 7.6）。林地转换为草地时，NPP 净减少 0.047TgC，转换为耕地净减少 0.014TgC，转换为建成区则净减少 0.002TgC。这是因为林地 NPP 的单位面积均值

表 7.5　2001～2018 年土地利用类型转移矩阵　　　　　　　（单位：%）

2018 年	2001 年				
	林地	草地	耕地	建成区	类别总量
林地	94.294	20.253	3.528	0.000	100.00
草地	4.927	72.647	5.906	0.000	100.00
耕地	0.694	6.705	88.585	0.000	100.00
建成区	0.075	0.254	1.940	100.000	100.00
类别总量	100.00	100.00	100.00	100.00	0.00

（0.459kgC/m²）比其他土地利用类型更高，因此，草地转换为林地时，NPP 净增加 0.912TgC。草地 NPP 的单位面积均值为 0.4kgC/m²，耕地为 0.337kgC/m²，所以草地转换为耕地时，NPP 净减少 0.323TgC。建成区单位面积 NPP 仅为 0.274kgC/m²，则草地转换为建成区时，NPP 净减少 0.024TgC。耕地转换为林地和草地时，NPP 都是净增加，转为建成区为净减少。

表 7.6　2001～2018 年土地利用类型转换过程的 NPP 净变化值　（单位：TgC）

2018 年	2001 年				
	林地	草地	耕地	建成区	转入 NPP 总量
林地	—	0.912	0.450	0.000	1.363
草地	−0.047	—	0.398	0.000	0.352
耕地	−0.014	−0.323	—	0.000	−0.336
建成区	−0.002	−0.024	−0.131	—	−0.157
转出 NPP 总和	−0.063	0.565	0.717	0.000	—

综合起来，转入林地的 NPP 整体增加了 1.363TgC，转入草地的 NPP 增加了 0.352TgC，而转为耕地和建成区时，NPP 实际上分别净减少了 0.336 和 0.157TgC。从林地转出之后，NPP 减少了 0.063TgC，而从草地和耕地转出后，NPP 分别增加了 0.565TgC 和 0.717TgC，这是因为大部分的转移目标是林地，而林地的单位面积 NPP 均值更高。建成区没有转出，转出 NPP 总和为 0。

基于土地转移矩阵虽然可以定量计算出土地利用类型间转换导致的 NPP 增

减,但不能得到单个土地利用类型经过转入和转出之后 NPP 的净变化量。研究基于 2018 年各类型 NPP 均值,以本类型 NPP 均值计算净转入量和净转出量,评价各个土地利用类型转换之后 NPP 的净变化量。

以 2018 年单一类型 NPP 均值为基础,计算单一类型经过转入和转出之后的 NPP 净变化量(表 7.7)。因此,林地的净转入 NPP 为 8.832TgC、净转出仅为 0.419TgC,因此林地 NPP 的净变化量为净增加 8.413TgC,这主要是由于草地和耕地分别有大面积转换为林地。类似地,草地 NPP 为净减少 5.467TgC,主要由于大量草地转变为林地,而草地、耕地互相转换的实际面积相差不大;耕地 NPP 净减少 2.340TgC,也是净转入量小于转出量造成的。而建成区由于自身绿化增强,包括转入的面积,整体 NPP 为净增加 0.625TgC。将每个土地利用类型转入转出的 NPP 净变化相加,得到土地利用类型转换造成的 NPP 变化为净增加 1.231TgC,相当于林地的净增量不仅补偿了耕地和草地的净减少,还提升了整个京津冀地区的 NPP 总量。

表 7.7 以本类型计各土地利用类型 NPP 净变化量(基于 2018 年 NPP 均值计算)(单位:TgC)

转化量	林地	草地	耕地	建成区
净转入量	8.832	2.845	1.763	0.625
净转出量	0.419	8.312	4.103	0.000
净转入量减净转出量	8.413	−5.467	−2.340	0.625
土地类型转换导致的 NPP 净变化量		1.231		

7.5 城镇化对城市热环境的影响

地表温度(LST)是一个用来反映地表过程变化的重要特征物理量,是研究气候变化的必不可少的重要参数之一。遥感是准确获取大中尺度区域地表温度研究的有效手段,在城市地表热环境、城市热岛等研究分析中,MODIS、Landsat 等卫星数据和温度产品是最常用的数据。研究选取 Landsat 系列卫星 TM 和 ETM+ 数据的第 6 波段、OLI 的第 10 波段,利用辐射传输方程算法反演地表温度。

7.5.1 城市地表温度空间变化特征

地表温度的分布大多服从正态分布,为了方便区分地表温度的空间变化,运用城市范围内地表温度平均值(Mean)和 1 倍标准差(STD),将城市地表温度分为 4 个级别,见表 7.8。

表 7.8 城市地表温度（LST）等级划分

级别	分类标准
冷岛区	LST<Mean−STD
低温区	Mean−STD≤LST<Mean
高温区	Mean≤LST<Mean+STD
强热岛区	LST>Mean+STD

北京（图7.16）：城市扩张速度较快，地表覆被变化剧烈。2000年8月20日北京强热岛区分布相对分散，主要分布在城市核心区，如天安门南侧的大片强热岛区，是建筑密度高、植被分布较少的区域。2015年8月22日城市强热岛区主要分布在城市西部和西南部，如永定河西岸新增的建设用地和密度变大的建设用地的强热岛区分布范围增加。两个时期城市的冷岛区主要是水体和公园。

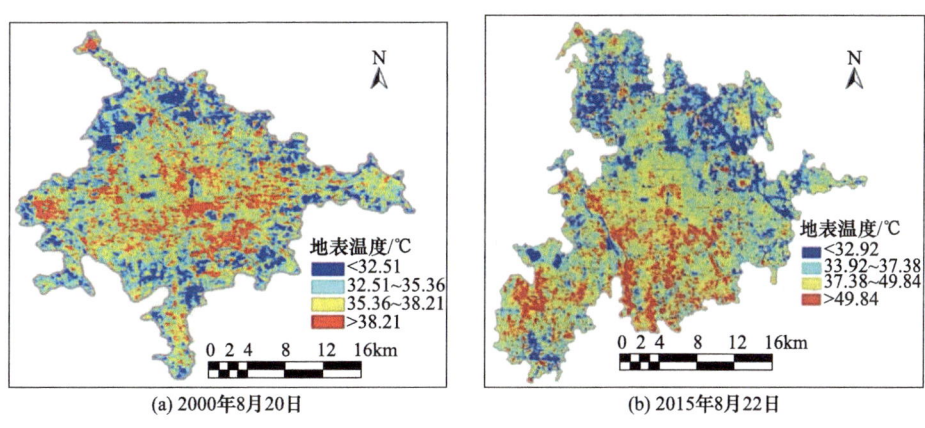

图7.16 北京城市地表温度空间分布（比例尺1∶400000）

天津（图7.17）：2000年8月强热岛区分布较为集中，主要分布在红桥区和南开区，2015年8月强热岛区主要在老城区扩展的城市区域，强热岛区密集且范围变大，西南和南部区域建设用地密度较低，地表温度相对较低，子牙河、新开河和海河是城市的低温廊道。

石家庄（图7.18）：城市呈东西向带状延伸，沿正太铁路和京石高速扩张，城市强热岛区主要沿这两条交通干线分布，这与城市扩张的格局是一致的。从图7.18可以看出，2001年8月22日城市强热岛区分布更为集中，2016年8月31日分布相对分散。

邢台（图7.19）：2001年8月22日，强热岛区呈团块状零散分布在主城区，

2016年8月31日，高温区和强热岛区分布在城市的南部，北部分布少且零散，两个时间强热岛区的地表温度均超过39℃。

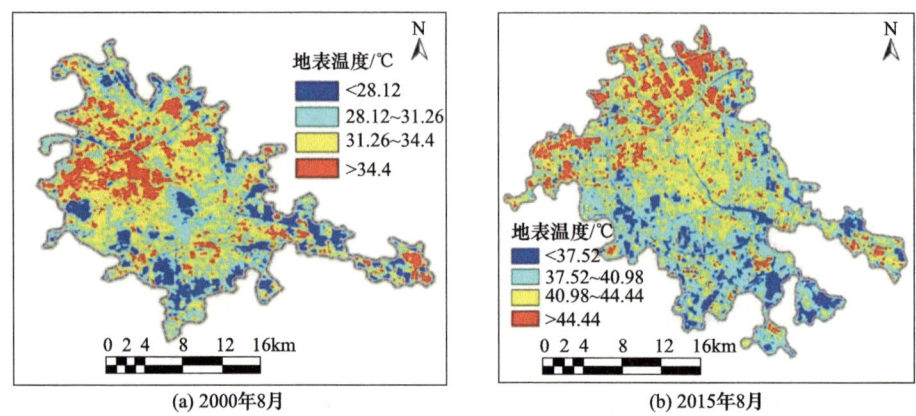

图 7.17　天津城市地表温度空间分布（比例尺 1∶200000）

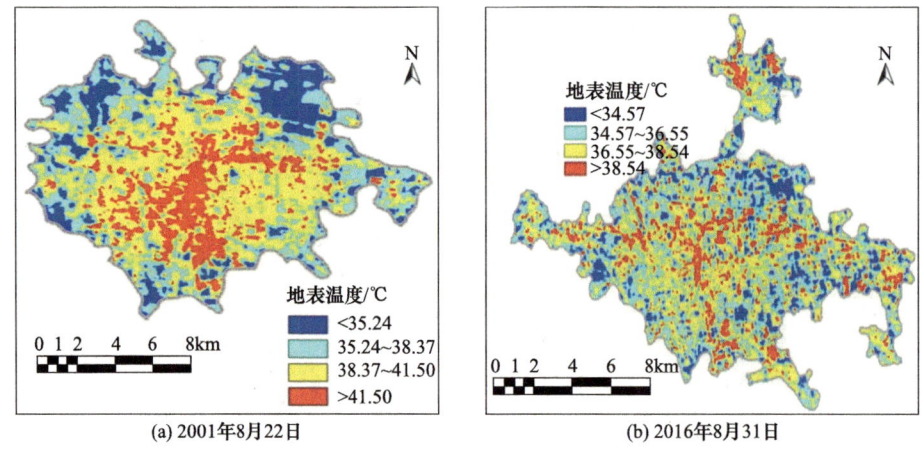

图 7.18　石家庄城市地表温度空间分布（比例尺 1∶200000）

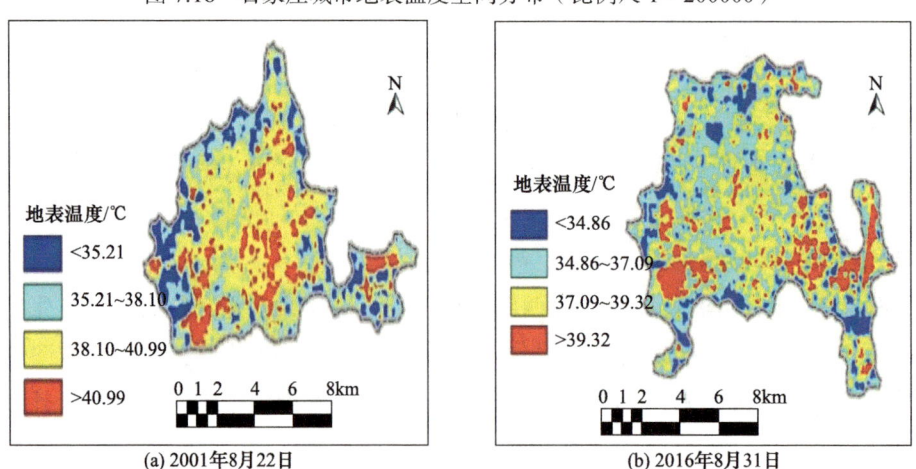

图 7.19　邢台城市地表温度空间分布（比例尺 1∶200000）

唐山（图 7.20）：城市呈带状布局、南北向延伸，2001 年和 2015 年城市中心的冷岛区均为大城山公园。2015 年城市空间扩大，强热岛区从大城山公园向城市延伸方向扩散，呈南北向带状分布；大城山公园南侧为火车南站附近的强热岛区和滦河两岸的强热岛区。

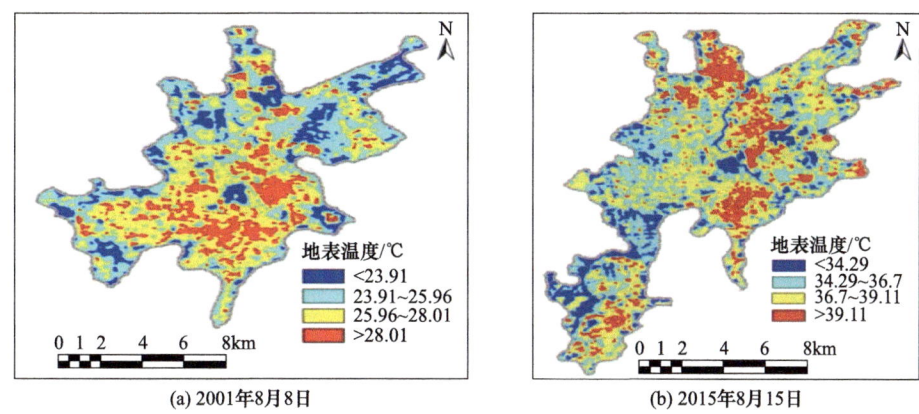

图 7.20　唐山城市地表温度空间分布（比例尺 1∶200000）

衡水（图 7.21）：城市规模小，城市扩张速度慢。2000 年 8 月 20 日城市强热岛区集中分布在市中心，2010 年后城市出现新的扩张方向，沿京广高速扩张。2014 年 8 月 19 日强热岛区分布较为零散。

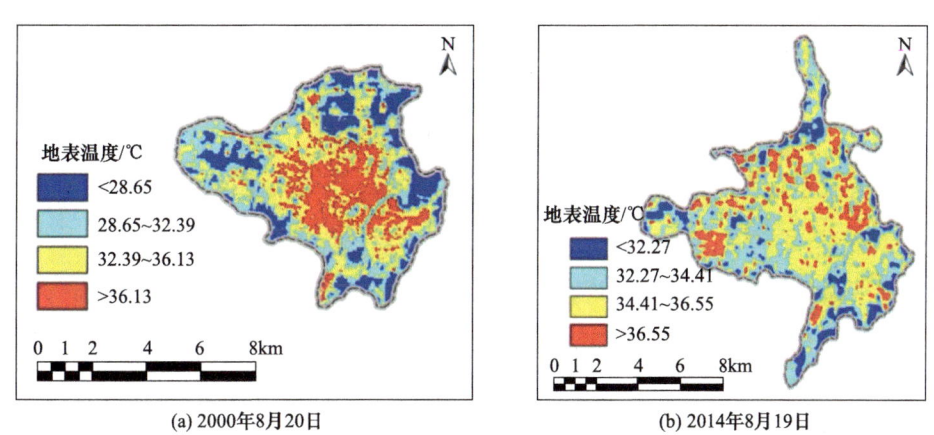

图 7.21　衡水城市地表温度空间分布（比例尺 1∶200000）

廊坊（图 7.22）：城市规模较小，增长速度相对较慢，2010 年以后城市出现新的增长极，向着开发区的方向扩张。2000 年 8 月 20 日城市强热岛区分布集中，且地表温度分布有明显的圈层特征；2015 年 8 月 22 日城市地表温度空间分布受京沪铁路影响明显，主城区与高新区之间有农田和低密度建筑区分布的冷岛区。

保定（图 7.23）：位于北京和省会石家庄之间，区位条件好，2000 年后城市扩张较快，没有明显的大片集中强热岛区，分布较为零散，整个城市高温区面积分布

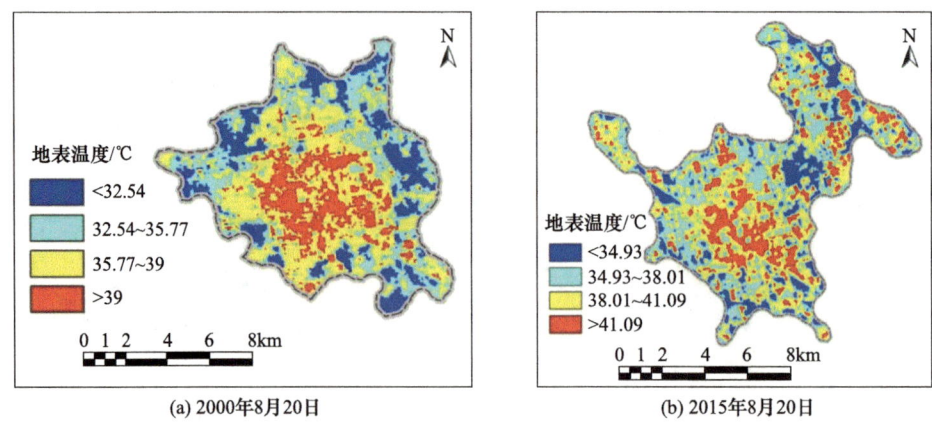

(a) 2000年8月20日 (b) 2015年8月20日

图 7.22 廊坊城市地表温度空间分布（比例尺 1∶200000）

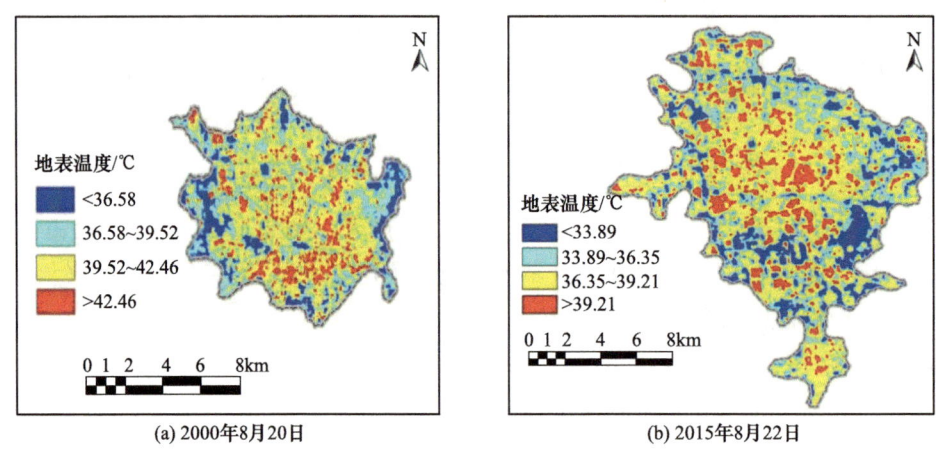

(a) 2000年8月20日 (b) 2015年8月22日

图 7.23 保定城市地表温度空间分布（比例尺 1∶200000）

广；2015 年 8 月 22 日强热岛区有集中的趋势，强热岛区面积比 2000 年 8 月 20 日略有增加。

秦皇岛（图 7.24）：2001 年 8 月 9 日地表温度的高温区和强热岛区主要分布在

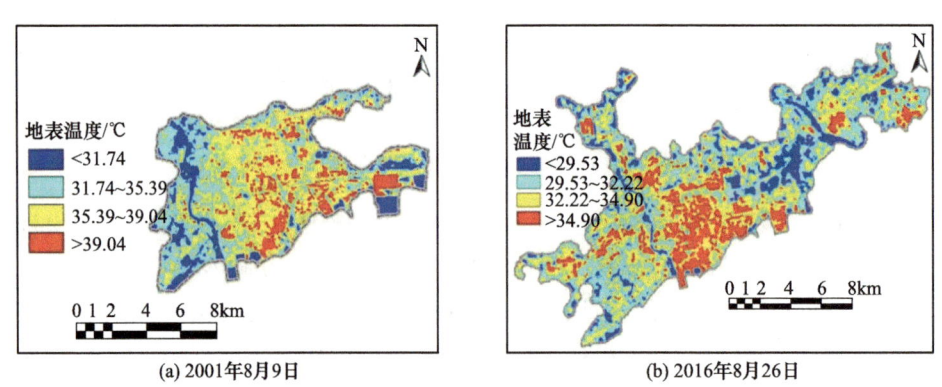

(a) 2001年8月9日 (b) 2016年8月26日

图 7.24 秦皇岛城市地表温度空间分布（比例尺 1∶200000）

汤河以东的主城区，分布范围广。2016年8月26日地表温度的高温区和强热岛区除主城区外，增加了汤河西侧的开发区、汤河口东岸的港口，汤河及两岸的汤河公园和植物园为冷岛区。

邯郸（图7.25）：2016年地表温度空间分布与2001年相比整体变化不大，2016年8月31日西南区强热岛区比2001年8月22日更集中，其他区域变化不大，整体相对零散，强热岛区面积略有增加。

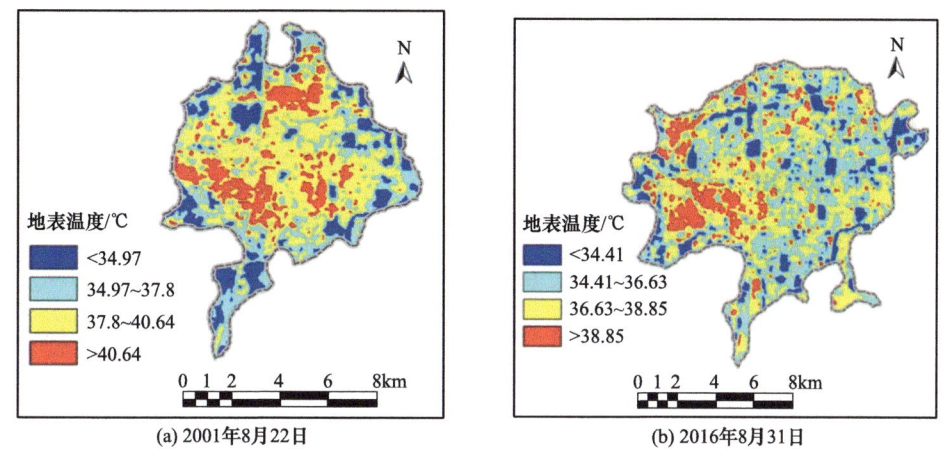

图7.25　邯郸城市地表温度空间分布（比例尺1∶200000）

张家口（图7.26）：城市扩张均受到地形条件限制，沿山谷扩张。张家口2015年8月13日地表温度空间分布与2001年8月22日相比，强热岛区分布更集中，清水河右岸高温区和强热岛区增加明显，清水河是城市的冷岛区。

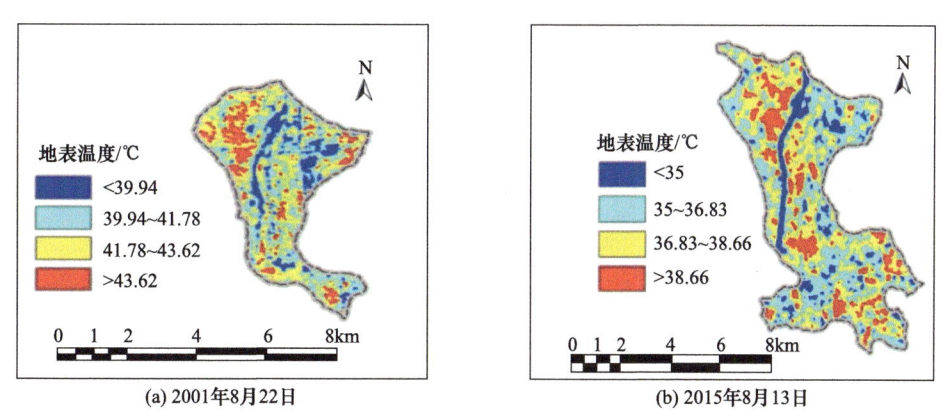

图7.26　张家口城市地表温度空间分布（比例尺1∶200000）

承德（图7.27）：2001年8月8日强热岛区和高温区集中分布，地表温度从高到低有明显的圈层特征，2015年8月15日强热岛区范围明显扩大，新增城市范围强热岛区主要分布在武烈河两岸，沿河分布，武烈河是城市的冷岛区。

沧州（图 7.28）：2000 年 8 月 20 日城市的强热岛区位于南运河两岸的主城区，东岸强热岛区分布更广，2015 年 8 月 22 日城市强热岛区增加明显，强热岛区分布更集中，南运河一直是城市的冷岛区。

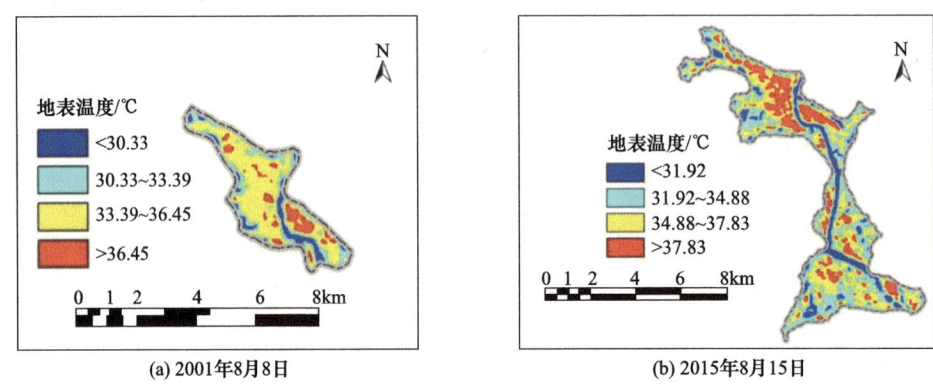

图 7.27 承德城市地表温度空间分布（比例尺 1∶200000）

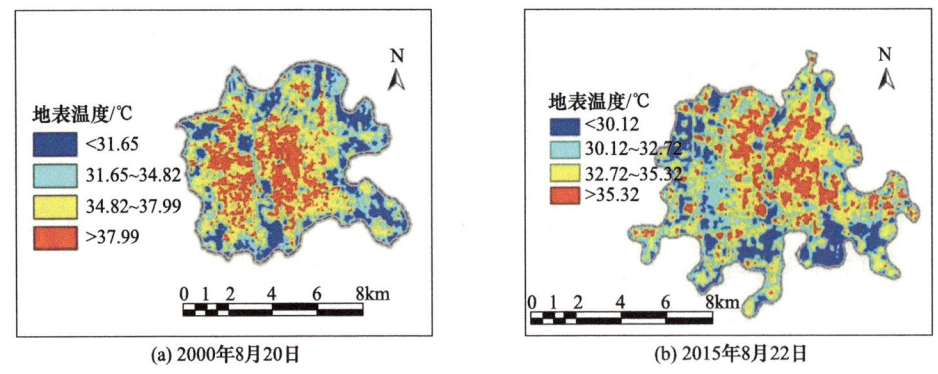

图 7.28 沧州城市地表温度空间分布（比例尺 1∶200000）

研究表明，城市地表热环境与城市规模的关系密切。2000～2015 年，各城市冷岛区面积均有不同程度的减少，低温区和高温区变化幅度不大，强热岛区面积变化以增加为主。

7.5.2 城镇化对城市热岛效应的影响

城镇化对城市热岛效应的影响是城市结构诸要素中最为显著的，将城市热岛效应强度（ΔT）定义为城市核心区与边缘区的地表温度之差。当 $\Delta T > 0$ 时，城市核心区地表温度高于边缘区，称为热岛效应；当 $\Delta T < 0$ 时，城市核心区地表温度低于边缘区，称为冷岛效应。城镇化对 ΔT 的影响程度难以量化，只能通过对比来表现。选取北京和廊坊两个城市，对比 2000 年和 2015 年两个时期的 ΔT（图 7.29），分析城市扩张对城市热岛效应的影响。

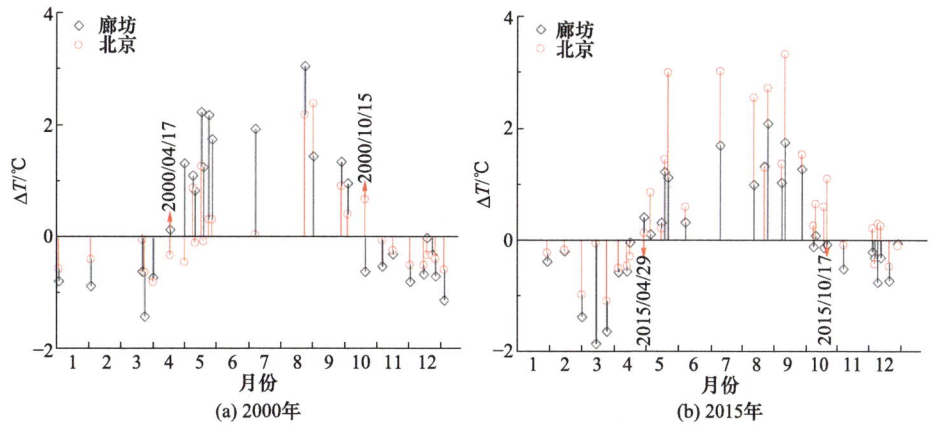

图 7.29 北京和廊坊 2000 年和 2015 年城市热岛效应强度

2000~2001 年，北京从 10 月底到次年 5 月中旬，廊坊从 10 月中旬到次年 4 月初城市表现为冷岛效应；北京从 5 月底到 10 月中旬，廊坊从 4 月中旬到 9 月底连续表现为热岛效应。北京在 5 月为过渡期，城市核心区和边缘区地表温度表现出或正或负的变化，而廊坊则没有出现这样的特征。廊坊比北京更早进入热岛期，更早结束热岛期。两个城市同时表现为热岛效应时，廊坊热岛效应强度高于北京（2000 年 8 月 28 日除外）；两个城市同时表现为冷岛效应时，廊坊冷岛效应强度高于北京（2001 年 4 月 21 日除外）。这一时期，廊坊城市热岛效应强度 $|\Delta T|$ 大于北京。

2015~2016 年，北京从 12 月中旬到次年 4 月中旬，廊坊从 10 月中旬到次年 4 月中旬，城市核心区连续表现为冷岛效应，北京从 4 月底到 12 月初，廊坊从 4 月底到 10 月初，城市核心区连续表现为热岛效应。北京和廊坊基本同时进入热岛期，廊坊明显比北京更早结束热岛期而进入冷岛期，北京热岛期比廊坊长 2 个月左右。两个城市同时表现为热岛效应时，北京的 $|\Delta T|$ 明显高于廊坊；两个城市同时表现为冷岛效应时，廊坊的 $|\Delta T|$ 略高于北京。

2015 年期与 2000 年期相比，北京夏季城市热岛效应强度 $|\Delta T|$ 明显变高、热岛期变长、冷岛期变短，廊坊的变化不明显。2000 年，尽管北京城市规模远大于廊坊，但不管是热岛期还是冷岛期，北京的城市热岛效应强度（$|\Delta T|$）均低于廊坊。到 2015 年，热岛期，北京的城市热岛效应强度 $|\Delta T|$ 明显高于廊坊；冷岛期北京的 $|\Delta T|$ 虽低于廊坊，但冬季 11 月、12 月，北京城市核心区表现为热岛效应，这一现象在 2000 年并未出现。

2000~2015 年，北京的城市规模增加了 2 倍左右，规模扩大明显，城市范围超过 2000km^2。2015 年北京热岛期城市热岛效应强度明显增加，热岛期提前开始，更晚结束，热岛期变长；2014~2016 年 11 月、12 月城区仍表现为热岛效应，北京冷岛期变短。廊坊的城市规模从 2000 年的 49km^2 增加到 2015 年的 55km^2，城市规模有所增加，但城市地表热岛效应强度、热岛期和冷岛期没有明显变化。北京和廊坊的对比分析表明，北京城市规模大，城镇化对城市地表热岛效应的影响明显。

7.6 小　　结

本章从城市与生态环境交互胁迫的几个方面论述了二者的交互胁迫效应。其中，水足迹方面，京津冀地区 13 个城市的平均水足迹由 2000 年的 35.88 亿 m^3 增长为 2017 年的 52.92 亿 m^3，主要驱动因素是人口数量增加、城市发展及经济水平的提高。其中，北京市辖区水足迹增长幅度最大。京津冀区县 2000~2017 年人均水足迹结果表明，北京市城六区（东城区、西城区、朝阳区、海淀区、丰台区、石景山区）人均水足迹在京津冀区县中最高。

京津冀地区自 2001 年开始，市域范围内的 NDVI 均值均呈增长趋势。京津冀地区大部分城市建成区的 NDVI 均值变化趋势并不稳定，建成区绿化潜力较大。综合起来，虽然京津冀地区各市 NDVI 均值随时间具有增加的趋势，但是在城镇化发展核心的建成区范围内，NDVI 均值的变化趋势一方面并不显著，另一方面也具有很大的差异性，这说明京津冀地区城市不透水面的扩张对植被覆盖和 NDVI 具有一定的负向胁迫作用，而在区域层面上的植树造林和生态保护措施则导致了全市域范围内的 NDVI 增加。建成区单位面积 NPP 仅为 $0.274 kgC/m^2$，则草地转换为建成区时，NPP 净减少 0.024TgC。耕地转换为林地和草地时，NPP 都是净增加，转换为建成区时为净减少。建成区由于自身绿化增强，包括转入的面积，整体 NPP 为净增加 0.625TgC。

热环境及城市大气污染方面，城市地表热环境与城市规模的关系密切。2000~2015 年，各城市冷岛区面积均有不同程度的减少，低温区和高温区变化幅度不大，强热岛区面积变化以增加为主。北京城市规模大，城镇化对城市地表热岛效应的影响明显。京津冀地区 $PM_{2.5}$ 浓度西北低、东南高；平均浓度 2015 年前呈递增趋势，2015~2018 年显著降低；$PM_{2.5}$ 浓度处于 $70μg/m^3$ 以上的面积比例同样表现为 2000~2015 年呈递增趋势，2015~2018 年显著减少。2000~2015 年，城市 $PM_{2.5}$ 污染对其周边区域的影响程度和范围呈上升趋势，并且这种影响具体表现在距离性和方向性两方面：距离城区越远，城市 $PM_{2.5}$ 对周边区域的影响越大。2000~2018 年，大部分城市 $PM_{2.5}$ 对周边影响的方向性特征差异明显。2015 年前，平原地区的城市总体处于较为严峻的大气污染发展模式之中，而西北山区的城市则处于较好的模式之中，2015~2018 年，河北位于平原区的城市，保定以南的河北各地级市仍需进一步加强 $PM_{2.5}$ 污染防治。

参考文献

别同, 韩立建, 何亮, 等. 2018. 城市空气污染对周边区域空气质量的影响. 生态学报, 38(12): 4268-4275.

曹永强, 马静. 2011. 水足迹在河北省水资源管理中的实证研究. 长江科学院院报, 28(8): 18-21, 26.

方精云, 朴世龙, 贺金生, 等. 2003. 近 20 年来中国植被活动在增强. 中国科学 (C 辑: 生命科学), (6): 554-565.

耿世伟, 渠晓东, 张远, 等. 2012. 大型底栖动物生物评价指数比较与应用. 环境科学, 33 (7): 2281-2287.

韩立建. 2018. 城市化与 $PM_{2.5}$ 时空格局演变及其影响因素的研究进展. 地理科学进展, 37(8): 1011-1021.

姜莉. 2011. 海河流域京津冀地区虚拟水实证研究. 大连: 辽宁师范大学.

焦利民, 张欣. 2015. 基于圈层建设用地密度分析的中国主要城市扩张的时空特征. 长江流域资源与环境, 24 (10): 1721-1728.

刘焱序, 吴文恒, 温晓金, 等. 2013. 晋陕蒙能源区城镇化过程及其对生态环境的影响. 地理研究, 32 (11): 2009-2020.

任阵海, 万本太, 苏福庆, 等. 2004. 当前我国大气环境质量的几个特征. 环境科学研究, 17(1): 1-6.

王艳阳, 王会肖, 蔡燕. 2011. 北京市水足迹计算与分析. 中国生态农业学报, 19(4): 954-960.

肖荣波, 欧阳志云, 李伟峰, 等. 2005. 城市热岛的生态环境效应. 生态学报, (8): 227-232.

周淑贞, 张超. 1982. 上海城市热岛效应. 地理学报, 49 (4): 372-382.

Chapagain A K, Hoekstra A Y. 2003. Virtual water flows between nations in relation to trade in livestock and livestock products. Delft: Value of Water Research Report Series.

Ge L, Xie G, Zhang C, et al. 2011. An evaluation of China's water footprint. Water resources management, 25 (10): 2633-2647.

Gleick P H, Cain N L. 2004. The World's Water 2004-2005: the Biennial Report on Freshwater Resources. Washington: Island Press.

Hammer M, van Donkelaar A, Li C, et al. 2020. Global Estimates and long-term trends of fine particulate matter concentrations (1998-2018). Environmental Science & Technology, 54 (13): 7879-7890.

Han L, Zhou W, Li W F. 2016. Fine particulate ($PM_{2.5}$) dynamics during rapid urbanization in Beijing, 1973-2013. Scientific Reports, 6 (1): 1-5.

Han L, Zhou W, Li W F, et al. 2014. Impact of urbanization level on urban air quality: a case of fine particles ($PM_{2.5}$) in Chinese cities. Environmental Pollution, 194: 163-170.

Han L, Zhou W, Li W F, et al. 2015. City as a major source area of fine particulate ($PM_{2.5}$) in China. Environmental Pollution, 206: 183-187.

Hoekstra A Y. 2003. Virtual Water Trade: Proceedings of the International Expert Meeting on Virtual Water Trade. Delft, The Netherlands: 12-13 December 2002, Value of Water Research Report Series No. 12, UNESCO-IHE.

van Donkelaar A, Martin R, Burnett R. 2019. Regional estimates of chemical composition of fine particulate matter using a combined geoscience-statistical method with information from satellites, models, and monitors. Environmental Science & Technology, 53 (5): 2595-2611.

第 8 章 城镇化的区域生态系统服务效应与优化调控

8.1 引 言

构建生态安全格局被认为是实现区域和城市生态安全的基本保障和重要途径（周文华和王如松，2005；俞孔坚等，2009），而生态系统服务作为联系人-地关系的重要桥梁，对保障区域生态安全格局具有重要意义（王晓峰等，2012）。生态系统服务功能概念自 1970 年提出以来（文一惠等，2010），受到国内外生态学家、经济学家和政策制定者的广泛关注，尤其是 2001~2005 年实施的联合国千年生态系统评估（MA）计划，对生态系统服务功能的研究产生了深远影响（Millennium Ecosystem Assessment，2005）。随着研究的不断深入，生态系统服务功能的内涵也越来越明晰，并发展了多种定量评价的方法，包括物质量和价值量的评价方法（欧阳志云和郑华，2009）。为了协调生态保护与城市发展的问题，中国政府于 2011 年首次提出了生态红线政策。生态红线政策旨在保护重要的生态功能区以及生态敏感和脆弱区。它是我国重要的生态保护战略，有助于维护国家和区域的生态安全、促进经济社会的可持续发展。2014 年 1 月，环境保护部印发了《国家生态保护红线——生态功能基线划定技术指南（试行）》，通过生态系统服务功能评价，在区域尺度上划定重要的生态系统用地并建立优先保护区。目前，生态红线政策正在全国范围内全面推广（Jia et al.，2018），许多省（市）正在或已经完成了生态红线的划定（Bai et al.，2016）。

本章以京津冀城市群为实证案例，根据该区域生态系统服务功能重要性的空间分布特征划定生态红线区域，并应用模型模拟的方法，模拟了在考虑和不考虑生态红线政策下京津冀城市群未来的增长趋势，探讨其对区域生态系统服务功能的影响与侵占。研究主要关注两个方面：一方面，应用生态系统服务功能评估方法，定量分析京津冀城市群土壤保持服务、水源涵养服务、洪水调蓄服务、固碳服务、防风固沙服务及生物多样性服务的空间分布，从而量化区域内生态安全格局；另一方面，应用空间显性模型，模拟预测京津冀城市群未来的城市增长趋势及格局，并探讨其对区域生态系统服务功能的影响。

8.2 数据来源与研究方法

8.2.1 数据来源

1. 土地利用/土地覆盖数据

研究所使用的历史时期土地利用/土地覆盖数据基于 Landsat-5 TM 遥感影像解译得到，首先利用面向对象和回溯相结合的方法提取土地利用/土地覆盖信息，其次结合航空像片与高空间分辨率 SPOT 图像，通过目视判读验证分类结果的精度。Landsat-5 TM 遥感影像数据的获取时间为 2000 年、2010 年及 2015 年 6~10 月气象条件较好的白天，空间分辨率为 30m×30m。未来时期的土地利用/土地覆盖数据利用 CLUE-S 模型进行模拟。

2. 基础地理信息、社会经济数据

研究所使用的京津冀城市群地区坡度、高程数据通过 GDEMV2-30m 分辨率数字高程数据转换得到。地理信息矢量数据主要来源于国家测绘局及交通运输部，包括公路、海岸线、铁路、河流数据等。社会经济数据主要来源于《中国城市统计年鉴》（2015 年），包括城镇人口比重、第二产业比重、第三产业比重。灯光强度指数和灯光面积指数来源于 DMSP/OLS 夜间灯光数据。

3. 生态系统服务功能数据

基于京津冀城市群地区不同生态系统服务功能的重要性和空间数据的可用性，研究选择了土壤保持、水源涵养、洪水调蓄、固碳、防风固沙及生物多样性 6 种生态系统服务功能进行生态安全格局评价，所需数据来源见表 8.1，所有生态系统服务功能数据统一处理为栅格数据，土壤保持与生物多样性服务功能的空间分辨率为 90m，其余生态系统服务功能的空间分辨率为 250m。

表 8.1 生态系统服务功能数据类型及来源

数据类型	分辨率	数据来源
生态系统类型	90m，Landsat TM	中国科学院遥感与数字地球研究所[①]
温度/℃	0.05°	中国气象局
DEM	90m	SRTM（the Shuttle Radar Topography Mission）
降水/mm	0.05°	中国气象局

① 现已更名为中国科学院空天信息创新研究院。

续表

数据类型	分辨率	数据来源
土壤分布图	1:1000000	中国土壤科学数据库
蒸散发/mm	90m	中国科学院地理科学与资源研究所
地表生物量/t	250m	中国科学院遥感与数字地球研究所
多年平均降雨侵蚀力	—	北京师范大学
湿地面积/km²	—	《中国湖泊志》《中国水利统计年鉴》

8.2.2 研究方法

1. 土地利用分类方法

首先，利用面向对象的方法对 2010 年遥感数据进行分类；其次，以 2010 年的分类结果为参考，分析了 2000 年、2015 年土地利用/土地覆盖变化的特征。对于未变化的区域，其土地利用/土地覆盖类型与 2010 年的分类结果一致，对于变化的区域，根据不同土地利用/土地覆盖类型的特征对遥感图像进行分类提取。最后，采用分层随机抽样和人工目视解译的方法对分类结果进行检验。具体选择北京、天津、唐山、承德、石家庄与邢台 6 个城市，每个城市根据不同土地利用/土地覆盖类型组成特征共计随机选取 300 个样点，结合航空像片与高空间分辨率 SPOT 图像（2.5m）进行目视判读比较，最终获得整体分类精度为 87%的土地利用类型数据，其中 2015 年土地利用/土地覆盖的分类精度超过了 93%（巨鑫慧等，2020）。京津冀城市群土地利用/土地覆盖类型最终共划分为六大类：水体、裸地、林地、人工表面、草地、耕地，数据空间分辨率为 600m。

2. 生态系统服务功能评估方法

已有研究表明，土壤保持、水源涵养、洪水调蓄、固碳、防风固沙及生物多样性等生态系统服务功能对区域的生态安全具有重要影响。例如，京津冀地区水资源过度开采导致调蓄能力降低（把增强和王连芳，2015）。土壤侵蚀面积大，水土流失造成的土地退化现象降低了土地生产力，严重制约地区经济发展（鄂竟平，2004；夏青和马志尊，2014）。长期以来，京津冀城市群地区饱受风沙危害，尤其是冬春季节频发的沙尘天气严重威胁区域空气质量和人民生活（李正涛，2013）。生物多样性的丧失直接导致生态系统服务功能的丧失（Holdren and Ehrlich, 1974; Ehrlich and Ehrlich, 1981），而京津冀地区城市增长及开发活动导致自然生境面积不断缩小，生境碎片化问题突出，制约着区域未来发展。因此，研究针对京津冀城市群地区土壤保持、水源涵养、洪水调蓄、固碳、防风固沙及生物多样性 6 种生态系统功能，估算了各类生态系统服务的价值量并评估了京津冀不同区域生态系统服务的综合重要性。其评估方法采用环境保护部与中国科学院《全国生态环境十年变化（2000~2010 年）调查评估报告》中应用的区域生态系统服务的定量评价方法与结果（欧阳志云等，2014，2015；Ouyang et al.，2016）。

1）土壤保持服务

土壤保持是生态系统所提供的重要的调节服务功能之一，受当地植被覆盖度、气候条件、地形因子等的影响。研究应用通用土壤流失方程（universal soil loss equation，USLE）和 InVEST 模型估算研究区内的土壤保持量。

$$SC = R_e \times K \times LS \times (1-C) \tag{8.1}$$

式中，SC 为土壤保持量[t/(hm²·a)]；R_e 为降雨侵蚀因子[(MJ·mm)/(hm²·h·a)]；K 为土壤可蚀性因子[(t·hm²·h)/(MJ·hm²·mm)]；LS 为地形因子；C 为植被覆盖度因子。

研究中 R 由日降雨侵蚀力模型计算，日降水数据来源于中国气象局；K 与土壤特性密切相关，通过 EPIC 模型进行估算；土壤数据来源于中国土壤科学数据库；LS 反映了坡长和坡度对土壤保持力的影响，根据已有研究所使用的经验公式进行计算（Wei et al.，2002）；通过参考国内外相关文献确定 C 值（Wei et al.，2002；Rao et al.，2014）。

2）水源涵养服务

水源涵养服务功能对调节径流、改善水文状况、调节区域水循环等都有着关键作用，主要受气候因素、下垫面植被、土壤因素等的影响（陈姗姗等，2016）。研究运用修正后的 InVEST 模型来估计水源涵养能力。

$$TQ = (P - R - ET) \times A \tag{8.2}$$

式中，TQ 为总水源涵养量（m³）；P 为降水量（mm）；R 为径流量；ET 为蒸散量（mm）；A 为不同生态系统类型的面积，根据土地利用/土地覆盖数据统计得到（m²）。

研究中蒸散发数据来源于中国科学院地理科学与资源研究所。降水数据来源于中国气象局。径流数据通过降水量乘以径流系数计算得到，其中径流系数的取值参考已有研究（Gong et al.，2017）。

3）洪水调蓄服务

湿地具有强大的洪水调蓄能力，汛期可以通过调节河流径流量削减洪峰、均化洪水，从而减轻区域的洪水威胁（赵欣胜等，2016）。研究针对不同湿地类型（湖泊、水库、沼泽湿地）构建了洪水调蓄服务评价模型，对各类湿地的洪水调蓄能力进行了评估（饶恩明等，2014）。湿地数据来源于《中国湖泊志》和《中国水利统计年鉴》。

湖泊可通过暂时蓄纳入湖洪峰水量削减并滞后洪峰。可调蓄水量是湖泊多年平均水位变幅与湖面面积的乘积，反映了湖泊调蓄作用的大小。因为湖泊水位变幅及可调蓄水量数据较少，湖面面积数据相对丰富，且与湖泊调洪能力关系密切（饶恩明等，2014），研究选取可调蓄水量表征湖泊的洪水调蓄能力，并基于湖面面积和可调蓄水量之间的数量关系构建湖泊洪水调蓄服务评价模型。其计算公式如下：

$$\ln C_r = 1.128 \ln A + 4.924 \tag{8.3}$$

式中，C_r 为可调蓄水量（$10^4 m^3$）；A 为湖面面积（km^2）。

防洪库容是水库用于蓄滞洪水、发挥其防洪效益的部分。研究以防洪库容表征水库的洪水调蓄能力（饶恩明等，2014）。因为防洪库容数据难以获取，而总库容数据的收集则相对容易，因此研究基于已有防洪库容与总库容之间的数量关系建立经验方程，通过水库总库容推测其防洪库容。其计算公式如下：

$$C_f = C_t \times 0.35 \tag{8.4}$$

式中，C_f 为水库的防洪库容（$10^4 m^3$）；C_t 为水库的总库容（$10^4 m^3$）。

沼泽湿地的土壤具有较强的蓄水和透水能力，不仅能够削减洪峰和均化洪水，还能借助湿地植被减缓洪水流速、延长泄洪时间，进而削弱对下游的影响（赵欣胜等，2016）。研究利用地表滞水量评价湿地区域的洪水调蓄能力。其计算公式如下：

$$C_s = A \times D \tag{8.5}$$

式中，C_s 为地表滞水量（$10^4 m^3$）；A 为湿地面积（km^2）；D 为汛期最大平均深度（m），研究中汛期最大平均深度为1m。

4）固碳服务

陆地生态系统固碳服务指森林、草地、农田与湿地等不同生态系统通过光合作用自然捕获大气中 CO_2 的过程。固碳服务可以减缓大气中 CO_2 增长的速率，但其易受气候变化及土地利用方式等的影响（高扬等，2013）。针对京津冀城市群地区，研究计算了林地、草地及湿地 3 种陆地生态系统的固碳服务价值量。其计算公式如下：

$$BCS = B_i \times CC_i \times AR_i \times 10^{-6} \tag{8.6}$$

式中，BCS 为碳储量（tC）；B_i 为生态系统 i 的生物量密度（t/km^2），数据来源于中国科学院遥感与数字地球研究所；CC_i 为不同生态系统中的碳储量，通过查阅相关资料，确定京津冀城市群地区林地、湿地、草地 3 类生态系统的碳储量取值分别为 0.5tC、0.5tC、0.45tC（Fang et al.，2010）；AR_i 为每个栅格单元的面积（km^2），研究中为 $0.0625km^2$。

5)防风固沙服务

防风固沙服务功能是我国北方地区生态系统的主要服务功能之一,主要受植被覆盖度、当地气候因子与土壤可蚀性等影响(巩国丽等,2014)。研究针对京津冀城市群地区气候条件、土壤可蚀性、土壤结皮、地表粗糙度以及植被覆盖特征,运用修正风蚀方程(revised wind erosion equation,RWEQ)来估算土壤风蚀量。修正风蚀方程结合了经验和过程建模,并且已经有大量研究验证了其有效性(巩国丽等,2014;江凌等,2016),如式(8.7)所示。

$$Q_{max} = 109.8[WF \times EF \times SCF \times K' \times C]$$
$$S = 150.71(WF \times EF \times SCF \times K' \times C)^{-0.3711} \quad (8.7)$$
$$S_L = \frac{2 \times z}{S^2} Q_{max} \times e^{-(z/s)^2}$$

式中,Q_{max} 为最大转移量(kg/m);S 为关键地块长度(m);z 为下风向最大风蚀出现距离(m);S_L 为风力侵蚀量(kg/m²);WF 为气候因子(kg/m);EF 为土壤侵蚀因子;SCF 为土壤结皮因子;K' 为地表粗糙度因子;C 为植被覆盖度因子。

其中,气候因子 WF 表征了在考虑降雨、温度、日照及雪盖等因素下风力对土壤颗粒的搬运能力(徐洁等,2019),其计算方法为将每个时段的总风量除以 500,再乘以时段天数(Ouyang et al.,2016)。土壤侵蚀因子 EF 反映了风蚀与土壤理化性质的关系。土壤结皮因子 SCF 反映了一定土壤理化条件下土壤结皮抵抗风蚀能力的大小,并通过 SCF 方程计算(Wang et al.,2019)。地表植被数量对风沙、土壤侵蚀有显著影响,研究中植被覆盖数据来源于中国科学院遥感与数字地球研究所。此外,由于研究是在区域尺度上进行的,因此采用由地形引起的粗糙度来代替地表粗糙度因子(K'),并使用 Smith-Carson 方程进行计算(Ouyang et al.,2016)。

6)生物多样性服务

生态系统不仅为生物物种提供了栖息繁衍的场所,而且为生物进化及生物多样性的形成提供了条件,同时还提高了不同物种对气候因子的扰动和化学环境变化的抵抗能力(欧阳志云等,1999)。生物多样性作为群落的可测性指标,反映了生态系统的基本特征,是各种物种通过竞争或协调资源而共存的结果(Loreau et al.,2001;Cardinale et al.,2006),为生态系统功能的维持和运行提供了种源基础和支撑条件(Loreau et al.,2001;Hooper et al.,2013;Cardinale et al.,2006;Hector and Bagchi,2007),其主要受当地土壤水分条件、生物量等因素的影响(杨阳和刘秉儒,2015)。研究所指的生物多样性服务以基于县域的特有、濒危以及国家保护物种所在栖息地总面积来表示,在全国层面,共计选取了 2820 种物种作为生物多样性指标,再将不同珍稀物种设置为三级保护目标,利用式(8.8)简化概念模型指定栖息地分布图。

$$\mathrm{pH}_i = C_i IH \tag{8.8}$$

式中，pH_i 表明多边形 i 是否是潜在的物种栖息地；C_i 为县域 i 内指示物种的历史分布记录；I 为物种所处的适宜海拔、坡度及坡向的叠加；H 为指示物种的适宜栖息地。利用 MARXAN 软件，通过计算不可替代性指数来衡量每个分析单元中生物多样性保护价值。

3. 生态红线划定方法

研究通过建立生态系统服务综合指标来量化空间上每个栅格单元对维持国家和区域生态安全的相对重要性，并将综合评价等级为"极重要"与"重要"的生态系统服务功能区域划定为生态红线。

生态红线的划定过程如下：①按照生态系统服务功能评估方法计算每个栅格单元中 6 种生态系统服务的价值量。②为了量化每个栅格单元对单一服务的相对重要性，将所有栅格按照每种生态系统服务价值量的大小降序排列，并计算各栅格单元的服务价值量的累计百分比。③按照累计百分比结果将所有栅格划分为四个重要性等级。累计百分比在"0～50%"的为极重要区域，在"50%～75%"的为重要区域，在"75%～90%"的为中等重要区域，在"90%～100%"的为一般区域。④采用最大值方法将各项服务的相对重要性叠加，得到栅格单元的生态系统服务重要性综合指数，即栅格中不同生态系统服务的最大重要性等级。⑤将综合评价等级为"极重要"与"重要"的栅格区域划定为生态红线（Ouyang et al., 2016）。

4. 土地利用模拟方法

研究基于京津冀城市群 2000～2015 年的土地利用/土地覆盖格局的变化特征与规律，应用 CLUE-S 模型，模拟预测 2030 年京津冀城市群的土地利用/土地覆盖变化特征，并分析城市人工表面的增长对重要生态系统服务功能的影响，共设置两种未来情景，分别是不考虑生态红线政策的历史趋势情景及考虑生态红线政策的生态保护情景。

CLUE-S（The Conversion of Land Use and its Effects at Small regional extent）模型是荷兰瓦赫宁根大学"土地利用变化和影响"研究小组在 CLUE 模型的基础上开发的（Verburg et al., 2002），其核心原理是基于 Logistic 回归分析的区位适宜性，并结合不同土地利用/土地覆盖类型随时空变化过程中的竞争关系和相互作用进行经验性分析。该模型由土地政策与限制区域、土地利用类型转换规则、土地需求、空间特征 4 个输入模块和 1 个空间分配模块共五部分组成，其假设条件为一个地区的土地利用/土地覆盖变化受该地区土地利用需求驱动，且该地区的土地利用/土地覆盖分布格局总是同土地需求与自然环境和社会经济因子处于动态平衡状态（张永民和赵士洞，

2003）。CLUE-S 模型可以从系统论角度很好地解释土地利用变化过程。此外，其用户界面简单且便于操作，方便用户整合各种自然和社会经济因素进行未来情景模拟。

在 CLUE-S 模型中，土地政策与限制区域的作用是限制土地利用格局发生变化，分为区域性限制因素和政策性限制因素，在研究中生态红线区域设置为区域性限制因素。土地利用转换规则通过设定各个土地利用类型之间的转移矩阵来定义各种土地利用类型之间能否实现转变，包括土地利用类型转移弹性和土地利用类型转移次序两部分。土地需求指的是各种土地利用类型的变化量，需要通过其他模型或方法计算得到。空间特征基于土地利用/土地覆盖类型转变将发生在其最有可能出现的位置上这一理论，计算各个土地利用/土地覆盖类型在空间上的分布概率，即各种土地利用/覆盖类型的空间分布适宜性（王丽艳等，2010）。在 CLUE-S 模型中，使用 Logistic 回归方法计算每个栅格单元可能出现某种地类的概率，并解释土地利用/土地覆盖类型与其驱动力因素之间的关系（邓元杰等，2018）。

Logistic 回归分析的原理是，针对土地利用/土地覆盖格局特征和各种驱动因素，运用逐步 Logistic 回归筛选对土地利用/土地覆被格局影响较为显著的因子，剔除影响不显著的因子，从而估计回归系数β，获得不同驱动因素与土地利用/土地覆盖类型分布的关系。

$$\ln\left(\frac{p_i}{1-p_i}\right)=\beta_0+\beta_1 X_{1,i}+\beta_2 X_{2,i}+\cdots+\beta_n X_{n,i} \tag{8.9}$$

式中，p_i 为区域单元内土地利用/土地覆盖类型 i 可能出现的概率；$X_{k,i}, k\in(1,n)$ 为与土地利用/土地覆盖类型 i 产生概率有关的特征变量，即影响该土地利用/土地覆盖类型演变的驱动因素；$\beta_k, k\in(1,n)$ 为它们对应的系数，表现为当其他因素不变时，特征 $X_{k,i}$ 增加一个单位所带来的 p_i 的变化；β_0 为常数项。研究利用 SPSS 提供的二元 Logistic 回归分析工具进行回归计算。

CLUE-S 模型中的空间分配模块是在土地利用/土地覆盖限制区域、土地利用/土地覆盖转换规则、土地利用/土地覆盖空间分布概率和基准期土地利用/土地覆盖类型图的基础上，根据总概率的大小对土地利用/土地覆盖需求进行空间分配的过程（王丽艳等，2010）。迭代公式如下：

$$\text{TPROP}_{i,u}=P_{i,u}+\text{ELSA}_u+\text{ITER}_u \tag{8.10}$$

式中，u 为某一土地利用/土地覆盖类型；i 为某一栅格单元；$\text{TPROP}_{i,u}$ 为在栅格单元 i 上土地利用/土地覆盖类型 u 的总概率；$P_{i,u}$ 为栅格单元 i 对于地类 u 的适宜性概率；ELSA_u 为土地利用/土地覆盖类型 u 的转换弹性系数；ITER_u 为土地利用/土地覆盖类型 u 的迭代变量。

CLUE-S 模型的精度校验分为两个部分：一部分是应用 ROC（relative operating

characteristic）值对 Logistic 回归结果中驱动因素的解释能力进行校验，来定量衡量 Logistic 回归方程的拟合度。ROC 值在 0.7 以上，表明 Logistic 方程的判别能力较好，可利用 CLUE-S 模型继续进行空间分配（Pontius and Schneider，2001）。另一部分是利用 CLUE-S 模型完成土地利用/土地覆盖类型的空间模拟之后，通过计算土地利用/土地覆盖模拟结果与实际的土地利用/土地覆盖图的 Kappa 指数评价 CLUE-S 模型的模拟精度。通常 Kappa 系数大于 0.7 时，CLUE-S 模型模拟精度较高。

城市群地区作为一个有机的整体，建设用地空间布局不仅受局地城镇化特征的影响，也受区域尺度的因素影响（刘菁华等，2017）。因此，区域尺度上，结合已有的土地利用变化驱动机制研究进展，从自然、社会、经济等方面共筛选了 14 个可能影响建设用地布局的变量，采用 Logistic 模型分析了京津冀城市群地区建设用地布局的主要驱动因子（欧阳志云等，2014，2015）。研究通过融合多源数据，基于文献调研和京津冀城镇化现状，考虑了多重变量的共线性，筛选了高程、坡度，以及到河流、海岸线的距离作为影响土地利用/土地覆盖格局变化的自然驱动要素；还选取了到铁路、国道、高速路、市中心的距离这些与城镇化紧密相关的可达性要素，人口、产业比重等社会经济要素，以及采用灯光指数作为空间上直接反映人类社会、经济活动强度及范围的驱动因子，驱动因子类型见表 8.2。

表 8.2 驱动因子类型

数据类型	驱动因子
自然因素	高程/m
	坡度/（°）
	到河流距离/km
	到海岸线距离/km
社会因素	到铁路距离/km
	到国道距离/km
	到高速路距离/km
	到市中心距离/km
	到京津距离/km
	城镇人口比重/%
经济因素	第二产业比重/%
	第三产业比重/%
	灯光强度指数
	灯光面积指数

8.3 生态服务空间分布格局

8.3.1 区域尺度生态系统服务空间分布特征

研究对京津冀城市群地区土壤保持、水源涵养、洪水调蓄、固碳、防风固沙与生物多样性6种生态系统服务功能的空间重要性进行了评估。从空间分布上看，京津冀城市群地区6种生态系统服务功能的空间分布差异性显著，北部和西部山区、渤海湾沿线及内陆湖泊是重要的生态保护区域，如图8.1所示。

对不同生态系统服务功能重要及以上等级区域的空间分布情况进行分析。具有重要及以上土壤保持服务功能的面积为37936.54km²，占整个京津冀城市群地区

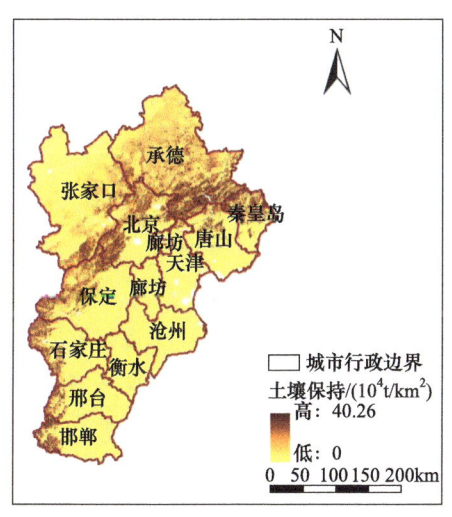
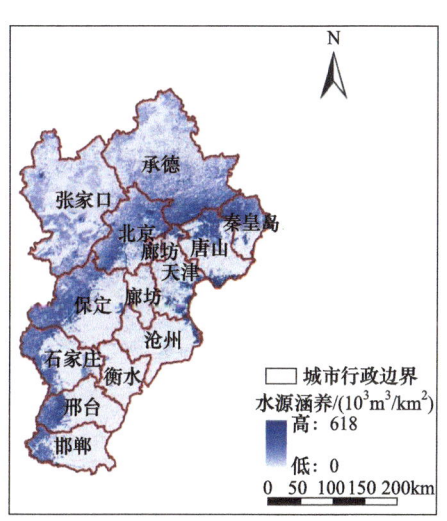
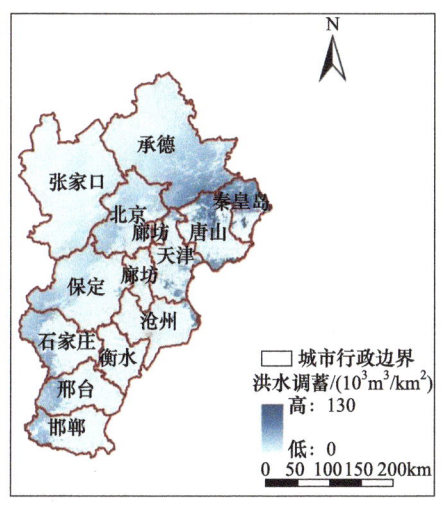
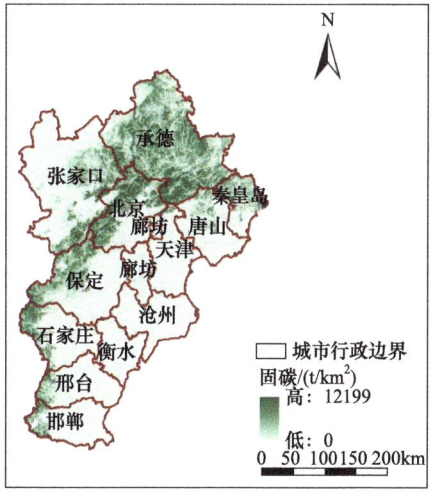

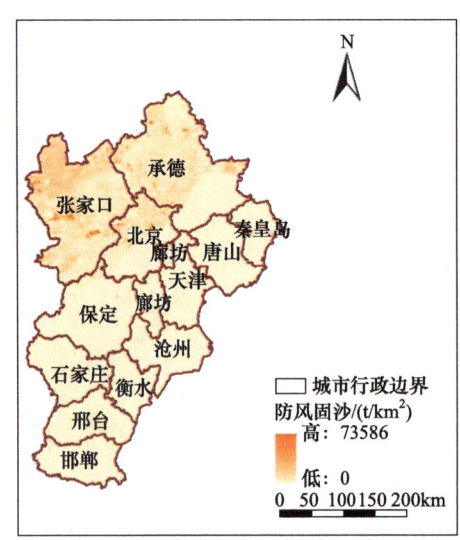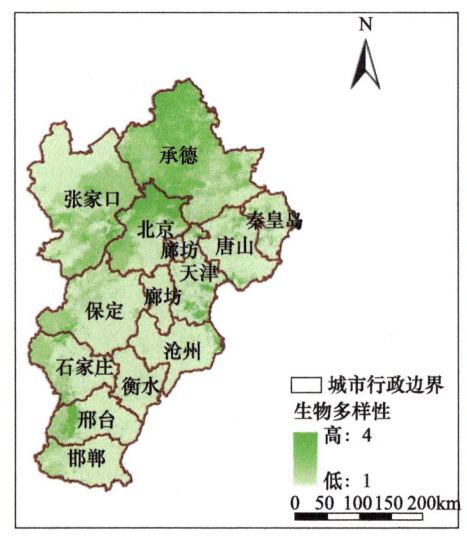

图 8.1 京津冀城市群地区生态系统服务功能分布

总面积的 17.70%，主要分布在京津冀城市群地区北部燕山山脉和西部太行山脉。水源涵养服务功能和洪水调蓄服务功能区域空间分布相似，具有重要及以上功能的面积分别为 38542.38km^2、37753.31km^2，分别占整个京津冀城市群地区总面积的 17.98%、17.61%，主要分布在东部海岸线、内陆湖泊、山地与平原交界线。京津冀城市群地区的洪水调蓄服务功能主要分布于内陆湖泊、水库及其周边湿地，沿海地区滩涂湿地等区域。秦皇岛、唐山北部等山地区域水库数量众多，提供了较大的水库防洪库容，并且水库周边湿地也有一定的洪水调蓄服务功能，因此该区域的洪水调蓄服务功能面积相对较大。具有重要及以上固碳服务功能的区域面积为 30353.56km^2，占整个京津冀城市群地区总面积的 14.16%，主要分布在京津冀北部及西部林业带。防风固沙服务功能区域仅分布在京津冀北部山区，具有重要及以上服务功能的区域面积为 31539.81km^2，占整个京津冀城市群地区总面积的 14.71%。具有重要及以上生物多样性服务功能的区域主要位于京津冀北部和南部，其面积为 31845.78km^2，占整个京津冀城市群地区总面积的 14.86%（表 8.3）。

表 8.3 京津冀城市群地区生态系统服务功能面积

生态系统服务功能类型	服务功能总面积/km^2	重要及以上服务功能面积/km^2	重要及以上服务功能面积百分比/%
土壤保持	211685.49	37936.54	17.92
水源涵养	83774.94	38542.38	46.01
洪水调蓄	91848.13	37753.31	41.10

续表

生态系统服务功能类型	服务功能总面积/km²	重要及以上服务功能面积/km²	重要及以上服务功能面积百分比/%
固碳	69042	30353.56	43.96
防风固沙	74298.5	31539.81	42.45
生物多样性	214812.28	31845.78	14.82

将 6 种生态系统服务功能评价等级为"重要"及"极重要"的区域进行叠加，得到京津冀城市群地区生态红线，如图 8.2 所示。至 2015 年，京津冀城市群地区具有重要及以上等级的生态系统服务功能总面积达 105968.52km²，占京津冀全区总面积的 49.44%。

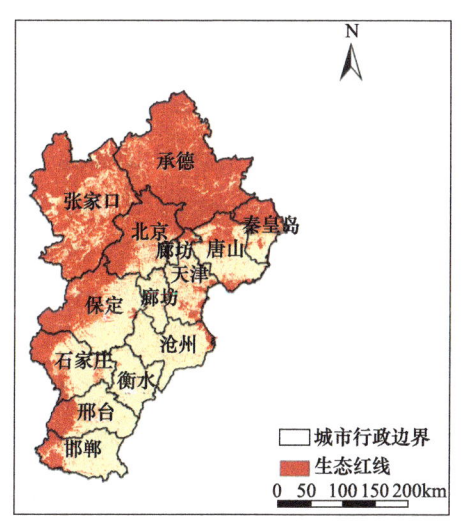

图 8.2　2015 年京津冀城市群地区生态红线分布图

从生态系统服务功能的价值量来看（表 8.4），京津冀城市群地区土壤保持价值量为 243535.58 万 t，生态红线内为 217071.98 万 t，占全区价值量的 89.13%；水源涵养价值量为 807873.40 万 m³，生态红线内为 707871.39 万 m³，占全区价值量的 87.62%；洪水调蓄价值量为 211951.44 万 m³，生态红线内为 192602.80 万 m³，占全区价值量的 90.87%；固碳价值量为 13097.16 万 t，生态红线内为 12098.64 万 t，占全区价值量的 92.38%；防风固沙价值量为 30295.21 万 t，生态红线内为 26762.16 万 t，占全区价值量的 88.34%；生态红线内生物多样性价值量为 29307.48km²，占全区价值量的 13.65%。可以看出，生态红线内大多数生态系统服务功能价值量占全区价值量的比值均超过了 80%，反映了生态红线内生态系统服务功能的重要性。

表 8.4　京津冀城市群地区生态系统服务功能价值量

生态系统服务功能类型	京津冀城市群地区服务功能价值量	生态红线内服务功能价值量	生态红线内价值量百分比/%
土壤保持/万 t	243535.58	217071.98	89.13
水源涵养/万 m³	807873.40	707871.39	87.62
洪水调蓄/万 m³	211951.44	192602.80	90.87
固碳/万 t	13097.16	12098.64	92.38
防风固沙/万 t	30295.21	26762.16	88.34
生物多样性/km²	214636.27	29307.48	13.65

8.3.2　城市尺度生态系统服务空间分布特征

从城市尺度来看，京津冀城市群地区具有重要及以上生态系统服务功能的区域主要集中在承德、北京、保定、张家口、秦皇岛（表 8.5）。例如，承德具有重要及以上土壤保持、生物多样性、洪水调蓄、固碳服务功能的面积最大，分别为 13940.94km²（占比 36.72%）、16886.94km²（占比 53.10%）、11670.75km²（占比 30.97%）、13903.63km²（占比 45.87%）。保定重要及以上水源涵养服务功能的面积最大，为 6470.19km²，占京津冀城市群地区重要及以上水源涵养总面积的 16.79%。防风固沙服务功能只分布于张家口、承德、北京及保定，其中张家口重要及以上防风固沙服务功能面积最大、保定最小，分别为 18382.56km²、250.38km²，在京津冀城市群地区的占比分别为 58.37%和 0.80%。此外，廊坊、沧州、衡水 6 类生态系统服务功能的面积均较小，各类服务功能重要及以上面积占全区的比例均小于 3%。

表 8.5　不同城市重要及以上生态系统服务功能面积

城市	土壤保持/km²	水源涵养/km²	洪水调蓄/km²	固碳/km²	防风固沙/km²	生物多样性/km²
北京	5205.88	5422.88	2961.81	3212.56	3344.44	5025.06
天津	249.88	2483.00	2415.63	218.13	0.00	1741.13
唐山	1177.31	3381.38	3587.38	795.00	0.00	1089.63
秦皇岛	2742.94	3436.06	4179.88	1853.50	0.00	717.06
承德	13940.94	6466.50	11670.75	13903.63	9513.19	16886.94
张家口	4722.94	1334.19	0.00	3881.94	18382.56	2186.31
保定	4818.88	6470.19	2556.44	3384.06	250.38	688.81

续表

城市	土壤保持/km²	水源涵养/km²	洪水调蓄/km²	固碳/km²	防风固沙/km²	生物多样性/km²
石家庄	2485.38	3701.25	4106.88	1618.69	0.00	949.63
廊坊	15.00	349.75	266.13	23.56	0.00	43.75
沧州	0.00	1036.75	985.06	1.19	0.00	690.13
衡水	0.00	256.25	195.25	4.94	0.00	205.94
邢台	1052.69	2253.50	2640.63	694.00	0.00	1254.81
邯郸	1554.19	1939.13	2122.56	718.56	0.00	324.81

对生态红线内 13 个地级市所含生态系统服务功能价值量进行分析（表 8.6）。可以看出，除防风固沙外，承德各项生态系统服务功能价值量均位于第一位，生态红线内各项服务功能价值量占比均超过 20%。张家口防风固沙服务功能价值量最大，占全区价值量的 53.19%。此外，北京各项生态系统服务功能价值量也较高，土壤保持、水源涵养、固碳、生物多样性服务功能价值量均位于第二位。因此，总体来看，承德和北京的生态环境质量要优于其他地级市，应作为重要的生态系统保护区域。廊坊和衡水各生态系统服务功能价值量相对较小，大多数服务功能价值量的占比小于全区价值量的 4%。

表 8.6 不同城市重要及以上生态系统服务功能价值量

城市	土壤保持/万 t	水源涵养/万 m³	洪水调蓄/万 m³	固碳/万 t	防风固沙/万 t	生物多样性/km²
北京	28340.74	98370.34	17914.46	1995.00	3823.71	4853.27
天津	1728.75	55595.48	9645.51	67.65	0.00	1432.59
唐山	7605.08	70922.95	21299.24	237.00	0.00	930.97
秦皇岛	18399.80	51690.66	28405.03	563.18	0.00	623.78
承德	81432.54	147115.88	55814.81	5303.72	8450.08	16010.35
张家口	23615.27	60904.13	8595.83	1361.07	14234.01	1970.07
保定	25332.46	84907.51	15643.40	1246.76	254.35	621.85
石家庄	14255.72	51784.86	14167.92	719.99	0.00	837.43
廊坊	111.91	3486.13	579.34	5.68	0.00	26.33
沧州	91.63	20844.34	3981.16	0.50	0.00	505.43

续表

城市	土壤保持/万 t	水源涵养/万 m³	洪水调蓄/万 m³	固碳/万 t	防风固沙/万 t	生物多样性/km²
衡水	26.90	2592.59	441.94	1.79	0.00	119.50
邢台	6813.17	33408.00	8971.53	271.91	0.00	1138.10
邯郸	9318.00	26248.53	7142.62	324.40	0.00	237.80
合计	217071.98	707871.39	192602.80	12098.64	26762.16	29307.48

8.4 城市群增长对生态系统服务影响的多情景模拟

8.4.1 城市增长多情景模拟

当前，城市化进程正在全球范围内加速进行。特别是在发展中国家，城市空间的快速发展使得原来以植被为主的自然景观逐渐被众多人工不透水建筑物所取代（徐涵秋，2009）。基于京津冀城市群增长特征与趋势，未来一段时间内，京津冀城市群将继续增长，因此深入认识京津冀城市群增长机制，模拟预测京津冀城市群增长情景，可以为京津冀城市群发展规划与管理提供切实可行的支撑（图8.3）。

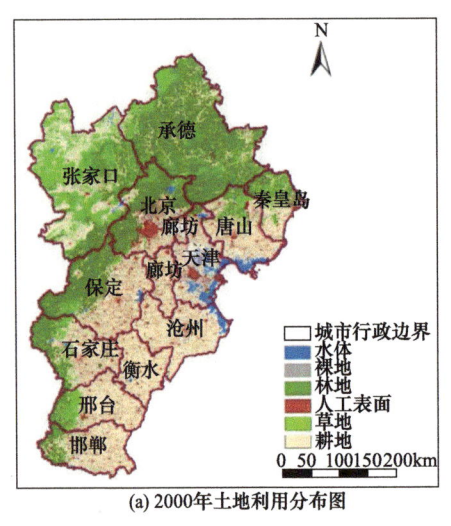
(a) 2000年土地利用分布图

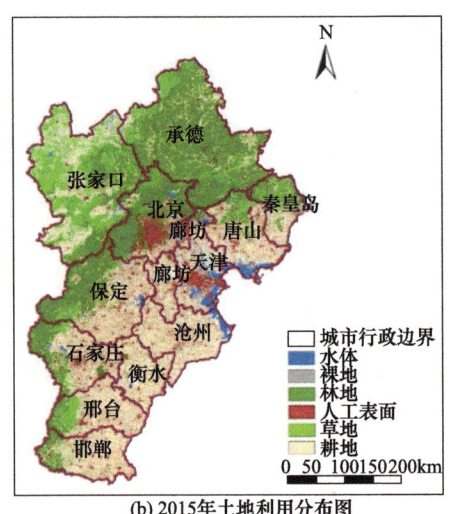
(b) 2015年土地利用分布图

图 8.3 京津冀城市群地区土地利用现状图

1. 城镇用地布局的驱动因素

京津冀城市群增长驱动机制分析结果表明（表8.7和图8.4）：①高程、坡度等自然要素均为影响建设用地发生的区域性限制要素；②城市群地区的主要交通网络对建设用地增长具有促进作用；③每个城市中心的辐射作用对整个城市群建设用地增长具有促进作用；④第三产业比重增长有利于控制城市用地增长。

表 8.7　京津冀城市群地区建设用地布局的主要驱动因子 Logistic 回归分析结果

类型	驱动因子	人工表面	
		Beta 系数	Exp(B)
区域性因子	高程	−0.001	0.999
	坡度	−0.134	0.874
	到河流距离		
	到海岸线距离	0.002	1.002
	到铁路距离	−0.002	0.998
	到国道距离		
	到高速路距离	−0.006	0.994
	到市中心距离	0.002	1.002
	到京津距离		
局部性因子	城镇人口比重		
	第二产业比重		
	第三产业比重	−0.013	0.987
	灯光强度指数	2.934	18.812
	灯光面积指数	1.277	3.586

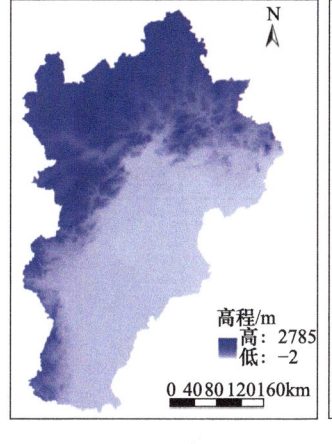
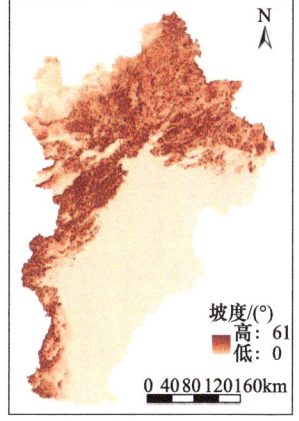
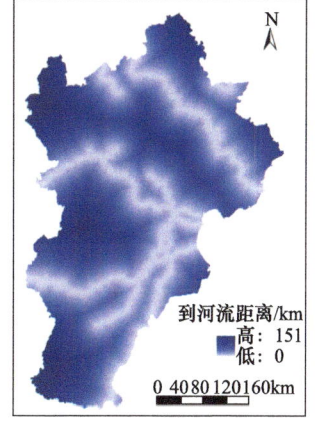

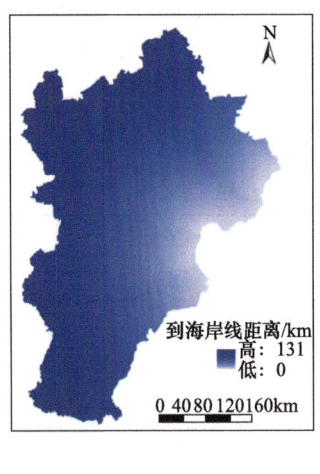
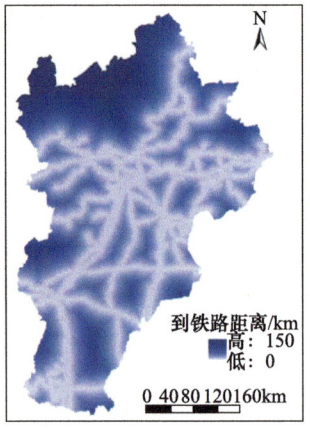
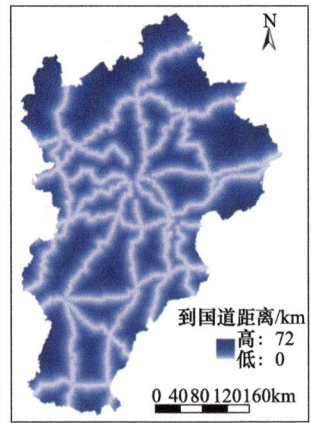
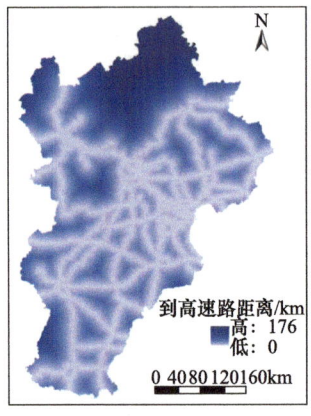
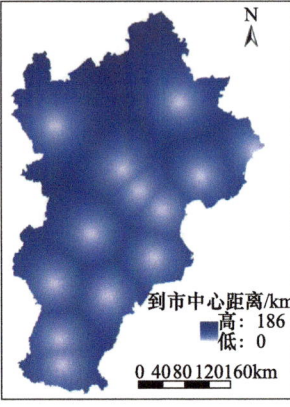
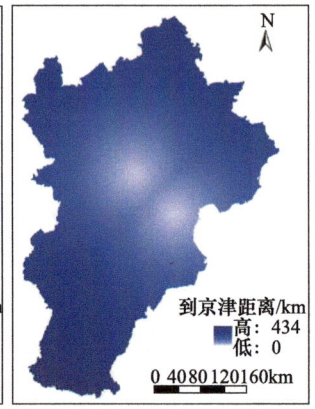
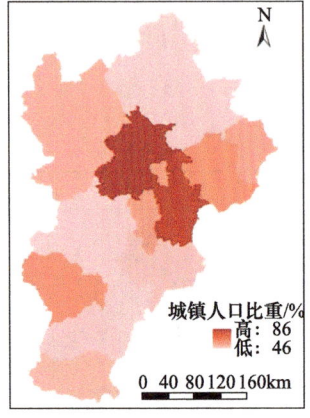

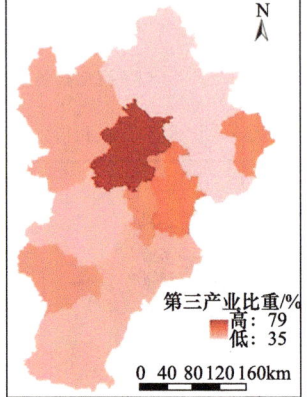

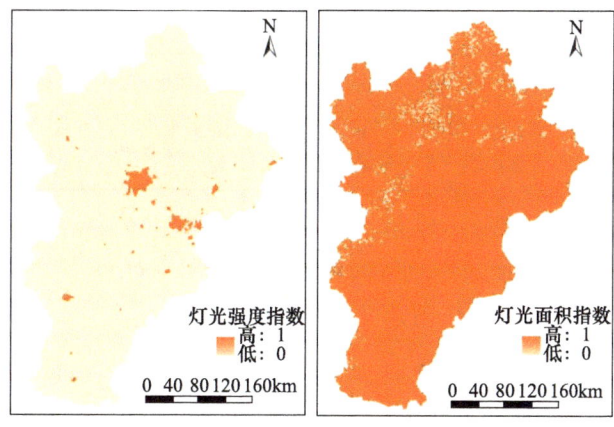

图 8.4　2000～2015 年京津冀城市群地区影响建设用地空间发生的主要驱动因子

2. 土地利用/土地覆盖变化预测多情景模拟

基于 CLUE-S 模型分别模拟了考虑生态红线与未考虑生态红线政策影响下京津冀城市群地区 2030 年的土地利用/土地覆盖空间格局，并与 2015 年土地利用/土地覆盖格局进行对比，分析了京津冀城市群地区城市增长的变化特征。其中，京津冀城市群地区 2015 年生态红线面积为 105968.52km²，占全区总面积的 49.44%。

1）CLUE-S 模型验证

模型验证方面，Logistic 回归结果显示，6 种土地覆盖类型的 ROC 值均超过了 0.70（表 8.8），说明 Logistic 回归方程对各地类分布格局有较高的解释能力（Pontius and Schneider，2001）。通过对比 2015 年模型模拟的土地利用/土地覆盖结果与 2015 年京津冀土地利用分布现状图，得到模型模拟的 Kappa 系数为 0.79，说明 CLUE-S 模型对京津冀城市群土地利用/土地覆盖格局的动态模拟有较好的模拟效果。

表 8.8　2015 年各土地利用类型的 Logistic 逐步回归结果

驱动因子	林地		草地		水体		耕地		人工表面		裸地	
	Beta 系数	Exp(B)	Beta 系数	Exp(B)	Beta 系数	Exp(B)	Beta 系数	Exp(B)	Beta 系数	Exp(B)	Beta 系数	Exp(B)
高程	0.001	1.001	−0.001	0.999			−0.001	0.999	−0.001	0.999	−0.001	0.999
坡度	0.259	1.296	−0.027	0.973	−0.287	0.75	−0.29	0.748	−0.134	0.874	−0.121	0.886
到河流距离			0.003	1.004	0.006	1.006	−0.003	0.997			0.003	1.003
到海岸线距离	−0.005	0.995	0.008	1.008	−0.008	0.992	0.003	1.003	0.002	1.002	0.003	1.003
到铁路距离	−0.018	0.982			0.009	1.009	0.012	1.011	−0.002	0.998	−0.006	0.994
到国道距离	0.007	1.007	0.018	1.018	0.017	1.018	−0.017	0.983			0.031	1.031
到高速路距离	0.01	1.01	−0.002	0.998	−0.003	0.997	−0.005	0.995	−0.006	0.994	0.016	1.016
到市中心距离	0.005	1.005	−0.002	0.998	0.014	1.015	−0.003	0.997	0.002	1.002		

续表

驱动因子	林地		草地		水体		耕地		人工表面		裸地	
	Beta系数	Exp(B)	Beta系数	Exp(B)	Beta系数	Exp(B)	Beta系数	Exp(B)	Beta系数	Exp(B)	Beta系数	Exp(B)
到京津距离	0.002	1.002	−0.003	0.997	−0.004	0.996	−0.001	0.999			0.009	1.009
城镇人口比重	−0.065	0.937	0.137	1.147	0.044	1.045	0.01	1.01			0.194	1.214
第二产业比重	0.109	1.115	−0.315	0.73			−0.045	0.956			−0.303	0.739
第三产业比重	0.166	1.181	−0.326	0.722	−0.03	0.97	−0.068	0.934	−0.013	0.987	−0.356	0.7
灯光强度指数	−1.413	0.243	0.322	1.446			−1.319	0.267	2.934	18.812	1.542	4.675
灯光面积指数	−0.651	0.521	0.374	1.454			−0.963	0.619	1.277	3.586		
常量	−9.412	−9.412	16.231	16.231	−3.897	−3.897	4.903	4.903	−3.5	−3.5	10.239	10.239
ROC	0.907		0.783		0.876		0.872		0.858		0.8	

2) 土地利用/土地覆盖预测

由于某时段景观格局的变化机制与距其最近时段的景观格局变化机制关系最为密切，故而研究假设 2015～2030 年影响土地覆被格局的驱动因素与 2000～2015 年相似，结合土地需求与各类景观的历史转移规则，利用 CLUE-S 模型模拟预测京津冀城市群地区基于历史演变条件下的 2030 年土地利用/土地覆盖空间格局。研究设置了两种未来土地利用/土地覆盖情景，分别为不考虑生态红线影响的历史趋势情景及考虑生态红线影响的生态保护情景。在生态保护情景下，生态红线在 CLUE-S 模型中被设置为空间限制区域，该区域内限制了各类土地利用/土地覆盖类型的相互转移。而在历史趋势情景下不设置空间限制区域。两种情景下模型模拟结果如图 8.5 所示。

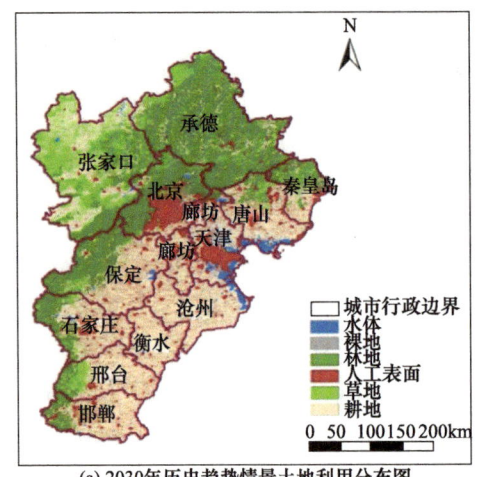
(a) 2030年历史趋势情景土地利用分布图

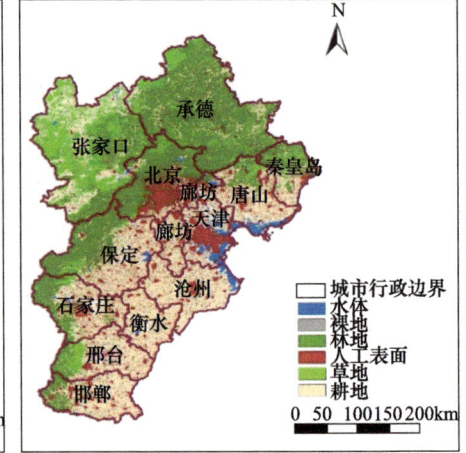
(b) 2030年生态保护情景土地利用分布图

图 8.5 京津冀土地利用预测分布图

从区域尺度来看，两种预测情景下 2030 年京津冀城市群地区城市增长趋势相似，但不同用地类型的变化幅度不同（表 8.9）。例如，两种情景下人工表面分别增长 6008.04km^2、5707.08km^2，增幅分别为 26.34%、25.02%，历史趋势情景下人工表面增长速率较快。两种情景下耕地面积均减少，但生态保护情景下耕地减少幅度较小。同时，我们发现生态保护情景对林地、水体起到了更好的保护作用，如历史趋势情景下水体面积减少了 8.36%，而生态保护情景下水体增加了 9.20%；生态保护情景下林地面积较历史趋势情景增加了 221.04km^2。此外，生态保护情景使裸地减少更多，并限制了草地的增长速度。

表 8.9 京津冀城市群地区土地利用/土地覆盖面积

土地利用类型	2015 年基准情景		2030 年历史趋势情景		2030 年生态保护情景	
	面积/km^2	百分比/%	面积/km^2	百分比/%	面积/km^2	百分比/%
水体	5688.72	2.65	5213.16	2.43	6212.16	2.9
裸地	663.12	0.31	641.88	0.3	424.44	0.2
林地	71111.52	33.18	71278.92	33.26	71499.96	33.36
人工表面	22806.72	10.64	28814.76	13.44	28513.8	13.3
草地	19983.96	9.32	21373.56	9.97	20372.4	9.5
耕地	94092.12	43.9	87023.88	40.6	87323.4	40.74

从城市尺度来看，13 个地级市人工表面面积较 2015 年均有所增长，但不同城市人工表面面积增长速率差异显著（表 8.10）。2030 年人工表面面积的增长主要发生在北京、天津及河北的唐山、廊坊、邯郸。其中，北京人工表面面积增长最为显著，如历史趋势情景下，北京新增人工表面面积达 1641.96km^2，增长率超过 50%。衡水、邢台、张家口人工表面面积增长幅度较小。其中，衡水人工表面面积增长幅度最小，如历史趋势情景下新增人工表面仅为 90km^2。

表 8.10 不同城市人工表面面积

城市	2015 年基准情景	2030 年历史趋势情景			2030 年生态保护情景		
	面积/km^2	面积/km^2	变化面积/km^2	变化率/%	面积/km^2	变化面积/km^2	变化率/%
北京	2990.16	4632.12	1641.96	54.91	3934.8	944.64	31.59
天津	2800.44	3925.44	1125	40.17	3791.52	991.08	35.39
唐山	2261.52	2802.24	540.72	23.91	2821.32	559.8	24.75
秦皇岛	682.92	929.16	246.24	36.06	936	253.08	37.06
承德	679.32	942.12	262.8	38.69	916.2	236.88	34.87

续表

城市	2015年基准情景 面积/km²	2030年历史趋势情景 面积/km²	变化面积/km²	变化率/%	2030年生态保护情景 面积/km²	变化面积/km²	变化率/%
张家口	1361.16	1459.08	97.92	7.19	1615.32	254.16	18.67
保定	2464.92	2762.64	297.72	12.08	2856.96	392.04	15.9
石家庄	1915.56	2275.92	360.36	18.81	2328.12	412.56	21.54
廊坊	1181.52	1683.72	502.2	42.5	1712.52	531	44.94
沧州	1864.8	2150.28	285.48	15.31	2172.96	308.16	16.53
衡水	1273.32	1363.32	90	7.07	1377.72	104.4	8.2
邢台	1588.68	1704.24	115.56	7.27	1761.84	173.16	10.9
邯郸	1742.4	2184.48	442.08	25.37	2288.52	546.12	31.34

此外，对比两种预测情景我们发现，生态保护情景虽然在区域尺度上减缓了人工表面的增长幅度，但在城市尺度上其对不同城市人工表面的影响有明显差异。在生态保护情景下，13个地级市人工表面的变化趋势可分为两种类型（图8.6）。例如，北京、天津、承德在生态保护情景下的新增人工表面面积较历史趋势情景有所减小。其中，北京新增人工表面面积减少幅度最大，较历史趋势情景减少了697.32km²。这主要是由于在生态保护情景下，生态红线限制了人工表面对林地、水体、耕地等土地利用类型的侵占，减缓了这些城市的城市增长速度，如北京北部城区城市增长得到了明显限制。考虑生态红线情景下北京、天津及承德人工表

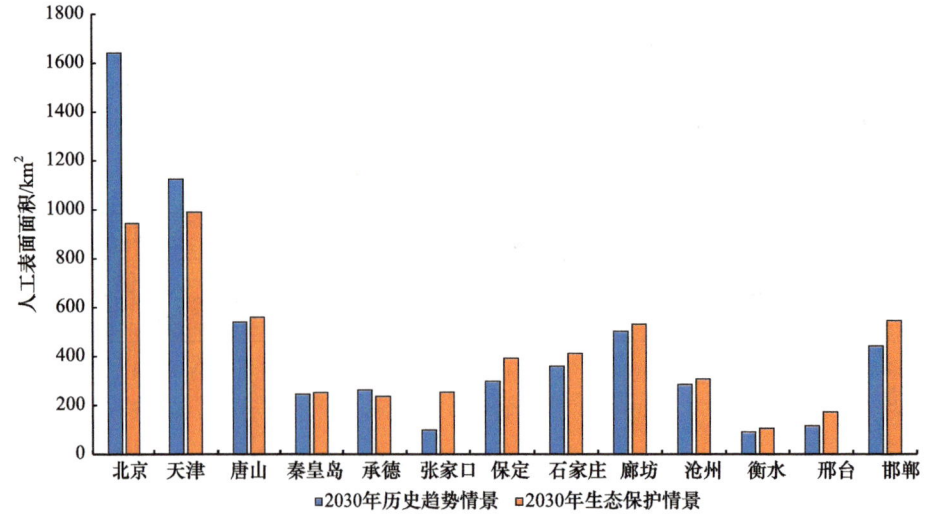

图8.6　京津冀城市群不同增长情景下城市新增人工表面面积比较

面面积增长数量比未考虑生态红线情景下的少,因此为了保证京津冀城市群整体的增长率,其余城市在生态保护情景下的新增人工表面面积较未考虑生态保护红线的情景有所增长。其中,张家口新增人工表面面积增长最多,较历史趋势情景增长了10.71%,其新增人工表面面积主要来源于对耕地、裸地的侵占。

8.4.2 未考虑生态红线政策的城市群增长情景

土地利用/土地覆盖方式及结构变化改变了生物生境和资源的空间分布,对生态系统的生态过程和生态系统服务造成影响(王军和顿耀龙,2015)。人工表面变化作为区域增长的直接表现形式,其不合理增长将加速生态系统服务功能的丧失。研究通过叠加分析,基于2015年京津冀城市群地区生态系统服务功能分布图,量化区域及城市尺度上2030年人工表面面积变化对区域综合生态系统服务功能分布现状的侵占及影响。

在历史趋势情景下,2015~2030年京津冀城市群地区新增人工表面面积6008.04km^2,其中有31.64%的新增人工表面将侵占生态红线,被侵占的生态红线面积占京津冀城市群地区生态红线总面积的1.78%。从城市尺度来看,13个地级市新增人工表面对生态红线面积的侵占情况有较大差异,见表8.11。其中,对生态红线侵占最严重的城市为北京,2030年生态红线内新增人工表面面积高达875.88km^2,占北京生态红线总面积的7.62%;其次是天津、承德,生态红线内新增人工表面面积分别为237.6km^2、177.12km^2,分别占该市生态红线面积的7.79%、0.52%;影响最小的城市为衡水,2030年新增人工表面对生态红线侵占仅为15.48km^2,占衡水生态红线总面积的4.04%。

表8.11 历史趋势情景新增人工表面对生态红线面积的影响

城市	生态红线面积/km^2	新增人工表面侵占生态红线面积/km^2	新增人工表面侵占生态红线百分比/%
北京	11487.6	875.88	7.62
天津	3049.56	237.6	7.79
唐山	4131.72	120.6	2.92
秦皇岛	4579.2	57.96	1.27
承德	34265.52	177.12	0.52
张家口	25794.36	69.12	0.27
保定	9572.76	41.76	0.44
石家庄	5271.48	75.24	1.43

续表

城市	生态红线面积/km²	新增人工表面侵占生态红线面积/km²	新增人工表面侵占生态红线百分比/%
廊坊	420.84	72.72	17.28
沧州	1373.4	50.04	3.64
衡水	383.4	15.48	4.04
邢台	3100.32	18	0.58
邯郸	2538.36	78.48	3.09
合计	105968.52	1890	1.78

从新增人工表面对生态系统服务功能价值量的影响来看（表 8.12），全区新增人工表面对洪水调蓄、防风固沙服务的影响较严重，其次是水源涵养、生物多样性，对固碳、土壤保持服务的侵占较小。2030 年新增人工表面对洪水调蓄造成的侵占量为 4023.53 万 m³，占全区的 13.28%；其中生态红线内减少 3060.36 万 m³，占生态红线内洪水调蓄总侵占量的 76.06%。对防风固沙造成的侵占量为 917.77 万 t，占全区的 7.01%；其中生态红线内减少 789.46 万 t，占生态红线内防风固沙总侵占量的 86.02%。对水源涵养造成的侵占量为 29857.6 万 m³，占全区的 3.70%；其中生态红线内减少 20867.71 万 m³，占生态红线内水源涵养总侵占量的 69.89%。新增人工表面使生物多样性面积减少 5984.48km²，其中重要及以上区域减少 317.98km²，生态红线内生物多样性面积减少 2779.98km²，其中重要及以上区域减少 220.47km²。新增人工表面对固碳、土壤保持服务的侵占量均小于 1%。对固碳造成的侵占量为 37.6 万 t，占全区的 0.02%；其中生态红线内减少 28.95 万 t，占生态红线内固碳总侵占量的 76.99%。新增人工表面对土壤保持的侵占量为 1384.65 万 t，占全区的 0.57%；生态红线内土壤保持减少 804.79 万 t，占生态红线内土壤保持总侵占量的 58.12%。可以看出，生态红线是生态系统服务功能的重要保护区域，除土壤保持服务外，生态红线内各类生态系统服务功能的侵占量均超过总侵占量的 65%，红线内防风固沙服务侵占量超过总侵占量的 86%。

表 8.12　历史趋势情景对生态系统服务功能价值量的影响

生态系统服务功能类型	京津冀城市群地区服务功能价值量	新增人工表面侵占价值量	百分比	生态红线内侵占量	百分比
土壤保持	243535.58 万 t	1384.65 万 t	0.57%	804.79 万 t	58.12%
水源涵养	807873.4 万 m³	29857.6 万 m³	3.70%	20867.71 万 m³	69.89%
洪水调蓄	30295.21 万 m³	4023.53 万 m³	13.28%	3060.36 万 m³	76.06%
固碳	211951.44 万 t	37.6 万 t	0.02%	28.95 万 t	76.99%
防风固沙	13097.16 万 t	917.77 万 t	7.01%	789.46 万 t	86.02%
生物多样性	214636.27km²	5984.48km²	2.79%	2779.98km²	46.45%

从城市尺度来看，新增人工表面对北京、天津、唐山、承德生态系统服务的损害程度相对较大（表 8.13）。其中，北京水源涵养、洪水调蓄、生物多样性服务的破坏程度最大，4 种服务功能价值量分别减少为 15024.56 万 m^3（占全区价值量的 50.32%）、1202.53 万 m^3（占全区价值量的 29.89%）、1644.72 km^2（占全区价值量的 27.48%）。承德土壤保持和固碳服务的破坏程度最大，服务功能价值量分别减少 333.68 万 t（占全区价值量的 24.10%）、12.84 万 t（占全区价值量的 34.16%）。防风固沙服务仅出现在北京、承德、保定及张家口，其中，北京防风固沙服务侵占量占到了 83%以上；张家口、承德防风固沙服务侵占量分别占全区的 10.44%、6.46%；保定防风固沙服务侵占量可以忽略不计，仅为 0.08 万 t，占全区总量的 0.01%。此外，新增人工表面对张家口、邢台、衡水的生态系统服务功能侵占较小。除张家口防风固沙服务外，3 个城市生态系统服务功能侵占量均小于京津冀城市群地区总侵占量的 2%。

表 8.13 不同城市新增人工表面对生态系统服务功能价值量的影响

城市	土壤保持/万 t	水源涵养/万 m^3	洪水调蓄/万 m^3	固碳/万 t	防风固沙/万 t	生物多样性/km^2
北京	156.92	15024.56	1202.53	11.03	762.57	1644.72
天津	113.02	4673.17	698.38	1.08	—	1122.52
唐山	173.98	2322.74	668.24	2.55	—	539.99
秦皇岛	99.36	773.22	278.35	2.47	—	230.16
承德	333.68	1390.23	338.37	12.84	59.29	263.53
张家口	16.4	190.58	5.15	0.54	95.83	97.54
保定	56.63	673.61	73.19	1.22	0.08	297.32
石家庄	103.79	1341.43	168.66	1.6	—	362.65
廊坊	38.61	1102.86	159.79	1.07	—	500.64
沧州	22.89	773.38	147.87	0.01	—	274.48
衡水	6.31	245.37	33.35	0.02	—	90.91
邢台	11.66	268.88	52.57	0.09	—	116.45
邯郸	251.4	1077.59	197.08	3.07	—	443.57

8.4.3 考虑生态红线政策的城市群增长情景

在生态保护情景下，2015～2030 年京津冀城市群地区新增人工表面 5707.08 km^2，占京津冀城市群地区总面积的 2.66%，相较于历史趋势情景，人工表面面积减少了约 300 km^2。在生态保护情景下，由于生态红线被设置为空间限制区，因此新增人工表面未侵占生态红线。

分析新增人工表面对生态系统服务功能价值量的影响，我们发现各类生态系统服务依然受到了一定程度的侵占（表 8.14）。其中，全区新增人工表面使土壤保持服务减少了 1098.23 万 t，占全区总量的 0.45%；使水源涵养服务减少了 10838.14 万 m³，占全区总量的 1.34%；使洪水调蓄服务减少了 1236.98 万 m³，占全区总量的 4.08%；使固碳服务减少了 20.64 万 t，占全区总量的 0.01%；使防风固沙服务减少了 209.83 万 t，占全区总量的 1.60%；使生物多样性服务减少了 5700.06km²，其中重要及以上区域减少 317.98km²；生态红线内生物多样性面积减少 2779.98km²，其中重要及以上区域减少 126.98km²。

表 8.14 生态保护情景新增人工表面对生态系统服务功能价值量的影响

生态系统服务功能类型	京津冀城市群地区服务功能价值量	新增人工表面侵占价值量	百分比
土壤保持	243535.58 万 t	1098.23 万 t	0.45%
水源涵养	807873.40 万 m³	10838.14 万 m³	1.34%
洪水调蓄	30295.21 万 m³	1236.98 万 m³	4.08%
固碳	211951.44 万 t	20.64 万 t	0.01%
防风固沙	13097.16 万 t	209.83 万 t	1.60%
生物多样性	214636.27km²	5700.06km²	2.66%

但相较于历史趋势情景，生态保护情景对京津冀城市群地区生态安全起到了一定的保护作用（表 8.14）。其中，生态红线的划定使土壤保持服务相对增加了 286.42 万 t，占历史趋势情景总损害量的 20.69%；使水源涵养服务相对增加了 19019.46 m³，占历史趋势情景总损害量的 63.70%；使洪水调蓄服务相对增加了 2786.56 万 m³，占历史趋势情景总损害量的 69.26%；使固碳服务相对增加了 16.96 万 m³，占历史趋势情景总损害量的 45.11%；使防风固沙服务相对增加了 707.94 万 t，占历史趋势情景总损害量的 77.14%；生态红线内重要及以上生物多样性区域面积增加了 189.99 km²，占历史趋势情景总损害量的 59.94%。因此，通过划定生态红线，可以有效地降低城市无序增长带来的生态环境安全隐患。

从城市尺度来看，生态保护情景下新增人工表面对各城市生态系统服务功能的侵占与历史趋势情景相似（表 8.15）。其中，邯郸、承德土壤保持服务损害较多，损害量分别为 193.9 万 t、180.25 万 t，占全区总量的 17.66%、16.41%；对北京水源涵养和防风固沙服务损害程度最大，损害量分别为 3500.55 万 m³、114.58 万 t，占全区总量的 32.30%、54.61%；对天津、北京洪水调蓄服务损害较大，洪水调蓄服务分别减少 217.27 万 m³、211.06 万 m³，占全区总量的 17.56%、17.06%。北京和天津生物多样性面积减少也相对较多，生态保护情景下生物多样性减少面积均超过 900km²。

表 8.15 生态保护情景不同城市新增人工表面对生态系统服务功能价值量的影响

城市	土壤保持/万 t	水源涵养/万 m³	洪水调蓄/万 m³	固碳/万 t	防风固沙/万 t	生物多样性/km²
北京	78.59	3500.55	211.06	2.29	114.58	944.82
天津	76.17	1816.16	217.27	0.27	—	991.46
唐山	110.67	1053.04	202.32	1.55	—	559.73
秦皇岛	73.18	392.87	99.25	0.76	—	245.7
承德	180.25	600.06	121.15	7.73	34.81	236.62
张家口	141.38	350.89	33.98	2.78	60.08	254.26
保定	67.86	538.68	49.99	1.6	0.36	392.81
石家庄	78.15	724.8	80.45	1.2	—	413.19
廊坊	38.88	579.7	60.56	0.41	—	529.25
沧州	24.15	364.38	39.33	0	—	306.66
衡水	7.4	68.84	7.5	0.01	—	105.66
邢台	27.68	206.58	29.2	0.39	—	173.19
邯郸	193.9	641.6	84.92	1.65	—	546.72

此外，通过对比两种预测情景发现，生态保护情景虽然在区域尺度上缓和了人工表面对生态系统服务功能的侵占，但在城市尺度上生态红线对不同城市生态系统服务功能的影响有较大差异。例如，在生态保护情景下，北京、天津 6 类生态系统服务功能损害量均相对有所减少，唐山土壤保持、水源涵养、洪水调蓄、固碳等服务也相对有所增加。但生态保护情景也将导致部分城市生态系统服务功能损害程度的加深。例如，张家口在生态保护情景下，土壤保持、水源涵养、洪水调蓄、固碳、生物多样性等服务损害程度更大；除北京、天津、承德外，其余城市生物多样性面积减少更多。这主要是由于生态红线以外的区域人工表面增长速率更大，对各类生态系统服务的侵占程度也更深。可以看出，生态保护情景对不同城市生态系统服务功能的保护作用是有限的，甚至导致个别城市生态系统服务损害程度的加深。因此，在区域尺度划定生态红线的基础上，需要针对不同城市自然、经济等条件，通过制定城市尺度的生态保护措施来弥补人工表面增长对生态系统服务的影响。

8.5 城市群增长优化调整的对策与建议

现如今，随着京津冀城市群的快速发展，城市空间的利用强度会继续增加，如何权衡城镇发展与生态环境保护之间的矛盾与冲突，是京津冀城市群当前与未来发展的核心挑战。国土空间是连接人类活动与生态环境的重要载体，优化调整城市群空间增长模式对缓解城镇化与生态环境的交互胁迫关系具有重要的意义。在城市群增长过程中，如何尽可能地缓解城镇化与生态环境的相互胁迫关系，是城市群协同发展规划的重点与难点。由于城镇化本身的多元化及生态环境的多样性特征，要想最大限度地缓解城镇化与生态环境的多种胁迫关系，则需要满足多目标的城市群增长方案及战略。

近年来，多目标优化方法由于其既具有系统动力学模型的正负反馈特征，但比系统动力学方法应用更简单，同时又克服了线性规划模型的目标函数一维性和可行解区局限性的弊端，而逐渐为人们所应用，其在国土空间规划布局方面有很大应用潜力。因此，整合城市群发展的目标，以及资源与生态环境保护的目标，构建满足多目标的城市群土地增长情景预案，将生态环境保护目标优化和城镇土地增长优化相结合，提出考虑多目标的未来京津冀景观格局优化配置预案，可以直接支撑城市群土地利用空间规划的制定。而多目标的确定是决定空间优化的关键，鉴于京津冀城市群城镇发展需求及其与生态环境之间的胁迫关系，社会、经济与生态效益是国土空间优化的关键，因此综合考虑城市群地区城镇化的多元性以及资源环境、生态系统服务多样性化特征，构建整合社会、经济、资源环境与生态效益的多目标优化的城市群增长模型与模拟情景，是未来我国特大城市群地区国土空间优化调整的重点，也是相关领域科研研究的重点。

8.6 小　　结

研究针对京津冀城市群地区生态安全格局现状，应用 CLUE-S 模型模拟预测了京津冀城市群城市增长趋势及格局，并定量分析了京津冀城市群未来城市增长对区域重要生态系统服务功能的影响，主要结论如下：

2015 年京津冀城市群地区具有重要及以上生态系统服务功能面积约占区域总面积的 50%。生态系统服务在空间上分布不均衡，北部和西部山区、渤海湾沿线及内陆湖泊是重要的生态保护区域。此外，从城市尺度来看，京津冀城市群地区具有重要及以上生态系统服务功能的区域主要集中在承德、北京、保定、张家口、秦皇岛，并且承德和北京的生态系统服务功能价值量远远高于其他地级市，应作为重要的生态系统保护区域。

近年来，京津冀城市群增长速度较快，2015 年人工表面总面积相较 2000 年增长 27.24%，人工表面的增长主要来源于对耕地及水体的侵占。其中，北京、天津人工表面增长速度远高于其他城市，人工表面增长率分别为 36.83%和 56.14%，这体现了京津冀区域发展不均衡、呈两极化等特点。

利用 CLUE-S 模型可以较好地模拟预测京津冀未来土地利用/土地覆盖变化。基于当前的增长机制，2030 年京津冀城市群地区人工表面仍将大幅增长，并将有 31.64%的新增人工表面侵占生态红线区域，北京、天津人工表面增长速率依旧较高。但若考虑生态红线政策，区域人工表面增长可以避免对生态红线的侵占，从而对林地、水体等起到了一定的保护作用。例如，北京北部城区的人工表面增长得到了一定限制。但为了保证城市群发展，生态红线以外区域人工表面增长速率将略有提高。

从生态系统服务功能价值量来看，2030 年新增人工表面对洪水调蓄和防风固沙功能造成的损害较大，历史趋势情景下损害量分别达 13.28%、7.01%，对土壤保持功能造成的损害最小，损害量小于 1%。考虑生态红线政策后将大幅缓解人工表面对各类生态系统服务功能的侵占。其中，土壤保持价值量相对增加 20.69%，其余各类生态系统服务功能损害量均减少 45%以上。但生态保护情景对不同城市生态系统服务功能的保护作用是有限的。例如，北京、天津 6 类生态系统服务功能损害量均相对有所减少，而张家口在生态保护情景下，土壤保持、水源涵养、洪水调蓄、固碳、生物多样性等服务损害程度更大。因此，在区域尺度划定生态红线的基础上，需要针对不同城市自然、经济等条件，通过制定城市尺度的生态保护措施来弥补人工表面增长对生态系统服务的影响。

将生态安全格局保障纳入京津冀未来土地利用规划及区域发展规划具有必要性及迫切性。综合考虑重要生态系统服务功能对未来城市增长的限制作用，才可以更科学合理地实现对京津冀城市群生态环境的保护，调控并优化城市增长方向和范围，指导区域未来健康有序发展。同时，区域内不同城市的增长对生态安全格局有不同程度的影响，而京津冀区域协同一体化发展的实施必然有助于减轻北京、天津、唐山等城市在快速发展过程中所面临的生态环境问题，缓解城市增长对重点城市的生态胁迫效应，有助于区域整体可持续发展。

参 考 文 献

把增强, 王连芳. 2015. 京津冀生态环境建设: 现状、问题与应对. 石家庄铁道大学学报(社会科学版), 9(4): 1-5.

陈姗姗, 刘康, 包玉斌, 等. 2016. 商洛市水源涵养服务功能空间格局与影响因素. 地理科学, 36(10): 1546-1554.

邓元杰, 潘洪义, 陈丹, 等. 2018. 基于CLUE-S模型和Markov模型的土地利用变化模拟预测——以德阳市为例. 江苏农业科学, 46(24):321-327.

鄂竟平. 2004. 搞好海河流域水土保持工作维护京津及周边地区生态安全. 中国水土保持, (12): 4-5.

高扬, 何念鹏, 汪亚峰. 2013. 生态系统固碳特征及其研究进展. 自然资源学报, 28(7):1264-1274.
巩国丽, 刘纪远, 邵全琴. 2014. 草地覆盖度变化对生态系统防风固沙服务的影响分析——以内蒙古典型草原区为例. 地球信息科学学报, 16(3): 426-434.
江凌, 肖燚, 饶恩明, 等. 2016. 内蒙古土地利用变化对生态系统防风固沙功能的影响. 生态学报, 36(12): 3734-3747.
巨鑫慧, 高肖, 李伟峰, 等. 2020. 京津冀城市群土地利用变化对地径流的影响. 生态学报, 40(4):1413-1423.
李正涛. 2013. 京津冀城市群地区沙尘活动及其对城市大气环境的影响. 石家庄: 河北师范大学.
刘菁华, 李伟峰, 周伟奇, 等. 2017. 京津冀城市群景观格局变化机制与预测研究. 生态学报, 37(16): 5324-5333.
欧阳志云, 王桥, 郑华, 等. 2014. 全国生态环境十年变化(2000-2010 年)遥感调查评估. 中国科学院院刊, 29(4): 462-466.
欧阳志云, 王效科, 苗鸿. 1999. 中国陆地生态系统服务功能及其生态经济价值的初步研究. 生态学报, 19(5): 607-613.
欧阳志云, 张路, 吴炳方, 等. 2015. 基于遥感技术的全国生态系统分类体系. 生态学报, 35(2): 119-226.
欧阳志云, 郑华. 2009. 生态系统服务的生态学机制研究进展. 生态学报, 29(11): 6183-6188.
饶恩明, 肖燚, 欧阳志云. 2014. 中国湖库洪水调蓄功能评价. 自然资源学报, 29(8): 1356-1365.
王军, 顿耀龙. 2015. 土地利用变化对生态系统服务的影响研究综述. 长江流域资源与环境, 24(5): 798-808.
王丽艳, 张学儒, 张华, 等. 2010. CLUE-S 模型原理与结构及其应用进展. 地理与地理信息科学, 26(3): 73-77.
王晓峰, 吕一河, 傅伯杰. 2012. 生态系统服务与生态安全. 自然杂志, 34(5): 273-276.
文一惠, 刘桂环, 田至美. 2010. 生态系统服务研究综述. 首都师范大学学报(自然科学版, 31(3): 64-69.
夏青, 马志尊. 2014. 京津冀水土保持生态建设探讨. 中国水利, (14): 41-42.
徐涵秋. 2009. 城市不透水面与相关城市生态要素关系的定量分析. 生态学报, 29(5): 2456-2462.
徐洁, 肖玉, 谢高地, 等. 2019. 防风固沙型重点生态功能区防风固沙服务的评估与受益区识别. 生态学报, 39(16):5857-5873.
杨阳, 刘秉儒. 2015. 宁夏荒漠草原不同群落生物多样性与生物量关系及影响因子分析. 草业学报, 24(10): 48-57.
俞孔坚, 王思思, 李迪华, 等. 2009. 北京市生态安全格局及城市增长预景. 生态学报, 29(3): 1189-1204.
张永民, 赵士洞, Verburg P H. 2003. CLUE-S 模型及其在奈曼旗土地利用时空动态变化模拟中的应用. 自然资源学报, 18(3): 310-318.
赵欣胜, 崔丽娟, 李伟, 等. 2016. 吉林省湿地调蓄洪水功能分析及其价值评估. 水资源保护, 32(4): 27-33, 66.
中华人民共和国生态环境部. 2015. 关于印发《生态保护红线划定技术指南》的通知. http://www.mee.gov.cn/gkml/hbb/bwj/201505/t20150518_301834.htm
周文华, 王如松. 2005. 城市生态安全评价方法研究——以北京市为例. 生态学杂志, 24(7): 848-852.
Bai Y, Jiang B, Wang M, et al. 2016. New ecological redline policy (ERP) to secure ecosystem services in China. Land Use Policy, 55: 348-351.
Cardinale B J, Srivastava D S, Duffy J E, et al. 2006. Effects of biodiversity on thefunctioning of

trophic groups and ecosystems. Nature, 443(7114): 989-992.

Ehrlich P R, Ehrlich A H. 1981. Extinction: the Causes and Consequences of the Disappearance of Species. New York: Ballantine.

Fang J, Yang Y, Ma W, et al. 2010. Ecosystem carbon stocks and their changes in China's grasslands. Science China Life Sciences, 53(7):757-765.

Gong S, Xiao Y, Zheng H, et al. 2017. Spatial patterns of ecosystem water conservation in China and its impact factors analysis. Acta Ecologica Sinica, 37(7):2455-2462.

Hector A, Bagchi R. 2007. Biodiversity and ecosystem multifunctionality. Nature, 448(7150): 188-190.

Holdren J P, Ehrlich P R. 1974. Human population and the global environment. American Scientist, 62(3): 282-292.

Hooper D U, Chapin III F S, Ewel J J, et al. 2013. Simulation of land-use scenarios for Beijing using CLUE-S and Markov composite models. Chinese Geographical Science, 23(1): 92-100.

Jia Z, Ma B, Zhang J, et al. 2018. Simulating spatial-temporal changes of land-use based on ecological redline restrictions and landscape driving factors: a case study in beijing. Sustainability, 10(4): 1299.

Loreau M, Naeem S, Inchausti P, et al. 2001. Biodiversity and ecosystem functioning: current knowledge and future challenges. Science, 294(5543): 804-808.

Millennium Ecosystem Assessment. 2005. Ecosystems and Human Well-Being: Biodiversity Synthesis. Washington, DC: World Resources Institute.

Ouyang Z Y, Zheng H, Xiao Y, et al. 2016. Improvements in ecosystem services from investments in natural capital. Science, 352(6292): 1455-1459.

Pontius R G Jr, Schneider L C. 2001. Land-cover change model validation by an ROC method for the Ipswich watershed, Massachusetts, USA. Agriculture, Ecosystems & Environment, 85(1/3): 239-248.

Rao E, Ouyang Z, Yu X, et al. 2014. Spatial patterns and impacts of soil conservation service in China. Geomorphology, 207: 64-70.

Verburg P H, Soepboer W, Veldkamp A, et al. 2002. Modeling the spatial dynamics of regional land use: the CLUE-S model. Environmental Management, 30(3): 391-405.

Wang L, Wang H, Wei B. 2019. Simulation research on rainfall effect of low impact development in small town. South-to-North Water Transfer and Water Science and Technology, 1-14.

Wei H, Li R, Yang Q. 2002. Research advances of vegetation effect on soil and water conservation in China. Acta Phytoecologica Sinica, (4): 489-496.